Gesellschaftsbild und Weiterbildung

Forschung aus der Hans-Böckler-Stiftung 183

Herausgegeben von der Hans-Böckler-Stiftung, Düsseldorf

Helmut Bremer, Peter Faulstich,
Christel Teiwes-Kügler, Jessica Vehse

Gesellschaftsbild und Weiterbildung

Auswirkungen von Bildungsmoratorien auf Habitus, Lernen und Gesellschaftsvorstellungen

Die Deutsche Nationalbibliothek verzeichnet diese Publikation in der Deutschen Nationalbibliografie; detaillierte bibliografische Daten sind im Internet über http://dnb.d-nb.de abrufbar.

ISBN 978-3-8487-2884-8 (Print)
ISBN 978-3-8452-7284-9 (ePDF)

edition sigma in der Nomos Verlagsgesellschaft

1. Auflage 2015

Umschlaggestaltung: Gaby Sylvester, Düsseldorf – www.sylvester-design.de
Umschlaggrafik: © sveta – Fotolia.com

Druck: Rosch-Buch, Scheßlitz

Inhalt

Vorwort

In unserer Untersuchung „Gesellschaftsbild und Weiterbildung“, die als Kooperationsprojekt der Universitäten Duisburg-Essen und Hamburg durchgeführt und von der Hans-Böckler-Stiftung gefördert worden ist, greifen wir Themen und Probleme auf, die für unterschiedliche AkteurInnen und Institutionen von Interesse sind. Gesellschaftsbilder, die Art und Weise, wie die Subjekte die soziale Welt wahrnehmen, wie sie sich selbst darin einordnen, gestaltend einzugreifen versuchen oder aber sich zurückziehen, besitzen nicht nur für die Erwachsenenbildung und die Erwachsenenbildungsforschung eine hohe Relevanz. Auch für politische Parteien, die Gewerkschaften und andere Institutionen der Zivilgesellschaft sowie für die Arbeitsverwaltungen als Finanzierende von Weiterbildungen können Gesellschaftsbilder wichtige Informationen für die Entwicklung von Konzepten und Strategien liefern.[1] Ein Ergebnis der vorliegenden Studie ist die weit verbreitete Unzufriedenheit mit dem Zustand der Gesellschaft und der Regelung der allgemeinen Angelegenheiten; der Eindruck vorherrschender Ungerechtigkeit ist tief verwurzelt. Dies ist ein alarmierender Befund.

Auch Weiterbildung hat in den letzten beiden Jahrzehnten für die Situation und Perspektive der Erwerbs- und Berufsmöglichkeiten einen hohen Stellenwert erhalten. Mittlerweile erscheint die Beteiligung an Weiterbildung als selbstverständlich, um angesichts rapider technischer, sozialer, politischer und kultureller Umbrüche nicht aussortiert zu werden.

Wir schließen mit unserer empirischen Studie an eine Forschungstradition an, die seit langem wissenschaftlich vernachlässigt worden ist. Es geht um den Zusammenhang von gesellschaftlichpolitischen Orientierungen und Weiterbildung, d.h., um die Frage, inwiefern die Teilnahme an Weiterbildung mit der Vorstellung verbunden ist, die eigene soziale Lage und gesellschaftliche Position durch Bildung und Weiterbildung verbessern bzw. absichern zu können. Die These war, dass Weiterbildungssituationen eine Moratoriumsphase darstellen, in der bisherige gesellschaftlich-politische Ordnungsvorstellungen sowie eigene Handlungsoptionen überprüft und durch Weiterbildungs- und Lernprozesse neu organisiert werden.

---

1 Das Projekt wurde als qualitative Längsschnittuntersuchung von April 2012 bis September 2015 durchgeführt. Es wurde von Professor Dr. Helmut Bremer (Fachgebiet Erwachsenenbildung/Politische Bildung, Institut für Berufs- und Weiterbildung, Universität Duisburg-Essen) und Professor Dr. Peter Faulstich (Lehrstuhl für Erwachsenenbildung/ Weiterbildung, Universität Hamburg) geleitet. Die Projektbearbeitung lag bei Dipl. Sozialwiss. Christel Teiwes-Kügler (Universität Duisburg-Essen) und Dipl. Päd. Jessica Vehse (Universität Hamburg).

Theoretisch wurde in der Untersuchung das Habituskonzept Pierre Bourdieus mit dem Lern- und Interesseansatz Klaus Holzkamps verbunden.

Für die Erhebung der Gesellschaftsbilder haben wir Gruppen- bzw. Lernwerkstätten durchgeführt. Im Abstand von knapp zwei Jahren wurden damit Teilnehmende unterschiedlicher beruflicher und allgemeinbildender Weiterbildungen befragt. Das Auswertungsverfahren orientierte sich an der Habitus-Hermeneutik.

Wir geben in dieser Publikation dem empirischen Material breiten Raum. Zum einen erhalten in den „Fallprofilen" die Teilnehmenden selbst eine Stimme. Zum anderen kann bei der Lektüre der Fallprofile festgestellt werden, dass vielfältige Bilder der bestehenden gesellschaftlichen Verhältnisse entstanden sind, die auf Probleme, Konflikte und erhebliche soziale Schieflagen hinweisen. Damit wollen wir transparent machen, worauf unsere begrifflichen Abstraktionen beruhen und wie sie im Reichtum des Materials verwurzelt sind. Für uns selbst war diese Arbeit des Pendelns zwischen Empirie und Theorie stets herausfordernd und ein überaus spannender Prozess.

Wir bedanken uns an dieser Stelle bei allen, die das Projekt begleitet und unterstützt haben: bei Michaela Kuhnhenne von der Hans-Böckler-Stiftung sowie bei den Mitgliedern des Beirats für ihre konstruktive Begleitung des Projektes, bei zahlreichen VertreterInnen von Weiterbildungseinrichtungen, insbesondere aber auch bei den Teilnehmenden der Weiterbildungen, die sich an unserer Studie beteiligt haben. Namentlich bedanken wir uns bei den Studierenden und NachwuchswissenschaftlerInnen, die im Projekt mitgearbeitet haben. In Essen waren dies: *Nejra Dedic, Larissa Gruska, Felix Ludwig, Anne-Katrin Rosche* und *Farina Wagner*; in Hamburg *Franziska Huhn, Sonja Langheinrich* und *Clara Kuse*.

Essen und Hamburg, im September 2015

Helmut Bremer
Peter Faulstich
Christel Teiwes-Kügler
Jessica Vehse

1 Gesellschaftsbilder als Lernhintergrund

Es gibt – ausgehend von divergierenden Prozessen gesellschaftlichen Wandels – einen verstärkten Anstoß zu veränderten biografischen und besonders zu beruflichen Selbstvergewisserungen und Orientierungen. Zum einen werden Bedingungs- und Anforderungsverschiebungen, zum anderen Unübersichtlichkeit und Offenheit erfahren (Faulstich/Bracker 2014; Bremer/Lange-Vester 2014).

In diesem Kontext hat Weiterbildung in den vergangenen Jahren erheblich an Bedeutung und Umfang gewonnen (vgl. Erhebungen des Berichtssystems Weiterbildung seit 1979 und des Adult Education Surveys; zuletzt: Bilger/Strauß 2015). Zahlreiche Untersuchungen haben gezeigt, dass dies von den Akteuren unterschiedlich wahrgenommen und bewertet wird (exemplarisch etwa Bolder/Hendrich 2000; Faulstich/Grell 2005). Oft erleben die Individuen aus diskriminierten Milieus eine mit Weiterbildung verbundene Umorientierung eher als Notwendigkeit, Zwang und Zumutung, während Subjekte aus privilegierten Gruppen darin eher Chancen sehen. Dazwischen aber, und bezogen auf konkrete Situationen und Kontexte, gibt es unterschiedliche Einstellungen, Perspektiven, Strategien und antizipierte Entwicklungswege (Bremer 2007; Vester et al. 2007). Entwickelt werden differenzierte Handlungs- und Lernstrategien.

Ausdruck der Gesamtheit auf die Gesellschaft bezogener Einstellungen und Haltungen sind *Gesellschaftsbilder* als teils verbal gefasste – explizite – teils vorbegriffliche – implizite – Interpretationen der eigenen sozialen Lage und deren Beurteilung. Aus Gesellschaftsbildern werden handlungsleitende Interessen entwickelt; sie werden über den Habitus vermittelt ausgeformt. Gesellschaftsbilder bezeichnen also die von Mitgliedern einer Gesellschaft entwickelten politischen und sozialen Grundeinstellungen und Ordnungsvorstellungen über den Aufbau der erlebten Gesellschaft, etwa Vorstellungen davon, wie Macht und Einfluss, Zugang zu Lebenschancen und Teilhabe an Wohlstand oder auch gesellschafts-politische Einflussnahme verteilt sind, und wie die individuellen Lebensbedingungen in Relation zu den anderen wahrgenommen und beurteilt werden. Gesellschaftsbilder werden in sozialen Zusammenhängen und Vergemeinschaftungen erworben; sie sind zwar relativ stabil, aber durchaus wandelbar (vgl. Popitz et al. 1957: 9).

Gesellschaftsbilder stecken umkämpfte Felder für Interpretationen und Konstruktionen der gesellschaftlichen Wirklichkeit ab. Es geht um Konflikte im Diskurs darüber, wie die gegenwärtige Gesellschaft zu begreifen sei und welche Sichtweisen sich durchsetzen (vgl. Bourdieu 2001: 218), so dass ihre Hegemonie abgesichert wird. Widersprüchliche, sogar abgrenzende und sich gegenseitig ausschließende Auslegungen orientieren die subjektiven Handlungsmöglichkeiten und Lernbemühungen.

Vorausgesetzt sind hierarchische und horizontale Differenzierungen der Gesellschaft entlang von Dimensionen, die für die Subjekte unterschiedlich relevant werden können, etwa soziale Klasse bzw. Milieu, Geschlecht, ethnische Herkunft oder Alter bzw. Generationenzugehörigkeit. Die Vielfalt dieser Aspekte wird in der Debatte über Heterogenität und Diversität betont.

Die strukturellen und subjektiven Prämissen der zentralen Begriffe sind trotz langer Diskussionen weitgehend ungeklärt. Wir vergewissern uns der bisher vorliegenden Forschung über Gesellschaftsbilder (1.1) und über die in der Erwachsenenbildung vorliegende AdressatInnen- und Teilnahmeforschung (1.2). Daran anschließend skizzieren wir unsere Ausgangsposition und ordnen unser Projekt in die Zusammenhänge von Habitus (1.4) und Lernen (1.5) ein. Wir bewegen uns in unserer Argumentation vor der Folie des Leistungsprinzips und des Anerkennungspostulats (1.6).

In unserem Projektkontext erscheinen Weiterbildung und Lernen als zeitweises Ausblenden unmittelbarer Erwerbszwänge. Sie haben deshalb einen ähnlichen biographischen Stellenwert wie eine Phase des *Moratoriums* im Lebenslauf – ein Konzept, mit dem bisher vor allem in der Entwicklungs-, Kindheits- und Jugendsoziologie gearbeitet wurde (1.3).

1.1 Untersuchungen zum Gesellschaftsbild

Die Forschungszusammenhänge zum Thema Gesellschaftsbild beruhen auf unterschiedlichen Begrifflichkeiten, theoretischen Konzepten und Ordnungsvorstellungen. Dies gilt sowohl für die Sozialstrukturanalyse, die traditionell an die Kategorien *Klasse* und *Schicht* anschließt, als auch für die Untersuchungen der psychischen Strukturen, die mit Konzepten wie *gesellschaftliches Bewusstsein* und *Sozialcharakter* arbeiten. Der Begriff Mentalität wird in beiden disziplinären Traditionen verwendet. Insbesondere die von Theodor Geiger (1987 [1932]) vorgenommene soziologische Bestimmung von „Mentalität“ als eher wenig reflektierte Lebensrichtung, die von der „Ideologie“ als relativ bewusstes (politisches) Weltbild zu unterscheiden ist, ist auch für die vorgestellte Untersuchung von Relevanz. Der Sache nach sind diese unterschiedlichen Konzepte und Kategorien im *Habituskonzept* (Bourdieu 1982, 1987; Vester et al. 2001; Bremer/Teiwes-Kügler 2013) aufgenommen, das wie der aus dem subjektwissenschaftlichen Ansatz entwickelte Begriff *Bedeutsamkeit* (Faulstich/Bracker 2015) an Einfluss gewonnen hat.

Für die Seite subjektorientierter Forschung werden ebenfalls unterschiedliche Begrifflichkeiten verwendet. Wenn man sich ablöst von verdinglichten Persönlichkeitsmerkmalen und eine Einheit von Person und Sozialstruktur denkt, stößt man auf gleichartige Kategorien wie „Mentalität“, „Sozialcharakter“, „Haltungen", „Einstellungen" und „Orientierungen". Sie stammen aus divergierenden Theoriekontexten, sind also nicht bruchlos gleichzeitig verwendbar. Wir orientieren uns an den Begriffen „Habitus" und „Interesse", weil diese die theorieimmanente Spaltung zwischen Individuum und Sozialstruktur aufheben.

1.1.1 Studien des Frankfurter Instituts für Sozialforschung

Die Untersuchung komplexer Zusammenhänge zwischen sozialer Lage, Familie, Sozialcharakter und politischen Orientierungen hat vor allem ausgelöst durch die Erfahrung des Nationalsozialismus starke Impulse erhalten, die sich in den empirischen Untersuchungen des Frankfurter Instituts für Sozialforschung (IfS) niederschlugen. Dabei wurden teils marxistische, teils psychoanalytische Theoriesegmente kombiniert. Frappierend für die politische Situation am Ende der Weimarer Republik war das aufgezeigte Auseinanderfallen zwischen der realen Lage der Arbeiterschaft und ihrem (vermeintlich dazu nicht passenden) politischen Verhalten.

Wie Erich Fromm (1983) nachgewiesen hat, können zwischen politischen Orientierungen und Dispositionen erhebliche Widersprüche bestehen; z.B. waren radikaldemokratische Orientierungen mit autoritären Dispositionen verknüpft, und unter den „konsistent autoritären Untersuchungspersonen" fand sich ein nicht unerheblicher Anteil an Sozialisten (ebd.: 249). 25 Prozent der KPD- und SPD-Mitglieder erwiesen sich als tendenziell oder völlig autoritär, und die entwickelten Charaktertypen waren in sich nicht konsistent. Ein Großteil der Befragten wies eine nach Fromm „unzuverlässige" Haltung zu Freiheit und Gleichheit auf und war autoritätsorientiert. Die „unzuverlässigen Linken" hätten sich dann in überzeugte Nationalsozialisten verwandelt (vgl. Fromm 1983: 53f.). Diese Widersprüchlichkeiten ziehen sich – in veränderter Form – bis in aktuelle Konstellationen weiter durch. Außerdem gibt es eine ganze Reihe von Vorläufern und Weiterführungen dieser Untersuchungen.[1]

1 So arbeitete etwa Theodor Geiger (1930) unter dem Titel „Panik im Mittelstand" heraus, dass starke Abstiegs-, aber auch Aufstiegsbewegungen, in denen sich gerade Berufsgruppen des alten und neuen Mittelstandes befanden, mit Erfahrungen der Entwurzelung und Verunsicherung verbunden waren. Er betonte die Querlagen von sozialer Lage, Einstellung und Wahlverhalten – ein zentraler Gedanke, den er in seiner klassischen Studie „Zur sozialen Schichtung des deutschen Volkes" weiter geführt hat (1987 [1932]). Die in diesem Zusammenhang von ihm eingeführte Unterscheidung von *Mentalität* als wenig durchdachte, auf die Alltagsbewältigung bezogene Haltung, zu der auch die moralischen Normen und Prinzipien des Herkunftsmilieus gehören, und *Ideologie* als stärker reflektierter weltanschaulicher Bewusstseinsform dient auch dazu, Zuschreibungen wie denen vom „falschen Bewusstsein" zu entgehen. So sei die Frage nach „richtigen" oder „falschen" Mentalitäten „logisch unerlaubt" (ebd.: 78).

Konzepte wie „Sozialcharakter“, „Charakterstruktur“, „Libidinöse Triebstruktur“ haben sich jedoch für eine gesellschaftswissenschaftlich fundierte Diskussion als nur bedingt anschlussfähig erwiesen. Sie gehen zumeist von einer animalischen Triebausstattung aus, die über Sozialisation an die gesellschaftlichen Bedingungen angepasst wird. Nach Theodor W. Adorno und Erich Fromm hat die gesellschaftlich geformte libidinöse Charakterstruktur entscheidenden Einfluss auf die Bewusstseinsbildung, d.h., auf die Einstellungen, Meinungen und Wertvorstellungen und die „Denkweise[n] über Mensch und Gesellschaft“ (Adorno et al. 1973: 2). Als problematisch erweist sich, dass aus dieser Trieb- bzw. Charakterstruktur dann Charaktertypen abgeleitet wurden, denen man bestimmte Haltungen und Einstellungen zuordnete, die wiederum für bestimmte soziale Gruppen als typisch angesehen wurden. Fromm (1972 [1932]) ging z.B. davon aus, dass der autoritär-masochistische Charaktertypus zum Konservatismus, der ambivalente Charaktertypus zum Liberalismus und der genital (revolutionär)-orientierte Charaktertypus zum Sozialismus neigt, was sich empirisch allerdings nicht bestätigen ließ. Hier liegen letztlich Grenzen dieser Studien, die durch ein Ablösen von im Grunde biologistischen Begriffen und ein Aufnehmen der Konzepte des Habitus und des Interesses zu erweitern sind (vgl. 1.4 u. 1.5).

Neben den thematisch bezogenen empirischen Studien wurden im Umfeld der *Kritischen Theorie* methodische Impulse für die Weiterentwicklung qualitativer Forschung entwickelt und ausgearbeitet. Dies betrifft vor allem das Verfahren der *Gruppendiskussion.* Friedrich Pollock erforschte mit seinem „Gruppenexperiment“ am IfS politische Einstellungen unter dem Eindruck des Zweiten Weltkriegs. Die besondere Eignung des Gruppendiskussionsverfahrens für dieses Erkenntnisinteresse leitete er aus der Kritik an der verbreiteten Vorgehensweise zur Ermittlung von „Meinungen“ in Form repräsentativer Umfragen ab. Hierbei werden Meinungen lediglich als „Summenphänomen“ individueller Meinungen behandelt und gleichzeitig vorausgesetzt, jedes Individuum verfüge über eine „fertige“ Meinung. Dagegen entstehen und wirken Meinungen und Einstellungen „in ständiger Wechselbeziehung zwischen dem Einzelnen und der unmittelbar und mittelbar auf ihn einwirkenden Gesellschaft. Sie sind oft nicht sonderlich dezidiert, sondern stellen eher ein vages und diffuses Potential dar. Dem Einzelnen werden sie häufig erst während der Auseinandersetzung mit anderen Menschen deutlich“ (Pollock 1955: 32).

1.1.2 Industrie-, betriebs- und arbeitssoziologische Studien zum Gesellschaftsbild

Mit den industriesoziologischen Studien der 1950er und 1960 Jahre ist ein weiterer Forschungsstrang entstanden, der das Konzept „Gesellschaftsbild“ stark machte. Es ging um die von Helmut Schelsky entwickelte These von der „Nivellierten Mittelstandsgesellschaft" und um das Fortbestehen von Elementen der „Klassengesellschaft". Einflussreiche Ursprungsuntersuchung war „Das Gesellschaftsbild des Arbeiters" (Popitz et al. 1957). Durchgeführt wurde eine intensive Fallstudie am Beispiel eines Walzwerkes. Insgesamt stellte sich die Frage, wie sich Industriearbeiter ihre Gesellschaft verständlich machen: Auf welche Deutungs- und Erklärungsmuster greifen Arbeiter zurück, um sich die gesellschaftlichen Bedingungen und gesellschaftliche Veränderungen zu erklären, deren Auswirkungen sie alltäglich erfahren, an deren Entstehung, Entwicklung und Gestaltung sie aber nicht unmittelbar oder gar maßgeblich beteiligt sind?

Nach Popitz et al. werden daher Vorstellungen gebildet, die über die eigenen unmittelbaren Erfahrungen hinausgehen und eine Verortung innerhalb eines größeren gesellschaftlichen Zusammenhanges ermöglichen. Diese Vorstellungen enthalten ein „Mehr", das innerhalb des eigenen Erlebnisbereichs nicht greifbar sei (vgl. ebd.: 8) und u.a. durch Ideologien und Vorurteile aufgefüllt werde. Popitz et al. bezeichnen diese Vorstellungen als Gesellschaftsbilder. Sie seien teilweise nicht bewusst und könnten nicht direkt formuliert werden, dennoch gehen die Autoren davon aus, dass jeder Mensch ein Gesellschaftsbild habe (ebd.: 226). Gesellschaftsbilder werden aufgefasst als ein mit der eigenen gesellschaftlichen Verortung verbundenes relativ „feststehendes Interpretationsschema" zur Interpretation und Bewertung gesellschaftlicher Erfahrungen (ebd.). In Gesellschaftsbildern kommen mit Popitz et al. stereotype Klischees zum Tragen, die als „Topoi" (ebd.: 82) bezeichnet werden. Verschiedene soziale Gruppen benutzten allerdings verschiedene Topoi. Jede Topik habe ihren sozialen Ort, an dem sie sich als sinnvoll erweise; daher ist von „sozialer Topik" (ebd.: 83) die Rede.

Die Studie kombinierte verschiedene Methoden (u.a. informelle Gespräche im Arbeiterwohnheim, Arbeitsplatzanalysen und -beschreibungen sowie eine Kombination aus Fragebogen bzw. zweistündigen, leifadengestützten Interviews). In den Interviews wurden zunächst der Arbeitsalltag und die eigene Tätigkeit angesprochen, um von dort aus zu abstrakteren Themen wie etwa auf die Haltungen zum technischen Fortschritt oder zu betrieblicher Mitbestimmung und zu gesellschaftspolitischen Ordnungsvorstellungen zu gelangen. Die Auswahl der Befragungspersonen orientierte sich an den betrieblichen Arbeitsvollzügen und verschiedenen Qualifikationsniveaus.

Besonders diese Studie von Popitz et al. (1957) lieferte wichtige Anstöße und Anknüpfungspunkte für unsere Forschungsarbeit. Als anschlussfähig für die eigene Untersuchung erwies sich insbesondere die Grundannahme, dass sich die Vorstellungs- und Interpretationsschemata des jeweiligen Gesellschaftsbildes aus unvermittelten Anteilen (den subjektiven Erfahrungen) und aus vermittelten Anteilen (Einstellungen und Vorurteilen) zusammensetzen. Popitz et al. gingen nicht davon aus, dass es sich bei der „Arbeiterklasse" um eine homogene Gruppe handelt, und haben dies durch ihre typologischen Differenzierungen auch belegen können.

Vor allem beziehen wir uns auf die Merkmale von Gesellschaftsbildern als Interpretationsschemata,

- die nicht für immer feststehen, aber den Charakter des Dauerhaften tragen,
- die keine systematischen und reflektierten Konzeptionen, aber eine gewisse Stimmigkeit innerhalb eines Ganzen zeigen,
- die mit sozialer Verortung verbunden sind,
- die als soziale Topoi auftreten und stereotype Klischees, Ideologien und Vorurteile enthalten, z.B. zu technischem Fortschritt oder Erwerbslosigkeit,
- die verdichtete gesellschaftliche Erfahrung darstellen.

Die Untersuchung von Popitz et al. hat drei Grundtypen von Gesellschaftsbildern herausgearbeitet: „Ordnungsgefüge", „unabwendbare Dichotomie" und „Klassengesellschaft". Für diese wurde eine weitere Differenzierung zu sechs arbeitertypischen Gesellschaftsbildern vorgenommen:

- „Gesellschaft als Ordnungsgefüge": (1) „Statische Ordnung"; (2) „Progressive Ordnung";
- „Gesellschaft als unabwendbare Dichotomie": (3) „Dichotomie als kollektives Schicksal"; (4) „Dichotomie als kollektives Schicksal und als individueller Konflikt";
- „Gesellschaft als Klassengesellschaft": (5) „Reform der Gesellschaftsordnung"; (6) „Konzeption des Klassenkampfes" (ebd.: 184ff.).

Gemeinsam war allen Typen, dass sie die Gesellschaft als gespalten und sich selbst als Teil der Arbeiterschaft sahen, was Popitz et al. dann als Arbeiterbewusstsein gefasst haben (ebd.: 237). Dieses Bewusstsein enthält zwei verbindende Elemente: (a) ein *Kollektivbewusstsein*: als Teil der Arbeiterschaft ein gemeinsames Schicksal zu teilen; und (b) ein spezifisches *Leistungsbewusstsein*: Arbeit wird gegenüber dem (toten) Kapital als ebenbürtig bis überlegen betrachtet. Die „menschliche Arbeit" (ebd.: 238) wird als körperliche Arbeit und als die eigentlich produktive, d.h., unmittelbar wertschaffende Arbeit verstanden.

An das Konzept des Gesellschaftsbildes schlossen einige nachfolgende Untersuchungen an, griffen dabei aber stärker auf die Konzepte der industrie- und arbeitssoziologischen Bewusstseinsforschung zurück. Im Fokus standen zunächst weiterhin das *Klassenbewusstsein* (Beckenbach et al. 1973) bzw. das *Arbeiterbewusstsein* etwa bei Belardi/Zuschlag (1977) und Zoll (1981). Dazu zählt auch die Studie „Industriearbeit und Arbeiterbewußtsein" von Kern/Schumann (1970), die den Einfluss aktueller technischer Entwicklungen auf die industrielle Arbeit und das Arbeiterbewusstsein untersuchte. Ideologiekritisch wurde hier die Entgegensetzung von „seelen- und geistloser Industriearbeit" versus „schöpferischer und geistiger Arbeit“ destruiert. Die großangelegte und breit rezipierte Studie über „Das Ende der Arbeitsteilung?“ (Kern/Schumann 1984) untersuchte dann die Auswirkungen der „Neuen Produktionskonzepte“ auf den Stellenwert von Erwerbs- und besonders auf Produktionsarbeit. Die Rezeption der „Requalifizierungsthese“ beförderte die Abkehr von einer unterstellten produktivistischen Sichtweise hin zu „kulturalistischen“ Positionen.

Spätere Studien haben sich mit anderen betrieblichen Gruppen befasst, z.B. die Studien von Mangold (1973), Kudera et al. (1983), Kadritzke (1985) und Schmidt/Wentzke (1995) zum Angestelltenbewusstsein oder industriesoziologische Untersuchungen zum Arbeitnehmerbewusstsein bzw. politischen Bewusstsein von Arbeitnehmern (vgl. beispielsweise Bertl et al. 1989; Feist et al. 1989; Krieger et al. 1989). Gemeinsam ist all diesen Studien, dass sie vorwiegend auf die Wahrnehmung und Auseinandersetzung mit betrieblichen Bedingungen, Arbeitserfahrungen und Zumutungen von Erwerbsarbeit fokussieren, darüber hinausgehende Lebensbereiche und gesellschaftliche Erfahrungen wurden in der Regel nicht einbezogen.

Die mit Konzepten des Arbeiter-, Angestellten- oder Arbeitnehmerbewusstseins arbeitenden Studien gehen zudem meist von einer mehr oder weniger direkten Beeinflussung der Bewusstseinsbildung durch die betrieblich-berufliche Stellung und die damit verbundenen Arbeitserfahrungen aus. Oder die Forschungsvorhaben fragen nach Angleichung bzw. weiter bestehenden Unterschieden zwischen Arbeiter- und Angestelltenbewusstsein. Etwas zugespitzt lässt sich festhalten: Arbeiterbewusstsein wird in den Studien meist als kollektives Bewusstsein aufgefasst, das durch den Interessengegensatz zwischen Arbeit und Kapital strukturiert ist. Arbeiter betrachteten demgemäß die Welt vor allem aus der Perspektive dieses Gegensatzes und daher als Dichotomie und Einteilung in oben und unten. Angestellte würden diesen Interessengegensatz weniger stark wahrnehmen, ihr Bewusstsein sei durch betriebliche Konkurrenzbeziehungen um die Gunst von Vorgesetzen und Aufstiegsperspektiven strukturiert. Sie würden die gesellschaftliche Hierarchie als Folge einer funktionalen Differenzierung ansehen und vor allem das individuelle Leistungsprinzip betonen. Diese Befunde sind empirisch neu zu prüfen.

Die Untersuchungen zu Arbeiter-, Angestellten- und Arbeitnehmerbewusstsein liefern einen Beitrag zur Gesellschaftsbildforschung, indem sie Arbeitserfahrungen und Beruf als Bestandteile der eigenen Identitätsbildung und Selbstverortung und Betriebe als Orte der Genese von Weltsichten und Welterklärungen thematisieren. Allerdings fokussieren sie zum einen mit dem Begriff „Bewusstsein“ auch stark die reflektierten und tendenziell weltanschaulichen Ebenen von Gesellschaftsbild, während die in Fromms Terminus des Sozialcharakters und im Konzept des Gesellschaftsbildes von Popitz et al. aufgezeigten weniger bewussten Ebenen des Gesellschaftsbildes in den Hintergrund treten. Zum anderen beschränken sie sich auf die beruflich-betrieblichen Erfahrungen und lassen andere für die Entstehung von Gesellschaftsbildern ebenfalls relevante Lebensbereiche aus dem Blick geraten.

In den 1990er Jahren ist der Faden dieser industriesoziologischen Forschungen zunächst abgerissen. Erst nachdem in der Folge globaler Krisen das Unbehagen am Kapitalismus neue starke Quellen bekommen hat (vgl. Boltanski/Chiapello 2003), ist auch die Frage nach der subjektiven Bearbeitung von Krisenerfahrungen wieder virulent geworden. Zum Beispiel haben Dörre et al. (2013) die Debatte über „Das Gesellschaftsbild der LohnarbeiterInnen" wieder aufgenommen.[2] In Untersuchungen in ost- und westdeutschen Industriebetrieben wurde das Konzept „kapitalistischer Landnahmen" (ebd.: 27, 29ff.) unterlegt und auf seine Relevanz für die eigensinnige Subjektkonstitution der Beschäftigten hin befragt. Die Untersuchungen bleiben allerdings deutlich unentschieden hinsichtlich der verwendeten Begriffe „Gesellschaftsbild" und „Arbeitsbewusstsein", „Lohnabhängige" und „IndustriearbeiterInnen". Dörre et al. fassen Gesellschaftsbild jedoch weiter als andere aktuelle Studien. Sie versuchen eine Verbindung „zwischen kleinen und großen Welten" herzustellen. Ihre Sicht bezieht sich stark auf betriebliche Erfahrungen.

Die Ergebnisse werden von Dörre et al. (ebd.: 41–51) in sieben Thesen zusammengefasst:

(1) Stammbeschäftigte tendieren dazu, sich mit dem Unternehmen zu identifizieren;
(2) kapitalismuskritische Einstellungen sind weit verbreitet;
(3) Abgrenzungen nach unten erfolgen gegenüber Arbeitslosen und „Prekären";
(4) es gibt ein fragmentiertes „Lohnabhängigkeitsbewusstsein";
(5) die verbreitete Kapitalismuskritik bleibt orientierungslos, weil die Organisationen der Lohnabhängigen nicht als AdressatInnen und Akteure angesehen werden;
(6) die Krisenerfahrungen forcieren ein Auseinanderfallen von „Mikro- und Makrokosmos" (ebd. 48), d.h., von betrieblicher und gesellschaftlicher Erfahrung;
(7) die Vermittlungen sind äußerst fragil und schwer zu verallgemeinern.

---

2 Am Soziologischen Forschungsinstitut (SOFI) wurde im Frühjahr 2015 eine Tagung veranstaltet, bei der unter dem Thema „Was bewegt Arbeitnehmerinnen und Arbeitnehmer? Arbeitsbewusstsein und Gesellschaftsbild revisited" aktuelle Studien diskutiert wurden. Dies kann ebenfalls als Indikator dafür gesehen werden, dass die sogenannte Bewusstseinsforschung den Faden wieder aufgenommen und dass das Konzept des Gesellschaftsbildes neu an Aktualität gewonnen hat (vgl. http://www.sofi.uni-goettingen.de/index.php?id=1206; letzter Zugriff: 05.05.2015).

Zwei Tendenzen können wir aufgreifen: Es findet *erstens* eine Subjektivierung von Erfahrung und Aneignung statt; *zweitens* ist eine Differenz von eigener (Arbeits-)Erfahrung und Gesellschaftsbild feststellbar. Dörre et al. haben das Auseinanderfallen von Arbeits- und Gesellschaftsbewusstsein auf die umstrittene Kurzformel: „Guter Betrieb, schlechte Gesellschaft" (ebd.: 41) gebracht.

1.2 AdressatInnen- und Teilnahmeforschung in der Weiterbildung

In der Erwachsenenbildung hat vor allem die *AdressatInnen- und Teilnahmeforschung* Fragestellungen bezogen auf Gesellschaftsstruktur, Bildungs- und Lernkonzepte aufgenommen. Sie untersuchte Teilnahmeentscheidungen vor dem Hintergrund von Gesellschafts- und besonders Bildungsvorstellungen. Unterlegt wurden verschiedene Sozialstrukturbegriffe von Klasse, Schicht und – zuletzt – soziale Milieus.

Forschungshistorisch lässt sich die AdressatInnenforschung in der Erwachsenenbildung bis in die 1920er Jahre zurückverfolgen. Sie bezog sich auf die Teilnahme an Volkshochschulen (Große 1932; Adams 1932; Hermberg/Seiferth 1932) und auf die Arbeiterschaft (Hermes 1926; de Man 1927; Buchwald 1934; zusammenfassend Bremer 2007).

1.2.1 Studien zum Zusammenhang von sozialer Lage und Weiterbildung

Indirekt anknüpfend an Ausrichtungen der Teilnahmeforschung während der Weimarer Republik wurden seit den 1950er Jahren qualitative Untersuchungen zur Situation in der Erwachsenenbildung veröffentlicht. Schon in seiner frühen Untersuchung über „Ansatz und Wirksamkeit der Erwachsenenbildung" – der „Hildesheim-Studie" – diskutierte Wolfgang Schulenberg (1957), gestützt auf eine durch Gruppendiskussionen befragte große Stichprobe, den Widerspruch zwischen der hohen Meinung über Bildung und dem eigenen Verhalten der Untersuchungspopulation.

Als Argumente gegen die Teilnahme wurden Überbeanspruchung durch die Arbeit, ungenügende Vorbildung oder Geldmangel genannt. Gleichzeitig war eine Diskrepanz zwischen der Konformität der starken Wertschätzung von Bildung und der faktischen eigenen Zurückhaltung erkennbar. Dies ließ vermuten, dass andere (tieferliegende) Gründe von der Teilnahme an Erwachsenenbildung abhalten.

In der nachfolgenden „Göttinger Studie" (Strzelewicz et al. 1966) wurde eine dreistufige Untersuchung vorgelegt, die qualitative und quantitative Verfahren verband. Anliegen war es, Bildungsvorstellungen und deren Unterschiede nach der sozialen Lage herauszuarbeiten. Die Forscher wollten wissen, „welche

Vorstellungen die breite Bevölkerung mit dem Wort Bildung verbindet, was nach Meinung der Bevölkerung zur Bildung gehört, wozu sie verhilft, was einen Menschen, den man für gebildet hält, auszeichnet" (ebd.: 39).

Ausgangspunkt der Interpretation war die eigenartige Mehrdeutigkeit des Bildungsbegriffs zwischen Innerlichkeitsideal und Statuszuweisung. Die Autoren fanden ein „sozial-differenzierendes Syndrom" von Bildung, das auf Schulabschlüsse, soziale Position und Wissen abstellt, eher bei unteren, ein „personaldifferenzierendes Syndrom", das auf Charakter, Einstellungen und Gesinnung verweist, eher bei gehobenen sozialen Schichten.

Für die Frage nach dem Zusammenhang von Weiterbildung und Gesellschaftsbild ist relevant, dass die Bildungsvorstellungen explizit mit Gesellschaftsvorstellungen verbunden wurden; beides sei „im allgemeinen kaum zu trennen" (ebd.: 568). Herausgearbeitet wurde das Bild einer sozial differenzierten Gesellschaft, in der das allgemeine Bewusstsein für die hohe und wachsende Bedeutung von Bildung zwar stark verbreitet war, allerdings verbunden mit dem „Vorhandensein weit verbreiteter Frustrationserlebnisse und Unmutsgefühle", die „in Beziehung zur soziokulturellen Situation" (ebd.: 577) standen. Vor allem die am stärksten benachteiligten Gruppen reagierten nicht selten mit resignierend-passiven oder individualistisch-aufstiegsorientierten Strategien.

In der Tradition der Hildesheim- und Göttinger- Studien steht auch die „Oldenburg-Studie" von 1978 (Schulenberg et al. 1978). Die Forschenden nahmen ausdrücklich auf die beiden vorherigen Untersuchungen Bezug, entschieden sich aber methodisch für einen quantitativ-repräsentativen Forschungsansatz. Erweitert wurde die Erhebung um Fragenkomplexe zur Rolle des Berufs und des Einflusses der familiären Situation auf das Weiterbildungsverhalten. Unterlegt wurde ein Modell der sozialen Schicht. Das Ergebnis der Göttinger Studie bestätigte sich, erfuhr jedoch eine Verschiebung: Einen betont instrumentell geprägten Bildungsbegriff konstatierten die Autoren nicht mehr nur bei benachteiligten, sondern auch bei privilegierten Personen. Allerdings sollten diese instrumentellen Erwartungen nicht als „bloßer Utilitarismus verstanden werden, denn sie zielen durchaus auf umfassendere Perspektiven der Lebensgestaltung" (Schulenberg et al. 1978: 521).

Unmittelbar auf Weiterbildungsteilnahme bzw. Nichtteilnahme in sozialen Kontexten zielte die Untersuchung zum Thema „Weiterbildungsabstinenz" von Axel Bolder und Wolfgang Hendrich (zusammenfassend 2000). Die mehrstufige Untersuchung verknüpfte Makro-, Meso- und Mikroebene und stützte sich auf quantitative und qualitative Verfahren. Die Autoren nahmen dabei Bezug auf Dirk Axmachers Konzept des „Widerstand[s] gegen Weiterbildung" (1990; vgl. auch Holzer 2004). In einer historischen Untersuchung zu Handwerkermilieus konnte Axmacher zeigen, dass diese in der Umstellung auf andere Ausbildungen eine Bedrohung ihrer jetzigen Lebensweise sahen. Ihre verweigernde Haltung war also kein Zeichen von Passivität, sondern Teil aktiver Lebensführung. Bolder/Hendrich konnten in ihrer Untersuchung ebenfalls nachweisen, dass Weiterbildungsabstinenz keineswegs als Defizit oder Makel zu sehen ist. Die Vermeidung beschäftigungsnaher Weiterbildung, wie sie von den drei identifizierten Gruppen „Ausgegrenzte", „Desinteressierte" und „Verweigerer" praktiziert wurde, sollte nicht als Ausdruck einer mangelnden Lern- oder Erfahrungsoffenheit missverstanden werden. Vor dem Hintergrund der Situationswahrnehmungen der WeiterbildungsadressatInnen erschien Weiterbildung oft nicht als Chancenerweiterung, sondern als Zumutung, die gegebenenfalls negativen Einfluss auf die eigene Lebensgestaltung haben konnte.

Die Studie von Friebel (2008) beruht auf einer Längsschnittuntersuchung zur Bildungsbeteiligung. Sie untersuchte Chancen und Risiken von Bildungs- und Weiterbildungskarrieren. Über den Zeitraum von 18 Jahren begleitete die Forschungsgruppe eine Hamburger Schulabschlusskohorte von 1979 und untersuchte deren Bildungserfahrungen und -erwartungen. Die Studie setzte sich zum Ziel, die Analyse sozialer Strukturen und der biographischen Perspektiven in der Bildungsbiographie- und Lebenslaufforschung miteinander zu verbinden.

1.2.2 Soziale Milieus und Weiterbildung

Solche Bedeutungskontexte wurden durch neuere, die AdressatInnen- und Teilnahmeforschung fortsetzende Studien über soziale Milieus und Bildung aufgenommen. Milieus werden dabei als Gruppen von Menschen mit ähnlicher Lebensführung verstanden; die Studien zielen also nicht allein auf soziodemographische Merkmale, die die soziale Lage charakterisieren, sondern zugleich auf die in bestimmte Lebenslagen eingebetteten Alltagskontexte sowie auf die soziale Praxis der Akteure und auf deren Gesellschafts- und Politikwahrnehmung (Vester et al. 2001).

Für die empirische Milieuforschung in Deutschland wurden zunächst die Arbeiten der Sinus-Lebensweltforschung bedeutsam. Der Forschungsansatz wurde in der Folge auf Untersuchungen zur Beteiligung an politischer Bildung übertragen (vgl. Friedrich-Ebert-Stiftung 1993; Flaig et al. 1993). Später führten Heiner Barz und Rudolf Tippelt mehrere Studien mit diesem Milieukonzept durch, angefangen von der „Freiburg-Studie" zum Bildungsverständnis sozialer Milieus (Barz 2000; Tippelt 1997), fortgesetzt und ausgeweitet in der „München-Studie" (Tippelt et al. 2003) zu milieuspezifischen Affinitäten zur Volkshochschule und schließlich in einer deutschlandweiten, qualitative und quantitative Methoden nutzenden Untersuchung, die im Kern auf spezifische Weiterbildungseinstellungen sozialer Milieus zielte (Barz/Tippelt 2004, 2004a). Die Studie stellte u.a. eine weit verbreitete „fehlende Nutzenerwartung" und „fehlende Verwertungsaspekte" als eine über alle Milieus wirkende Dimension heraus

(2004a: 94). Der Bezug zur Gesellschaftlichkeit von milieuspezifischer Weiterbildungshaltung trat dabei aber zuletzt zu Gunsten eines reinen Marketing-Denkens (Tippelt et al. 2007) – bezogen auf die Frage, welche Institutionen und Programme für welche Milieus attraktiv sind – in den Hintergrund.

Helmut Bremer (1999) hat gestützt auf die an Bourdieu anschließende Milieukonzeption von Vester et al. (2001) Teilnehmende an gewerkschaftlichen Bildungsveranstaltungen befragt und nach Habitus vier Typen unterschieden: „die Traditionellen“, „die Unsicheren“, „die leistungsorientierten Pragmatiker“ und „die Selbstbestimmten“. Anhand dieser Studie wurden Erkenntnisse der milieubezogenen Weiterbildungsteilnahme in den Kontext der AdressatInnen- und Teilnahmeforschung eingeordnet (Bremer 2007).

Im Ergebnis lässt sich sagen, dass die skizzierten AdressatInnen- und Teilnahmestudien deutlich zeigen, welche Bedeutung Weiterbildung in Verbindung mit der sozialen Lage, eigenen Biographie-Interpretationen und den Lebensentwürfen haben kann. Allerdings werden Bezüge zum Gesellschaftsbild dabei – wenn überhaupt – nur über das Habituskonzept hergestellt. In den milieubezogenen Studien kann die Weiterbildungsteilnahme in die Alltags- und Lebenspraxis eingeordnet und damit ein Zusammenhang sichtbar gemacht werden. Jedoch wird der vermittelnde Stellenwert von Gesellschaftsbildern bei der Entwicklung von Lerninteressen nicht explizit aufgezeigt. Insgesamt wird die Notwendigkeit einer genaueren Bestimmung des Konstrukts *Gesellschaftsbild* im Zusammenhang mit Weiterbildung deutlich.

1.3 Weiterbildung als Moratorium

In Umbruchsituationen werden Lebensinteressen und -chancen möglicherweise anders bewertet oder umgewertet. Aus erlebten Diskrepanzen und Konflikten können Enttäuschungen und Entwertungen resultieren, aber auch neue Hoffnungen und erweiterte Handlungsfähigkeiten entwickelt werden. Deshalb stehen die Vorstellungen von den gesellschaftlichen Ordnungsprinzipien je nach biographischem Kontext, durchlebten Erfahrungen und erworbenen Dispositionen in einer von Weiterbildung geprägten Phase auf dem Prüfstand.

Die hier umrissenen biographischen Umbruchsituationen lassen sich gut mit dem Konzept des *Moratoriums* verbinden. Der Begriff Moratorium, auf den vorrangig in der Jugendforschung als Übergangsphänomen zurückgegriffen wird, wird dort auch problematisiert, da er in Theorie und Forschung weitgehend metaphorisch bleibt und verschieden verstanden eingesetzt wird (vgl. Reinders/Wild 2003). Wurde Moratorium vom Psychoanalytiker Erik Erikson (1974) in seinem Phasenmodell als „psychosoziales Moratorium“ gedacht, das vor allem der Entwicklungsaufgabe der (hetero-)normativen Identitätsarbeit gewidmet war, ist das von dem Jugend- und Kindheitssoziologen Jürgen Zinnecker (1991) eingeführte „Bildungsmoratorium" vor allem mit verlängerten schulischen Bildungsprozessen und dem Erwerb von Bildungstiteln verbunden. Zinnecker hat das Konzept später weiter entwickelt (2000, 2003) und auch vom „pädagogischen Moratorium" gesprochen.

Gekennzeichnet ist das Moratorium generell als ein „Schon- und Entwicklungsraum" (Erikson 1974), eine „spezifische lebensgeschichtliche ‚Auszeit' für die Jüngeren (...), sichtbar gemacht in ausgewiesenen Zeiten, Räumen, Statuspositionen und Diskursen, die einen Rückzug auf Zeit aus bestimmten Verpflichtungen und Teilhaben der bürgerlichen Gesellschaft beinhaltet" (Zinnecker 2000: 37).

Mit Bourdieu (1993: 139) lässt sich auch von einem zeitweiligen „sozial aus dem Spiel"-Sein sprechen, in dem man von sozialen und öffentlichen Verpflichtungen der Erwachsenengesellschaft in den Bereichen Arbeit, Familie und Öffentlichkeit befreit ist (vgl. auch Popp 2010). Für Bourdieu liegt das Potenzial dieses „sozial aus dem Spiel"-Seins darin, dass es einen Bruch mit dem herbeiführen könne, was als selbstverständlich gegolten habe (vgl. Bourdieu 1993). Das Moratorium ist dabei gleichzeitig ein Ort der Machtlosigkeit, der als Warteschleife und „Aufbewahrungsanstalt" wahrgenommen werden kann (vgl. Ferchhoff 2007; Popp 2010), und trägt so neben dem Merkmal der Vorbereitung auch das Merkmal des Aufschubs (vgl. ebd.).

Der Zugang zu einem Moratorium ist gesellschaftlich ungleich verteilt. Vera King betont mit dem adoleszenztheoretischen Begriff „psychosozialer Möglichkeitsraum" (King 2004: 28) die Chance zur Umarbeitung von innerer und äußerer Realität und weist darauf hin, dass die jeweiligen Möglichkeitsräume in ihrer Qualität verschieden sind. Die Chancenstruktur wird als Ausdruck und Medium der Reproduktion sozialer Ungleichheit verstanden (vgl. auch Zinnecker 2000: 42f.). Zinnecker hat zudem darauf hingewiesen, dass sich im Zuge der tendenziellen Entstandardisierung von Lebensläufen und ‚Normalarbeitsverhältnissen' pädagogische Moratorien von der Bindung an die Lebensphasen Heranwachsender lösen und dass sich „im Zuge dieser historischen Entwicklung (...) eine Wiederfreigabe der Positionen von Arbeiten und Lernen für alle Altersgruppen und Stadien des Lebenslaufes" andeutet (ebd.: 60).

Von Simone Tosana (2008) ist das Konzept des Bildungsmoratoriums in ihrer Untersuchung zum Zweiten Bildungsweg auf den Bereich der Erwachsenenbildung übertragen worden. Sie geht mit Zinnecker von einer „Entpflichtung" im Alltag oder im Lebenslauf aus (vgl. Tosana 2008: 23) und löst die Schulzeit dabei von einem bestimmten Zeitpunkt in der Normalbiographie ab (vgl. ebd.: 46). Moratoriumsphasen haftet eine Ambivalenz an, die sich aus der Charakterisierung als eigenlogischer, Gestaltung ermöglichender und auf die Gegenwart bezogener *Schonraum* einerseits und als zukunftsbezogener, Anpassungsleistungen verlangender und an sozialen Erwartungen orientierter *Aufgabenraum* andererseits ergibt. Begrifflich findet dies seinen Ausdruck etwa in der Unterscheidung von „romantischem" vs. „aufklärerischem Modell" (Zinnecker 2000: 54), „Moratorium" vs. „Transition" (Reinders/Butz 2001) oder auch „Freizeitmoratorium" und „Bildungsmoratorium" (Reinders 2005).

Weiterbildung durchbricht die Bindung des Moratoriums an eine einzelne Entwicklungsphase. Sie kann insofern als Moratorium aufgefasst werden, als sie Erwerbs- bzw. Familienphasen unterbricht bzw. zeitweise ablöst. Sie stellt einen Tätigkeitskontext her, den Klaus Holzkamp (1993) als Lernschleife bezeichnet hat. Die Routine des Alltäglichen wird aufgegeben und es werden Tätigkeitshorizonte auf die Zeit nach der Lernphase gerichtet: Da wo Barrieren des Handlungsspektrums erlebt werden, sollen sie durch die Weiterbildung weggeräumt werden.

Bei der Entscheidung, im Projekt „Gesellschaftsbild und Weiterbildung" ebenfalls auf das Moratoriumskonzept zurückzugreifen, spielte diese Ambivalenz, die je nach biographischem Verlauf, sozialer Lage und Habitus unterschiedliche Gestalt annehmen kann, eine wichtige Rolle. Eine zentrale Annahme unserer Studie war, dass außerhalb des Erwerbslebens stattfindende und länger andauernde Weiterbildungsprozesse eine solche Moratoriumsphase darstellen, in der bisherige soziale und gesellschaftlich-politische Ordnungsvorstellungen und Orientierungsmuster (Gesellschaftsbilder), berufliche Umorientierungen sowie private Lebensentwürfe überprüft und durch mit Weiterbildung verbundene Lernprozesse neu organisiert werden. Wir haben deshalb in der Studie auf mögliche Veränderungen der Gesellschaftsbilder fokussiert.

1.4 Habitus und Gesellschaftsbild

Im Kontext unserer Studie kann das Konzept des „Sozialcharakters" als eine Art genetischer Vorbegriff zum Habitus aufgefasst werden.[3] Mit dem Habituskonzept wird eine Vermittlungsinstanz zwischen Individuum und Gesellschaft, zwischen sozialer Lage und Bewusstsein und auch zwischen vor-bewussten und bewussten Anteilen des Gesellschaftsbildes eingeführt. Damit werden direkte Ableitungen überwunden und die aktiven Aneignungsprozesse der Akteure berücksichtigt. Zudem greift das Habituskonzept nicht nur kognitive Aspekte auf,

3 Flaig et al. (1993: 54f.) weisen in Zusammenhang mit der Entwicklung des Milieukonzeptes der Sinus-Lebensweltforschung darauf hin, dass sie dabei Bezüge zu Fromms Konzept des Sozialcharakters herzustellen versucht haben, ohne dass dies vertieft weiter verfolgt wurde. Die Forschungsgruppe der von Mangold in den 1970er Jahren geleiteten Studie „Bewußtsein und Sozialcharakter von Angestellten" (Schmidt/Wentzke 1991) hat ebenfalls an das Konzept anzuknüpfen versucht, den Ansatz aber aufgegeben.

sondern auch die gesellschaftliche Praxis, die sich mit Bourdieu als ein entscheidendes gesellschaftlich strukturierendes Prinzip erweist.

Ein Problem insbesondere der Forschung zum Arbeiter- oder Angestelltenbewusstsein ist, dass das (Klassen-)Bewusstsein – einer orthodoxen Marxinterpretation folgend – aus der sozialen Lage mehr oder weniger abzuleiten sei: Das Sein bestimme das Bewusstsein. Bourdieu hat sich bei der Entwicklung des Habituskonzepts explizit und kritisch mit dieser Vorstellung auseinandergesetzt. Vier Aspekte gilt es für unsere Studie hervorzuheben:

Zunächst betont Bourdieu die nicht-reflektierte Ebene dessen, was oft als Klassenbewusstsein und – erweitert – als Gesellschaftsbild bezeichnet wird. Als Ethos, vorreflexive Elemente der Psyche, sind die Akteure je nach sozialer Klasse und ihrem Habitus in der Lage, „auf alle Probleme des Alltags" praktische, mit der sozialen Welt „kompatible Antworten" zu geben (1982: 655). Sie verfügen so über die „Fähigkeit zur Meisterung der Praxis" (ebd.: 657). Das Ethos ist „weniger in den expliziten Prinzipien eines pausenlos wachsamen (...) Bewußtseins fundiert", sondern in den „impliziten Denk- und Handlungsschemata des Klassenhabitus – oder (...) eher im Klassenunbewußten als im Klassenbewußtsein" (ebd.). Damit kann die bei Popitz et al. (1957) schon benannte weniger bewusste Dimension des Gesellschaftsbildes durch ein theoretisches Konstrukt fundiert werden.

Zum zweiten wendet sich Bourdieu mit dem Habituskonzept gegen die Vorstellung, dass Erkenntnis und soziale Praxis aus einer Art passivem Reflex hervorgehen, sondern betont stattdessen die aktive „Konstruktionsarbeit", die er auch als „praktische Reflexionstätigkeit" bezeichnet" (Bourdieu/Wacquant 1996: 154). Somit lassen sich auch Gesellschaftsbilder als von AkteurInnen mit hervorgebrachte Konstrukte fassen; zudem bilden sich hier Anschlüsse an Lernen und Bildung als spezifische Form sozialen Handelns.

Dem Gedanken folgend, dass es sich bei den „kognitiven Strukturen" der Akteure um „inkorporierte soziale Strukturen" handelt (Bourdieu 1982: 730), erlaubt es das Habituskonzept *zum dritten*, Gesellschaftsbilder zugleich als individuell verankert wie auch als kollektiv geteilte und strukturell verwurzelte, also etwa milieu-, geschlechts-, generationsspezifische Weltsichten zu verstehen.

Schließlich ist der Habitus *viertens* als „allgemeine Grundhaltung" gegenüber der Welt (Bourdieu 1992: 31) unmittelbar anschlussfähig an das Konzept Gesellschaftsbild – und umgekehrt. Die sozialen Subjekte lernen von Beginn an mit und in gesellschaftlichen Teilungen (etwa nach sozialer Klasse, Alter, Geschlecht, Ethnie, Stadt/Land usw.) zu denken und zu handeln. Sie können wiederum ein zentrales Moment für Gesellschaftsbilder sein. Somit ist der Erwerb des Habitus schon ein eminent politischer Prozess und hängt direkt mit der politischen Ordnung zusammen (Bourdieu 2001: 214). Die Inkorporierung der sozialen Ordnung im Habitus führt gleichzeitig zu deren Anerkennung:

> „Als Ergebnis der Einverleibung einer Herrschaftsbeziehung sind die Dispositionen die wahre Grundlage für das vom Zauber der symbolischen Macht lediglich ausgelöste praktische Erkennen und Anerkennen der magischen Grenze zwischen Herrschenden und Beherrschten.“ (Ebd.: 216ff.)

So lassen sich mit Bourdieu Gesellschaftsbilder als grundlegende, im Habitus verankerte gesellschaftliche Ordnungs- und Teilungsprinzipien auffassen, die auf Erfahrungen basieren und mit sozialen Orten zusammenhängen, so dass sie auch mit Strukturkategorien wie soziale Klasse, Alter, Geschlecht, Ethnie etc. korrespondieren. Gesellschaftsbilder erweisen sich außerdem als handlungsrelevant; sie hängen selbst mit der unterstellten strukturellen Ordnung zusammen, strukturieren aber wiederum auch die Praxis, d.h., dass auch die Weiterbildungs- und Lernpraxis durch Habitus und Gesellschaftsbild vorstrukturiert sind.

1.5 Habitus und Lernen

Das *Habituskonzept* legt also einen starken Akzent auf die Stabilität grundlegender Orientierungen. Demgegenüber ist beim Konzept *Lernen* von Anfang an eine Dynamik der Veränderung unterstellt. Fasst man ausgedehnte Weiterbildungsphasen im Sinne eines *Moratoriums* (vgl. 1.3) auf, so kann das Habituskonzept zeigen, wie Umstellungs- und Mobilitätsphasen antizipiert und verarbeitet werden. Zugleich gilt es im Sinne der Moratoriumsthese auch in den Blick zu nehmen, inwiefern durch Lernprozesse Veränderungen des Habitus und somit auch des Gesellschaftsbilds möglich werden.

1.5.1 Habitustransformationen

Wird der Habitus als Ensemble von Wahrnehmungs-, Denk- und Handlungsschemata aufgefasst, dann ist mit dem Verweis auf Lernen die Frage nach der Veränderung dieser Schemata gestellt. Obwohl Bourdieu selbst in vielen Arbeiten mit dem Habitus vor allem die relative Stabilität sozialer Praxis betont und hier vom „Hysteresis-Effekt“ spricht (vgl. Bourdieu 1982: 237f., 1987: 116f.), sind Veränderungen keineswegs ausgeschlossen, sondern der Normalfall; der Habitus ist dauerhaft, aber nicht unveränderlich (Bourdieu/Wacquant 1996: 167f.; vgl. auch Rieger-Ladich 2005).

Da die Schemata inkorporiert und in der Regel wenig bewusst sind, sind solche Veränderungen aber eher nur begrenzt möglich und verlaufen „zäh“, ohne dass der „modus operandi“ grundsätzlich ‚ausgehebelt‘ wird. Der Habitus entscheidet mit „über das, was ihn umformt“ (Bourdieu 2001: 191), ohne jedoch festzulegen, was dazu bewegt bzw. bewogen hat. Ein Ereignis wird nicht aus sich heraus zur Handlungs- und Lernproblematik, sondern dadurch, dass ein bestimmter, dafür empfänglicher Habitus „ihm diese Wirksamkeit verlieh" (ebd.: 190). Bourdieu hat dieses Verhältnis von Beharrung einerseits und Veränderung andererseits mit Begriffen wie „Re-Strukturierung" (1976: 189), „Integrationsstufen" (2001: 206) und „Transformationsprozess" (ebd.: 210) gefasst.[4] Zumeist ist von einem länger andauernden Prozess auszugehen, oft verbunden mit „einer ganzen Reihe kaum spürbarer Veränderungen" (ebd.), durch die sich Dispositionen umwandeln:

> „Der Transformationsprozess, durch den jemand Bergarbeiter, Landwirt, Priester, Musiker, Professor oder auch Unternehmer wird, ist langwierig, stetig und unmerklich (...): Er beginnt mit der Kindheit, manchmal sogar vor der Geburt (...); er setzt sich meist ohne Krisen und Konflikte fort – was nicht heißt ohne Phasen moralischen oder physischen Leidens, die als Prüfungen zu den Entwicklungsbedingungen der illusio gehören." (Bourdieu 2001: 210f.)

Ausgelöst werden können solche Veränderungsprozesse dadurch, dass gewohnte Routinen nicht mehr greifen. In Bourdieus Begrifflichkeit hätte man es mit Veränderungen im Verhältnis von Habitus und Feld bzw. einem veränderten Verhältnis von Disposition und Position zu tun. Gerade das ist auch – nach Klaus Holzkamp (1993) – Anlass zu lernen: Indem gewohnte Abläufe nicht mehr gelten, entsteht eine Diskrepanz zwischen Bestehendem und Gewünschtem, die dazu führt, eine Lernschleife einzulegen.

Damit werden Bourdieus Überlegungen zur Veränderbarkeit des Habitus anschlussfähig an unser Projektkonzept: Zunächst gingen wir mit Popitz et al. (1957) bei den das Gesellschaftsbild begründenden Interpretationsschemata von einer relativen Stabilität aus. Mit dem Rückbezug auf das Moratorium und der Einbeziehung längerfristig angelegter Weiterbildungen war die Annahme verbunden, dass Veränderungen des Habitus und des Gesellschaftsbildes einen längeren Zeitraum benötigen. Länger andauernde Weiterbildungen, die als Umschulungen erfolgen, zielen auf die Vorbereitung auf ein neues Berufsfeld ab, so dass hier von einer Veränderung im Verhältnis von Disposition und Position auszugehen ist. Ausgelöst werden können diese von längerfristigen Weiterbildungen gerahmten Entwicklungen einerseits durch Initiative der Subjekte oder durch äußere, ‚objektive' Impulse bzw. Notwendigkeiten (etwa drohende Erwerbslosigkeit), wobei die Frage nach dem *subjektiven* oder *objektiven* Auslöser eher als zwei Pole eines Kontinuums zu verstehen sind, in dem sich mit Holzkamp Bedingtheit und Bedeutsamkeit ins Verhältnis setzen.

Mit der Bourdieuschen Begrifflichkeit lassen sich die Fragen zum Zusammenhang von Weiterbildung, Gesellschaftsbild und Veränderungen beim Lernen

4 Transformationen des Habitus sind zuletzt bildungstheoretisch als Transformation von Selbst- und Weltverhältnissen von Rosenberg (2011) interpretiert worden (vgl. auch Rieger-Ladich 2005; Koller 2012).

aufnehmen und analysieren. Der Fokus liegt dabei eher auf strukturellen Rahmungen, die auch Spielräume ermöglichen. Weniger differenziert thematisiert ist bei Bourdieu dagegen, wie diese Handlungsspielräume subjektiv erfahren und gestaltet werden. Um das genauer in den Blick nehmen zu können, kann auf Einsichten und Begriffe der subjektwissenschaftlichen Lerntheorie zurückgegriffen werden.

1.5.2 Lernen und Bedeutsamkeit

Subjektorientierte Ansätze, welche die Lerngründe Erwachsener und deren Handlungsperspektive in den Vordergrund der Untersuchung stellen, sind im aktuellen Diskurs zunehmend anzutreffen (grundlegend: Holzkamp 1993; vgl. Faulstich/Ludwig 2004; Faulstich 2013; Faulstich/Bracker 2015).

Die subjektwissenschaftliche Lerntheorie bezieht Lernen auf Bedeutungszusammenhänge der lernenden Subjekte und deren erweiterte Weltverfügung. Welche Handlungsperspektiven Einzelne in der jeweiligen Lernsituation entwickeln, hängt von vorhergegangenen persönlichen Lernerfahrungen bezogen auf Erfolgserwartungen und Ergebnisbewertungen ab. Hier liegen die Grenzen eines im Mainstream der Lerntheorien angelegten Kausalismus. Die Skala reicht von lustlos bis hin zu extrem motiviert: hingerissen, gefangen genommen, fasziniert. Man ist aber nicht irgendwie für Irgendwas motiviert, sondern immer nur in einem Tätigkeitsbezug gerichtet auf angestrebte Entwicklung.

Erst im Rückgriff auf Interessen (vgl. Grotlüschen 2010) wird das Intentionalitätsproblem als ein Gerichtet-Sein des Lernens in seiner Komplexität fassbar. Interessen vermitteln objektive Situationen und subjektive Motivationen. Sie sind gerichtet auf Themen und Gegenstände. Dabei sind sowohl rationale und explizite als auch emotionale, implizite Bezüge im Spiel.

Interessenkonstellationen werden abgewogen und gewichtet zwischen eigenen und fremden Anforderungen. Es gibt demnach ein unaufhebbares Spannungsfeld zwischen individueller Handlung und gesellschaftlichen Anforderungen. Zentraler Referenzpunkt dabei ist die Frage nach der Verfügung über die eigenen, relevanten, gesellschaftlichen Lebensbedingungen als Chance zur Erhöhung der eigenen Lebensqualität. Die Individuen prüfen, inwieweit Handlungen – also auch Lernhandlungen – für sie selbst einen Vorteil bringen oder eher Schaden erzeugen.

Menschliches Lernen – wenn man das weiter fasst, als es in Reiz-Reaktions-Schemata reduziert wird – findet statt, wenn handelnde Subjekte konfrontiert werden mit Offenheit, Brüchen und Zweifeln in der Handlungsroutine, verbunden mit Erwartungen auf erweiterte Handlungsfähigkeit. Man stößt auf Unerwartetes und Überraschendes, nicht Bewältigtes, Probleme, Krisen.

Aber auch anders Mögliches, Erhofftes, Aufscheinendes gibt Impulse. In Diskrepanzen entwickeln die Subjekte Interessen, welche ihre Intentionalität ausrichten. Das Neue soll angeeignet werden: „Ich will das können." Eine *Handlungsproblematik* wird in Lernstrategien umgeformt: „Ich will das lernen." *Lernschleifen* werden eingeschoben, die automatisierte Verhaltensvollzüge unterbrechen. *Lernresultate* können dann das Aktivitätsspektrum der Subjekte erweitern (zu diesem Ablaufschema: Faulstich 1999 im Anschluss an Holzkamp 1993). Dies impliziert eine Zukunftsgerichtetheit des Lernens als Aneignung zusätzlicher Handlungsmöglichkeiten. Das neu Gelernte wird einbezogen in das Spektrum verfügbarer Handlungsstrategien. Dabei geht es sowohl um die Entlastung von Leiden als auch um die Hoffnung auf Entfaltung. Hier entsteht Lernlust.

Die Entscheidung des Subjekts kann aber auch lauten: „Das will ich nicht lernen, es schadet mir nur." Dann entsteht ein Nichtlerninteresse. Lernwiderstände sind Belege für das Fehlen von Gründen zu lernen und Ausweis der Unverfügbarkeit des Selbst. Interesse zu handeln und Interesse zu lernen kann in Widerspruch geraten. Die Forderungen und Nachfragen „Sieh Dir das erst mal an!" „Was soll denn dabei herauskommen?" und „Denk genauer darüber nach!", sich klar zu werden über die eigenen Interessen und über potentielle Resultate unterbrechen die Handlungsroutinen. Lerninteressen setzen Interessen zu handeln und somit zu gestalten voraus.

Kern im Lernprozess ist das interessierende Problem. Darauf richtet sich die Intentionalität des Handelns und Lernens der Subjekte, die einbezogen sind in gesellschaftliche Kontexte. Lernen kann nicht erzeugt werden; man kann nur selbst lernen, und damit kommt die Person der Lernenden ins Spiel. Dies ist mit dem Problem eines *Lehr-/Lernkurzschlusses* offengelegt: Es ist eine Dozentenillusion, die Lernenden würden lernen, was die Lehrenden lehren.

Einen angemessenen Begriff des Lernens erreichen wir, indem wir drei Denklinien weiterziehen:

- von der mentalen Aktivität des Denkens hin zu praktischer Tätigkeit,
- von der kognitiv reduzierten Vernünftigkeit zum Einbezug sinnlich verankerter Leiblichkeit,
- von der Isolation der Individuen zum sozialen, bedingt freien Handeln der Subjekte.

Lernanlässe entstehen aus Diskrepanzerfahrungen zwischen Intentionalität und Kompetenz. Man kann nicht so, wie man will. Aus dem Handlungsablauf wird eine Lernhandlung ausgegliedert, eine Lernschleife wird eingebaut, um nicht überwundenen Schwierigkeiten beizukommen. Wenn man weiter fragt, warum wir lernen, gibt es zwei Möglichkeiten: Entweder ich treffe auf ein Problem und will es von mir aus lösen, d.h., ich *will*; oder aber es wird von außen – z.B. in einem Weiterbildungsprogramm – eine Aufgabe gestellt, d.h., ich *soll*. Holzkamp kodiert diese Möglichkeiten dual mit den Begriffen „defensiv" oder „expansiv".

Auf Seiten der Personen existieren Gründe, zu lernen oder nicht zu lernen; diese Gründe sind eng gebunden an biographische Erfahrungen, Erwartungen und Interessen, aber natürlich auch daran, wie die gesellschaftlichen Verhältnisse gesehen und bewertet werden. Soziale Erfahrungen können zusammengehen mit institutionell bedingten Schranken und für Lernende zu Hemmnissen werden. Hemmnisse und Schranken werden aber erst dann wirksam, wenn sie durch die Subjekte als solche bewertet werden. Aus der lern- und subjekttheoretischen Perspektive ist vor allem zu untersuchen, welche Bedeutung Lernen für die Teilnehmenden innerhalb ihres Gesellschaftsbildes hat.

Die subjektwissenschaftliche Lerntheorie kann also Antwort auf die Frage geben, warum es überhaupt Anstöße zu Habitustransformationen gibt und was als Lernanlass aufgenommen wird. Lernen bringt Bewegung in den Habitus. Entscheidend ist die Bedeutsamkeit der Themen für die Lernenden selbst. Gesellschaftsbilder liefern eine Vermittlungskategorie zwischen strukturellen Bedingungen und einen Rückbezug auf subjektive Orientierungen.

1.6 Gesellschaftsbilder und Weiterbildung zwischen Leistung und Anerkennung

Gesellschaftsbilder lassen sich kurz gefasst verstehen als über den Habitus vermittelte Grundeinstellungen und Ordnungsvorstellungen über den strukturellen Aufbau und die Funktionsweise der bestehenden Gesellschaft. Das umfasst auch Vorstellungen davon, wie Macht und Einfluss, Zugang zu Lebenschancen und Teilhabe oder auch politische Einflussnahme gesehen werden. Als solche Interpretationsschemata gehen Gesellschaftsbilder über den unmittelbaren je eigenen Erlebnisbereich hinaus und schließen eine Erklärungslücke zwischen unmittelbarer individueller Erfahrung und der Einsicht in komplexe gesellschaftliche Zusammenhänge.

Systematische Ausgangslage der weiteren begrifflichen Klärung und empirischen Analyse ist die kategoriale Analyse der vielfältigen Dimensionen und unterschiedlichen Reflexionsebenen von Gesellschaftsbildern. Dabei geht es hier zunächst um begriffliche Differenzen, die durch unsere Studie empirisch gefüllt wurden. Wie wir diese eher theoretisch hergeleiteten Begriffe und Dimensionen dann für die Empirie operationalisiert haben, zeigen wir bei der Darstellung des empirischen Designs in Kapitel 2. An dieser Stelle wollen wir zunächst auf einer konzeptionellen Ebene auf die systematischen Dimensionen von Gesellschaftsbildern eingehen (1.6.1), die als Suchraster in unser Projekt eingeflossen sind, und im Anschluss die Begrifflichkeit Leistung (1.6.2) und Anerkennung (1.6.3) diskutieren, die für die Erfahrung und Legitimierung von Gesellschaftsordnungen einen zentralen Stellenwert haben.

1.6.1 Dimensionen von Gesellschaftsbildern

Wir fassen Gesellschaftsbilder als Vorstellungen und Schemata, auf deren Grundlage die gesellschaftlichen Verhältnisse gedeutet, geordnet und bewertet werden. Die Akteure setzen ihre eigene gesellschaftliche Stellung und soziale Position dazu in Beziehung.

Um Gesellschaftsbilder empirisch zu erfassen, haben wir das Konzept in dichotome Dimensionen differenziert. Kategorial geht es zunächst darum, den Begriff Gesellschaftsbild aufzubrechen. Gesellschaftsbilder können systematisch unterschieden werden hinsichtlich

- ihrer *Selektivität* (elitär vs. egalitär): Spaltung („die Superreichen reißen alles an sich"); Einstellungen zu Autoritäten und Hierarchien (Unterordnung, Anpassung; autoritäre Haltungen oder demokratisch-egalitäre Haltungen); Haltungen zur wahrgenommenen Gesellschaftsordnung (Ablehnung oder Akzeptanz, Zufriedenheit oder Unzufriedenheit mit den Verhältnissen);
- ihrer *Präzision* (pauschalisiert vs. differenziert): Dichotomie („ihr da oben, wir hier unten"); Heterogenität („wir sind doch alle unterschiedlich");
- ihres *Distributionsmodells* (ständisch vs. meritokratisch): Vorstellungen von Verteilungsgerechtigkeit: Ständische Vorstellungen: Privilegien durch soziale Herkunft und gesellschaftliche Stellung; Kritik an Vererbungsungerechtigkeit („wer hat, dem wird gegeben"); Vorstellungen von Leistungsgerechtigkeit („Leistung wird belohnt, muss belohnt werden"); Haltung gegenüber sozial benachteiligten Gruppen, gegenüber dem Sozialstaatsprinzip (Solidarität oder Ausgrenzung); Bildungsgerechtigkeit (Zugang zu und Aufstieg durch höhere Bildung); Vorstellungen zum Generationenausgleich/zu Generationengerechtigkeit; Haltung zur Geschlechterdifferenz/Geschlechterhierarchie;
- ihrer *Konfliktivität* (konkurrierend vs. solidarisch): Interaktionen sind eingespannt in das Spektrum von Kampf und Hilfe (gegenseitige Unterstützung oder Einzelkämpfertum dominieren);
- ihrer *Stabilität* (veränderbar vs. verfestigt): Resignation („das war schon immer so, wird so bleiben") oder Veränderungsmöglichkeiten („Wir können und müssen was tun!"); Beurteilungen zum technologischen Wandel (Verbesserung der Lebensqualität, Arbeitserleichterung oder Arbeitsplatzvernichtung, Rationalisierungsdruck); Vorstellungen, wie die gesellschaftlichen Bedingungen verändert werden können und durch wen (Staat, Politik, Gewerkschaften, soziale Akteure);

- resultierender *Mobilitätschancen* (stabil vs. mobil): Vergeblichkeit von Bemühungen („alles strampeln hilft nichts“) oder Aufstiegshoffnungen („man muss sich nur bemühen“); Tellerwäscher-Illusion („alles steht jedem offen“) oder Abstiegsängste.

Die Vielfalt der Dimensionen kann je nach Stärke ihrer Ausprägung in einem Stern von dual gegenübergestellten Kategorien dargestellt werden.

Die Dimensionen bewegen sich in einer Relation von vor-bewussten, der Reflexion schwer zugänglichen Ebene verinnerlichter Dispositionen bis hin zu reflektierten weltanschaulichen Haltungen, die mit parteipolitischen Orientierungen verbunden sein können. Lernbegründungen sind dabei selbst Teil des Gesellschaftsbildes. Gesellschaftsbilder sind bezogen auf Lernen doppelt wichtig: als Resultat von Aneignung sowie als dadurch entstandene Disposition für weitere Lernprozesse.

Für eine subjektorientierte Konzeption sind vor allem die alltagspraktischen und ideologischen Komponenten gesellschaftlicher Ordnungsvorstellungen ausschlaggebend. Es geht um strukturell verwurzelte subjektive Einschätzungen und Einstellungen unter Einbezug der gesellschaftlichen Verhältnisse, um Verteilungszuweisungen und Teilhabemöglichkeiten. Durch das Habituskonzept werden diese subjektiven Einschätzungen und Vorstellungen um eine kollektive Dimension erweitert.

Abb. 1: Dimensionen von Gesellschaftsbild

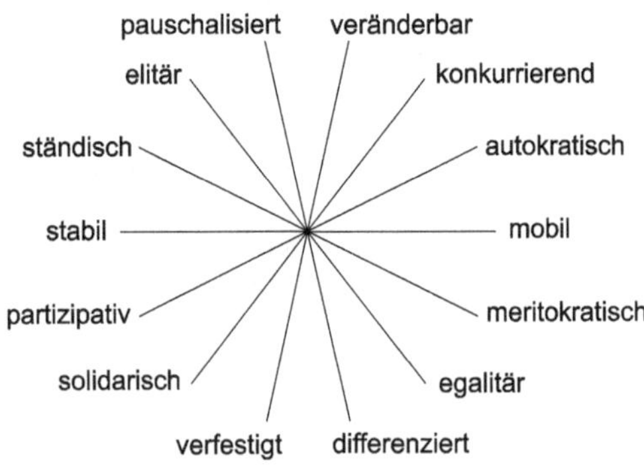

Eigene Darstellung (2013)

1.6.2 Leistungsprinzip und Gesellschaftsbilder

Gesellschaftsbilder korrespondieren mit Gesellschaftsordnungen bzw. deren Legitimation bezogen auf das zentrale Problem der Gerechtigkeit. Jede Gesellschaft muss die Frage beantworten, wodurch ihre Ordnung und daraus resultierende Statuspositionen legitimiert werden, und hierfür einen Konsens anstreben. Émile Durkheim sah in der gesellschaftlichen Ordnung eine stabilisierende Funktion, wenn ein gesellschaftlich ausgehandelter normativer Konsens der Zuteilung und „im sittlichen Bewusstsein der Gesellschaften" (Durkheim 1983 [1897]: 283) eine als weitgehend gerecht empfundene Rangordnung von gesellschaftlichen Funktionen und Diensten vorhanden ist und deren jeweilig zugewiesene Wertschätzungen allgemeine Zustimmung finden. Das heißt, es müssen von allen anerkannte stabile und verlässliche „Mechanismen der Statusbewertung und Statuskontrolle" (ebd.: 279; vgl. ebd. 279ff.) vorliegen. Max Weber (1980: 531) ordnete das soziale Gefüge stärker macht- und handlungstheoretisch ein. Soziale Ordnungen werden danach durch das Handeln von Gruppen und sozialen AkteurInnen in Kämpfen und Konflikten strukturiert. Die Zuweisung von Status ist aus dieser Perspektive das Ergebnis asymmetrisch strukturierter Beziehungen, in denen bestimmte Klassen und Gruppen Macht über andere erlangt haben. Es gehört zum Machtvorteil dieser sozialen Klassen und Gruppen, dass sie die eigenen Maßstäbe sozialer Anerkennung erfolgreich als legitim institutionalisieren konnten. Somit verweist Weber auf die Schwierigkeiten und Konflikte im Prozess der Herstellung eines Konsenses über die Legitimität sozialer Ordnung.

Das Bürgertum hat in der Phase seines Aufstiegs *Leistung* als zentrales Legitimationsprinzip gesellschaftlicher Ordnung etabliert. Das Leistungsprinzip gilt als das zentrale Prinzip gesellschaftlicher Verteilungsgerechtigkeit. Verteilt werden knappe Güter (Einkommen, Ansehen, Macht und Teilhabe, ebenso Lerngelegenheiten) und durch Leistung errungene, erstrebenswerte Positionen besonders im Bildungs- und Beschäftigungssystem (vgl. kritisch etwa Solga 2013).

Im Übergang zur bürgerlich-kapitalistischen Gesellschaft gilt nicht mehr die Zugehörigkeit zu einem Stand, sondern die individuell erbrachte Leistung im Gefüge der industriell organisierten Arbeitsteilung als Grundlage legitimer Verteilung (McClelland 1966; Hondrich 1988). Statusdistribution soll – im Gegensatz zu den vererbten Vorrechten einer ständischen Gesellschaft – nach dem postulierten meritokratischen Prinzip erfolgen. Wo dies verletzt wird oder nicht greift, wird das als ungerecht bewertet.

> „Im System der offiziellen Selbstdarstellungen und Selbstrechtfertigungen industriell-kapitalistischer Gesellschaften spielt kein anderer Topos eine so prominente Rolle wie der Begriff der ‚Leistungsgesellschaft.'„(Offe 1970: 7)

Hinter einem Gesellschaftsbild, das es erlaube, bestehende Macht- und Herrschaftsstrukturen als gerechtfertigt zu legitimieren, steht nach Claus Offe

> „auf der einen Seite die Vorstellung einer hocheffizienten Leistungsordnung, in der die Rechte und Privilegien jeder gesellschaftlichen Gruppe strikt an dem be-

messen sind, was als ihr Beitrag zum Gesamtprodukt gilt; auf der anderen Seite enthält es die theoretische Leugnung und die Rechtfertigung für die praktische Unterdrückung.“ (Ebd.)

Offe hat schon frühzeitig in seiner Studie über „Leistungsprinzip und industrielle Arbeit“ (Offe 1970) darauf hingewiesen, dass das quasi-religiöse Legitimationsmodell der Statusdistribution zunehmend obsolet geworden sei. Die Arbeitsorganisation entziehe sich einer einlinig gestaffelten Hierarchie. Nichtsdestoweniger wirke das Prinzip fort – auch deshalb, weil kein anderes Konzept hinreichend greife, sondern Ungleichheit in ihrem Stellwert als ideologische Basis der Statusordnung und -verteilung zugedeckt und nur selten als Ungerechtigkeit deutlich werde. So entstehe ein „Mythos, der die Barrieren der gegebenen Sozialstruktur gegenüber alternativen Modellen gesellschaftlicher Produktion und Distribution befestigt“ (ebd.: 9).

Bereits vorangegangene Studien haben darauf hingewiesen, wie stark das meritokratische Legitimationsmodell sich in den Köpfen festgesetzt hat (McClelland 1966; Young 1961). Im Ergebnis dieser Studien zeigte sich, dass Leistung eine zentrale Bedeutung für die Bewertung aller Tätigkeiten und insbesondere auch des Lernens zugemessen wird. Als zentrale Legitimationsprinzipien, die die gegenwärtigen gesellschaftlichen Konflikte und auch die wissenschaftlichen Diskurse dominieren, können wir *Anerkennung* und *Leistung* identifizieren. Das Leistungsprinzip ist Grundideologie der bürgerlichen Gesellschaft, die es schon in ihrem Entstehen gegen andere Verteilungskriterien z.B. Macht, Erbe und Adel richtete. Das Anerkennungspostulat betont moderne Formen der Individualisierung, gibt Ansprüche der Einzelnen auf Bestätigung wieder und zielt gegen Missachtung und Beschämung. So liefern die beiden Kriterien das Legitimationsfeld für gesellschaftliche Ungleichheit und Statusdistribution.

Aufgrund der Leistungsbezogenheit der Arbeitsgesellschaft spielt dies auch für Lernen eine Rolle. In der Analyse (Faulstich/Bracker 2015) stellte sich ein Arbeits- bzw. Erwerbsbezug als zentrale – direkte oder indirekte – Perspektive für Lernbemühungen bzw. Lernleistungen heraus. Im Rahmen einer fortbestehenden Orientierung an Erwerbsarbeit als zentralem gesellschaftlichem Strukturprinzip bleibt der Beitrag zur funktionalen Arbeitsleistung Maßstab der Bewertung, Kern der Anerkennung und somit der Identitätsprofile: Teilhabe am zentralen gesellschaftlichen Verteilungsmechanismus von Lebenschancen – dem Arbeitsmarkt – ist selbstverständlicher Bezug für Lernaktivitäten.

Leistungsorientierung in der Arbeitswelt hat dabei unmittelbare und mittelbare Wirkung auf Lernen: Mittelbar, weil Lernen dem Zugang zu Einkommen, der Sicherheit von Arbeit und damit dem Fortbestehen von Anerkennung dient. Dies wiederum dient dem Erhalt von Leistungsfähigkeit; unmittelbar, weil Lernen nicht allein als Vorbereitung auf Leistung dient, sondern auch selbst Leistungskriterien unterworfen ist.

Im Kampf um gesellschaftliche Anerkennung und Teilhabe führt die Leistungsorientierung zu einer doppelt riskanten Schieflage: Lernen wird – wenn es vorrangig der Erwerbsfähigkeit in individueller Perspektive und besonders dem Einkommenserwerb dient – Mittel zum Zweck von (abstrakter) Arbeit und damit funktional. Leistungsdruck als Kernbestandteil aktueller Formation der Arbeitsgesellschaft – so wird es aus dem empirischen Material deutlich – wirkt zusätzlich als ständige Bedrohung von Lebensqualität. Lernen ist eine Möglichkeit, hierauf zu reagieren – in unauflösbaren Ambivalenzen. So soll funktionales Lernen die Teilhabe an und das Bestehen von Leistung sichern, sichern Lernprozesse aber auch die Unterordnung des Subjektes unter das Leistungsprinzip.

Mögliche Widerstandspotentiale gegen das Leistungsprinzip und gegen die dadurch legitimierte Reproduktionsordnung werden jedoch ebenfalls lernend erkämpft. Die Handlungsfähigkeit des Subjekts wird widerständig erweitert und mit identitären Lernprozessen verbunden, indem die Ausgangslagen von *‚inneren' Ansprüchen* und *‚äußeren' Vorgaben* in ein sinnvolles Verhältnis gebracht werden. So findet auch eine Entwicklung des Subjekts statt, es widersteht konkreten Ausprägungen des Leistungsprinzips, jedoch in individueller Perspektive und somit in einer durch Lernen vollzogenen Veränderung seiner Handlungsfähigkeit mit restriktivem Charakter. Der unmittelbare Bezug des Leistungsprinzips zeigt, dass defensives Lernen zu einem Bedeutungsverlust der Lerngegenstände führen und zudem – über biographische Erfahrungen – Lernen als Zumutung empfunden, also zur Lernbelästigung werden kann.

Das Leistungsprinzip setzt Übertragbarkeit und Messbarkeit voraus, die es in dieser Verallgemeinerung gar nicht gibt. Ganz unterschiedliche Aktivitäten können als Leistung bewertet werden: Versicherungsbetrug und Lebensrettung.

Wer aber Leistung abstrakt fordert oder kritisiert, der sagt noch nichts über den konkreten Prozess und sein Resultat, ohne den Leistung aber gar nicht bestimmbar ist. Als Frage zugespitzt:

> „Leistet derjenige mehr, der einen Arbeitsauftrag erfüllt, oder leistet derjenige mehr, der die Erfüllung dieses Arbeitsauftrags ablehnt? (...). Wenn das Leistungsprinzip als das Prinzip zur Gewährleistung sozialer Verteilungsgerechtigkeit anerkannt ist und wenn die Auffassung zutrifft, dass wir in einer Leistungsgesellschaft leben, dann müssen alle vorfindlichen Modalitäten sozialer Ungleichheit mit dem Gerechtigkeitspostulat vereinbar sein." (Heid 2012: 23)

Dagegen gilt: Für wirtschaftliche Spitzenkarrieren ist die soziale Herkunft und nicht die individuelle Leistung ausschlaggebend (Hartmann 2002). Ungleiche Karriereverläufe werden durch die hohe Selektivität der sozialen Herkunft und die in unterschiedlichen sozialen Milieus ausgebildeten Habitusmerkmale erklärt. Die besondere Sozialisation in spezifischen sozialen Milieus kann im späteren Lebensverlauf von Personen anderer Milieus nur schwer angeeignet und ausgeglichen werden.

Das ‚Verrückte' ist nun, dass die Subjekte – so bestätigen es auch die empirischen Befunde – die Ideologie des Leistungsprinzips in ihr eigenes Selbst- und Gesellschaftsbild einbauen. Sie weisen die Schuld an ihrer Lage sich selbst zu. Das gilt insbesondere für Bildungserfolge. Obwohl einerseits erfahren wird, dass Ungerechtigkeit in den Lehrinstitutionen greift, akzeptieren sie andererseits Misserfolge als individuelles Versagen.

Mit Bourdieu (2001: 227ff.) handelt es sich hierbei um die Auswirkungen symbolischer Gewalt, die umso subtiler wirksam sind, da es sich um keine direkten und offenen Formen der Gewaltausübung handelt. Vielmehr erweist sich das Leistungsprinzip als ein so machtvolles gesellschaftliches Prinzip, das dadurch, dass es in Köpfe und Körper aller eingeschrieben ist, kaum mehr hinterfragt werden kann. Es ist diese Verkennung von Willkürlichkeit, die eine Anerkennung des dominierenden gesellschaftlichen Prinzips ermöglicht und „die Unterwürfigkeit" (ebd.: 228) oder „Gefügigkeit" (ebd.: 229) erklärt, mit der Menschen eigene Wünsche und Ansprüche den herrschenden Verhältnissen opfern.

1.6.3 Anerkennungspostulat und Gesellschaftsbilder

Sozialstrukturell geht es um die Frage, warum fortbestehende Ungleichheit von den Subjekten akzeptiert werden kann. Im meritokratischen Modell soll vermeintlich mangelnde Leistung fehlende Anerkennung rechtfertigen. Dies betrifft nicht nur psychische Zuwendung, sondern alle Dimensionen von Statusdifferenz. In einer statusdifferenzierten und klassengespaltenen Gesellschaft, das hat die Debatte zwischen Nancy Fraser und Axel Honneth gezeigt (Fraser/Honneth 2003), ist *Anerkennung* immer auch an das Problem der *Verteilung* bzw. der *Umverteilung* gebunden. Kämpfe um Akzeptanz stellen sofort Fragen nach der Distribution – von Einkommen, Eigentum, Macht, Ansehen – und ihrer Legitimation.

An dieser Stelle des Diskurses steht das Anerkennungspostulat als Kern einer neu gefassten „Kritischen Theorie". Der Neohegelianer und Erbe der „Kritischen Theorie" Axel Honneth hat eine breit diskutierte Theorie der Anerkennung vorgelegt. Dabei geht er von Hegels Jenaer Schriften als Kern einer normativ gefüllten Gesellschaftstheorie aus (Honneth 1994). Diese denkt insofern in unsere Richtung, als sie abrückt von einem Menschenbild, das auf der Vorstellung eines egozentrischen, nur auf den eigenen Nutzen bedachten Wesens beruht (ebd.: 14). Hegel behält zwar nach Honneth das Denkmodell eines permanenten sozialen Kampfes bei, weise aber der Intersubjektivität eine weitaus größere Bedeutung zu (ebd.: 20). Hegel gehe es – so Honneth – um die Überwindung der „atomistischen Irrtümer" (ebd.: 21). Er denke den gesellschaftlichen Zusammenhang nach dem Modell einer sittlichen Einheit (ebd.: 23). Die Organisation von Gesellschaft finde entsprechend „in der solidarischen Anerkennung der individuellen Freiheit aller Bürger ihren sittlichen Zusammenhalt" (ebd.: 25). So stünden sich die Individuen „nicht mehr als selbstbezogen Handelnde, sondern als ‚Glieder eines Ganzen' gegenüber" (ebd.: 43). Auf dieser Grundlage ergibt sich eine Stufentheorie sozialer Anerkennung (ebd.: 46), die drei Anerkennungsweisen unterscheidet: die bedürfnisbezogenen Gefühle (Liebe), die formale Gleichheit (Recht) und die Gemeinschaftlichkeit (Solidarität). Gesellschaftliche Konflikte werden begründet mit fehlender Anerkennung:

> „Beschäftigte klagen darüber, dass ihr Beitrag zur gesellschaftlichen Reproduktion nicht ausreichend anerkannt wird; Arbeitslosigkeit wird von den Betroffenen nicht nur als materielle Benachteiligung, sondern ebenso als Vorenthaltung gesellschaftlicher Anerkennung empfunden. Unterdrückte und übervorteilte gesellschaftliche Gruppen fordern nicht nur Besserstellung, sie bestehen auch auf der Anerkennung ihrer Leidensgeschichte." (Voswinkel/Lindemann 2013: 7)

Statuszuweisungen bzw. die Verweigerung eines für sich selbst beanspruchten Status und damit verbundene Beschämungen sind ein wichtiges, symbolisch wirksames Instrument der Reproduktion von sozialer Ungleichheit. Scham bzw. Beschämung kommt die Funktion zu, in Form symbolischer Gewalt gesellschaftliche Hierarchien herzustellen und zu sichern, „bis hin zu jenen modernen Klassengesellschaften, in denen sich soziale Ungleichheit erheblich individualisiert hat und Unterlegenheit zu einer persönlich beschämenden Position geworden ist" (Neckel 1991: 195).

Ungerechtigkeits- und Missachtungserfahrungen sind weit verbreitet (Tullius/Wolf 2014: 12). Sie konzentrieren sich nach wie vor auf den Arbeits- bzw. Erwerbsbezug, der seine identitätsbildende Kraft keineswegs eingebüßt hat (Schumann et al. 1982: 399, Schumann 2013). Strittig ist, wie weit der „lange Arm der Arbeit" (Meissner 1971) greift.

Anerkennung und Leistung liegen begrifflich miteinander in einem widersprüchlichen Verhältnis: Anerkennung setzt auf Gleichheit, während unterschiedliche Leistung gerade Ungleichheit rechtfertigen soll. Auf der einen Seite umfasst die leistungsgerechte Verteilung die rechtsförmige Art und Weise der Anerkennung, auf der anderen Seite werden zum einen persönliche Beziehungen und zum anderen solidarische Bedingungen weggeschoben. Weder bei Honneth noch bei Fraser spielt Leistung kategorial eine wesentliche Rolle für die Theoriekonstruktion. Sie fragen nach Sozialstrukturen, weniger nach den Prozessen ihres Entstehens. Wenn sich aber empirisch herausstellt, dass beide Kategorien für die Entwürfe von Gesellschaftsbildern unverzichtbar sind, müssen wir einerseits an der Anschlussfähigkeit der Anerkennungsdebatte festhalten, andererseits aber eine Modifikation der Theoriekonstruktion vornehmen. Diese relativiert Honneths „monistisches System" (Fraser in: Fraser/Honneth 2003: 228) und erzeugt damit zugleich eine erhöhte Offenheit unseres eigenen Ansatzes.

Statusverteilung und Klassenstrukturen aufgrund von Leistungsfähigkeit unterliegen in der gegenwärtigen Entwicklungsphase des Kapitalismus zugespitzten Risiken. Diese werden unter dem Begriff der *Prekarität* gefasst (Bourdieu 1998; Dörre: 2009). Ist die aktuelle gesellschaftliche Situation als Zunahme drohender Ausgegrenztheit zu begreifen – d.h., als individuelle Konsequenz unsicherer und weniger planbarer sozialer Kontexte, die sich weiter zu verschlechtern drohen – so hat dies Auswirkungen auf identitätsorientiertes und arbeitsbezogenes Lernen. Zentral ist hierbei nicht nur, dass dies unter Leistungsaspekten in eine schiefe Ebene und in die steigende Gefahr eines Bedrohungsszenarios schlittert, sondern auch, dass die Handlungsbedingungen sich zunehmend der individuellen Kontrolle entziehen. War das meritokratische Gerechtigkeitsversprechen auch vorher schon eine Illusion, so wird unter den Bedingungen von Prekarität deutlich, dass die Verfügung über die Bedingungen des eigenen Lebens kaum noch als Hoffnung vorhanden bleibt.

Der Erwerb einer veränderten Handlungsfähigkeit bewirkt dann gleichzeitig eine bessere Funktionalität für Ausbeutung, Unterordnung und Missachtung; Lernleistungen werden fragwürdig und sinnlos. Sie versprechen einen Erfolg, der nicht eintritt; weder hinsichtlich des Konsumstandards, noch des betrieblichen oder gesellschaftlichen Aufstiegs, und schon gar nicht hinsichtlich von Sicherheit.

Alternativen zu dieser systemisch fixierten Argumentation können wir durch einen Rückgriff auf ein angemessenes Konzept des Subjekts finden. Schon im Wort steckt die Dialektik von Unterworfenheit und Handlungsfähigkeit. Auch wenn die Eigensinnigkeit der Subjekte immer in Machtverhältnisse verstrickt ist, bleiben Widerstandsmöglichkeiten. Die gesellschaftlichen Rahmenbedingungen lassen immer Spielräume der Wahrnehmungs-, Denk- und Handlungsmöglichkeiten offen. Im Spannungsfeld zwischen Leistung und Anerkennung konstruieren die Lernenden aktiv und eigensinnig ihre Identität (Keupp/ Höfer 1997; Keupp 2006). Zu fragen ist dann, ob und wie eine kritische Theorie in der Lage ist, Strategien der Ent-Unterwerfung (Osterkamp 2003) zu erfassen und zu begründen.

Damit ist ein Begriffsfeld aufgespannt, in dem die empirischen Materialien verortet werden können. Es treten fallbezogen Mischverhältnisse auf, die kategorial nicht antizipiert werden können, sondern die den Anstoß dazu liefern, Gesellschaftsbilder und daraus resultierende Handlungsmuster zu differenzieren.

2 Empirischer Zugang zu Gesellschaftsbildern und Lernbildern

Die Anlage der Studie hatte in Bezug auf das empirische Vorgehen mehrere Implikationen, die ein qualitatives Forschungsdesign nahelegten (2.1). Gesellschaftsbilder sind als Ordnungs- und Deutungsvorstellungen zu verstehen, die auf Wahrnehmungs-, Denk- und Handlungsschemata beruhen; wir gingen davon aus, dass sie empirisch rekonstruiert werden können. Dabei stellte sich jedoch die Frage, wie die kaum reflektierten, weniger bewussten Dimensionen des Gesellschaftsbildes empirisch explorierbar sind. Und schließlich galt es zu berücksichtigen, dass es sich bei Gesellschaftsbildern häufig um kollektive Orientierungen handelt. Umgesetzt wurden diese Anforderungen durch die Erhebungsmethode der Gruppen- bzw. Lernwerkstatt (2.2) sowie durch ein hermeneutisch-interpretatives Auswertungsverfahren (2.5). Um mögliche Veränderungen von Gesellschaftsbildern einzuholen, wurde die Studie als Längsschnitt angelegt (2.3 u. 2.4).

2.1 Methodologie und Methode der Gesellschaftsbild-Hermeneutik

Die Exploration und Rekonstruktion von Gesellschaftsbildern erfordert Offenheit in den Methoden. Wir haben nach einer adäquaten, plausiblen, intersubjektiv validierbaren und transparenten Methode gesucht. Ein solches Plädoyer für Methodenoffenheit und -vielfalt muss dennoch Anforderungen qualitativer Empirie einlösen.

Erstens sollte das Verfahren der Thematik angemessen sein. Das Vorhaben, Gesellschaftsbilder in ihrem Bezug zu Weiterbildung zu erfassen, sperrt sich angesichts der Komplexität des Gegenstandes gegen einen direkten (quantitativen) Zugriff. Auch gingen wir nicht davon aus, dass entsprechende Grundeinstellungen fixiert bewusst sind. Sie artikulieren sich erst im Prozess.

Zweitens werden die Argumentationen bezogen auf Gesellschaftsbilder nur nachvollziehbar vor dem Hintergrund theoretisch-begrifflicher Systematisierung. Da es sich um komplexe, sozial konstruierte Kategorien handelt, sind sie Resultate von Interaktionen, welche Sinnhaftigkeit und Begründungen ergeben. Aus diesen Gründen haben wir uns für das Verfahren der Gruppen- bzw. Lernwerkstätten entschieden. In ihnen werden kollektive gesellschaftlich-politische wie bildungsbezogene Grundhaltungen aktualisiert. Zusätzlich bietet das vielfältige Erhebungsensemble des Verfahrens die Möglichkeit, nicht nur begrifflich artikulierte Gründe, sondern auch ästhetisch präsentierte Sinnhaftigkeit – in unserem Fall durch Collagen – zu erfassen. Die Verbindung von kognitiven mit ästhetischen Aspekten von Gesellschaftsbildern kann hier angemessen aufgenommen werden (2.6).

Drittens sollten die Resultate in ihrem Konstruktionsprozess offen gelegt werden. Das Material musste also so aufbereitet werden, dass sowohl seine Erhebung als auch seine Verdichtung und Darstellung transparent werden konnten (2.7 u. 2.8).

Unsere Auswertung orientierte sich weitgehend am Ansatz der Habitus-Hermeneutik, wie sie ursprünglich während der 1980er Jahre in der Forschungsgruppe ‚agis' an der Universität Hannover schrittweise entwickelt (vgl. Vester et al. 2001) und zuletzt von Helmut Bremer und Christel Teiwes-Kügler in dem Sammelband „Empirisch arbeiten mit Bourdieu" (2013) vorgelegt wurde. Es geht darum, die Bedeutung von Mustern sozialer Praxis – hier der Teilnahme an Weiterbildung in Hinsicht auf im Habitus verankerte Gesellschaftsbilder – herauszuarbeiten. Dabei ist unterstellt, dass die ‚Dinge' nicht für sich selbst sprechen, sondern ausgelegt werden müssen, um verstanden werden zu können. Es gibt also einen „doppelten Bruch" (Bourdieu 1987: 49ff.): zum einen zwischen Alltagsverständnis der AkteurInnen und wissenschaftlichem Verständnis; zum anderen zwischen einer positiven Wissenschaft, welche Tatsachen als gegeben unterstellt, und einer reflexiv-kritischen Wissenschaft, welche ihre eigenen Ergebnisse immer wieder in Frage stellt (vgl. hierzu auch Engler 2013).

Vorüberlegungen zum empirischen Zugang zu Gesellschaftsbildern

Die forschungsleitende Frage unserer Studie lautete: Welche Gesellschaftsbilder finden sich bei Teilnehmenden einer mindestens zweijährigen Weiterbildung (Umschulungen, Erstausbildungen, Nachholen schulischer Abschlüsse), und wie verändern sich diese gegebenenfalls im Verlauf der Weiterbildung? Die Annahme war, dass Weiterbildungssituationen eine Moratoriumsphase darstellen, in der bisherige soziale und gesellschaftlich-politische Ordnungsvorstellungen sowie eigene Handlungsoptionen überprüft und durch mit Weiterbildung verbundene Lernprozesse neu organisiert werden (vgl. 1.3).

Die konkreten empirischen Forschungsfragen der Feldphase waren relativ offen gehaltenen:

- Welche biographischen und/oder gesellschaftlichen Aspekte haben zur Aufnahme einer Umschulung bzw. Weiterbildung geführt?
- Welche Erwartungen sind an die Weiterbildung/Umschulung geknüpft?
- Welche Erfahrungen werden während der Weiterbildung/Umschulung gemacht? Wie wird sie bewältigt? Werden dabei Verunsicherungen und Entfremdungsprozesse sichtbar?

- Welche Weltsichten und Vorstellungen von der Gesellschaft (Gesellschaftsbilder) lassen sich bei den Teilnehmenden finden?
- Was verändert sich daran (möglicherweise durch die Bildungserfahrungen, neuen Kontexte und Lernprozesse)?
- Wie wird mit Enttäuschungen umgegangen?

Eine besondere Herausforderung bestand darin, einen empirischen Zugang zu einem komplexen Konzept wie dem des Gesellschaftsbildes zu finden. Woran lassen sich Gesellschaftsbilder empirisch festmachen? Aus den Vorarbeiten und der Auseinandersetzung mit vorhandenen Studien der Gesellschaftsbild- und Bewusstseinsforschung sowie der Teilnahmeforschung in der Weiterbildung (siehe insbes. 1.1 und 1.2) haben sich Dimensionen ableiten lassen, die Anhaltspunkte für den empirischen Zugriff auf Anteile des Gesellschaftsbildes ermöglichen und die in unsere Erhebung und Auswertung eingegangen sind (vgl. Box 1).

Box 1: Dimensionen von Gesellschaftsbildern für den empirischen Zugang

- *Gesellschaftliche Ordnungs- und Strukturierungsvorstellungen* (Zustandekommen u. Legitimierung dieser Struktur, Einstellungen zu Autoritäten und Hierarchien, Wahrnehmung zur Durchlässigkeit der Gesellschaft für soziale Aufstiegsmobilität bzw. zum Risiko des sozialen Abstiegs)
- *Vorstellungen zur Veränderbarkeit* (der gesellschaftlichen Verhältnisse sowie der eigenen sozialen Lage)
- *Klassifizierungs- und Bewertungsschemata* (im Hinblick auf die Gesellschaft, Arbeitswelt und andere soziale Gruppen)
- *Stellenwert des Lernens bzw. besonders der Weiterbildung* (bezogen auf die eigene Entwicklung)
- *Identität, Selbstdefinition und Selbstverortung* in Relation zu anderen
- *Bedeutung von Bildung und Weiterbildung* (gesellschaftlich)
- *Haltungen zu gesellschaftlichen Wandlungsprozessen* (z.B. zum technologischen Fortschritt)
- *Gerechtigkeitsvorstellungen* (z.B. zu Leistungs- u. Teilhabegerechtigkeit, zu Chancengerechtigkeit im Zugang zu Bildung/zu höherer Bildung; Generationengerechtigkeit, Geschlechterdifferenz/Geschlechterhierarchie)
- *Solidaritäts- und Loyalitätsvorstellungen*
- *Politikverständnis, parteipolitische und weltanschaulich-religiöse Orientierungen*
- *Handlungsfähigkeit und Handlungsschemata* (z.B. setzen sich die Wahrnehmungen und Bewertungen in konkretes Handeln um? Wie sieht das Handeln aus: Interessendurchsetzung, Widerstand, Anpassung?)

Eigene Darstellung (2012)

Diese Dimensionen wurden im Verlauf der Studie theoretisch und empirisch gefüllt und zu den in Kapitel 1 vorgestellten Dimensionen von Gesellschaftsbildern weiterentwickelt (siehe oben Abb. 1). Die empirischen Dimensionen wurden bei der Exploration und Rekonstruktion der Gesellschaftsbilder nicht einfach abgearbeitet, sondern sie fungierten als „sensibilisierende Konzepte“ (vgl. Mey 2010). Sie waren notwendig, um die Gruppenerhebungen zu konzipieren und einen Diskussionsleitfaden entwickeln zu können.

Vielfach wurden einzelne Dimensionen im Rahmen der ‚selbstläufigen‘ Gruppendiskussionen von den Teilnehmenden selbst direkt angesprochen, andere hatten für bestimmte Gruppen keine besondere Relevanz, so dass auch auf Nachfragen nur knapp geantwortet wurde. Die Dimensionen haben gleichfalls die Auswertung mit angeleitet und dafür sensibilisiert, Aspekte des Gesellschaftsbilds in den Äußerungen der Teilnehmenden überhaupt erkennen und entschlüsseln zu können.

Eingeflossen ist in die Interpretationsarbeit auch ein Kategoriengerüst, das auf der Grundlage von Gegensatzpolen arbeitet und in verschiedenen Untersuchungen bei der Identifizierung und Differenzierung von Habitusdimensionen zum Einsatz gekommen ist (vgl. Bremer/Teiwes-Kügler 2013). Diese wurden für die Rekonstruktion von Gesellschaftsbildern im Verlauf des Forschungsprozesses um spezifische Dimensionen erweitert (vgl. 2.7).

Die Auseinandersetzung mit Forschungen zum Gesellschaftsbild bzw. zur Bewusstseinsforschung führte außerdem dazu, für Gesellschaftsbilder unterschiedliche Reflexionsebenen anzunehmen. Diese müssen jeweils mit unterschiedlichen Methoden angesprochen werden. Analytisch bewegen sich Gesellschaftsbilder auf

- einer vor-bewussten, der Reflexion schwer zugänglichen Ebene der verinnerlichten Dispositionen des Habitus;
- einer der Reflexion zugänglichen Ebene aktiver Auseinandersetzung mit Lebens- und Arbeitsbedingungen; die Reflexion wird durch Widersprüche und Interessenkonflikte mobilisiert (z.B. als Arbeiter- bzw. Arbeitnehmerbewusstsein) oder als gesellschaftliches Bewusstsein (Strzelewicz et al. 1966);
- auf der Ebene explizit reflektierter weltanschaulich-ideologischer Haltungen, die mit parteipolitischen oder religiösen Orientierungen verbunden sein können.

Die empirische Anlage der Studie ging zudem von zwei Grundannahmen aus:

Erstens: Gesellschaftsbilder lassen sich kaum direkt erfragen, sondern müssen interpretativ aus dem empirischen Material erschlossen bzw. rekonstruiert werden. *Zweitens:* Gesellschaftsbilder schlagen sich in den Alltagswahrnehmungen der Akteure nieder bzw. haben in der Auseinandersetzung mit alltäglichen Lebensbedingungen eine erklärende und orientierende Funktion.

Wir haben den empirischen Zugang zu Gesellschaftsbildern daher weniger in der direkten Thematisierung von gesellschaftlich-politischen Fragen gesucht, sondern durch Erzählimpulse vor allem an alltägliche und berufliche Erfahrungen sowie an Erfahrungen in der Weiterbildung angeschlossen. Fragen beispielsweise zu gesellschaftlichen Hierarchien, Gerechtigkeit und den Geschlechterverhältnissen wurden anhand ihrer alltagsweltlichen Interaktionen privat, beruflich und in der Weiterbildung diskutiert. Aus den Darstellungen der Teilnehmenden konnten dann die gesellschaftlichen Wahrnehmungs-, Deutungs- und Bewertungsschemata rekonstruiert werden, die diese Erfahrungen strukturieren, und ebenso die den Schemata zugrunde liegenden Ordnungsvorstellungen. Gesucht wurde also nach expliziten wie impliziten Schemata, die sich zu einem Gesellschaftsbild formen (lassen).

Zusätzlich wurden in den sozialstatistischen Fragebogen, den alle Untersuchungspersonen am Ende der Gruppen- bzw. Lernwerkstätten ausgefüllt haben, Fragen zu parteipolitischen Präferenzen, Partei- und Gewerkschaftsmitgliedschaften sowie zu gesellschaftlich-politischem Engagement aufgenommen. Darüber hinaus haben wir während der Diskussion zwei Fragen gestellt, falls die betreffenden Aspekte nicht bereits ohnehin Thema der Diskussion waren: Eine Frage dazu, wie gerecht oder ungerecht es in der Gesellschaft zugehe, und eine Frage zur Erfahrung und Beurteilung der aktuellen Politik. Hinweise auf das Gesellschaftsbild lassen sich auch daraus entnehmen, dass diese Fragen teilweise nicht als eigenes und interessierendes Anliegen vertieft aufgegriffen wurden.

2.2 Erhebungsmethode der Gruppen- und Lernwerkstatt

Um die Komplexität und Mehrdimensionalität von Gesellschaftsbildern und deren unterschiedlich gelagerte Reflexionsebenen aufzunehmen, wurde auf die Methode der Gruppen- bzw. Lernwerkstatt zurückgegriffen. Beide Forschungsgruppen haben aus vorangegangenen Untersuchungen Erfahrungen mit dem Verfahren (Bremer/Teiwes-Kügler 2003; Bremer 2004; Faulstich/Grell 2005; Grell 2006).[1]

Das Konzept der Lernwerkstatt betont stärker den partizipativen und intervenierenden Aspekt der Forschung, indem es die Lernwerkstatt selbst als Lernsituation und Lernimpuls betrachtet. Eine Reflexionsprozesse anregende Auseinandersetzung in den Erhebungsgruppen ist auch im Konzept der Gruppenwerkstatt angelegt, hat dort aber nicht den gleichen, auf Lernprozesse fokussierenden

1 Vgl. hierzu auch Bremer 1999, 2006; Vögele et al. 2002; Lange-Vester/Teiwes-Kügler 2004, 2006, 2013a; Vester et al. 2007.

Stellenwert. Insofern kann die Lernwerkstatt als nochmalige Weiterentwicklung der Gruppenwerkstattmethode angesehen werden, bei der eine lernbezogene, gegenstandsadäquate Methode entwickelt wurde (Grell 2006).[2]

Der Gruppen- wie auch der Lernwerkstatt liegt die Annahme zugrunde, dass soziale Gruppen, die in ähnlichen Lebensbedingungen stehen und über gemeinsame Erfahrungen verfügen, kollektive Haltungen und Einstellungen miteinander teilen. Insbesondere das von Werner Mangold aus den Sekundäranalysen zur *Pollock-Studie* (Pollock 1955) gewonnene Konzept der „informellen Gruppenmeinung" (Mangold 1960: 49) erwies sich als anschlussfähig an den Habitus- und Milieuansatz sowie an die Untersuchung von Lernwiderständen.

Mit Mangold ist davon auszugehen, dass sich informelle Gruppenmeinungen nicht erst in der aktuellen Diskussionssituation ausbilden, sondern in die Diskussion mitgebracht werden, sich in erfahrungshomogen zusammengesetzten Diskussionsgruppen interaktiv und arbeitsteilig entfalten und dort artikuliert, konkretisiert und modifiziert werden. Wir unterstellten in unserer Studie, dass sich auch Gesellschaftsbilder in den sozialen Arbeits- und Lebenszusammenhängen herausbilden und analog zur informellen Gruppenmeinung in der Befragungssituation aktualisieren. Die gemeinsame Interaktion und verstärkende gruppendynamische Effekte des Gruppenverfahrens („ein Wort gibt das andere") – so war unsere Annahme – unterstützen das Hervorbringen der Klassifizierungsschemata des Habitus bzw. des Gesellschaftsbildes.

Die Konzeption der Gruppen- und Lernwerkstätten war so angelegt, dass sowohl reflektierte Haltungen, die sich im Gesellschaftsbild niederschlagen, angesprochen wurden als auch eher latente und schwer zu formulierende und einer unmittelbaren Reflexion nicht ohne weiteres zugängliche Anteile (Ängste, Enttäuschungen, Kränkungen) angestoßen und zum Ausdruck gebracht werden konnten. Dazu wurden projektive Verfahren, insbesondere Collagen, eingesetzt.

---

2 Das Projekt verschränkte, wie eingangs ausgeführt, zwei theoretische Ansätze, nämlich das Habituskonzept Pierre Bourdieus (1982) und das Lernkonzept Klaus Holzkamps (1993). Beide Ansätze sind an den Projektstandorten unterschiedlich stark verankert, dies hat sich empirisch in etwas unterschiedlich gelagerten Schwerpunktsetzungen niedergeschlagen: Der Standort Hamburg verfügt über eine längere Forschungstradition im Bereich von Lernstrategien und Lernwiderständen, der Projektteil fokussierte stärker auf das Verhältnis von Gesellschaftsbild und Lernen. Der Projektstandort Duisburg-Essen verfügt dagegen über eine längere Forschungstradition in der Habitus- und Milieuanalyse. Der Duisburg-Essener Projektteil fokussierte daher mehr auf das Verhältnis von Gesellschaftsbild und Habitus (vgl. hierzu die Kapitel 1.4 u. 1.5). An beiden Standorten verfestigte sich durch die Erfahrungen im vorliegenden Längsschnitt die Annahme, dass die Teilnahme am Forschungsvorhaben selbst bei den Teilnehmenden zu einer Reflexion und damit womöglich zu einer Transformation von Gesellschafts- und Lernbildern beitragen kann.

Anders als bei künstlerisch produzierten Collagen handelt es sich hier um Produkte, die von ,künstlerischen Laien' in relativ kurzer Zeit im Rahmen eines Forschungs- bzw. Erhebungsprozesses gestaltet werden. Die Collagen waren hier also Erhebungsinstrument und dienten der Artikulation sinnlicher Orientierungen, die sprachlich nur schwer oder gar nicht zum Ausdruck gebracht werden können.

Gleichwohl stellt die Ästhetik der Collagen eine spezifische Darstellungsweise dar, die eine ikonische Qualität und „Logik der Gleichzeitigkeit" beinhaltet. Dadurch können abstrakte begriffliche Aussagen in Text- und Bildsymbole übersetzt und miteinander kombiniert und kann durchaus Widersprüchliches nebeneinander gestellt werden. Die assoziativ-konkrete Arbeitsweise mit Bildmaterial eröffnet nicht nur einen erweiterten Zugang zum Thema, sondern es werden in den Collagen die Wahrnehmungs-, Deutungs- und Bewertungsschemata in einer Bildsymbolik zum Ausdruck gebracht, die auch die ästhetischen Prinzipien des Geschmacks der Befragten und ihrer Sinnlichkeit zugänglich machen und die durch eine spezielle Bildhermeneutik entschlüsselt werden können (vgl. Teiwes-Kügler 2001; Bremer/Teiwes-Kügler 2007; Bracker/Umbach 2014; Umbach 2015).

Die Gruppen- und Lernwerkstatt bietet demnach verschiedene Zugangsweisen zum Thema (in Wort, Schrift und Bild), eröffnet unterschiedliche, sich ergänzende Perspektiven und ermöglicht eine offene und breite, durch den gestuften Aufbau zudem eine vertiefende Auseinandersetzung mit dem Thema (vgl. Box 2). Die Gruppendynamik sowie in der Interaktion stattfindende Austauschprozesse brechen dabei häufig rationale Kontrollen auf und machen die expliziten wie impliziten Wahrnehmungs-, Deutungs- und Bewertungsschemata sichtbar, die das Gesellschaftsbild der Befragungspersonen ausmachen.

Methode und Moderation der Gruppen- und Lernwerkstätten fungieren als eine Art ,Geburtshelfer', mit deren Hilfe „die vergrabenen Dinge" (Bourdieu 1997: 796) ans Licht gebracht werden sollen. Häufig kommen in den Diskussionsrunden tatsächlich Aspekte zur Sprache, die die Befragungspersonen nicht unbedingt mitzuteilen geplant hatten. Bourdieu (1997: 792) spricht in diesem Zusammenhang auch von einer „provozierten und unterstützten Selbstanalyse", bei der hier die Moderierenden durch Nachfragen und Erzählangebote eine „sokratische Arbeit der Unterstützung beim Zum-Ausdruck-Bringen" (ebd.) leisten. Ziel war es, einen solchen (Selbst-)Reflexionsprozess methodisch zu unterstützen. Insofern waren Nachfragen, Rückspiegelungen, Deutungsangebote während der Werkstätten erlaubt, sollten aber vor allem als Erzähl- und Reflexionsimpulse dienen.

Box 2: Konzept der Gruppenwerkstatt in der ersten Erhebungswelle

1. *Auswahl einer Motivpostkarte*
2. *Warming-Up:* Wer bin ich und wie lebe ich?
3. *Einstiegsdiskussion*: Weiterbildung: Pflicht oder Chance?
4. *Vertiefung mit Metaplankarten:*

   Erste Frage: Was ist mir wichtig bei der Weiterbildung/Umschulung?
   Zweite Frage: Was denke ich, worauf kommt es an im Leben?
5. *Collagenarbeit:* Mein Bild von einer Gesellschaft, in der ich gern Leben und arbeiten möchte.
   - Herstellung der Collage(n)
   - Diskussion der Collage(n)
6. *Feedback*
7. *Sozialdatenbogen*

Eigene Darstellung (2013)

Die Werkstätten waren als vierstündige Diskussionsrunden konzipiert. Sie wurden mit Gruppen von sechs bis zehn Personen durchgeführt und von zwei Moderierenden begleitet.

Ablauf der Gruppenwerkstätten in der ersten Erhebungswelle

Die Gruppenwerkstätten wurden mit einer *Vorstellungsrunde* entlang der Frage eingeleitet: Wer bin ich und wie lebe ich? Diese Vorstellungsrunde, an der sich auch die Moderierenden beteiligten, diente dazu, eine vertrauensvolle Atmosphäre herzustellen und gleichzeitig Informationen zu den alltäglichen Lebenszusammenhängen der Befragungspersonen zu erhalten. Vielfach wurde hier in ausführlichen biographischen Erzählungen darüber berichtet, welche beruflichen Wege und Umwege die Befragungspersonen gemacht hatten, bevor sie schließlich in die Weiterbildung/Umschulung gelangt waren.

Zuvor hatten sich die Teilnehmenden aus einem Set von *Motivpostkarten* unter einer bestimmten Aufforderung eine Karte ausgesucht. Die Aufforderung lautete: „Die Karte passt zu mir, weil..." (Essen); „Zu Bildung fällt mir als erstes ein..." (Hamburg). Die ausgewählte Karte wurde jeweils am Ende der persönlichen Vorstellung präsentiert und deren Auswahl begründet. Die zugespitzten Statements dazu erwiesen sich bei der Auswertung als sehr ergiebig im Hinblick auf Habitusmuster und Bildungszugänge.

Nach der Vorstellungsrunde folgte der durch einen kurzen Text (Grundreiz) eingeleitete *Diskussionsteil* (Abb. 2). Der Text fungierte als Eingangsstimulus, um den Einstieg in die Diskussion zu finden und miteinander ins Gespräch zu kommen. Der Text enthielt Thesen und Einschätzungen zum Thema Bildung und Weiterbildung, zu denen die Teilnehmenden der Befragung Stellung beziehen konnten. Vielfach erfolgte von diesem Text ausgehend eine Diskussion zu den eigenen Erfahrungen der Befragungspersonen. In einer ‚selbstläufigen' Diskussion thematisierten die Teilnehmenden unterschiedliche Aspekte ihrer Berufs- und Alltagserfahrungen, u.a. auch zum Thema Bildungsteilhabe und zu ersten Erfahrungen in der Weiterbildung.

Wir haben für die Diskussion einen Leitfaden entwickelt, der relevante Themenschwerpunkte für die Fragestellung des Projekts enthielt (z.B. Motive/Hintergründe für die Bildungsteilnahme, Erwartungen und Erfahrungen hinsichtlich der Weiterbildung, Wahrnehmung von gesellschaftlichen Veränderungen, Wahrnehmung zum politischen System, Bedeutung von Bildung). Der Leitfaden diente als Gedächtnisstütze im Hinter-

Abb. 2: Einstiegstext Diskussion

Also lautet der Beschluss,

dass der Mensch was lernen muss.

Lernen kann man Gott sei Dank,

aber auch sein Leben lang.

Weiterbildung: Pflicht oder Chance?

Schule, eine Berufsausbildung und bis zum Rentenalter derselbe Beruf: Solche Lebenswege, die noch vor wenigen Jahren selbstverständlich waren, sind heute eher die Seltenheit. Technische und weltweite Entwicklungen erzeugen einen immer größeren Weiterbildungs- und Qualifizierungsbedarf. Wer beruflich aufsteigen will, muss in Fortbildung investieren und wem es nicht gelingt, in eine Ausbildung zu gelangen, der hat es später beruflich besonders schwer.

Der moralische Druck zu Weiterbildung und Qualifizierung ist von Jahr zu Jahr gestiegen. Arbeitgeber gucken heute sehr genau, wie gut ausgebildet Bewerberinnen und Bewerber sind und ob sie sich fortgebildet haben. Wird lebenslanges Lernen also zur Pflicht oder steckt darin auch eine Chance? Und stimmen vollmundige Bekundungen der Politik über den hohen Stellenwert der Weiterbildung mit der Realität und dem Engagement des Staates überein? Seit etwa zehn Jahren haben wir in Deutschland ein sinkendes Budget für den Weiterbildungsbereich. Dabei wird dem Einzelnen häufig die Unterstützung – etwa durch Finanzierung der Angebote – versagt.

Eine der Grundideen von Erwachsenenbildung und Weiterbildung war immer, Lernerfahrungen aus der Schulzeit aufzufangen und Benachteiligungen auszugleichen. Das hat, wenn man die Statistiken und Zahlen liest, nie wirklich geklappt. Weiterbildung für Erwachsene hat immer die gut Gebildeten noch besser gebildet und die schlechter Gebildeten nicht erreicht. Das ist eine bittere Erkenntnis.

Was also ist dran, wenn alle Welt sagt: Weiterbildung und Qualifizierung sind wichtig, das ist die Zukunft?

Eigene Darstellung (2012)

grund, um gegebenenfalls noch wichtige fehlende Aspekte nachzufragen. Angestrebt wurde aber, dass die Teilnehmenden ihre eigenen Themen finden und über das sprechen, was ihnen zum Thema selbst wichtig erschien.

Im anschließenden *Vertiefungsteil* wurde mit einer Kartenabfrage eine mehr persönliche und auch ausdrücklich reflektierende Ebene angesprochen. Die Teilnehmenden wurden aufgefordert, zwei Fragen zu beantworten. Die erste Frage zielte auf die Bildungszugänge und Weiterbildungserwartungen („Was ist mir wichtig bei der Weiterbildung?"), die zweite Frage („Was denke ich, worauf kommt es an im Leben"?) mehr auf grundlegende Lebensprinzipien. Die Befragungspersonen wurden gebeten, die Fragen in fünf Minuten zu beantworten. Durch die relativ knappe Zeitvorgabe sollte erreicht werden, dass die wirklich wichtigen Punkte genannt werden. Erfahrungsgemäß fassen die Teilnehmenden hier häufig im vorangegangenen Diskussionsteil von ihnen vorgebrachte und entwickelte Aspekte noch einmal zusammen und bringen das für sie Wesentliche auf den Begriff. Die einzelnen Metaplankarten wurden anschließend von den Befragungspersonen noch einmal erläutert.

Nach einer Pause wurde dann die kreativ-ästhetische Aufgabe zur Gestaltung der Zukunftsentwürfe eingeleitet. Die Teilnehmenden wurden gebeten, aus Zeitschriften- und Illustriertenmaterial eine *Collage* zu erstellen, in diesem Fall zum Thema: „Mein Bild von einer Gesellschaft, in der ich gern leben und arbeiten möchte". Die Collagenarbeit sollte eine gesamtgesellschaftliche Perspektive ansprechen und zugleich einen lebensweltlichen Bezug anbieten. Sie zielte zudem auf *Zukunftswünsche und -vorstellungen*, aus denen sich wiederum Rückschlüsse auf die Wahrnehmung und Bewertung der Teilnehmenden hinsichtlich bestehender Verhältnisse ziehen lassen. Die Gruppe teilte sich dazu in der Regel in zwei Kleingruppen auf. Das eingesetzte Illustriertenmaterial war für die Erhebungsgruppen weitgehend identisch.

Wichtig war uns, dass die Teilnehmenden anschließend ihre Collagen selbst erklären und erläutern, welche Bedeutungen die einzelnen ausgewählten Motive, Bilder und Schriftzeilen für sie haben und warum sie ausgewählt wurden. Das ermöglicht es den Forschenden bei der Interpretation der Collagen einerseits, die subjektiven Intentionen der Befragten zu berücksichtigen, andererseits ergeben sich aus den Erklärungen und Selbstinterpretationen erneut Diskussionsimpulse. Die Collagen, das hat sich auch in dieser Studie bestätigt, eignen sich gut, um emotionale Erfahrungen und schwer, kaum oder gar nicht zu verbalisierende Wünsche und Ansprüche zu explorieren. Häufig kamen in den Collagen noch einmal andere Aspekte als in der Diskussion zum Tragen. Zudem wurden in den Collagen vielfach Wunsch- bzw. Gegenbilder zur derzeit wahrgenommenen Gesellschaft entwickelt.

Zum Abschluss der Gruppenwerkstatt erfolgte jeweils eine kurze *Feedback*-Runde, bevor die Befragten dann einen *Sozialdatenbogen* erhielten, über den sozialstatistische Daten und andere Aspekte erfragt wurden. Die Fragen reichten von persönlichen Bildungs- und Berufswegen über das familiale Umfeld, Freizeitverhalten, Lesegewohnheiten, Mitgliedschaften in Verbänden, Parteien usw. bis hin zu Bildungs- und Berufsabschlüssen der Eltern, Geschwister, Großeltern und PartnerInnen.

2.3 Qualitativer Längsschnitt mit Gruppen

Eine besondere Herausforderung bestand im vorliegenden Projekt darin, dass eine qualitative Längsschnittstudie mit Gruppen angestrebt wurde. Ziel war es, mit denselben Gruppen und Befragungspersonen jeweils am Anfang und gegen Ende der Weiterbildungsmaßnahme eine Gruppen- bzw. Lernwerkstatt durchzuführen. Dieser Anspruch konnte an den Projektstandorten unterschiedlich gut umgesetzt werden (vgl. 3.2 zur Stichprobe). In der zweiten Erhebung wurde nicht ganz die Hälfte der Befragungspersonen ein weiteres Mal befragt.

Längsschnittstudien werden in der qualitativen (Bildungs-)Forschung bisher eher selten eingesetzt (vgl. Helsper et al. 2008; Friebel 2008; Kramer/Helsper 2010; Köhler 2012; Köhler/Tiersch 2013). Zu qualitativen Längsschnittstudien mit Gruppen gibt es bisher so gut wie keine Erfahrungen.

Das Problem bestand nicht nur darin, dass Befragungspersonen in der Zwischenzeit möglicherweise die Weiterbildung abgebrochen hatten, sondern auch darin, sie ein weiteres Mal für die Mitarbeit in einem Forschungsprojekt zu motivieren und ihre ohnehin knappe Zeit dafür zu investieren. Dazu war es notwendig, bereits in der ersten Erhebung eine Beziehung zu den Befragungspersonen und zur Gesamtgruppe aufzubauen.

Als wichtig erwies sich, authentisch vermitteln zu können, dass ein ernsthaftes Interesse an den Befragungspersonen und ihrem weiteren Werdegang bestand. Hinderlich war letztlich, dass in unserem Untersuchungssetting die zweite Erhebung am Ende der Kurse geplant war und deshalb häufig mit Prüfungsvorbereitungen kollidierte. Einige Befragungspersonen hatten Sorge, durch die Teilnahme an den Gruppenwerkstätten doch Wichtiges für die Prüfungen zu verpassen, oder sie konnten sich angesichts der anstehenden Prüfungen nicht auf eine Teilnahme einlassen. In einigen Gruppen bestand jedoch auch der ausdrückliche Wunsch und großes Interesse daran, an der zweiten Erhebung teilzunehmen und über die Erfahrungen in der Weiterbildung zu berichten. Besonders gut gelungen ist dies mit Gruppen, die ohnehin einen engen Zusammenhalt hatten und besonders gemeinschaftlich-solidarische Verhaltensweisen aufwiesen. Diese wurden auch dem Forschungsanliegen und uns ForscherInnen entgegengebracht.

Letztlich haben deutlich weniger Personen als erwartet die Bildungsmaßnahmen abgebrochen (vgl. 3.2). Möglicherweise hat hier unser Vorhaben selbst u.a. mit der Ankündigung einer zweiten Befragung einen positiven ‚Durchhalteeffekt‘ angestoßen. Einige Befragungspersonen haben dies wörtlich so thematisiert („dann müssen wir ja jetzt durchhalten“) oder haben darauf hingewiesen, dass die gemeinsame Teilnahme an der Diskussionsrunde den Zusammenhalt innerhalb der Gruppe vertieft habe.

2.4 Empirischer Zugriff auf Veränderungen von Habitus und Gesellschaftsbild

Die zweite Erhebung zielte darauf ab, mögliche Veränderungen von Gesellschaftsbildern und Transformationen des Habitus sichtbar zu machen. Auch hier mussten zunächst Überlegungen angestellt werden, wie dieser Anspruch empirisch umzusetzen sein könnte. Weder der Habitus noch die Gesellschaftsbilder sind den Befragungspersonen in der Regel selbst gegenwärtig. Wir konnten uns demnach nicht allein darauf beschränken, mögliche Veränderungen einfach zu erfragen. Auch hier sind wir mehr den indirekten Weg über erlebte und erzählte Erfahrung gegangen und haben versucht, daraus mögliche Veränderungen zu rekonstruieren. Zusätzlich wurden bei den zweiten Erhebungen auch Methoden eingesetzt, die den Befragungspersonen explizit die Möglichkeit zur Reflexion von Veränderungen anboten (vgl. Box 3).

Box 3: Konzept der Gruppenwerkstatt in der zweiten Erhebungswelle

1. *Offene Einstiegsdiskussion:* Wie ist es bis jetzt gelaufen?
2. *Rückblick auf die erste Diskussionsrunde* – Was hat davon Bestand, was sehe ich inzwischen anders?
   - Diskussion zu den wichtigen Themen der ersten Diskussion? (Themen auf Metaplankarten aufbereitet)
   - Diskussion zu den Antworten auf die Fragen im Vertiefungsteil (Metaplankarten) der ersten Diskussionsrunde
3. *Blick nach vorn – Collage:* „Was kommt nach der Weiterbildung? Wie stelle ich mir meine Zukunft vor? Was wünsche ich mir für die Zukunft?“
   – Erstellung der Collagen
   – Vorstellung und Diskussion der Collagen
   – Einbeziehung der Collagen aus der ersten Diskussionsrunde
4. *Motivpostkarte* auswählen – Vergleich zur ersten Diskussionsrunde
5. *Abschluss-Statement:* Was nehme ich als Erfahrung aus den letzten anderthalb Jahren mit?
6. *Feedback*

Eigene Darstellung (2014)

Ablauf der Gruppenwerkstätten in der zweiten Erhebungswelle

Die zweiten Gruppen- bzw. Lernwerkstätten waren so konzipiert, dass zunächst ein *offener Einstieg* mit der Frage erfolgte, wie es den Befragungspersonen seit der letzten Diskussionsrunde ergangen sei. Die Teilnehmenden konnten durch die offene Erzählaufforderung die für sie wichtigen Aspekte und Erfahrungen thematisieren. Der offene Einstieg hatte zudem die Funktion, die Beziehung zwischen Moderierenden und Befragungspersonen zu aktualisieren.

Nach einer *Phase mit Erfahrungsberichten* zum schulischen Teil der Weiterbildung sowie zu den absolvierten Praktika kamen die Teilnehmenden dann zusehends in eine Diskussion zu den für die Gruppe jeweils wichtigen Themen und Konflikten.[3]

In einem *zweiten Schritt* wurden die Befragungspersonen dann zu einem *Rückblick* aufgefordert, mit den Materialien und Aussagen aus der ersten Erhebung konfrontiert und diese zur Diskussion gestellt (auf Karten visualisierte Themen und Standpunkte aus der ersten Diskussion, Metaplankarten des Vertiefungsteils). Der Input gab an unterschiedlichen Stellen der Diskussion Anreize, Veränderungen wahrzunehmen. Teilweise wurde ein starker Impuls ausgelöst, sich von damaligen Aussagen abzugrenzen, teilweise wurden diese aber auch ausdrücklich bestätigt.

Der *dritte Schritt* fokussierte dann auf die *Zukunft* und forderte zu einer neuerlichen *Collagenarbeit* zum Thema auf „Was kommt nach der Weiterbildung? Wie stelle ich mir meine Zukunft vor? (Was wünsche ich mir für die Zukunft?“). Nach der Diskussion der neu erstellten Collagen wurden die Teilnehmenden auch mit den Collagen der ersten Erhebungsrunde konfrontiert und die Collagen mit einander verglichen.

Es zeigte sich, dass sich Collagen als abgeschlossene und visualisierte Produkte für einen solchen Vergleich gut eignen. In der Diskussion dazu kamen wahrgenommene Veränderungen oder Bestätigungen zur Sprache und wurden diskutiert. Häufig kam es in den Collagen zu Themenverschiebungen und wurden neue Themen angesprochen, zum Teil standen die Collagen auch im Widerspruch zu im Diskussionsteil geäußerten Aussagen. Insbesondere im Duisburg-Essener Projektteil thematisierten die Befragten in den Collagen vor allem Wünsche nach Belohnung oder Regeneration.

Die Gruppenwerkstatt schloss mit einer kurzen *Feedback-Runde*. Im Essener Projektteil wurde zum Abschluss nochmals aus dem vorhandenen Set eine *Motivpostkarte* ausgewählt und mit der Karte aus der ersten Diskussion verglichen. Die Auswahl gab ebenfalls Hinweise auf Veränderungen bzw. Beharrungen. Die Gruppenwerkstatt wurde hier mit einem *Abschluss-Statement* zur Frage: „Was nehme ich als Erfahrung aus den

---

3 Diese Diskussion kam allerdings nur dann zu Stande, wenn in der zweiten Erhebung eine ausreichend große Personenzahl anwesend war (mindestens vier Personen). In Gruppen mit zwei oder drei Personen hatte die Gruppenwerkstatt mehr den Charakter eines Interviews.

letzten anderthalb Jahren mit?“ beendet. Nicht selten wurden hierbei von den Befragungspersonen Veränderungen reflektiert oder haben sich eher implizit gezeigt.

2.5 Hermeneutische Auswertung

Die Gruppenwerkstätten wurden mit einer Videokamera aufgezeichnet und anschließend im Wortlaut verschriftlicht. Ausgangspunkt der hermeneutischen Analysen waren diese wörtlichen Transkriptionen von Audio- und Videoaufzeichnungen. Durch die Collagen lag zudem symbolisch-bildhaftes Material vor, das bildhermeneutisch ausgewertet wurde (vgl. Bremer/Teiwes-Kügler 2007, 2013; siehe unten 2.8). Einbezogen wurde in die Analyse das gesamte zur Verfügung stehende empirische Material. Im Einzelnen waren dies:

- die wörtliche Verschriftung der Video- und Audioaufzeichnungen,
- die tabellarisch aufbereiteten Sozialdaten,
- die schriftlichen Äußerungen auf den Metaplankarten des Vertiefungsteils,
- die Collagen,
- Beobachtungskurzprotokolle, die unmittelbar nach Beendigung der Gruppenwerkstatt zum Verlauf der Gruppenwerkstatt erstellt wurden.

Die hermeneutische Auswertung orientierte sich an beiden Standorten am Verfahren der Habitus-Hermeneutik (vgl. Bremer/Teiwes-Kügler 2013; Lange-Vester/Teiwes-Kügler 2013). Die im Habitus verankerten gesellschaftlich-politischen Ordnungsvorstellungen (Gesellschaftsbilder) können mit diesem Verfahren rekonstruiert werden. Der Standort Duisburg-Essen fokussierte – wie bereits erwähnt – dabei auf Habitus und Milieu als Bezugspunkte für das Gesellschaftsbild, während der Standort Hamburg stärker den Zusammenhang von Gesellschaftsbild und Lernstrategien herausarbeitete.

Genauer erfolgte die Auswertung auf mehreren Ebenen mit unterschiedlichen Methoden und berücksichtigte sowohl die Gruppe als Ganzes als auch die einzelnen Befragungspersonen. Einbezogen wurden die manifesten, d.h., die wörtlichen Aussagen und ebenso die darin enthaltenen zusätzlichen (latenten) Bedeutungen, die als verborgener Sinn nicht direkt artikuliert werden und eher ‚zwischen den Zeilen' stehen. Diese latenten Bedeutungen zeigen sich häufig in dem, *wie* über etwas gesprochen wird. In ihnen verbergen sich die Schemata und Klassifizierungen von Habitus, Gesellschafts- und Lernbildern, sie können hermeneutisch erschlossen werden. Auch worüber nicht gesprochen wurde, war Gegenstand der Auswertung.

Analyseebenen und Schritte der Auswertung

Die Habitus-Hermeneutik setzt an den Beschreibungen, Darstellungen, Klassifizierungen und Bewertungen an, die die Befragungspersonen in ihren Ausführungen selbst vornehmen. In ihnen verbergen sich Hinweise, wie und aus welcher sozialen Perspektive heraus die Gesellschaft, das eigene Arbeitsfeld oder die Weiterbildung wahrgenommen werden, wie die dort gemachten Erfahrungen erklärt werden und auch, an welchen moralischen und geschmacklichen Prinzipien sich das eigene Handeln orientiert.

Diese Klassifizierungen müssen jedoch de-codiert und re-konstruiert werden, um daraus Rückschlüsse auf den Habitus und das Gesellschaftsbild ziehen zu können. Bourdieu (1987: 49f.) spricht in diesem Kontext von der Notwendigkeit eines „doppelten Bruchs". Konkret bedeutet dies, in einem *ersten Interpretationsschritt* die subjektive Perspektive der Akteure nachzuvollziehen und zu rekonstruieren. Dabei geht es darum, einen möglichst umfassenden und zusammenhängenden Blick auf die Perspektive der Akteure zu richten und nicht auf einzelne Standpunkte und Einstellungen. Um das zu erreichen, sind die Forschenden herausgefordert, ihre eigene Perspektive zu reflektieren und sich gedanklich an den sozialen Ort der Befragten zu begeben – oder, wie Holzkamp sagen würde, den Standpunkt der Subjekte einzunehmen – um von dort aus deren Äußerungen angemessen nachvollziehen zu können. Es müssen also die Bedingungen und Möglichkeiten mit in den Blick genommen werden, unter denen sich der Erwerb bestimmter Sicht- und Handlungsweisen vollzogen hat, um sie zu verstehen.

Da die subjektive Perspektive der Akteure jedoch mit ihrem sozialen Standort korrespondiert, ist dies immer auch eine begrenzte Perspektive. Es werden daher in einem *zweiten Schritt* die subjektiven Konstruktionsakte mit den sozialen Kontexten ihrer Genese in Beziehung gebracht. Die sozialen Akteure nehmen die soziale Welt so wahr, wie sie es gewohnt sind, sie wahrzunehmen. Die alltäglichen Selbstverständlichkeiten der Akteure müssen daher daraufhin hinterfragt werden, welche anderen Sicht- und Handlungsweisen auch möglich gewesen wären. Beispielsweise reflektieren privilegierte soziale Gruppen häufig nicht, dass sie objektiv andere Erfahrungen machen als weniger privilegierte soziale Gruppen und sich daraus auch eine andere Sicht auf die Gesellschaft und andere Handlungsmöglichkeiten ergeben.

Habitus und Gesellschaftsbild liefern einen Rahmen, an dem sich das Handeln – auch das Lernen – orientiert, ohne dass dies von den sozialen Akteuren permanent reflektiert wird. Die Habitus-Hermeneutik zielt darauf, aus den manifesten Äußerungen die darüber hinaus implizit enthaltenen Bedeutungen und Klassifizierungsschemata von Habitus und Gesellschaftsbild freizulegen. Dadurch werden in den Worten Bourdieus (1970: 127ff.) eine „primäre" und eine

„sekundäre Sinnschicht“ miteinander in Beziehung gesetzt. Entsprechend dieser unterschiedlichen Sinnschichten wurden bei der Auswertung der Gruppenwerkstätten verschiedene analytische Ebenen unterschieden.

Interpretationsprotokoll und Analyse der Gruppendynamik

Unsere Studie ging davon aus, dass die Akteure nach Klasse/Milieu, Geschlecht, Alter und ethnischer Herkunft über unterschiedliche biographische Erfahrungen und Sichtweisen auf die Gesellschaft verfügen und dass deshalb ebenfalls nach Zusammensetzung der Untersuchungsgruppen unterschiedlich ist, welche Themen und Episoden dabei im Einzelnen als erzählenswert und als relevant erachtet werden. Daher wurde zunächst in komprimierter Form jeweils der thematische Verlauf der Gruppenwerkstatt herausgearbeitet.

Dieses *„Interpretationsprotokoll“* lieferte einen Überblick zur thematischen Strukturierung, zu Themenschwerpunkten und inhaltlichen Besonderheiten des Argumentationsverlaufs in der Gruppenwerkstatt. Dabei wurden von uns gemeinsame oder konträre Standpunkte zwischen einzelnen Befragten oder zwischen Teilgruppen sichtbar gemacht.

In der vorliegenden Studie diskutierten die Teilnehmenden zumeist Themen, bei denen sie entweder ihre gemeinsamen gesellschaftlich-politischen Orientierungs- und Bewertungsmuster entfalten konnten (z.B. gemeinsame Vorstellungen von einer chancengerechten, meritokratisch strukturierten Gesellschaft) oder Themen, die mit besonders konfliktreichen Erfahrungen zusammenhingen (z.B. Arbeitserfahrungen). Diese Erfahrungen ließen sich häufig nicht in vorhandene eigene Bewertungs- und Handlungsmuster einfügen, stellten diese in Frage oder standen dazu im Widerspruch. Die Gruppe diente dann nicht selten der Selbstvergewisserung und Bestätigung eigener Wahrnehmungen und Bewertungen. Jede Gruppe des Samples hatte ein eigenes Thema, das im Mittelpunkt der Diskussion stand und an dem sich die Teilnehmenden nicht zufällig abgearbeitet haben. Das jeweilige Thema lieferte bereits wichtige Hinweise auf das Gesellschaftsbild.

Bei dieser ersten interpretativen Analyse wurden zudem gruppendynamische Prozesse und die Beziehungen innerhalb der Diskussionsgruppe mit berücksichtigt. Erfahrungsgemäß reproduziert sich in der Gruppenwerkstatt ein Verhalten, das für die Teilnehmenden bei ähnlicher Konstellation auch in anderen Situationen auftritt (z.B. am Arbeitsplatz, im Weiterbildungskurs oder im Praktikum).

Hermeneutische Deutungen mittels Sequenzanalysen

Um die latenten, nicht verbalisierten, aber gesellschaftliche Erfahrung strukturierenden Orientierungs-, Deutungs- und Erklärungsmuster zu rekonstruieren, wurde mit dem Verfahren der Sequenzanalyse gearbeitet (vgl. Bremer/Teiwes-Kügler 2013). Besonders ausführliche Sequenzanalysen, die erste ‚Lesarten' (Deutungen) zum Fall (der Fall ist hier eine Gruppenwerkstatt) lieferten, wurden zum Einstieg in die Gruppendiskussion und zu ausgewählten Passagen der Gruppenwerkstatt durchgeführt. Aus diesen ersten Lesarten ergaben sich Hinweise auf die die Aussagen strukturierenden Prinzipien des Habitus bzw. des Gesellschaftsbildes, die weiterverfolgt, bestätigt oder revidiert wurden. Die Rekonstruktion der Gesellschaftsbilder vollzog sich als kleinschrittige Interpretation des gesamten Transkriptmaterials, der Aussagen auf den Metaplankarten sowie der Collagen.

2.6 Collagen und ihre Interpretation

Um Einstellungen nicht nur auf der Ebene verbaler Artikulation aufzunehmen, haben wir seit längerer Zeit und in verschiedenen Projekten mit thematisch fokussierten Collagen gearbeitet (vgl. Vögele et al. 2002; Vester et al. 2007, Lange-Vester/Teiwes-Kügler 2004, 2013; Faulstich/Grell 2005; Grell 2006; Umbach 2014, 2015). Dieses Erhebungsverfahren versucht, Orientierungen zu erfassen, die verbal schwer artikulierbar sind.

In der Habitusanalyse wird davon ausgegangen, dass der Habitus latente und kaum reflektierte, emotional-affektive Dimensionen umfasst, die sich mit projektiv-assoziativen Verfahren mobilisieren lassen. Sie benötigen einen Anstoß, um ins Bewusstsein zu gelangen oder um auf einer vor-bewussten Ebene bildhaft ausgedrückt werden zu können. Die Annahme ist, dass sich aus den Collagen, genauer aus deren ästhetischer Gestaltung, den eingesetzten Symbolen und Bild-Text-Motiven zusätzliche Hinweise auf habitustypische Dispositionen finden lassen.

In den Collagen können Inhalte und Botschaften, die sprachlich einer Struktur des Nacheinanders unterworfen sind, in ihrer Gleichzeitigkeit wirken und auch Widersprüchliches und Uneinheitliches ausdrücken. Ebenso eignen sich Collagen zum Ausdrücken von sinnlicher Welterfahrung und ermöglichen es, abstrakt-begriffliches Denken über die Visualisierung im Bild ästhetisch, d.h., den Sinnen anderer zugänglich zu machen. Ästhetik gilt zudem als Kategorie des Geschmacks. Wir gingen daher davon aus, dass bildhafte Schemata und milieutypische Geschmackspräferenzen die Auswahl der Text-Bild-Motive mit anleiten. In der Auswahl sind Klassifizierungen und kaum reflektierte Selbst- und Fremdbilder enthalten, die das Gesellschaftsbild mit ausmachen.

Für unser Projekt drängte sich der Einsatz der Collagentechnik geradezu auf, lassen sich darüber doch Zukunftsentwürfe und Vorstellungen von der Gesellschaft unmittelbar ‚ins Bild setzen'. Während im Diskussionsteil der Gruppen- bzw. Lernwerkstätten häufig die Kritik an bestehenden gesellschaftlichen Bedingungen im Vordergrund stand, enthielt die Collagenarbeit ein Angebot, den Faden weiter zu spinnen und in Kleingruppen gemeinsam ein Bild von einer ‚besseren' Gesellschaft zu gestalten, in der die Befragten gern leben und arbeiten möchten. Die Anforderung war, durch assoziative Anstöße im Illustriertenmaterial jenseits von Reflexion und rationaler Kontrolle bisher Gedachtes und Erlebtes zu überschreiten und in einem kollektiven Verständigungsprozess die Vision von einer zukünftigen Gesellschaft zu entwickeln.

Im vielschichtigen Verhältnis von Bild und Sprache vermitteln Collagen einerseits auf ihre eigene Art und Weise Bedeutungen. Sie sind als Bilder Zeichen, die ein Weltverständnis darstellen, das zum Thema gemacht wird. Andererseits sind Bilder bzw. Collagen Medien, die der Bedeutungsherstellung dienen. Darstellung ist gleichzeitig Finden und Herstellen von Bedeutung. Es geht also um die Erweiterung von logischem Begreifen durch ästhetisches Begreifen (Bracker/Umbach 2014).

Bei der Materialauswahl beziehen die Teilnehmenden ihre Alltagserfahrung mit ein. Das alltägliche Sehen ist von dem geprägt, was Imdahl „Wiedererkennendes Sehen" nennt (z.B. Imdahl 1994). Es ist eine Form der Wahrnehmung, die weniger die ästhetischen Qualitäten eines Wahrnehmungsgegenstands berücksichtigt und ins Bewusstsein bringt, sondern ihn in Gewohntes einordnet. Dieses alltägliche Sehen bestätigt uns die Welt, wie wir sie gewohnt sind. Die Sehgewohnheiten des wiedererkennenden Sehens stellen die Basis dar, auf der Darstellungen entworfen werden.

Es werden Bilder ausgewählt und diskutiert, die für einen Gedanken oder eine Vorstellung stehen, die in Wortsprache gefasst werden können. Sie werden zu Symbolen, die auch auf etwas anderes als sich selbst verweisen. Dieses ‚andere' ist jedoch meist nicht nur ein Wort, so dass ein Lexikon der Symbole und ihrer Bedeutungen entsteht, sondern es sind komplexe Sachverhalte, die zu anderen Sachverhalten in Bezug stehen, die ebenfalls als Bilder Sichtbarkeit erlangen. Die Bedeutungen ergeben sich auch aus den räumlichen Verhältnissen der Bilder zu einander.

Auswertung der Collagen

Die Auswertung von Collagen steht vor der besonderen Herausforderung, die bildliche Darstellung in den Collagen sprachlich weiter bearbeiten zu müssen. Mit Bildern konfrontiert steht wir vor einem Verbalisierungsdilemma: Wie können wir über Bilder sprechen, deren Besonderheit gerade darin besteht, über Sprache hinauszugehen? Aus dieser Problematik ergeben sich zwei Missverständnisse: Entweder wird unterstellt, die Bilder ‚sprächen' für sich selbst, oder aber sie werden lediglich als Illustrationen zu Texten missbraucht.

Für die Habitus-Hermeneutik wurde – angelehnt an kunstwissenschaftliche Verfahren – dazu einen Leitfaden konzipiert, der eine systematische und nachvollziehbare Interpretation der Collagen gewährleisten soll (vgl. Teiwes-Kügler 2001; Bremer/Teiwes-Kügler 2007). Ähnlich ging die Hamburger Projektgruppe vor, die in vorhergehenden Projekten einen Leitfaden für die Bildanalyse entwickelt hat (vgl. Faulstich 1981; Sprigath 1986; Faulstich 2014; Umbach 2015: 96).

Beide – sehr ähnliche –Verfahren setzen bei der Erfassung der sinnlichen Erfahrung an, um nicht sofort kognitiv-verbale Verengungen vorzunehmen. In einem ersten Schritt wird zusammen mit den Teilnehmenden ein „Bildgespräch" geführt (vgl. Box 2 u. Box 3: Konzepte der Gruppenwerkstätten), und erst im zweiten Schritt erfolgt eine systematische Interpretation durch die Forschenden (vgl. Box 4). Das Verfahren dient vor allem der Formalisierung und Systematisierung des Auswertungsablaufs, muss aber nicht schematisch abgearbeitet werden. Vor allem kommt es darauf an, bei der visuellen Wahrnehmung anzusetzen und diese bis zur „Bedeutungsanalyse" (vgl. Bremer/Teiwes-Kügler 2007) zu führen. Damit können kollektive Grundmuster gefunden und in ihren verschiedenen Bedeutungsschichten freigelegt werden.

Collagen stellen eine Möglichkeit dar, Reflexionsprozesse über eigene Haltungen und Vorstellungen anzustoßen und diese auf sprachlicher und sinnlicher Ebene zum Ausdruck zu bringen. Dabei können ungelöste und möglicherweise auch unlösbare Brüche zur Darstellung gebracht und damit einer Befragung im Sinne einer Reflexion von scheinbar Selbstverständlichem zugänglich gemacht werden.

Für die wissenschaftliche Auswertung und Darstellung von Collagen stellt sich ein nicht zu umgehendes Transformationsproblem: Die Collagen weisen eine andere Struktur auf als verschriftete Interviews oder Gruppendiskussionen. So gibt es in der Regel keine mit narrativen Erhebungen vergleichbare sequenzielle Abfolge, sondern die Collagen wirken vor allem auch als Ganzes. Um dennoch eine systematische Feinanalyse durchführen zu können, nehmen die Forschenden eine Sequenzeinteilung vor, die sich an visuell wahrnehmbaren Teilbereichen orientiert. Diese haben die Herstellenden der Collage meist selbst geschaffen (vgl. Box 4).[4]

Ästhetik bietet einen durch verbale Artikulation und kognitive Systematik nicht vollständig einholbaren Zugang zur Welt (Umbach 2015: 45). Dieses Problem relativiert sich ein wenig, wenn man bedenkt, dass auch Sprache mehr ist als kognitive Repräsentation von Fakten, auch sie enthält ästhetische Elemente und emotionale Aspekte. Die Sprache der Dichter und die Wortwahl der Wissenschaftler sind beide nachvollziehbar; sie unterscheiden sich aber durch den

4 Die Untersuchungspersonen haben häufig unterschiedliche Themenfelder visuell voneinander abgegrenzt. Diese bieten sich für eine Einteilung in Sequenzen an.

Versuch der Wissenschaft, Interpretationen durch kommunikative und konsensuale Kategorien zu fundieren und so wissenschaftliche Verstehbarkeit und Übertragbarkeit abzusichern. Die theoretische Abstraktion vom Fall – der einzelnen Collage – behält ihre Bedeutung und Plausibilität aber nur, wenn sie das empirische Material in seiner Vielfalt und auch die Erläuterungen der Untersuchungspersonen dazu mit aufnimmt.[5]

Box 4 zeigt die Analyseebenen und Anhaltspunkte, die bei der Interpretation der Collagen in beiden Forschungsgruppen eine Rolle spielten. Sie wurden hier zusammengeführt.

Box 4: Analyseebenen und Anhaltspunkte der Collagenauswertung

- Spontaner visueller Gesamteindruck
  - visuell-kognitiv: *Was sehen wir?*
  - ästhetisch: *Wie wirkt die Collage auf mich?*
- Formale Gestaltung – Deskription und Analyse
  - formal-ästhetisch (Grobstruktur): *Ist eine Struktur erkennbar? Welche Form hat die Collage?*
  - thematisch-inhaltlich (Motivauswahl): *Welche Themen werden dargestellt? Welche Motive oder Symbole werden dafür ausgewählt?*
- Bedeutungsanalyse
  - Bestimmung von visuell abgrenzbaren Themenkomplexen bzw. von Sequenzen
  - Feinanalyse der Sequenzen:
    - Bildelemente: wörtlicher und symbolischer Bildsinn
    - Textelemente: wörtliche und symbolische Bedeutung
    - detailliert: *Welche Einzelheiten werden gezeigt?*
    - relational: *Welche Beziehungen bestehen zwischen Themen und Motiven bzw. zwischen Form und Inhalt?*
- Hermeneutische Synthese
  - ikonographisch: *Auf welche anderen Bilder wird verwiesen?*
  - symbolisch: *Welche Bedeutungen werden gefunden?*
  - ikonologisch: *Was ist das Thema/Anliegen der Collage? Gibt es ein handlungsleitendes Prinzip?*
  - kontextuell: *Gibt es Verweise und Relationen zur sozialen Situation der Gestaltenden?*

5 Die Bedeutungen, die die Untersuchungspersonen einzelnen Motiven oder Symbolen bei der Herstellung der Collage zugewiesen haben, werden im gemeinsamen Bildgespräch (vgl. Box 2 und Box 3) erfragt und bei der Bedeutungsanalyse (vgl. Box 4) mit einbezogen.

- habitus-hermeneutisch: *Welche Hinweise auf den Habitus geben formale und inhaltliche Gestaltung?*
- Zusammenfassung und abschließende Beurteilung
- In-Beziehung setzen zu anderen Analyseergebnissen

Eigene Darstellung (2015)

Die Collageninterpretationen müssen abschließend zu den Sequenzanalysen der Gruppendiskussionen und zu den anderen Arbeitsteilen der Gruppen- bzw. Lernwerkstätten in Beziehung gesetzt werden, um eine Gesamtsicht zu erhalten. Diese verbindet kognitive und emotionale, manifeste und latente Aspekte von Gesellschafts- und Lernbildern.

2.7 Kategorien der Gesellschaftsbildanalyse

Im Verlauf der Interpretation wurden vom konkreten Material abstrahierende Deutungen vorgenommen, dabei haben wir auf ein Kategoriensystem der Habitus-Hermeneutik zurückgegriffen (vgl. Bremer/Teiwes-Kügler 2013: 115), dieses während des Forschungsprozesses vom empirischen Material ausgehend modifiziert und für die Rekonstruktion von Gesellschaftsbildern um analytische Kategorien erweitert (vgl. Tab. 1).

Die Kategorien folgen dem Prinzip von Gegensatzpolen und bilden jeweils eine Dimension (ein Muster) von Habitus und Gesellschaftsbild ab. Sie sind als Hilfswerkzeuge zu verstehen, um einzelne Dimensionen des Habitus bzw. des Gesellschaftsbildes begrifflich fassen und benennen zu können. In der Realität tendieren die Muster fließend zu einem der beiden Gegensatzpole. Die Interpretationsarbeit erfolgte daher als eine Art Pendelbewegung zwischen empirischem Material, Kategorien und Theorie. Auf diese Weise wurde schrittweise ein Bild entwickelt, das die einzelnen Äußerungen und Handlungen in einen Zusammenhang brachte. Dieser Gesamtzusammenhang enthält eine innere Logik, die letztlich das handlungsleitende und strukturierende Prinzip des Habitus (den modus operandi) wie auch das des Gesellschaftsbildes ausmacht. Zum Beispiel verweist dieses Prinzip darauf, ob die Befragten meinen, die Gesellschaft sei durch Leistung, durch Herrschaft oder durch Formen symbolischer Anerkennung usw. strukturiert. Wichtig war für uns, durch die Abstraktion nicht die Sicht auf den einzelnen Fall zu verstellen, sondern dessen Reichtum gerecht zu werden.

Tab. 1: Heuristische Kategorien der empirischen Gesellschaftsbildanalyse

Heuristische Kategorien	
konkurrierend: individuelle Durchsetzung gegen andere; z.T. kalkülbetontes Verhalten; Ellenbogenmentalität; im Extrem sozialdarwinistische Haltungen;	*solidarisch:* Zusammenhalt; Eintreten für die Interessen anderer; gemeinsames Vorgehen; Rücksichtnahme auf Schwächere;
veränderbar – mobil: Vorstellung von gesellschaftlichem Wandel u. Veränderbarkeit gesellschaftlicher Verhältnisse; technologischer Fortschritt wird meist positiv bewertet; Vorstellung von Veränderbarkeit der eigenen sozialen Lage;	*verfestigt – stabil:* gesellschaftliche Struktur u. Herrschaftsverhältnisse erscheinen nicht veränderbar; die eigene soziale Lage/Position ist quasi-natürlich festgelegt; „Jeder sollte an seinem Platz bleiben und das Beste daraus machen"; Veränderungen lösen Verunsicherungen und Ängste aus;
meritokratisch: gesellschaftliche Struktur nach Leistung; Vorstellung von Chancen- u. Leistungsgerechtigkeit; häufig Orientierung am asketischen Leistungsprinzip; Eigenverantwortlichkeit betonend;	*ständisch:* gesellschaftliche Struktur nach sozialer Herkunft; Privilegien für die einen und soziale Benachteiligung für andere;
elitär: Vorstellung berechtigterweise ‚etwas Besseres' zu sein (Privilegierung ist verdient); Abgrenzung von der Masse; Distinktion; z.T. offen ausgrenzend;	*egalitär:* Vorstellung von gleichen Rechten und Pflichten für alle, unabhängig von Alter, Geschlecht, Herkunft, ethnischer oder religiöser Zugehörigkeit;
autokratisch: Macht und Vorherrschaft einzelner, bestimmter sozialer Gruppen in politisch-gesellschaftlichen Angelegenheiten; nicht legitimierte Selbstherrschaft;	*demokratisch-partizipativ:* Beteiligung aller an gesellschaftlichen Angelegenheiten; Gleichberechtigung; Vorstellung von der Mitgestaltung der gesellschaftlichen Verhältnisse;
dichotomisch: Denken in Gegensätzen (‚schwarz-weiß', Macht – Ohnmacht); polarisierend, häufig auch pauschalisierend; Wunsch nach Vereinfachung (Reduktion von Komplexität);	*differenzierend:* Anerkennung/Akzeptanz von Vielschichtigkeit, Komplexität und Differenz; differenzierte Auseinandersetzung; personaldifferenzierend (es liegt am Einzelnen); systemdifferenzierend (es liegt am System); sozialdifferenzierend (Differenzierung nach sozialen Gruppen, Wahrnehmung von sozialer Ungleichheit);
ideell: hohen Stellenwert besitzen Selbstverwirklichung, Selbstbestimmung u. Autonomie; bisweilen Idealismus;	*materiell:* materielle Teilhabe u. Absicherung; praktisch; Realismus; Pragmatismus: Orientierung an Machbarkeit und Notwendigkeit; funktional;
hierarchisch: autoritätsorientiert bis autoritär; Statusdenken; Denken in Ordnungskategorien; positive Bewertung von Über- u. Unterordnung; Bereitschaft zu Unterordnung; auch Ressentiments;	*partnerschaftlich-egalitär:* Gleichberechtigung; Anspruch auf Partizipation und Mitgestaltung; integrativ; „leben und leben lassen";
individuell: Vorrang des Selbst vor der Gemeinschaft; Anspruch auf Unabhängigkeit und Selbstbestimmung, Aufstieg als individuelles Projekt, ('Jeder ist für sich selbst verantwortlich'); häufig Streben nach Selbstverwirklichung und Persönlichkeitsentfaltung; Neigung zu Egozentrik; abgrenzen von der 'Masse', Betonung von 'Einzigartigkeit' und Unkonventionalität;	*kollektiv-gemeinschaftlich:* Gemeinschaft steht vor individuellen Ansprüchen; Rücksichtnahme auf Konventionen; Bereitschaft zu Kompromissen; teilweise Anpassung und Konformismus; Sicherheit und Geborgenheit; bisweilen Anlehnung an bzw. Entlastung durch die Gemeinschaft;

→

Tab. 1: (Fortsetzung)

Heuristische Kategorien	
aufstiegsorientiert: Streben nach ‚Höherem'; Karriere- und Statusorientierung; Autonomiegewinn durch Aufstieg;	*sicherheitsorientiert:* „Lieber den Spatz in der Hand als die Taube auf dem Dach"; realistischer Sinn für die eigenen Grenzen; geringe Risikobereitschaft; Festhalten an Vertrautem und Gewohntem; Absicherung der Existenz, Statuserhalt;
mächtig: Machtansprüche; Ausübung von Herrschaft, Dominanz; sozialer Blick von oben nach unten; z.T. karitativ; z.T. offen ausgrenzend und elitär; symbolische Formen der Herrschaft über hochkulturelle Muster;	*ohnmächtig:* Fatalismus; sich dem Schicksal ausgeliefert fühlen; dichotomes Weltbild; sozialer Blick von unten nach oben; Gefühl genereller Chancenlosigkeit;
selbstsicher: selbstbewusst; Selbstgewissheit im Umgang mit (neuen) Anforderungen; Anspruchshaltung; meist zielsicher; Zukunftsoptimismus;	*unsicher:* Selbstzweifel u. wenig Selbstvertrauen; Einschüchterung; wenig Zuversicht, Ängste neue Anforderungen nicht bewältigen zu können; häufig Skepsis bis Pessimismus hinsichtlich der eigenen Zukunft;
asketisch: methodisch; planend; Pflicht; (Trieb-)Verzicht steht vor Lust und Genuss; diszipliniert; Selbstbeherrschung;	*hedonistisch:* spontan; ungeplant; ungeregelt; lustbetont; Spaß; Lust und Genuss statt Pflicht und Verzicht; Erlebnisorientierung; ‚Leben im Hier und Jetzt'.

Eigene Darstellung (2013)

2.8 Fallanalysen und Fallprofile

In einem weiteren analytischen Auswertungsschritt wurden die Interpretationen aus beiden Erhebungen für jede Untersuchungsgruppe zusammengebracht. Daraus entstanden schriftliche *Fallanalysen*, in ihnen wurden die dominanten Deutungs-, Bewertungs- und Orientierungsmuster für die einzelnen Gruppenwerkstätten herausgearbeitet. In diesen Fallanalysen haben wir darüber hinaus die Veränderungen oder Beharrungen im Hinblick auf Habitus und Gesellschaftsbild mit in den Blick genommen.

Für die Fallanalysen haben wir die inhaltliche Struktur und den Ablauf der Gruppenwerkstätten verlassen und eine eigene Struktur aus dem jeweiligen Fall heraus entwickelt. Als Fall wurde dabei jeweils eine Gruppe gefasst. Diese Struktur folgte der inneren Argumentationslogik der Gruppe und entfaltete sich anhand der zentralen Themen, der dazu eingenommenen Standpunkte und der daraus rekonstruierten grundlegenden Orientierungsmuster.

Auf diese Weise lässt sich ein zentral wirksames gesellschaftliches Ordnungsprinzip herausarbeiten, das die Erfahrungen der Akteure vorrangig strukturiert, für sie einen maßgeblichen Erklärungswert besitzt und auch als Orientierungspunkt für das eigene (Lern-)Handeln dient. Wir haben dieses grundlegende Ordnungsprinzip schließlich als *Gesellschaftsbild* gefasst. Das empirische Material wurde dazu über mehrere Auswertungsschritte in den Fallanalysen immer stärker analytisch verdichtet. Empirisch war nicht immer nur ein Gesellschaftsbild in einer bestimmten Erhebungsgruppe zu finden. Vielmehr kam es auch zu Mischungen. Mitunter war aber ein Gesellschaftsbild besonders kennzeichnend für eine gesamte Erhebungsgruppe. In Kapitel 5.2 werden die rekonstruierten Gesellschaftsbilder im Überblick vorgestellt.

Um das vielfältige Spektrum der im Sample vorhandenen Gruppen mit ihren jeweiligen Themen, sich daraus ergebende Anhaltspunkte für vorhandene Gesellschaftsbilder und sichtbar gewordene Veränderungen bzw. Nicht-Veränderungen vergleichend betrachten zu können, wurden die Fallanalysen zu sogenannten *„Fallprofilen"* weiter verdichtet. Sie werden in Kapitel 4 vorgestellt.

Die Fallanalysen veranschaulichen nicht nur, wie Habitus, Gesellschaftsbild und Lernen miteinander verwoben sind. Sie haben zudem einen erheblichen Beitrag zur Theoriebildung geleistet. Anhand der Fallanalysen konnte das Konzept des Gesellschaftsbildes gefüllt, konkretisiert und systematischer ausgearbeitet werden (vgl. 1.6). Durch die Fallanalysen sind wir zudem auf immer noch wirksame ständische Mechanismen der Benachteiligung und auf Problematiken gestoßen, die den Stellenwert von gesellschaftlicher Anerkennung bzw. die Konsequenzen aus versagter Anerkennung deutlich machen. Exemplarisch wird in den Fallanalysen die Wirksamkeit wichtiger gesellschaftlicher Strukturkategorien (Klasse, Geschlecht, Alter, soziale und ethnische Herkunft) deutlich. Und nicht zuletzt haben die Fallanalysen erst sichtbar gemacht, wie dominierend und in den mentalen Strukturen der Akteure verfestigt das Leistungsprinzip in unserer Gesellschaft ist.

3 Auswahl und Zugang zu den Untersuchungsgruppen

Um überhaupt einen Zugang zu Befragungspersonen in den angestrebten Bereichen zu finden, war eine Zusammenarbeit mit regionalen Bildungsträgern nötig. Die Gruppenwerkstätten konnten in laufende Programme eingebaut werden, dadurch wurde eine zusätzliche zeitliche Belastung für die Befragten vermieden.

3.1 Auswahl und Charakteristik der Bildungsträger

Aus der Fragestellung der Untersuchung ergaben sich notwendige Anforderungen an die Weiterbildungsprogramme und -institutionen.

Kriterien der Auswahl

Im Feld der Weiterbildung finden sich sehr unterschiedliche private, öffentliche, gewerkschaftliche und kirchliche Bildungsträger mit verschiedenen Bildungsformaten der beruflichen, allgemeinen oder politischen Erwachsenenbildung. Für das Projekt war es wichtig, Zugang zu Bildungsinstitutionen zu erhalten, die Bildungsangebote mit einer Laufzeit von mindestens zwei Jahren anbieten und diese als Vollzeitweiterbildung durchführen. Diese Kriterien waren der Hypothese geschuldet, dass ein Bildungsmoratorium, das mit einer partiellen Suspendierung von Erwerbsarbeit einhergeht, zu biographischen und beruflichen Neuorientierungen und auch zu Veränderungen des Gesellschaftsbildes führen kann.[1] Um Veränderungen erfassen zu können, wurde die Studie als Längsschnitt angelegt; vorgesehen waren zwei Erhebungswellen in einem angemessenen Zeitabstand. Dieselben Kursteilnehmenden sollten einmal zu Beginn und einmal gegen Ende der Weiterbildung befragt werden. Diese inhaltlich-konzeptionell begründeten Prämissen hatten dann Folgen für die Samplebildung, da ein großer Teil bestehender Weiterbildungsangebote für die Untersuchung nicht in Frage kam.

Einbezogene Bildungsträger

In die Studie wurden öffentliche (staatliche) und private Träger beruflicher Weiterbildung und Allgemeinbildung einbezogen. Dies waren Kollegs des Zweiten

1 Es wurde eine Gruppe aus einer sogenannten „Teilzeit-Weiterbildung“ in das Sample aufgenommen, die jedoch dem Äquivalent einer Vollzeit-Weiterbildung entsprach. Die Teilnehmenden hatten neben der Weiterbildung Kinder zu betreuen oder Angehörige zu pflegen. Die Finanzierung der Teilnahme war an diese Voraussetzungen geknüpft.

Bildungswegs, eine Volkshochschule, Fachschulen und Berufsakademien sowie Bildungsträger, die zweijährige Bildungsmaßnahmen nach SGB II und III oder Umschulungen im Zusammenhang mit Reha- Maßnahmen durchführen.[2]

Die Finanzierung der Ausbildungen/Weiterbildungen und Umschulungen erfolgte entweder in Form von Bildungsgutscheinen über die Arbeitsagenturen und Jobcenter oder über die Rentenversicherungen. Die Kosten der Umschulungen bzw. Aus- und Weiterbildungen lagen bei etwa 15.000 Euro pro Kurs und Person. Der Besuch der Kollegs des Zweiten Bildungswegs war gebührenfrei.

Die KollegiatInnen des Samples finanzierten ihren Lebensunterhalt fast durchgängig über elternunabhängiges BAföG und kleinere Nebenjobs. Alleinstehende und Alleinerziehende erhielten während der Weiterbildungszeit Leistungen zur Finanzierung des Lebensunterhalts von den Arbeitsagenturen oder Jobcentern. Nebentätigkeiten waren von Seiten der Bildungsträger nicht erwünscht und neben der Weiterbildung auch nur schwer zu leisten, ohne den Abschluss zu gefährden.

Veränderungen im Feld der beruflichen Weiterbildung

Die im Vorfeld der Untersuchungen durchgeführten Recherchen verwiesen auf Veränderungen im Feld der (beruflichen) Weiterbildung, die Veränderungen haben die Auswahl der Bildungsträger und -institutionen weiter eingeschränkt. Zu solchen strukturellen Veränderungen sind die „Reformen“ der Arbeitsmarktpolitik – insbesondere die „Hartz-Gesetze“ (Hartz IV 2005) – zu rechnen. Vielfach sind diese mit einem erheblichen Rückgang der Mittelzuweisung und anderen ‚Geschäftsmodellen‘ der Arbeitsagenturen einhergegangen und haben bei den von diesen Mitteln abhängigen Bildungsträgern zu erheblichen Umstrukturierungen geführt (Faulstich 2005).

Im SGB II und SGB III finden sich zahlreiche Instrumente, die auf die verschiedenen Problemkonstellationen auf dem Weg aus der Erwerbslosigkeit abstellen: Sie reichen von Maßnahmen der Berufsvorbereitung, der Vermittlung, der Umschulung und Fortbildung bis zur – wenn auch nicht so bezeichnet – Aufbewahrung. Das sogenannte Übergangssystem führt in solchen Fällen nirgendwo hin. Übergänge erfolgen nicht, sondern es werden Endlosschleifen gedreht.

---

2 Wir haben uns dazu entschlossen, die Bildungsinstitutionen aus Gründen der Anonymisierung nicht namentlich zu nennen. Dies dient auch dem Schutz der Befragungspersonen, die sich freiwillig an der Studie beteiligt haben. Die folgenden Informationen stammen aus ExpertInnengesprächen und Internet-Präsentationen der Bildungsträger. Die ExpertInnengespräche dienten zum einen dazu, das Untersuchungsfeld besser kennen zu lernen. Zum anderen wurden dadurch Zugänge zu Bildungsinstitutionen und Befragungspersonen gewonnen (vgl. Flick 1998: 70ff.). Insgesamt wurden im Vorfeld der Erhebungen14 ExpertInnengespräche geführt.

Nichtsdestoweniger setzen die Teilnehmenden in der Regel ihre Hoffnungen auf Weiterbildungserfolge. Sie wollen sowohl eine Verbesserung ihrer sozialen Lage als auch ihre Abhängigkeit von unterdrückenden Barrieren aufheben. Weiterbildung ist dann der Versuch, die eigene Handlungsfähigkeit zu stärken und einer scheinbar ausweglosen Bedingtheit zu entgehen.

Inzwischen wurden viele Ausbildungsgänge modularisiert; sie finden als individualisierte Weiterbildungen ohne Einbindung in einen Kursverband bzw. in einen Gruppenzusammenhalt statt und können zu unterschiedlichsten Zeiten begonnen werden. Nicht selten wurde dabei auch auf Fernkurse und E-Learning-Konzepte umgestellt. Zahlreiche Weiterbildungen und Höherqualifizierungen finden inzwischen nicht mehr in Vollzeit, sondern berufsbegleitend statt (beispielsweise Qualifizierungen zu TechnikerInnen, BetriebswirtInnen oder zu Pflegedienstleitungen). Die neuen Formate scheinen einerseits den Interessen der Teilnehmenden entgegenzukommen, sind aber andererseits vielfach auch dem Rückgang der Mittelzuweisungen geschuldet und helfen Personalkosten einzusparen. Anstelle von fest angestellten WeiterbildnerInnen arbeiten viele Bildungsträger inzwischen überwiegend mit Honorarkräften. Es herrschen zunehmend Marktgesetze, Konkurrenz- und Kostendruck.

Auch die Bedingungen des Zweiten Bildungswegs haben sich verändert. Es hat sich eine immer stärkere Angleichung an die Anforderungen der gymnasialen Oberstufe ergeben. Die Kollegs haben mit dem (erzwungenen) Anschluss an das Zentralabitur weitgehend ihren Sonderstatus (gleichwertiges, aber nicht gleichartiges Abitur) verloren. Der zweite Bildungsweg unterliegt inzwischen den gleichen Abiturbedingungen wie das Gymnasium des Ersten Bildungswegs.

Zugleich wurden die Aufnahmekriterien im Laufe der Jahre immer stärker ausgeweitet und aufgeweicht. Musste früher eine abgeschlossene Berufsausbildung vorliegen und drei Jahre in dem Beruf gearbeitet worden sein, so wurde diese Vorgabe zunächst auf zwei Jahre verkürzt; inzwischen reicht es aus, überhaupt erwerbstätig gewesen zu sein. Allerdings sind die Aufnahmebedingungen und die inhaltlichen Ausgestaltungen von Bundesland zu Bundesland sehr unterschiedlich. Die neuen Verordnungen sehen vor, dass Zeiten der Arbeitslosigkeit und soziale Tätigkeiten, die der Betreuung von Angehörigen oder Kindern dienen, anzurechnen sind. Zum Teil wurden zwischenzeitlich auch Langzeitarbeitslose von den Arbeitsagenturen an die Kollegs verwiesen.

In der Folge – so auch die Information aus unseren ExpertInnengesprächen – haben Disziplinierungsprobleme und Verhaltensauffälligkeiten unter den KollegiatInnen zugenommen und auch die Abbruchquoten haben sich erhöht. Gleichzeitig stehen die Kollegs des Zweiten Bildungswegs immer wieder politisch unter Druck, sollen aufgelöst und integrierten Gesamtschulen oder Fachgymnasien angegliedert werden. Dieser Druck erhöht sich, wenn keine ausreichend hohen Abiturquoten erreicht werden (vgl. hierzu auch Teiwes-Kügler 2010).

Bildungsinstitutionen – Projektstandort Essen

Im Duisburg-Essener Projektteil wurden Bildungsträger und Bildungsinstitutionen aus Nordrhein-Westfalen und Niedersachsen berücksichtigt. Der Zugang zu einigen Bildungsträgern scheiterte an den oben genannten modularisierten Kursen, die ohne festen Kursverband stattfinden und zu unterschiedlichen Terminen begonnen werden können. Sie wurden deshalb als ungeeignet für die Studie ausgeschlossen.

Beteiligt war *erstens* ein nordrhein-westfälisches Berufsförderungszentrum (mit drei Gruppenwerkstätten), das Anfang der 1970er Jahre von der damaligen Bundesanstalt für Arbeit und unter Beteiligung der Landesarbeitsämter als Verein und überregionales Zentrum gegründet und finanziert wurde (ergänzt durch Kursgebühren der Teilnehmenden). Insbesondere die sogenannten Hartz-Reformen haben ab 2003 drastische Mitteleinsparungen erzwungen und zur Entlassung der meisten fest angestellten BAT-Angestellten geführt. Seit 2006 ist der Bildungsträger eine GmbH und Teil einer kommunalen Arbeits- und Beschäftigungsgesellschaft mit Konzernstruktur, Tochtergesellschaften und Netzwerken, die einen kommunal-städtischen Bildungsauftrag zur Senkung der Arbeitslosenzahlen hat. Das Bildungszentrum hat jährlich etwa 800 KursbesucherInnen in unterschiedlichsten Qualifizierungen sowie Aus- und Weiterbildungen und arbeitet inzwischen überwiegend mit Honorarkräften.

Zweitens war ein Tochterunternehmen des Berufsförderungszentrums beteiligt (mit zwei Gruppenwerkstätten), das sich auf die Aus- und Weiterbildung in IT-, Kommunikations- und Informationsberufen spezialisiert hat.

Einbezogen wurden die beiden Bildungsträger, weil hier noch viele Programme nicht modularisiert und feste Gruppen bzw. Kursverbände vorhanden waren.[3] Die Bildungsmaßnahme wurde bei beiden Bildungsträgern im ersten Jahr als schulische Ausbildung durchgeführt und bestand im zweiten Jahr aus betrieblichen Praktika mit schulischen Blockphasen (sogenannte Rückholphasen).

Drittens war eine nordrhein-westfälische Volkshochschule an der Studie beteiligt (mit einer Gruppenwerkstatt), an der neben gängigen Volkshochschulangeboten staatlich anerkannte schulische Abschlüsse von Erwachsenen und nicht mehr schulpflichtigen Jugendlichen nachgeholt bzw. erworben werden konnten. Im Fall der einbezogenen Gruppe handelte es sich um ein Projekt, in dem in einem halbjährigen Kurs der Hauptschulabschluss erworben und dann in Kooperation mit einem Bildungsträger bzw. einer Fachschule ein den eigenen Interessen entsprechender halbjähriger Ausbildungsvorkurs besucht wurde. Die Finanzierung konnte bei guten Noten zu einer von der Industrie- und Handelskammer anerkannten zweijährigen Ausbildung verlängert werden.

---

3 Zudem konnten in einem der IT-Ausbildungskurse Teilnehmende gewonnen werden, die ein Studium abgebrochen hatten (vgl. 3.2).

Viertens wurde eine niedersächsische Angestelltenakademie mit einbezogen, an der wir eine Gruppe für die Untersuchung gewinnen konnten, die eine Höherqualifizierung in Leitungspositionen anstrebt. Die Annahme war, dass insbesondere die Aufstiegsweiterbildung in eine Leitungsposition mit einer Veränderung des Gesellschaftsbildes einhergehen könnte. Die Akademie erwies sich als eine der wenigen, in der eine solche Qualifizierung vorläufig noch in Vollzeit und über zwei Jahre absolviert wird. Die Weiterbildung (es handelte sich um eine Weiterbildung für examinierte Pflegekräfte und Hebammen zur staatlich anerkannten Pflegedienstleitung) wurde vorwiegend als Reha-Maßnahme von den Rentenversicherungen bezahlt, sie kann im Prinzip aber auch über das Meister-BAföG finanziert werden. Die kaufmännischen Ausbildungen und Höherqualifizierungen waren auch bei diesem Bildungsträger bereits vollständig modularisiert.

Und *fünftens* hat sich ein niedersächsisches Kolleg des Zweiten Bildungswegs an der Studie beteiligt (mit zwei Gruppenwerkstätten). Das Kolleg besteht seit 1967, hat rund 450 SchülerInnen und ist ein Gymnasium für Erwachsene zur Erlangung der Allgemeinen Hochschulreife. Inzwischen gehört auch ein Abendgymnasium dazu. Die Weiterbildung besteht aus einer einjährigen Einführungs- und einer zweijährigen Qualifizierungsphase im Kurssystem. Pro Jahrgang beginnen etwa 125 SchülerInnen in fünf Klassen die Ausbildung. Sie erfolgt in Vollzeit. KollegiatInnen mit Hauptschulabschluss müssen einen halbjährigen Vorkurs absolvieren.

Bildungsinstitutionen Projektstandort Hamburg

In Hamburg haben sich drei Bildungsinstitutionen an der Studie beteiligt:

Erstens beteiligte sich ein Träger beruflicher Bildung (mit zwei Gruppenwerkstätten), der als Arbeitslosenbildungswerk gegründet und vom Hamburger Senat und der Bürgerschaft ins Leben gerufen wurde, um die berufliche Qualifizierung und Integration von Problemgruppen des Arbeitsmarktes zu betreiben. Der Träger der beruflichen Bildung ist mit dem parlamentarischen Auftrag versehen, benachteiligten Menschen durch geeignete Weiterbildungsangebote den (Wieder)einstieg in den Arbeitsmarkt zu ermöglichen. Dabei soll eine Brücke zwischen dem Bedarf der Hamburger Unternehmen und den Berufswegen der Zielgruppe gebaut werden.

Bereits seit längerem wird in Kooperation mit Unternehmen und Betrieben in Hamburg der Bedarf an Arbeitskräften analysiert. Dazu gehören: Qualifizierungen, in denen ‚Potentiale' gefördert, berufsrelevante Fertigkeiten und branchenspezifische Schlüsselqualifikationen für die Aufnahme einer Beschäftigung trainiert werden. Gemäß seinem politischen Auftrag soll der Träger dafür sorgen, dass Hamburger Unternehmen Fachkräfte für ihren Bedarf zur Verfügung stehen.

Zweitens war ein Tagesgymnasium als Bildungsträger des Zweiten Bildungswegs beteiligt (mit zwei Gruppenwerkstätten). In drei Jahren kann dort ein Abitur gemacht werden, das den Zugang zu allen Studiengängen öffnet. Auch ein Fachabitur ist möglich. Pro Jahr werden 75 SchülerInnen aufgenommen. Die Überschaubarkeit der Schule bietet gute Voraussetzungen für eine sehr individuelle Beratung, Betreuung und eine erfolgreiche Förderung. Der Unterricht ist kostenlos. Eine günstige Unterkunft gibt es im angrenzenden Wohnheim, Betreuungsmöglichkeiten für Kinder im Kindertagesheim.

Drittens wurde eine staatliche Fachschule für Sozialpädagogik mit einbezogen (mit einer Gruppenwerkstatt). Diese bietet verschiedene sozialpädagogische Ausbildungsgänge an. Unterrichtet werden insgesamt über 1.000 SchülerInnen. Die Schule besitzt ein inhaltliches Profil mit bundesweit einmaligen interkulturellen Ausbildungsgängen, die einen starken Arbeitsfeldbezug aufweisen. Die zur Schule gehörige Kindertagesstätte betreut rund 50 Kinder und fungiert als Modell-Kita. Die Kooperation umfasst über 600 Einrichtungen in Hamburg – Kitas, Schulen, Einrichtungen der Kinder- und Jugendhilfe sowie Einrichtungen für Menschen mit Assistenzbedarf.

3.2 Auswahl der Erhebungsgruppen

Für den Zugang zum Feld sind die Institutionen und das Personal ausschlaggebend. Ohne ihre Unterstützung oder zumindest ihre Zustimmung kann ein Forschungsvorhaben wie das unsere die zu Befragenden nicht erreichen. Dadurch entsteht ein zusätzlicher Filter für das Sample.

Allgemeine Merkmale des Samples

In der Studie sollte ein möglichst breites Spektrum von gesellschaftlichen Erfahrungen, wie sie sich in Gesellschafts- und Lernbildern niederschlagen, abgebildet werden. Daher wurden Personen aus unterschiedlichen sozialen Lagen, Qualifizierungsstufen und Berufsgruppen in die Studie einbezogen.

Berücksichtigt wurden Befragungspersonen weiblichen und männlichen Geschlechts, verschiedene Altersgruppen sowie Personen mit Migrationshintergrund.[4] Zudem wurden im Sample unterschiedliche Ausgangsbedingungen für die Weiterbildungsteilnahme in den Blick genommen. Es lassen sich hierzu vier Gruppierungen unterscheiden:

4 Die Anlage des sozialstatistischen Fragebogens war zweigeschlechtlich. Entsprechend dieser heteronormativen Festlegung hat die Studie nur weibliche und männliche TeilnehmerInnen.

(1) Personen, die an einer Weiterbildung teilnehmen, um einen höheren als bisher erworbenen Bildungs- bzw. Berufsabschluss zu erlangen und damit erweiterte Berufsperspektiven und/oder einen sozialen Aufstieg verbinden.
(2) Personen, die aufgrund von Arbeitsplatzverlust oder gesundheitlichen Problemen an Umschulungen teilnehmen und durch die Qualifizierung/Umschulung ihre soziale Stellung halten bzw. absichern wollen.
(3) Unterprivilegierte und ausgegrenzte Personen, die bislang nicht in eine berufliche Ausbildung gelangen konnten und durch die ‚Weiterbildungsmaßnahme' eine Erstausbildung absolvieren. Zu dieser Gruppe zählen auch MigrantInnen, deren ausländische Bildungs- und Berufsabschlüsse in Deutschland nicht anerkannt wurden und die mit der Bildungsmaßnahme nun einen anerkannten Berufsabschluss erwerben wollen.
(4) Personen, die einen akademischen Bildungsweg (ein Studium) abgebrochen haben und durch die Weiterbildung eine berufliche Ausbildung absolvieren, um damit einen qualifizierten Berufsabschluss zu erwerben.

Samplebildung nach Berufsfeldern und Berufsgruppen

Konkret orientierte sich die Samplebildung an Berufsgruppen und Berufsfeldern. Dies erschien uns sinnvoll, da neben sozialen Zusammenhängen wie Familie und Umfeld insbesondere auch die betrieblichen Arbeitsbeziehungen einen spezifischen Austauschraum für gemeinsame Erfahrungen und kollektive Weltsichten darstellen. Wir gingen davon aus, dass diese Zusammenhänge mit zur Ausbildung bestimmter Gesellschaftsbilder beitragen. Die Annahme war, dass die Arbeitserfahrungen Einfluss darauf haben, wie die Gesellschaft sowie die eigene berufliche und soziale Stellung in ihr gesehen wird.

Zugrunde liegt der Samplebildung das sozialstrukturelle Makromodell der Berufsfelder und Erwerbsklassen des Schweizer Ökonomen und Politologen Daniel Oesch (2006), das von Vester et al. (2007) fortgeführt wurde (zusammenfassend: Weber-Menges/Vester 2011). Oesch hat das vertikale Erwerbsklassenmodell von Erikson und Goldthorpe – auch bekannt als EGP-Klassen[5] – durch eine horizontale Dimension erweitert und auf diese Weise eine Struktur geschaffen, in die alle Berufsgruppen des international benutzten ISCO-Klassifizierungsschlüssels eingeordnet werden können. Das Modell hat sich als anschlussfähig an Bourdieus Konzept des sozialen Raums und des Habitus erwiesen (vgl. Vester et al. 2007: 58ff.).

Die *vertikale Gliederung* ergibt sich in dem Modell aus den Bildungs- und Qualifizierungsniveaus (Qualifikationsrang) und darüber hinaus aus dem be-

5 Goldthorpe et al. haben dieses Modell in der sogenannten Luton-Studie in den 1970er Jahren entwickelt; zentral war hier die Frage nach der Verbürgerlichung der Industriearbeiter (vgl. Erikson et al. 1979).

trieblichen wie gesellschaftlichen Macht- und Chancengefälle (Anzahl Untergebene und Aufstiegschancen). Sie besteht von unten nach oben aus vier Stufen (vgl. Tab. 2): Angelernte, Lehrberufe, Semiprofessionen (halbakademische Berufsabschlüsse) und Professionen (akademische Berufsabschlüsse). *Horizontal* gliedert sich das Modell nach Arbeitslogiken, die die Arbeitsprozesse und die Arbeitsbeziehungen strukturieren:

(1) „Selbstständige Arbeitslogik",
(2) „Organisatorische Arbeitslogik",
(3) „Technische Arbeitslogik" und
(4) „Interpersonelle Arbeitslogik".

Oesch definiert die Arbeitslogiken über vier Dimensionen, die sich als anschlussfähig für das Habituskonzept und das Konzept des Gesellschaftsbildes erwiesen haben:

(a) nach Rahmenbedingungen, die die Arbeitsprozesse bestimmen,
(b) nach Autoritätsbeziehungen innerhalb der Arbeitsprozesse,
(c) nach primären beruflichen Orientierungen oder Loyalitäten und
(d) nach notwendigen Fertigkeiten und Qualifizierungen.

Innerhalb der *organisatorischen Arbeitslogik* folgt die Arbeit nach Oesch einer Arbeitsteilung nach Anordnungs- und Weisungsstrukturen in Abhängigkeit von Hierarchiestufen. Diese sind gleichzeitig Stufen des sozialen Aufstiegs. Das berufliche Selbstverständnis orientiert sich primär an der betrieblichen Statushierarchie, die Loyalität bezieht sich auf die Organisation/den Betrieb und die Unternehmensführung.

In der *technischen Arbeitslogik* werden die Arbeitsprozesse dagegen durch technische Produktionskriterien und -abläufe bestimmt. Gehobene Berufsgruppen (wissenschaftlich-technische Qualifikationen und Berufsabschlüsse) arbeiten sehr selbstbestimmt, aber auch bei den mittleren Berufsgruppen mit handwerklich-technischen Fertigkeiten und Fachabschlüssen werden Spielräume der Autonomie beansprucht. Das Produkt der eigenen Arbeit ist vielfach unmittelbar sinnlich greifbar. Die Loyalität gehört vor allem der Berufsgruppe.

Innerhalb der *interpersonellen Arbeitslogik* (sozio-kulturelle Berufe im Bildungs- und Gesundheitswesen, pädagogisch-erzieherische Berufe) folgt die Arbeit vorwiegend Face-to-Face-Beziehungen und wird weitgehend selbstbestimmt, außerhalb von direkten und detaillierten Anordnungen geleistet. Die primäre Orientierung erfolgt hier an der Klientel (PatientInnen, SchülerInnen, Kinder).

Die Studie umfasst Erhebungsgruppen aus diesen drei Arbeitslogiken (vgl. die grau unterlegten Bereiche in Tab. 2). Darüber hinaus wurden Gruppen mit einbezogen, die einen allgemeinbildenden Schulabschluss nachholen (Abitur/Fachabitur und Hauptschulabschluss).

Tab. 2: Gesamtlandkarte der Berufsfelder und Erwerbsklassen (nach Oesch 2006)

<table>
<tr><td></td><td colspan="4">Arbeitnehmer</td><td colspan="2">Selbstständige</td></tr>
<tr><td>Qualifikations-
rang</td><td>Interpersonelle
Arbeitslogik</td><td colspan="2">Technische
Arbeitslogik</td><td>Organisatorische
Arbeitslogik</td><td colspan="2">Selbstständige Arbeitslogik</td></tr>
<tr><td>Professionen

(Berufe mit Hochschulausbildung: ‚akademische Berufe')</td><td>Sozio-kulturelle Experten

Höhere Bildungs-, Medizin-, Kultur- u. Publizistikberufe</td><td colspan="2">Technische Experten

Ingenieur-, Informatik- u. Architekturberufe</td><td>Oberes Management

Höhere Verwaltungs-, Finanz- u. Vermarktungsberufe</td><td>Freie Berufe

Rechtsanwälte, Ärzte usw.</td><td>Große u. mittl. Unternehmer

Industrie, Handel, Finanzen</td></tr>
<tr><td>Semiprofessionen

(Berufe mit höherer Fachausbildung: (‚halbakademische Berufe')</td><td>Sozio-kulturelle Semiprofessionen

Erziehungs-, Sozialarbeits- u. Therapiefachberufe</td><td colspan="2">Technische Fachleute

Computer-, Elektro- u. Überwachungstechniker</td><td>Unteres Management

Verwaltungs-, Buchhaltungs- u. Rechtsberufe</td><td colspan="2">Kleingewerbe mit Beschäftigten

Handel, Handwerk, Gastronomie, Landwirtschaft</td></tr>
<tr><td>Lehrberufe

(Berufe mit Fachlehre – ‚'skilled employees')</td><td>Qualifizierte Dienstleistende

Verkaufs-, Ordnungs-, Gastronomie-, Pflege-, Betreuungs- u. Schönheitsberufe</td><td colspan="2">Qualifizierte Facharbeiter und Fachhandwerker

Facharbeiter-, Elektro-, Mechaniker- u. Handwerksberufe</td><td>Qualifizierte Büro- und Verwaltungsfachkräfte

Büro-, Finanz- u. Sekretariatsfachkräfte</td><td colspan="2">Kleingewerbe ohne Beschäftigte

Handel, Handwerk, Gastronomie, Landwirtschaft</td></tr>
<tr><td>Angelernte

(gering qualifizierte bzw. ungelernte Arbeitskräfte – ‚routine employees')</td><td>Gering qualifizierte Dienstleistende

Verkaufs- u. Dienstpersonal</td><td>Gering qualifizierte Arbeiter
in Produktion u. Transport</td><td>Gering qualifizierte Arbeiter
in Land- u. Forstwirtschaft</td><td>Gering qualifizierte Verwaltungskräfte
Kassierer-, Büro-, Boten- u. Lagerberufe</td><td colspan="2">./.</td></tr>
</table>

Zuordnung der Berufsgruppen (nach dem vierstelligen ISCO-Klassifikationssystem von 1988) zu den 17 Erwerbsklassen im Modell der horizontalen und vertikalen Aufgliederung der Berufsstruktur von Daniel Oesch (Coming to Grips with a Changing Class Structure, in: International Sociology, 21. Jg., 2006, H. 2). Datenbasis: Deutschland GSOEP 2000. Quelle: Eigene Darstellung nach Vester et al. (2007: 59).

Zusammensetzung der Erhebungsgruppen

Die Erhebungsgruppen bestanden in der Regel aus sechs bis maximal zehn Personen eines Weiterbildungskurses. Aufgrund vorangegangener Studien (vgl. etwa Vester et al. 2007) gingen wir davon aus, dass bei den sozialen Milieus aufgrund ihres Habitus eine Affinität zu bestimmten Arbeitslogiken und Berufsfeldern besteht. Wir erhofften uns, durch die Rekrutierung der Teilnehmenden über bestimmte Kurse oder Klassen zu relativ milieu- bzw. erfahrungshomogenen Befragungsgruppen zu gelangen. Wir erwarteten, dass die Teilnehmenden durch gemeinsame berufliche Vorerfahrungen und die jetzt zu bewältigende Weiterbildung einen Erfahrungsraum miteinander teilen, der in den Erhebungen zur Artikulation von kollektiven Haltungen und Standpunkten führen würde.

Diese Annahme hat sich nicht immer bestätigt. Die Kursteilnahme hing vielfach von der Bewilligung und Finanzierung der Arbeitsverwaltungen ab, deren Zuweisungsverfahren einer spezifischen Logik folgt; teilweise ging es lediglich darum, für welche Weiterbildungsangebote gerade Mittel vorhanden waren. Die Interessen und Neigungen der Antragstellenden traten dann in den Hintergrund.[6] Die Erhebungsgruppen waren daher in Bezug auf Milieuzugehörigkeit und Habitus mitunter heterogener zusammengesetzt als erwartet z.B. dadurch, dass die Weiterbildungs- oder Umschulungsmaßnahme mit einem Berufsfeldwechsel verbunden war oder Erstauszubildende mit berufserfahrenen Teilnehmenden zusammensaßen. Wie sich aber auch herausstellte, bildeten gerade die Erfahrungen mit der Arbeitsagentur und den Jobcentern in einigen Gruppen einen wichtigen gemeinsamen Erfahrungshintergrund.[7]

Berücksichtigung gesellschaftlicher Differenzkategorien

Zusätzlich haben wir bei der Samplebildung versucht, neben der berufslogischen Samplestruktur weitere gesellschaftliche Differenzkategorien einzubeziehen und gemeinsame Erfahrungs- und Austauschräume für benachteiligte und marginalisierte Personengruppen zu schaffen. Es wurden deshalb gezielt spezifische Weiterbildungsangebote für Alleinerziehende und für Personen mit Migrationshintergrund in das Sample aufgenommen. So konnte die Wahrnehmung von Machtverhältnissen und Ungleichheit nochmals explizit in den Dimensionen Geschlecht und Ethnie mit einbezogen werden. Ebenso wurden die Strukturkatego-

6 Vgl. hierzu auch Teiwes-Kügler (i. E.).

7 Die genannten Umstände führten dazu, dass die Arbeitslogiken und Berufsfelder zwar bei der Stichprobenbildung eine wesentliche Rolle spielten, sich aber aufgrund der erfahrungsheterogenen Zusammensetzung der Gruppen hinsichtlich ihrer Bedeutung für die Gesellschaftsbilder kein eindeutiger Zusammenhang belegen ließ. Dagegen führten der Wechsel des Berufsfeldes und ein damit verbundener Wechsel der Arbeitslogik bei einigen Befragungspersonen zur Transformation des Habitus (vgl. z.B. Kapitel 4.1.2).

rien Alter und Gesundheit über Umschulungsgruppen aus Reha-Maßnahmen im Sample berücksichtigt. Die Studie war jedoch nicht als systematische intersektionale Analyse angelegt, sondern zielte in erster Linie allgemeiner gefasst auf Gesellschaftsbilder von Lernenden.

Im Sample sind vor allem soziale Gruppen der gesellschaftlichen Mitte sowie aus dem unteren Teil des sozialen Raums vertreten (vgl. Tab. 2). Akademische, dem oberen gesellschaftlichen Segment angehörende Befragungspersonen wurden mit der Stichprobe kaum erreicht.

Gewinnung von Teilnehmenden

Nach der Recherche von infrage kommenden Bildungsträgern nahmen die Forschungsgruppen Kontakt zu den Bildungsträgern auf und stellten durch ExpertInnengespräche und Projektpräsentationen den Feldzugang her. Dabei wurde festgelegt, welche Weiterbildungskurse in welcher Bildungseinrichtung für die Untersuchung gewonnen werden sollten oder könnten. Bereichs-, Abteilungs- und Kursleitende der Bildungsträger haben den Zugang zu den Teilnehmenden mit Hilfe von Informationsflyern der Projektgruppe weiter vorbereitet und so die Durchführung der Erhebungen mit organisiert und unterstützt. Die Forschungsteams haben dann in den jeweiligen Kursen das Forschungsanliegen präsentiert und durch direkte Ansprache und Einladungsschreiben Teilnehmende für das Projekt gewonnen. Unterstützend für die Bereitschaft zur Teilnahme wirkte sich aus, dass die Gruppenerhebungen während der Unterrichtszeit durchgeführt werden konnten. Dadurch wurden Hindernisse wegen des hohen Zeitaufwandes von vier Stunden (vgl. 2.2) und gegebenenfalls hinzukommende Schwierigkeiten hinsichtlich der Kinderbetreuung abgebaut.

Probleme mit Weiterbildungsabbruch und Panelschwund

Probleme hinsichtlich der Gewinnung von Teilnehmenden traten insbesondere bei kaufmännischen und bei gewerblichen Berufsgruppen auf. In einem Fall (kaufmännische Gruppe Hamburg) ist der Zugang trotz intensiver Bemühungen am Vorbehalt der Kursteilnehmenden gescheitert. Insgesamt musste nach Informationen aus den ExpertInnengesprächen – und dies besonders bei den KollegiatInnen – mit einer relativ hohen Abbruchquote und mit einem Panelschwund gerechnet werden. Es wurden daher an beiden Projektstandorten im Bereich des Zweiten Bildungswegs in der ersten Erhebungswelle jeweils zwei Gruppenwerkstätten durchgeführt, um so eine ausreichend starke Teilnehmendenzahl für die zweite Erhebung zu sichern.

Die Befürchtungen haben sich teilweise bestätigt. Zwar waren die Abbruchquoten im Sample letztlich abgesehen von zwei Ausnahmen („Metall- und Kon-

Tab. 3: Erhebungsgruppen – Projektstandort Essen

GW	Gruppen erste Erhebungswelle 2012	Anzahl Pers.	männl./ weibl.	Gruppen zweite Erhebungswelle 2014	Anzahl Pers.	männl./ weibl.
1.	Abitur Kolleg I	6	2/4	Abitur Kolleg I u. II	5	1/4
2.	Abitur Kolleg II	6	2/4			
3.	Kaufmännische Angestellte	5	3/2	Kaufmännische Angestellte	3	3/0
4.	Fachinformatiker	6	6 /0	Fachinformatiker	4	4/0
5.	Fachangestellte medizinische Dokumentation	8	2/6	Fachangestellte medizinische Dokumentation	5	1/4
6.	Metall- u. Konstruktionsberufe	9	9/0	Metall- u. Konstruktionsberufe	2	2/0
7.	Nachholen des Hauptschulabschlusses mit Ausbildungseinstieg	6	1/5	Nachholen des Hauptschulabschlusses mit Ausbildungseinstieg	2	0/2
8.	ErzieherInnen	7	1/6	ErzieherInnen	6	1/5
9.	Pflegedienstleitung	8	4/4	Pflegedienstleitung	5	2/3
	Gesamt	61	30/31		32	14/18

Eigene Darstellung (2014)

Tab. 4: Erhebungsgruppen – Projektstandort Hamburg

GW	Gruppen erste Erhebungswelle 2012	Anzahl Pers.	männl./ weibl.	Gruppen zweite Erhebungswelle 2014	Anzahl Pers.	männl./ weibl.
1.	KollegiatInnen 1	6	4/2	KollegiatInnen 1 u. 2	4	1/3
2.	KollegiatInnen 2	5	2/3			
3.	Lagerlogistik und Mechaniker	9	9/0	nicht zustande gekommen	–	
4.	Gesundheits- u. Pflegeassistenz	7	0/7	Gesundheits- u. Pflegeassistenz	2	0/2
5.	Erzieherin für Migrantinnen	6	0/6	Erzieherin für Migrantinnen	2	0/2
	Gesamt	33	15/18		8	1/7

Eigene Darstellung (2014)

struktionsberufe“ und „Pflegedienstleitung“ im Projektteil Duisburg-Essen) eher gering (vgl. 3.3). Insgesamt hat die Anzahl der Teilnehmenden aber in der zweiten Erhebung erheblich abgenommen. Von einer neuerlichen Teilnahme abgehalten hat einige Befragungspersonen vor allem, dass die zweiten Erhebungen in die Prüfungsvorbereitungszeit fielen bzw. kurz vor Klausuren und ersten Prüfungen stattfanden.[8]

8 In den Tabellen 3 und 4 sind die Erhebungsgruppen der ersten und zweiten Erhebungswelle aufgeführt. Die erste Erhebungswelle begann im Oktober 2012 und wurde mit 14 durchgeführten Gruppenwerkstätten im Januar 2013 abgeschlossen. Mit fast allen dieser

3.3 Sozialstatistische Merkmale der Stichprobe

Die sozialstatistischen Merkmale der Stichprobe wurden durch einen umfangreichen Fragebogen erfasst, der am Ende der Gruppenwerkstätten von den Teilnehmenden ausgefüllt wurde.

Mit den 14 Gruppenwerkstätten der ersten Erhebungswelle wurde eine Stichprobe von insgesamt 96 Personen (49 Frauen und 45 Männer) erreicht. Davon konnten insgesamt 40 Personen (25 Frauen/17 Männer) für eine zweite Befragung gewonnen werden. Am Projektstandort Duisburg-Essen waren es 32 der ursprünglich 61 Befragungspersonen, am Projektstandort Hamburg gelang dies leider nur für acht der 33 Erstbefragten.

Der Altersschwerpunkt der Stichprobe lag zwischen 21 und 30 Jahren (45 Pers.) bzw. zwischen 31 und 40 Jahren (30 Pers.). Der überwiegende Anteil (83 Pers.) besaß die deutsche Staatsangehörigkeit; davon hatten 23 Personen einen Migrationshintergrund, elf Teilnehmende besaßen den Status von AusländerInnen. Die meisten Befragten lebten in ehelichen Gemeinschaften oder Partnerschaften (38 Pers.), vielfach mit Kindern. Ein nicht unerheblicher Anteil (21 Pers.) war alleinerziehend mit Kindern unter 18 Jahren.

Die Bildungsabschlüsse lagen meist im mittleren und unteren Bereich. Eine geringe Anzahl der Befragten hatte Abitur/Fachabitur oder hatte keinen bzw. keinen in Deutschland anerkannten ausländischen Schulabschluss. Etwas über die Hälfte der Befragten verfügte über abgeschlossene Berufsausbildungen und Fachschulabschlüsse (53 Pers.), nicht wenige Befragungspersonen (39 Pers.) hatten bislang jedoch noch keinen berufsbildenden Abschluss erworben.

Die im Vorfeld der Erhebungen formulierten Ansprüche an die Samplestruktur wurden mit der Stichprobe erreicht (vgl. 3.1 u. 3.2). Der Anteil von Männern und Frauen ist ausgewogen. Im Vergleich zum bundesdeutschen Bevölkerungsdurchschnitt (nach den Zahlen des Statistischen Bundesamts und nach dem Mikrozensus von 2012) weist die Stichprobe allerdings einige Besonderheiten auf. Alleinerziehende Personen sowie Personen mit Migrationshintergrund sind ebenso wie Personen mit geringen Bildungsabschlüssen und fehlenden Berufsabschlüssen in der Stichprobe etwas stärker vertreten als im bundesdeutschen Bevölkerungsdurchschnitt.

Dies bedeutet: Das Sample hat überdurchschnittlich viele gering qualifizierte und bildungsbenachteiligte Teilnehmende erfasst, dabei handelt es sich zudem um häufig strukturell mehrfach benachteiligte Teilnehmende (Frauen,

---

Gruppen konnte von Februar bis August 2014 eine zweite Erhebung durchgeführt werden (insgesamt elf Gruppenwerkstätten), teilweise jedoch mit deutlich weniger Untersuchungspersonen (vgl. Tab. 3 und 4). Die Kolleggruppen wurden an beiden Projektstandorten in der zweiten Erhebung zu je einer Gruppe zusammengeführt.

Alleinherziehende, Menschen mit Migrationshintergrund). Sie wurden zum Teil von den Weiterbildungseinrichtungen dadurch erreicht, dass zielgruppenspezifische Angebote für diese Gruppen durchgeführt wurden. Wir haben zwei dieser Kurse gezielt mit in die Studie einbezogen (vgl. 3.2).

Gleichwohl handelt es sich hier nicht um eine Studie, in der unterprivilegierte Milieus überrepräsentiert sind. Der überwiegende Teil der Befragungsper-

Tab. 5: Übersicht zu sozialstatistischen Merkmalen der Stichprobe[a]

Geschlecht:	Männer	45
	Frauen	49
Alter:	21 bis 30 Jahre	45
	31 bis 40 Jahre	30
	41 bis 50 Jahre	16
	über 50 Jahre	3
Deutsche Staatsangehörigkeit:	ohne Migrationshintergrund	60
	mit Migrationshintergrund	23
	AusländerInnen:	11
Lebensform:	allein lebend	21
	in WG	9
	verheiratet/mit Partner(in)	38
	im Elternhaus	5
	Alleinerziehend mit Kindern (unter 18 Jahren)	21
Schulabschluss:	kein oder in Deutschland nicht anerkannter Schulabschluss	10
	Hauptschule	22
	Realschule	46
	Fachabitur	8
	Abitur	8
Ausbildungsabschluss:	kein berufsbildender Abschluss	37
	Ausbildung mit Abschluss	44
	Fachschulabschluss/Berufsakademie	9
	Fachhochschul-/Hochschulabschluss[b]	1
	Keine Angaben	2
Gesamtzahl (einschl. der zwei männl. Personen ohne Angaben zu den Sozialdaten)		96

a – Zwei Befragungspersonen haben den Sozialdatenbogen nicht ausgefüllt; b – Der Hochschulabschluss wurde im Ausland erworben.

Eigene Darstellung (2013)

sonen gehört vom Habitus, von der Lebensführung und vom Bildungsverhalten den respektablen Milieus der gesellschaftlichen Mitte an. Das Bildungs- und Ausbildungssystem hat jedoch etliche dieser Befragungspersonen aufgrund struktureller Merkmale (z.B. aufgrund ethnischer Zugehörigkeiten oder wegen des Status als Alleinerziehende) abgedrängt bzw. ausgeschlossen.

Abbruchquoten

Die Abbruchquoten (Drop-Outs) fielen im Hinblick auf das Sample geringer aus als erwartet.[9] Im Hamburger Projektteil haben von den 16 Teilnehmenden an Umschulungen nur zwei abgebrochen; alle anderen haben die Prüfung erfolgreich bestanden.[10]

Im Duisburg-Essener Projektteil haben von den 49 Befragten in Erstausbildungen oder Umschulungen zehn Personen den Kurs vorzeitig abgebrochen, bei sechs Personen wurde die Finanzierung nicht für zweijährige Ausbildungen verlängert.[11] Bis auf drei Personen aus der ErzieherInnengruppe (vgl. Kapitel 4.2.1) haben alle anderen Befragungspersonen die Prüfungen bestanden und bis auf zwei Personen haben alle erfolgreich einen Berufseinstieg geschafft.

Die Abiturkurse an den Kollegs des Zweiten Bildungswegs liefen bis zum Projektabschluss an beiden Projektstandorten noch. Bis auf eine Kollegiatin, die im Duisburg-Essener Projektteil das Kolleg mit dem Fachabitur verlassen hat, gab es an beiden Projektstandorten bis dahin keine weiteren Abbrüche.

---

9 Die Informationen stammen von Kontaktpersonen der Bildungseinrichtungen und aus einer an die Teilnehmenden gerichtete E-Mailabfrage, die ein halbes Jahr nach Abschluss der Kurse erfolgte.

10 Die Ausbildung der Erzieherinnen war noch nicht abgeschlossen (Stand 6/2015); Abbrüche gab es bis dahin keine.

11 Die Abbruchquote liegt nach Information von Experten des Bildungsträgers im Durchschnitt bei etwa 15–20 Prozent der Kursteilnehmenden.

4 Falldarstellungen der Gruppenwerkstätten

Es wurden in der ersten Erhebungswelle 14 und in der zweiten elf Gruppenwerkstätten durchgeführt. Es liegt also umfangreiches empirisches Material vor, das hier nur selektiv präsentiert werden kann. Dennoch wollen wir in alle befragten Lerngruppen einen Einblick geben, um sichtbar zu machen, wie sich in Themen und Standpunkten Aspekte von Gesellschaftsbildern artikulieren und daraus rekonstruieren lassen. Erst diese Gesamtschau aller Gruppen zeigt die Reichhaltigkeit des empirischen Materials und die komplexe Vielschichtigkeit von Gesellschaftsbildern auf. Dargestellt werden für jede Gruppe aus den Analysen verdichtete *„Fallprofile"*.

Es geht uns bei den *Falldarstellungen* darum, die im Forschungsprozess empirisch erfassten Wahrnehmungen nicht einfach in abstrakten Begriffen zu verallgemeinern und einzuordnen, sondern die Phänomene in ihren Strukturen zu klären. Ausgangspunkt ist das empirische Material, das allerdings immer schon theoretisch und kategorial gefiltert ist. Das Material wird jedoch nicht lediglich systematisiert, sondern im Abstraktionsprozess verändern sich auch die theoretischen Sichtweisen und es eröffnen sich neue Perspektiven und Einsichten.

Die *Fallprofile* sind in ihrer Aufbereitung möglichst dicht und grundlegend; sie fokussieren auf vorhandene Gesellschaftsbilder. Dennoch bewegen sie sich nah am Material, das sie aufnehmen und aufbereiten. In ihnen ist dargelegt, wie durch abstrahierende Verdichtung aus den Äußerungen der Gruppenwerkstätten und sichtbar gewordenen Handlungspraktiken der Teilnehmenden die dahinterstehenden impliziten Gesellschafts- und Lernbilder aufgedeckt und entwickelt werden können (vgl. auch 2.8).[1]

Sechs dieser *Fallprofile* stellen wir ausführlicher dar. In ihnen wurde ein bestimmtes Gesellschaftsbild besonders prägnant sichtbar; die Gruppe steht quasi exemplarisch für die Rekonstruktion dieses Gesellschaftsbildes. Die Darstellungsweise soll zumindest ansatzweise das interpretative Vorgehen und die Rekonstruktion der Gesellschaftsbilder aufzeigen und nachvollziehbar machen. Die aufwendige Interpretationsarbeit der verschiedenen Materialien, die Zwischenschritte, die bis dorthin geführt haben, können aufgrund des Umfangs hier nicht abgebildet werden.

---

1 Bei den in die Fallprofile aufgenommenen Zitaten handelt es sich um Originalaussagen der Befragungspersonen. Die Auszüge wurden den wörtlichen Transkriptionen der Gruppenwerkstätten entnommen und aus Gründen der Lesbarkeit für die Präsentation ein wenig ‚geglättet'. Die runde Klammer mit drei Punkten [(...)] kennzeichnet Auslassungen im Zitat, die Klammer mit einem Punkt [(.)] zeigt kurze Sprechpausen an.

Die Falldarstellungen folgen einer ähnlichen Systematik.[2] Sie nehmen jeweils die erste und zweite Gruppenwerkstatt auf:

Erste Erhebung

- Kennzeichnung der Gruppe und der beteiligten Personen
- Hinweise auf die Bildungs- bzw. Erwerbsbiographien
- soziale Lage und Position
- gegebenenfalls politische Orientierungen
- Anlässe und Motive für die Weiterbildungsteilnahme
- Zuordnung der ‚Maßnahme' bzw. des Kurses
- relevante Themen der Gruppe, Wahrnehmungen, vertretene Standpunkte, Argumentationsmuster[3]
- Bildungsverständnis, Lernstrategien, Handlungsmuster
- Hinweise zum vorherrschenden Gesellschaftsbild (zum Habitus)

Zweite Erhebung

- beteiligte Personen
- Themen und Verlauf der zweiten Werkstatt, Wahrnehmungen der Teilnehmenden, vertretene Standpunkte, Argumentationsmuster
- explizit wahrgenommene und implizit sichtbar gewordene Veränderungen (auch im Bildungs- und Lernverhalten)
- Zusammenfassung zu Veränderungen bzw. Beharrlichkeiten von Habitus und Gesellschaftsbild

Bei der Anordnung der Darstellung folgen wir der Systematik der Arbeitslogiken von Oesch, an der wir uns schon bei der Sampleauswahl orientiert haben (vgl. hierzu 3.2). Es werden zunächst die Berufs- bzw. Lerngruppen der interpersonellen (4.1 u. 4.2), anschließend solche aus der technischen (4.3) und dann aus der organisatorischen Arbeitslogik (4.4) vorgestellt. Den Abschluss bilden die Lerngruppen, in denen allgemeinbildende Schulabschlüsse nachgeholt wurden (4.5).

4.1 Gesundheits- und Pflegeberufe

Die untersuchten Weiterbildungsveranstaltungen überschneiden sich nicht zufällig mit den Förderschwerpunkten der Bundesagentur für Arbeit (BA). Die BA und auch die Jobcenter orientieren sich bei der Mittelvergabe an ‚Engpassberu-

2 Die Systematik bezieht sich allerdings lediglich auf die Darstellung. Die Diskussionsrunden selbst hatten jeweils ihre eigene Dynamik und ihren je eigenen Verlauf, der von den Teilnehmenden bestimmt wurde.

3 Die analytisch-inhaltlichen *Zwischenüberschriften* benennen die wichtigen Themen, Probleme und Kritikpunkte der Gruppe.

fen'. Dazu gehören schon seit Jahren die Gesundheits- und Pflegeberufe, wobei hier auch eine besonders hohe Personalfluktuation feststellbar ist. Das Berufsfeld der Gesundheits- und Pflegeberufe ist nach Oesch der interpersonellen Arbeitslogik zuzuordnen (vgl. 3.2).

4.1.1 Fallprofil „Gesundheits- und Pflegeassistenz" (Hamburg) – exemplarisch Gesellschaft als „Maschine"

Das zentrale Thema dieser Gruppe ist die soziale Benachteiligung, die von den Teilnehmenden als Alleinerziehende und Frauen erfahren wird und von der auch ihre Kinder betroffen sind. Die Fallanalyse rekonstruiert den sozialen Determinismus, über den die Benachteiligung entsteht, als Vorstellung von einer Gesellschaft, die subjektlos und mechanistisch neues Wissen, aber auch soziale Ungleichheit (re-)produziert.

Erste Erhebung

Zusammensetzung der Gruppe: Die Gruppenwerkstatt setzt sich aus sieben Teilnehmerinnen im Alter von 26 bis 36 Jahren zusammen, die alle alleinerziehende Mütter sind und eine Umschulung zur Gesundheits- und Pflegeassistenz (GPA) in Teilzeit absolvieren. Drei Personen leben derzeit in einer Beziehung. Bis auf eine Teilnehmerin, die im Ausland ihr Abitur erworben hat, verfügen die anderen sechs über niedrige bis mittlere Schulabschlüsse. Keine der Teilnehmerinnen hat eine abgeschlossene Berufsausbildung, wobei drei eine Ausbildung abgebrochen haben, weil sie für Alleinerziehende nicht zu bewältigen gewesen sei. Fast alle Teilnehmerinnen haben als ungelernte Pflegekräfte schon Arbeitserfahrungen in der Pflege gesammelt.

Themen und Verlauf der Gruppenwerkstatt

- Weiterbildung als Reaktion auf ständigen Wandel

Die Gruppe greift den Eingangstext zur Diskussion in der Weise auf, dass sie Weiterbildung als notwendige Reaktion auf eine sich ständig verändernde Gesellschaft beschreibt:

> „Die Welt dreht sich ja auch immer weiter und entwickelt sich ja auch immer weiter und es gibt ständig immer wieder irgendwelche neuen Sachen, wo man ja gar nicht hinterherkommt, wenn man nicht die nötige Bildung dafür hat. (...) und man muss sich ja einfach weiterbilden, es bleibt einem ja gar nichts anderes übrig. Sonst bleibt man ja irgendwie in seiner Zeit stehen und man entwickelt sich auch gar nicht mit der Zeit. (.) Das ist halt einfach total wichtig, find ich."

In diesem Bild entwickelt sich die Welt aus sich selbst heraus; sie dreht sich immer weiter und produziert in einem quasi natürlichen und selbstläufigen Prozess neues Wissen und neue Erkenntnisse, auf die die Subjekte dann aneignend reagieren müssen. Den Subjekten wird hier kein Einfluss auf die gesellschaftlichen Veränderungen zugesprochen. Ihre Handlungsmöglichkeiten beschränken sich vielmehr auf eine besser oder schlechter gelungene Anpassung. Diese Entwicklung vollzieht sich ununterbrochen und wird so für die Subjekte zu einer permanenten Herausforderung, die auch belastend sein kann:

> „Was aber auch (.) von den Menschen viel abverlangt, eigentlich, immer wieder neu zu lernen, neue Ergebnisse, die (...) technisch sich ergeben haben (...), also das ist auch schwierig, (...) immer wieder neu umzudenken."

- Fehlende Unterstützung für die Ausbildung von Alleinerziehenden

Die Teilnehmerinnen betonen die Notwendigkeit wie auch die eigene Motivation, sich weiterzubilden. Sie sehen sich allerdings in ihrem Status als alleinerziehende Mütter benachteiligt. Alleinerziehenden fehle die Unterstützung in finanzieller Hinsicht, aber auch die Unterstützung bezogen auf spezifische Bedürfnisse von Alleinerziehenden (z.B. flexiblerer Kinderbetreuung mit längeren Betreuungszeiten). Generell fehle es an Anerkennung und Hilfestellung durch die Gesellschaft, von Seiten der Arbeitsvermittlung und zum größten Teil auch von Seiten der Partner. Die Teilnehmerinnen berichten etwa davon, von der Arbeitsagentur mit der Erwartung konfrontiert worden zu sein, eine Abendschule zu besuchen oder ihre Kinder (im Alter von sieben Jahren) allein mit dem Nahverkehr in die Kita fahren zu lassen. Diese Erwartungen werden von der Gruppe als ungerecht und unzumutbar eingestuft *(„Wo ist denn die Gerechtigkeit? Ja, das ist Wahnsinn.")*. Sie haben den Eindruck, von den Behörden abhängig und ihnen ausgeliefert zu sein, es fühle sich niemand für sie verantwortlich, und es gebe keine offizielle gesellschaftliche Zuständigkeit *(„Ja, und jeder sagt, aber es ist niemand zuständig (...), weil einem echt nicht geholfen wird ne, das frustriert dann auch irgendwann.")*.

Die fehlende finanzielle Unterstützung und das Versagen von Versorgungsleistungen (Bafög, Wohngeld usw.) habe sie bisher daran gehindert, Ausbildungs- und Weiterbildungsmöglichkeiten wahrzunehmen. Durch die Kombination dieser Schwierigkeiten und Hindernisse sei es ihnen bisher unmöglich gewesen, eine Ausbildung abzuschließen:

> „Als alleinerziehende Mutter ist das überhaupt gar nicht machbar, weil du's gar nicht finanziell schaffst, ne. Das war ja auch einer der Gründe, warum ich keine richtige Ausbildung mehr angefangen habe, weil (.) du kommst nicht alleine über die Runden und ich finde, das ist irgendwo (.), ja, es werden einem immer Steine in den Weg gelegt."

Die benachteiligte Situation für Alleinerziehende wird nicht auf ein singuläres Versäumnis zurückgeführt, sondern als sozial intendiert aufgefasst. Es werden „immer Steine in den Weg gelegt". Geld werde zwar in Bauprojekte mit gentrifizierenden Effekten und in prestigeträchtige Großprojekte investiert, aber nicht in die Unterstützung sozial Benachteiligter.

Erst die Umschulung in Teilzeit, die über einen Bildungsgutschein finanziert wird, biete ihnen jetzt eine realistische Gelegenheit, einen beruflichen Abschluss zu erwerben. Es bestehen aber große Ängste, ob diese Herausforderung bewältigt werden kann. Die Situation in der Umschulung wird von den Teilnehmerinnen als Dreifachbelastung aus Anwesenheitszeiten in der Weiterbildungseinrichtung, Familie/Haushalt und Lernen zu Hause wahrgenommen, in der eigenständiges Lernen oft zu kurz komme:

> „Da komm ich niemals auf die Idee, mir da ein Buch zu schnappen und da noch zu lernen. Und es ist einfach zu viel, der Tag hat einfach viel zu wenig Stunden für das, was man alles zu tun hat."

Auch für die Teilzeitumschulung würde man sich zusätzliche Unterstützung und Entlastung, z.B. eine Unterstützung im Haushalt oder bei der Kinderbetreuung, wünschen.

- Benachteiligung der Kinder Alleinerziehender

Die prekäre finanzielle Lage betreffe aber nicht nur die Teilnehmerinnen, sondern auch ihre Kinder, deren Teilhabe an Kultur, Bildung und Sport stark eingeschränkt sei. Das sogenannte Bildungspaket, das über Bildungsgutscheine Benachteiligung ausgleichen solle, produziere eine Stigmatisierung und Ausgrenzung der Kinder, z.B. durch begrenzte und spezielle Sportangebote:

> „Du weißt, das sind die Hartz-Vier-Kinder, (...) die sind im ‚Kids in the Club', das heißt, die Kinder sind schon gleich ziemlich abgeschirmt, (...) durch den Bildungsgutschein."

Die Umschulung wird verknüpft mit der Hoffnung auf eine abgesicherte und planbare Zukunft für sich selbst und für die Kinder, in der man sich etwas aufbauen und etwas für die Altersvorsorge tun könne. Die Frauen möchten für ihre Kinder als Vorbild fungieren.

- Arbeitsagentur und Personal der Agentur

Die Teilnehmerinnen berichten von verschiedenen Hindernissen und Schwierigkeiten, die Ausbildung von ihren ArbeitsvermittlerInnen bewilligt zu bekommen. Willkür und Entmutigung sei ihnen hierbei begegnet; sie seien teilweise mit Negativzuschreibungen von pauschaler Unfähigkeit konfrontiert worden oder wurden als zu alt befunden: *„Ja du bist ähm ein Typ, sag ich mal, der das gar* *nicht schafft.“* Es sei ein Kampf gewesen, den Bildungsgutschein zu erhalten. Die ArbeitsvermittlerInnen hätten versucht, sie ganz von der Ausbildung abzubringen oder es sei ihnen zu schlechteren Qualifizierungsmaßnahmen geraten worden. Die Politik der Arbeitsagentur wird als absolut kurzfristig beschrieben; sie führe sich selbst ad absurdum, indem sie langfristige Berufsperspektiven für die Teilnehmerinnen verhindere.

- Gerechtigkeit und Politik

Es wird als eine Aufgabe der Politik betrachtet, mehr Gerechtigkeit und Unterstützung für Alleinerziehende herzustellen, was diese aber unzureichend bis gar nicht leiste:

> „Das Problem ist auch, dass die Politik, also grade Familienpolitik, da wird überhaupt nicht drüber debattiert, also es ist so wenig, es (...) geht ständig um den Arbeitsmarkt, es geht ständig um die Wirtschaft.“

Inhaltlich wird hier die Vernachlässigung von Familienpolitik kritisiert. Politik wird als subjektlos entworfen, im politischen Feld werden die Inhalte von bestimmten Themenkonjunkturen bestimmt. Diese Vorstellungen konjunktureller Selbstläufigkeit und Gesetzmäßigkeit verweisen auf ein mechanistisches Bild gesellschaftlicher Entwicklung. Gleichwohl werden PolitikerInnen als Handlungssubjekte benannt. Sie werden dann von den Teilnehmerinnen als untätig und egoistisch beschrieben, nur auf ihren eigenen Vorteil bedacht:

> „Letztendlich dann die Politiker, die immer mehr Geld einsacken für sich und für Sachen, die's eigentlich gar nicht wert sind. Die können den ganzen Tag im Sessel rum (.) sitzen, sag ich mal, auf dem Stuhl rumsitzen und kriegen dafür noch mehr Geld als wir.“

Die Teilnehmerinnen haben somit zwei Erklärungen für die Benachteiligung von Alleinerziehenden: Zum einen werden sie benachteiligt durch ein politisches System, das von wirtschaftlichen Interessen dominiert wird, zum anderen durch das Versagen und die Geldgier von PolitikerInnen.

Geschlechterverhältnisse

Verhältnisse zwischen den Geschlechtern werden als in Veränderung befindlich wahrgenommen. An subjektive Bestrebungen oder soziale Bewegungen als verändernde Ursachen wird dabei aber nicht gedacht, vielmehr bleibt unklar, wer oder was Motor der Veränderung ist: *„Ja so, es ist halt (...) ändert sich ja jetzt alles.“*

Die Frauen attestieren Männern Schwierigkeiten bei der Anpassung an diese Veränderungen. Es sei nicht einfach für Männer, sich *„in diese Rolle, in der Gesellschaft, sich da so rein zu leben“*. Die Schwierigkeit wird darauf zurückgeführt, dass ihre Rolle in der Erwerbsarbeit verankert sei. Diese Rolle werde durch ihre Sozialisation entwickelt, was dazu führe, dass Männern die Rolle des Ernährers zugewiesen werde. Auf dem Arbeitsmarkt fänden sich traditionelle Rollenvorstellungen. Männer seien auf Vollzeitstellen festgelegt, und Arbeitgeber würden Männern z.B. ungern Elternzeit zugestehen. Diejenigen, die sich für Hausarbeit entscheiden, würden sich oft minderwertig fühlen, weil sie mit der Rolle als Versorger und Ernährer identifiziert blieben.

In Paarbeziehungen werden Frauen als auf die Haus- und Familienarbeit festgelegt wahrgenommen. Einige Männer, auch ehemalige Partner, seien im Grunde gegen Emanzipation und gegen eine Berufstätigkeit der Frau: *„Es gibt aber auch die Männer, die wollen das ja gar nicht, dass die Frauen arbeiten gehen."* Als Begründung dafür wird Eifersucht angeführt: *„Du könntest jetzt hier wieder jemanden anderen kennenlernen oder was weiß ich (.) so denkt meiner manchmal."* Die nicht berufstätige Frau hingegen habe keine Außenkontakte und bleibe abhängig und so dem Mann unterlegen, was von den Frauen als Unterdrückungsverhältnis markiert wird: *„Die Frau immer schön weit unten halten."*

Aus persönlichen Beziehungen werden unterschiedliche Erfahrungen eingebracht. Einige Teilnehmerinnen berichten, wie Absprachen mit den Partnern bezüglich einer Aufteilung der Elternzeit oder für Unterstützung nicht eingehalten wurden. Eine Teilnehmerin erzählt, ihr damaliger Freund habe nicht nur diese Absprachen nicht eingehalten, sondern sie und das fünf Monate alte Kind verlassen: *„Meiner hat's auch damals gesagt und was war? Mein Sohn war fünf Monate alt und weg war er."* Aufgrund solcher Erfahrungen teilen die meisten in der Gruppe die Auffassung, dass man sich auf nichts verlassen könne und dass man am Ende auf sich selbst gestellt sei: *„Man muss irgendwie alles selber gebacken kriegen."* Das macht wiederum auch eine Stärke dieser Frauen aus, zu wissen: *„am Ende hab ich auch Haushalt und Familie und Arbeiten, alles zusammen, auch alleine hinbekommen."*

Eine Teilnehmerin berichtet von ihrem Partner, dass er sie im Haushalt unterstütze und entwirft von ihrer Familie das Modell einer *Kooperations- und Unterstützungsgemeinschaft.* Ihre Darstellung, wie ihr Mann sie z.B. bei Besuchen beim Arbeitsamt unterstützt habe, wird von den anderen skeptisch betrachtet. Eine unterstützende Motivation kann nicht anerkannt werden, sondern es werden negative Zuschreibungen entgegengestellt. Der Mann habe sich entweder zu Revierverhalten herausgefordert gesehen *(„wenn man meine Frau beleidigt, ne")* oder habe über angebotene Hilfe seine Überlegenheit demonstrieren wollen: *„Das machen Männer, wenn sie sich präsentieren, beweisen können, ne, kannst du mir mal helfen."*

Von einer anderen Teilnehmerin wird angesprochen, dass die Rolle der Frau, auch wenn sie berufstätig sei, an soziale und damit schlecht bezahlte Berufe gekoppelt bleibe und sich so die soziale Benachteiligung auch in der Berufstätigkeit fortsetze.

Solidarität in der Lerngruppe

Die Gruppe ist mit den Lernbedingungen in der Umschulung zum Teil unzufrieden. Die Wechsel des Lehrpersonals führten durch die damit verbundenen Umstellungsprozesse zu Zeitverlusten. Teilweise wird von den Lehrkräften mehr Unterstützung und Klärung erwartet. Die Lerngruppe hat für die Teilnehmerinnen die Funktion, die Schwächen des Unterrichts und Defizite einzelner Teilnehmerinnen auszugleichen:

> „Und deswegen ist mir auch der Zusammenhalt in der Klasse ganz wichtig, dass man untereinander wenigstens so ein bisschen (...) gerade die, die jetzt nicht so viel können oder noch hinterher hängen, äh auch die Möglichkeit haben, das dann zu verstehen und auch weiterzukommen."

Die gegenseitige Fürsorge und Unterstützung, die die Gruppe entwickelt hat, wird teilweise als belastend wahrgenommen, grundsätzlich wird die solidarische Verbundenheit aber geteilt.

Lernen und Bildung

Die Umschulung in Teilzeit bietet den Teilnehmerinnen die Gelegenheit, überhaupt einen berufsbildenden Abschluss zu erwerben. Bisherige Versuche waren an zu schwierigen Bedingungen und an fehlender Unterstützung für ihre spezifischen Bedürfnisse gescheitert. Die Weiterbildung soll die Teilnehmerinnen und ihre Kinder aus ihrer prekären Lage befreien. Lernen ist für sie eine der vielen Herausforderungen, die sie neben der Versorgung der Kinder und der Organisation des Alltags zu bewältigen haben, und stellt für die Frauen vor allem ein Zeitproblem dar. Lernen ist etwas, das eher nebenher oder in kurzen Zeitfenstern passiert. Beim Lernen zeigen sich kollektive und solidarische Strategien im Umgang mit Lernsituationen.

Anhaltspunkte für das Gesellschaftsbild

Das Gesellschaftsbild der Gruppe ist vor allem von zwei Aspekten geprägt: Zum einen wird die Gesellschaft als ungerecht wahrgenommen, zum anderen beruhen Ungerechtigkeit und soziale Benachteiligung in dieser Vorstellung auf einem gesellschaftlichen Determinismus. Die soziale Ungerechtigkeit wird quasi naturgesetzlich produziert. Die Gesellschaft wird als ein mechanistisches, sich selbst steuerndes und subjektloses Getriebe entworfen. Einer Maschine gleich produziert und reproduziert sie fortwährend soziale Ungleichheit. Im Unterschied zu Verschwörungstheorien fehlt in diesem Gesellschaftsbild die Vorstellung eines im Verborgenen operierenden Machtzentrums. PolitikerInnen haben in dieser Vorstellung kaum Einfluss auf die Politik. Die Kritik, die an ihnen geübt wird, verweist dabei auf einen gewissen Handlungsspielraum, der jedoch nicht oder nur schlecht genutzt wird. In diesem gesellschaftlichen Determinismus entsteht soziale Benachteiligung entlang der *Strukturkategorie Geschlecht.* In der Wahrnehmung der Teilnehmerinnen werden Frauen entweder über die Frauenrolle auf Familien- und Reproduktionsarbeit festlegt, die weder finanziell noch sozial anerkannt wird, oder die von ihnen bevorzugten Berufe werden weniger anerkannt und schlechter entlohnt. Von dieser Benachteiligung sind Alleinerziehende besonders betroffen. Die fehlende Unterstützung für diese gesellschaftliche Gruppe wird deutlich als ungerecht markiert. Die Mehrheit der Teilnehmerinnen fasst das *Geschlechterverhältnis* als *dichotomes Ungleichheitsverhältnis* und betrachtet dies teilweise als *Unterdrückungs- und Abhängigkeitsverhältnis.* Teilweise wird ein kooperatives Geschlechter- und Familienmodell entworfen, jedoch wird auch vom Scheitern des kooperativen Modells in den gegebenen gesellschaftlichen Verhältnissen berichtet.

Zweite Erhebung

Zusammensetzung der Gruppe: An der zweiten Erhebung nehmen nur zwei Frauen teil. Die Diskussion entspricht daher eher einem Interview. Eine der beiden Frauen hat einen Migrationshintergrund und in ihrem Herkunftsland die allgemeine Hochschulreife erworben. Die andere Teilnehmerin verfügt über einen Hauptschulabschluss. Eine der beiden lebt in einer Beziehung, die andere ist Single. Beide haben ein Kind.

Themen und Verlauf der Gruppenwerkstatt

- Arbeitsbedingungen und Praktikumserfahrungen

Die Teilnehmerinnen berichten zuerst, wie schwierig es gewesen ist, die Versorgung und Betreuung der Kinder mit dem Schichtdienst im Praktikum abzustimmen. Beiden ist es aber gelungen. Ausführlicher und detaillierter werden die Erfahrungen innerhalb des Ausbildungssystems und der Krankenhaushierarchie beschrieben. Die Gesundheits- und PflegeassistentInnen sind in ihren Praxiseinsätzen zum einen Auszubildende, zum anderen keine Kräfte, die im Zuge der Ausbildung examiniert werden. Dadurch stehen sie jetzt und in Zukunft in der Krankenhaushierarchie ganz unten, was sie durch ihre KollegInnen deutlich zu spüren bekommen hätten. Sie seien herabgesetzt, schlecht behandelt und „geschickt" worden. Die schlechte Behandlung sei nicht an Leistung oder Einsatzbereitschaft gekoppelt, sondern an den Status in der Hierarchie:

> „Trotzdem werden diese Leute, egal ob du dir Mühe gibst oder nicht und dein Bestes gibst in diesem Beruf, immer herabgesetzt. Du bist immer sozusagen (.) der Fußabtreter der Nation.“

Als befriedigend und erfüllend wird die Arbeit mit Patienten beschrieben, von denen man durch kleine Gesten Anerkennung und Dankbarkeit erfahre. Anerkennung erfolge nicht kollegial, in den Teams herrsche Resignation und Verbitterung. Die beiden Frauen sagen, dass sie die Arbeit gerne machen, sie sind aber skeptisch, ob man vor allem als viel herum kommandierte pflegerische Hilfskraft die Arbeit länger als fünf Jahre ausüben könne.

- Zukunftsperspektiven

Auf die Frage der Moderation, wer an den schlechten Arbeitsbedingungen denn etwas ändern solle oder könne, wird als eher theoretische Option die Gewerkschaft genannt. Als praktische Handlungsmaxime dient jedoch eher die Anpassung an die Erwartungen des Arbeitgebers, da man sonst seinen Job verliere:

> „Entweder akzeptierst du es so, wie's hier läuft, ne, dann kannst du hierbleiben. Wenn du's nicht akzeptierst: Es hat dich keiner gezwungen hier zu arbeiten, such dir einen andern Job. So einfach ist das.“

Die Frauen bezeichnen es als „Erpresserspiel“, dass Arbeitgeber ihre Machtposition nutzen, um Vorteile durchzusetzen; das Spiel werde aber nicht nur in der Pflege gespielt („Es ist ja in anderen Bereichen auch so heutzutage“). Dabei sehen sie ein dichotomes Machtgefälle in den Arbeitsverhältnissen, ArbeitnehmerInnen werden individualisiert und ohnmächtig wahrgenommen, während die Macht bei den Arbeitgebern liegt. Als einzige Möglichkeit, aus diesem Spiel auszusteigen, wird die Selbstständigkeit betrachtet. Eine Teilnehmerin sieht diese Option im mobilen Pflegebereich. Was sie vor allem damit verbindet, sind flexiblere Arbeitszeiten und weniger Notwendigkeit, sich unterzuordnen. Dazu müsste sie sich aber noch ein Examen ablegen.

Veränderungen

- Problematischer Alleinerziehenden-Status

Die Teilnehmerinnen waren in der ersten Erhebung nicht sicher, ob sie die Umschulung bewältigen können. In der zweiten Erhebung berichten sie, dass sie wirklich Sorge hatten, die Ausbildung zu schaffen. Zum Zeitpunkt der zweiten Erhebung sind sie zuversichtlich, erfolgreich abzuschließen. Das macht sie zuversichtlicher, sie trauen sich mehr zu und denken, dass sie jetzt auch noch mehr erreichen können:

> „Da merkte man, ok, wir hatten immer Angst, dass wir es nicht schaffen können, wir waren gespannt, kriegen wir das überhaupt auf die Reihe? Wir haben es ge-

> schafft, wir haben's auf die Reihe bekommen, jetzt wollen wir weitergehen. (...) Das ist denn wie so ein: Oh, jetzt will ich mehr, so ne."

Im Verhältnis zur ersten Erhebung, in der die Teilnehmerinnen den Eindruck hatten, dass ihnen nur „Steine in den Weg" gelegt werden, fühlen sie sich nun stark und wirken optimistischer: *„Ja, ich bin schon optimistisch, dass es klappen kann."* Ein Teil der Unsicherheit, ob man die Umschulung würde bewältigen können, war mit der Frage verbunden, ob man damit als Alleinherziehende nicht überfordert sein würde. In der zweiten Erhebung nehmen sich die Frauen immer noch als stark belastet wahr:

> „Man ist zwar immer noch sehr überfordert, wenn man alleinerziehend ist. (...) Also, es ist eine sehr, sehr große Belastung, wirklich."

Die Frauen haben aber insofern einen Umgang damit gefunden, dass sie meinen, die permanente Überforderung vor allem mit Hartnäckigkeit bewältigen zu können: *„Ich bin trotzdem der Meinung, wenn man's schaffen will, schafft man's."* Die Belastung wird so nicht aufgelöst, aber als zu bewältigende Aufgabe betrachtet. Erfolg wird hier weniger über fachliche Leistung, sondern über Willenskraft und Durchhaltevermögen erzielt. Diese Handlungsstrategie hat eine Individualisierung zur Folge. War in der ersten Erhebung die Benachteiligung von Alleinerziehenden zumindest potenziell ein Thema der Politik, ist die Benachteiligung in der zweiten Erhebung ein individuelles Problem, das durch eigene Anstrengung gelöst werden muss und kann:

> „Wir sind ja nicht die einzigen alleinerziehenden Mütter auf der Welt. Es gibt ganz ganz viele, eine Millionen andere Mütter, die auch alleinerziehend sind, für manche nicht nur mit einem, sondern mit zwei, drei, vier Kindern. Und die gehen auch arbeiten. Und schaffen 's trotzdem."

Die Gruppe der Alleinerziehenden ist nun nicht mehr Bezugspunkt einer gemeinsamen Benachteiligungs- oder Überforderungserfahrung, sondern wird zur Erfolgsgemeinschaft mit Vorbildcharakter stilisiert.

- Geschlechterverhältnisse

Die Geschlechterverhältnisse werden in der zweiten Erhebung deutlich kooperativer entworfen. Die erste Erhebung war stärker von Frustration und Enttäuschung geprägt, und ein gleichberechtigtes Geschlechterverhältnis wurde für unmöglich gehalten. Die Frauen ziehen in der zweiten Erhebung aufgrund der neuen Erfahrungen mit eigener Tätigkeit im Praktikum (in einem Fall aufgrund eines neuen Partners) die Möglichkeit der Arbeitsteilung der Haus- und Familienarbeit in Erwägung bzw. berichten davon. In diesem kooperativen Modell beruht die Verwirklichung von Wünschen auf gegenseitigem Verständnis und

Entgegenkommen: *„Viele Männer respektieren, akzeptieren und verstehen das auch heutzutage, dass Frauen halt auch diesen Wunsch haben, was zu tun."*

Bei der Frage der Selbstverwirklichung ist die Frau auf den Partner angewiesen *(„braucht man, glaub ich, auch den vernünftigen und richtigen Partner").* Nicht alle Männer seien gleich, insgesamt sei die Rollenverteilung aber schon *„viel, viel besser geworden"*. Die Aussage, dass Männer akzeptieren, verstehen und respektieren, während Frauen auf Akzeptanz angewiesen bleiben, verweist darauf, dass das in der ersten Erhebung beschriebene Ungleichheitsverhältnis fortwirkt, aber nun stärker verschleiert ist. Die in der zweiten Erhebung eingenommene Perspektive impliziert, dass die Männer einsichtig, freiwillig und kooperativ von ihren Privilegien und ihrer Macht abrücken und abgeben.

- Politikverständnis

In der ersten Erhebung hatten die Teilnehmerinnen kritisiert, dass Alleinerziehende von der Politik im Stich gelassen würden. Die besonderen Herausforderungen und Unterstützungsbedürfnisse von Alleinerziehenden wurden als politische Aufgabe wahrgenommen. In der zweiten Erhebung ist das kein Thema mehr. Hier wird vielmehr ein Politikverständnis vertreten, das PolitikerInnen explizit nicht mehr als Subjekte des politischen Geschehens betrachtet:

> „Aber viele sagen immer: Politiker sind schuld, (...) weil sie glauben, die Politiker sind diejenige, die an aller höchster Stelle sitzen. Und für alles halt Schuld haben, weil sie alles irgendwie entscheiden und regieren. Ja, aber es gibt ja auch nochmal Leute, die über den Politikern sitzen. (...) Es gibt ja über den Politikern noch eine höhere Regierung. (...) Aber meistens sieht man so in den Medien und so weiter (.) oder im Fernsehen immer nur Politiker, und dann wird denen natürlich auch die Schuld gegeben."

Die Teilnehmerin setzt sich hier von einer Perspektive ab, die PolitikerInnen die Schuld für bestimmte Verhältnisse unterstellt, weil man irrigerweise davon ausgehe, dass diese für politische Entscheidungen verantwortlich seien. Dass sie hier von Schuld spricht, weist darauf hin, dass es vor allem um moralisch zu kritisierende Verhältnisse geht. Worauf die Teilnehmerin sich mit der Rede von der höheren Regierung bezieht, bleibt diffus und hat sich auch auf Nachfrage nicht klären lassen. Da aber der Hinweis auf eine höhere Position nicht personell gefüllt wird, denn es sind eben nicht die PolitikerInnen, die Entscheidungen treffen, kann diese Darstellung als Hinweis auf komplexe Abhängigkeiten und Wechselbeziehungen verstanden werden, die die Handlungsmöglichkeiten der PolitikerInnen beschränken und bestimmen: *„Und die können auch nicht sagen: Ich mach das jetzt so. Und dann ist das so. Die müssen das ja auch absprechen."*

Um verantwortlich entscheiden zu können, würden PolitikerInnen mehr Macht brauchen, die sie jedoch nicht hätten: *„Sie* [Ursula von der Leyen] *ist ja* *auch nicht Gott".* Die Teilnehmerin grenzt sich hier von einer Macht-Ohnmacht-Dichotomie ab. Sie kritisiert, dass PolitikerInnen zu Sündenböcken gemacht werden, weil ihnen zu viel Macht zugeschrieben werde. Die Macht-Ohnmacht-Dichotomie wird von ihr in die Richtung aufgelöst, dass sie den PolitikerInnen weniger Macht einräumt, sie also eher der Position der Ohnmächtigen annähert.

- Solidarität

In der ersten Erhebung war von den Teilnehmerinnen Solidarität und Unterstützung im Kursverband betont worden, die als besonders wichtig empfunden wurde, um Schwächere zu unterstützen. Zusammenhalt und Solidarität wird zwar auch in der zweiten Erhebung betont, gleichzeitig wird aber von den Teilnehmerinnen beobachtet und festgestellt, dass sich einige Mitschülerinnen gegen Ende der Ausbildung stärker auf sich selbst und ihre berufliche Zukunft fokussieren und das „wir" damit nicht mehr im Mittelpunkt aller Bemühungen steht: *„Jeder versucht jetzt so ein bisschen auch für sich selbst, sich so ein bisschen abzugrenzen und sein Ding durchzuziehen, damit er's schafft."*

Kurz vor Ende der Weiterbildung und angesichts der bevorstehenden Prüfungen besteht hier eine Tendenz zur Individualisierung und zu einer Abnahme von solidarischen und kollektiven Handlungsstrategien.

Lernen und Bildung

Konkrete Lernsituationen sind in der zweiten Runde kein Thema. Insgesamt drängt sich der Eindruck auf, dass es für Lernen selbst wenig oder keine Zeit gibt. Was an Lernen passiert, geschieht in der Bewältigung von bestimmten Anforderungen, besonders der bevorstehenden Prüfung. Lernen findet wahrscheinlich auch in den Praktika statt, wird aber nicht als Lernprozess beschrieben. Nur wo Lernen scheitert, weil die Lehrenden und Praxisanleitenden ihr Wissen nicht weitergeben und so die Möglichkeit zu lernen verwehren, wird von Lernen gesprochen. Lernen ist vor allem funktional auf den Erwerb des Zertifikats gerichtet, das später mehr Selbstbestimmung und Selbstverwirklichung im Beruf ermöglichen soll. Beim Lernen zeigen sich kollektive und solidarische Strategien im Umgang mit den Lernsituationen, die aber zum Ende der Umschulung eher abnehmen.

Anhaltspunkte für eine Transformation des Gesellschaftsbildes

In ihren Erfahrungen in den Praktika sehen sich die Teilnehmerinnen vor allem mit einem System der Statushierarchie konfrontiert. Auf dieses System reagieren sie mit der ihnen zur Verfügung stehenden Handlungsstrategie der Anpassung. Die Wahrnehmung einer Statushierarchie und die Anpassung oder Einordnung in diese Hierarchie verlaufen für sie weitgehend unproblematisiert. Das in der ersten Erhebung rekonstruierte Maschinenbild findet sich auch in der zweiten Erhebung und hat sich zum Teil sogar verstärkt. Das zeigt sich an einer stärkeren Abkopplung und Verselbstständigung des Politischen vom Handeln der Akteure. Die Wahrnehmung von PolitikerInnen als versagende, aber handelnde Subjekte ist in der zweiten Erhebung zurückgetreten. Verstärkt hat sich dagegen die Wahrnehmung eines nach mechanistischen Regeln funktionierenden politischen Getriebes, in dem alle in Abhängigkeiten eingespannt sind, die ihr Verhalten bestimmen oder zumindest einschränken.

Der Erfolg der Umschulung und der Umgang mit der Situation als Alleinerziehende werden stärker als individuell und durch eigene Willensanstrengung zu bewältigendes Problem dargestellt und weniger als eine Situation der sozialen Benachteiligung, die politisch und kollektiv gelöst werden müsste. Die Geschlechterverhältnisse werden in der zweiten Erhebung stärker als kooperativ und unterstützend betrachtet, die Markierung von Abhängigkeit oder Unterdrückung ist – wahrscheinlich nicht zuletzt durch die Aussicht auf eigene Lohnarbeit – zurückgetreten.

Insgesamt lässt sich feststellen, dass Ungerechtigkeit und soziale Benachteiligung in der zweiten Erhebung kaum noch thematisiert werden, solidarische und kollektive Strategien, die nur innerhalb des Weiterbildungskurses auftauchten, abnehmen und Individualisierungs- und Entpolitisierungstendenzen zunehmen. Bei der Gruppe „Gesundheits- und Pflegeassistenz“ kann, trotz einer Verstärkung des maschinenbezogenen Gesellschaftsbildes, gleichzeitig ein Gefühl gesteigerter Handlungsfähigkeit festgestellt werden. Die Ohnmacht, die die Teilnehmerinnen in der ersten Erhebung vor allem im Umgang mit der Agentur für Arbeit und dem Jobcenter erfahren haben und die mit einem Gefühl der Ausgrenzung von Lohnarbeit und Ausbildung verbunden war, wurde von ihnen durch die Weiterbildung überwunden. Die Teilnehmerinnen fühlen sich erfolgreicher, selbstbewusster und optimistischer. Ihre Handlungsfähigkeit besteht vor allem darin, sich an die festgestellten gesellschaftlichen Gesetzmäßigkeiten anzupassen.

4.1.2 Fallprofil „Fachangestellte Medizinische Dokumentation“ (Essen) – exemplarisch Gesellschaft als „Solidargemeinschaft“

Die Gruppe „Fachangestellte Medizinische Dokumentation“ tritt in besonderem Maße für eine solidarische Gesellschaft ein und verhält sich alltagspraktisch gemeinschaftlich-solidarisch. Sie steht exemplarisch für die Rekonstruktion des Gesellschaftsbildes *„Gesellschaft als Solidargemeinschaft“*. Im Widerspruch dazu wird die gesellschaftliche Realität als zunehmend unsozial und unsolidarisch wahrgenommen.

Erste Erhebung

Zusammensetzung der Gruppe: Die Gruppe besteht aus acht Personen, zwei Männern (Steffen und Hartmut) und sechs Frauen (Veronika, Dorothee, Lena, Ruth, Doris und Dagmar) im Alter von 30 bis 52 Jahren. Die meisten haben Familie und Kinder, wobei die Kinder häufig bereits älter und aus dem Haus sind.

- Bildungs- und Berufsbiographie

Alle Teilnehmenden haben mit Ausnahme von Steffen eine abgeschlossene Berufsausbildung, vielfach Mehrfachausbildungen und Zusatzqualifikationen in pflegerischen Berufen (Kranken- und Altenpflege, Intensivmedizin). Bis auf Steffen wurden alle aufgrund beruflich bedingter Burn-Out-Erkrankungen für berufsunfähig erklärt und bekommen die Umschulung von der Rentenversicherung finanziert. Steffen hat während seines inzwischen abgebrochenen Geographie-Studiums in der Pflege gejobbt. Für ihn ist die Umschulung eine vom Jobcenter bezahlte Erstausbildung. Der Ausstieg aus dem Pflegeberuf wird als schmerzhafter, aber notwendiger Schritt beschrieben. Die meisten würden gern weiter in ihrem Beruf arbeiten, wenn die Arbeitsbedingungen anders wären. Die Teilnehmenden absolvieren eine zweijährige Umschulung zu Fachangestellten für Medien- und Informationsdienste, Fachrichtung Medizinische Dokumentation. Sie wechseln damit das Berufsfeld und die Arbeitslogik.

Themen und Verlauf der Gruppenwerkstatt

Im Vordergrund der ersten Diskussion stehen in dieser Gruppe die eigenen Arbeitserfahrungen im Pflegesystem, Probleme der beruflichen Ablösung und Neufindung sowie die Kritik an den gesellschaftlichen Verhältnissen.

- Ablösung vom Pflegeberuf

Die Angehörigen der Gruppe befinden sich in der ersten Diskussionsrunde noch mitten im Ablösungsprozess aus ihrem alten Beruf. Die Moratoriumsphase hat mit langen Erkrankungen und durchlaufenen Reha-Maßnahmen begonnen und findet nun in der Umschulung eine Fortsetzung. Die Erfahrungen im Pflege- und Gesundheitssystem nehmen in der Gruppenwerkstatt sehr viel Raum ein. Die Gruppe entwickelt dazu arbeitsteilig eine von allen getragene Gruppenmeinung und Dramaturgie. In Sprache und Körperhaltung wird die immer noch vorhandene emotionale Involviertheit gemeinsam geteilter Belastungserfahrung deutlich. Die Beschreibungen von Dagmar und Doris sind hier exemplarisch.

> *Dagmar:* „Das is ja ein schleichender Prozess, der über Jahre hinweggeht (...) und irgendwann kommt der Tag X, wo man auf der Station steht und denkt, das Herz

springt oben raus (greift sich an den Hals), du kannst das gar nicht mehr (...), die Gerüche und ne Reanimation und dann steht man da und denkt, man is völlich raus, alles is ganz weit weg und man merkt die körperlichen Symptome (ballt die Faust vor der Brust), dieses Zittern, dieses Herzrasen und Schweißausbrüche."

Doris: „Das klafft halt immer mehr auseinander, man kommt den Menschen gar nicht mehr nah, muss immer mehr Schrift machen und Personal reicht nicht (...) und das führt einen dann auch permanent auf ne (.) ja, auf ne gefährliche Schiene, man arbeitet eigentlich die ganze Zeit gegen seine eigene Gesundheit (.), gegen sein eigenes psychisches Gerüst."

- Widerspruch zwischen Berufsethos und Arbeitsbedingungen

Ein grundlegender Konflikt besteht für die Teilnehmenden zwischen dem Anspruch, Patienten bzw. alten Menschen ohne Zeitdruck und mit Zuwendung begegnen zu wollen, und den Arbeitsbedingungen, die zunehmend Wirtschaftlichkeitskriterien unterworfen sind. Die Teilnehmenden kritisieren die personelle Unterbesetzung bei immer höheren Patientenzahlen *(„unterbesetzt bis zum geht nich mehr").* Sie nehmen eine immer geringer werdende Wertschätzung der eigenen Arbeit wahr und vermissen die Unterstützung durch Vorgesetzte und Leitungspersonal.

Vor allem die Frauen in der Gruppe haben ein geschlechts- und vermutlich auch generationsspezifisch sozialisiertes pflegerisches Berufsethos verinnerlicht, das mit einem hohen Maß an Hilfsbereitschaft bis zur Aufopferung einhergeht. Dieses Berufsethos verhindert, dass Grenzen der Selbstausbeutung gesetzt werden. Die Parole lautet: ‚Durchhalten bis zum Umfallen'. Die Erfahrung, nicht mehr zu funktionieren, weil der eigene Körper Grenzen setzt, war für die Befragten regelrecht traumatisierend.

- Erklärungsversuche: Pflege- und Gesundheitssystemreform

Für die Missstände werden die Strukturreformen im Pflege- und Gesundheitssystem (u.a. die Einführung von Qualitätsmanagements) verantwortlich gemacht. Die meisten Teilnehmenden gehören zu einer Generation von Pflegekräften, die Arbeitsbedingungen kennengelernt hat, die noch ihren beruflichen Ansprüchen entgegenkamen. Sie konnten in dieser Zeit ihre fürsorgliche Haltung in die Arbeit einbringen und empfanden die Arbeit als befriedigend und sinnstiftend.

Ruth: „Also, ich hab das noch kennenlernen dürfen, im Sommer, wir ham die Betten raus, (...) wir ham draußen Blutdruck gemessen! Das wär heute unvorstellbar. Das war achtundneunzich, dann kam QM, und ab da ging's bergab."

- Verschiebung der Arbeitslogiken – Ökonomisierung des Gesundheitssystems

Das Eindringen betriebswirtschaftlicher Prinzipien in die Pflege wird als Auslöser einer Abwärtsentwicklung gekennzeichnet. Durch die Ökonomisierung haben sich in den Pflegeeinrichtungen die Arbeits- und Organisationslogiken verschoben. An die Stelle einer interpersonalen Arbeits- und Handlungslogik, die durch direkte Patientenbeziehungen strukturiert wird, ist eine administrativ-ökonomische Logik getreten, die sich an Verwaltungsakten und betriebswirtschaftlichen Kennziffern orientiert. Dies wird von den Teilnehmenden reflektiert und kritisiert.

> *Hartmut:* „Dass die Bewertung ja nur noch auf statistische Zahlen reduziert wird, also auf so eine unpersönliche Ebene und da (...) nur ne Kosten-Nutzenrechnung aufgestellt wird, vor dem Hintergrund einer scheinbar messbaren Qualität. Weil die Parameter ja alle vorgegeben und dementsprechend objektiv sind. Das wird alles auf ne statistische Größe reduziert, die bewertbar is, die harte Zahlen hat, aber was vor Ort letztendlich passiert, wird in diesen statischen Größen zu keinem Zeitpunkt erfasst."

Es handelt sich bei Gesundheits- und Pflegeeinrichtungen inzwischen um Wirtschaftsunternehmen, die scharf kalkulieren. Die Problematik wird resümierend in einen gesamtgesellschaftlichen Kontext eingeordnet und als Systemfehler wirtschaftsliberaler Politik bewertet.

> *Steffen:* „Systemische Fehler. Da läuft irgendwas total falsch (...), die Ökonomisierung fast aller Lebensbereiche, die Durchdringung, Maximen der Ökonomie für Bereiche, die da vorher gar nicht vorgesehen waren, die macht vieles kaputt, die führt zu Entsolidarisierung. (...) die führt zu weniger Sinnhaftigkeit, die die Menschen mit den Tätigkeiten verbinden. Da sind Leute, die Gewinne abschöpfen, politisch werden die Pforten geöffnet für private Versicherer, da werden ganze Branchen geschaffen, private Krankenhausgesellschaften aus dem Boden gestampft und so weiter" (die Gruppe stimmt nickend zu).

Die Frage nach Verantwortlichkeiten wird durchaus kontrovers diskutiert. Während einige hier Politik und Wirtschaft ausmachen *(„das Problem fängt oben an, der Kopf (...), das is die Politik, die ganze Wirtschaft"),* meinen andere, es seien die Stationsleitungen, eingeschränkter auch die Pflegedienstleitungen, die durch ihr Stillhalten die Fehler im System stützen *(„irgendwie ging's ja immer und das war eben das Problem, ähm, dass es ja immer irgendwie ging, ne").* Verschärfend komme hinzu, dass sich zunehmend (ausländische) Arbeitskräfte für wenig Geld ausbeuten ließen und auf diese Weise das System reproduzieren.

> *Lena:* „Die nutzen wir so lange aus, bis sie nicht mehr kommen, dann holen wir uns Neue. Und solange es auch Leute gibt, die sagen, super, mach ich, wird sich da auch nie was dran ändern."

Die Befragten reflektieren, dass sie durch ihr eigenes berufliches Handeln (Durchhalten) systemstabilisierend mitwirken, sehen für sich selbst aber kaum Handlungsmöglichkeiten, um sich gegen die beruflichen Zumutungen und Missstände zu wehren. „Überlastungsanzeigen“ laufen ins Leere *(„die landen im Papierkorb“)* oder es wird mit Versetzung der „Unruhestifter“ reagiert. Für die Befragten stellt sich ein „schier unlösbares Problem“.

- Neuorientierung und Identitätsfindung

Ein weiteres Thema der Diskussion ist die Frage bzw. Unsicherheit, auf welchen zukünftigen Beruf sich die Kursteilnehmenden mit der Umschulung einlassen. Damit eng verbunden ist die Suche nach einer neuen beruflichen und auch persönlichen Identität. Das Berufsbild „Medizinische Dokumentation“ ist relativ neu und noch unscharf. Die Vorstellungen dazu fallen relativ vage aus, es handelt sich um einen Beruf, den es erst seit etwa zehn Jahren gibt: *„Codierung is drin, (.) wir können im Case-Management arbeiten, (...) im Controlling, Statistiken erstellen.“* Wahrgenommen wird, dass normierte und administrative Tätigkeiten (Codierung, Fallbearbeitung und Überprüfung) anhand von quantitativen Kriterien und Leistungskatalogen wichtiger werden. Klar ist, dass es keine Arbeit mit Patienten sein wird: *„Wir bekommen nur noch die Akte, nich mehr den Patienten im Bett.“*

Die Unschärfen des Berufsbildes erweisen sich als Problem bei der Praktikumssuche. Die Befragten meinen, sich nicht überzeugend bewerben zu können, da sie selbst ihre zukünftigen Kompetenzen nicht kennen: *„Ich kann mich selber noch nich so erkennen“.* Die Tätigkeit, die relativ sicher zum Berufsbild gehört – Codieren – wollen die meisten Befragten gerade nicht ausüben, vermutlich, weil es ihnen als eine eintönige und lediglich ausführende Tätigkeit erscheint: *„Das is genau, was ich weiß, dass ich das nich machen will: codieren.“*

Problematisch erweist sich für die Befragten zudem die ungewohnte Art der Selbstpräsentation, die ihnen die Praktikumsbewerbung abverlangt. Sie müssen sich selbst anpreisen und ‚gut verkaufen‘, was einigen nicht liegt und auch damit zusammenhängt, dass sie sich noch nicht auf ausgewiesenes Fachkönnen berufen können. Die Kursteilnehmenden fühlen sich vom Bildungsträger in dieser Unsicherheit allein gelassen.

> *Dagmar:* „Das is, als ständ ich mit der Zuckertüte noch am Rand (...). Wir wissen zwar, wir sitzen mal irgendwann im Büro, unser Hauptarbeitsgerät wird sicherlich der Computer sein, aber welche Sachen genau, das wissen wir nicht (...). Und dann müssen wir uns ja praktisch anpreisen. Es wird dann gesacht: Ja sie müssen sich präsentieren, sie müssen sich zeigen, is ja alles gut und schön, aber wir ham in ner anderen Struktur gelebt. Wir hatten unsere festen Einkommen, wir hatten unsere festen Arbeitsstellen, wir ham (.) selbstständig gehandelt und jetzt werden wir praktisch wieder son Stück zurück gezogen, (...) vielen von uns is gar nicht

bewusst, welche Fähigkeiten wir danach haben. Fachangestellte für Medien- und Informationsdienste, ok, was is das? Und die Schule is auch nich richtig in der Lage, uns das beizubringen, machen se mal!"

Die Teilnehmenden bringen zum Ausdruck, dass sie bislang in der Pflege selbstbestimmt und eigenverantwortlich gearbeitet haben, was ihrem Habitus entsprach und ihnen im zukünftigen Beruf nun weitgehend nicht mehr möglich erscheint. Zudem suchen sie noch danach, was das Sinnstiftende der neuen Tätigkeit ausmachen könnte. Erwerbsarbeit besitzt einen hohen Stellenwert.

Dorothee: „Nachdem ich so krank war, hab ich recht schnell gemerkt, dass ich mich viel auch über die Arbeit identifiziert habe. Dass mich das ausgemacht hat."

Mit der Umschulung ist daher die Erwartung verbunden, einen anerkannten Beruf zu erlangen, der ein eigenes Einkommen sichert; die Befragten wollen keine Gelegenheitsjobs. Trotz der positiven Prognosen des Bildungsträgers und der Rentenversicherungen bleiben Unsicherheiten, ob der Übergang in eine berufliche Anstellung problemlos gelingt und dann auch eine adäquate Stelle gefunden wird *(„die Schule redet uns das ja auch schön").* Abgesehen von Veronika hat bislang niemand eine feste Stelle in Aussicht. Lena weiß aus Erfahrung zu berichten, dass Kolleginnen nach einer Umschulung doch wieder in der Pflege gelandet sind, weil sie keine Stelle gefunden haben.

- Das Bild einer unsozialen und unsolidarischen Gesellschaft

Die Gruppe ist sich in ihrer Wahrnehmung und kritischen Bewertung der bestehenden Gesellschaftsordnung einig. Das Gesellschaftsbild wird von den beruflichen Erfahrungen gespeist, diese werden als Indikator für das genommen, was gesamtgesellschaftlich geschieht. Wie die Erwerbsverhältnisse so stehen auch die gesellschaftlichen Verhältnisse im Widerspruch zum eigenen Ethos. Die Gesellschaft wird als beschleunigt, liberalisiert und entsolidarisiert wahrgenommen, es gehe immer mehr nur noch um Geld: *„Alles muss schnell gehen (...) und immer nur ums Geld".* Implizit wird eine rigorose Leistungsgesellschaft wahrgenommen, die menschliche Arbeitskraft ausbeutet. Einige erwarten einen gesellschaftlichen Kollaps und übertragen damit die Erfahrung des persönlichen Zusammenbruchs auf die Gesamtgesellschaft. Im Hintergrund steht zudem der Eindruck, dass mit der Versorgung von Kranken und Pflegebedürftigen auf Kosten der Allgemeinheit Geschäfte gemacht werden.

Ruth: „Ich war in einem sogenannten privaten Heim (...). Das war ein sehr reicher Mensch aus Wuppertal, ich war der Meinung, da kannst du aus dem Vollen schöpfen (.), ja, da war gar nichts! Da war überhaupt kein Hilfsmittel, wir hatten da noch weniger Zeit. Und das hat so viel Geld gekostet für die Angehörigen."

Die Gesellschaft wird als zunehmend unsozialer wahrgenommen: Schwachen fehle es an Unterstützung. Grundrechte wie das Recht auf menschenwürdige Pflege müssten für alle gleichermaßen gelten, *„ob das nun die Mutter oder der Vater vom Vorstandsvorsitzenden oder die Tante Erna aus der Zechensiedlung ist.“* Die sozialen Sicherungssysteme seien nicht mehr sicher, private Zusatzabsicherungen notwendig, um nicht in Altersarmut zu geraten. Die Kluft zwischen Arm und Reich werde immer größer. Insbesondere Politiker müssten die Missstände im Gesundheitssystem am eigenen Leib erfahren. Sie zählen aber in den Augen der Kursteilnehmenden zu den Privilegierten, die von diesen Zuständen unberührt bleiben. Insgesamt wird die Gesellschaft als zunehmend gespalten wahrgenommen.

> *Steffen:* „Diese Entsolidarisierung in der Gesellschaft, also dieses Ungleichgewicht, diese Disparitäten im Finanziellen, bei der Lebensgestaltung, das versteht man nich. Warum da Selbstständige, Anwälte und andere nich gemeinschaftlich zahlen müssen, die private und die gesetzliche Krankenversicherung, warum gibt's ne Trennung? Es verfestigt sich halt, dass das sehr, sehr ungleichgewichtig is (mehrere nicken zustimmend), und die anderen krebsen nur rum und kommen auf keinen grünen Zweig.“

Verantwortlich gemacht wird für die ungleiche Vermögensverteilung und die Verfestigung sozialer Ungleichheit eine neoliberale Politik, die von Teilen der Bevölkerung mitgetragen wird.

> *Steffen:* „Da frag ich mich dann, wenn so viele Leute dagegen sind, dass es so läuft, warum kommt dann eine FDP überhaupt an die Macht? (Ruth nickt) Wer wählt die denn? (...), die Leute, die Geiz is geil (.) super auslebten oder die alles zuhause ham, kennen die überhaupt die Einkommens- oder Vermögensverteilung in Deutschland? Interessiert die das? Der politische Wille is nich da und da wird kein Druck gemacht, weil es den Leuten dann auch vielerorts gleichgültig is und dann is Europameisterschaft, da werden dann ein, zwei Gesetze durch gewunken, erschreckend finde ich das.“

- Fehlende Gegenwehr

Die Gruppe ist politisch interessiert, jedoch von der Politik enttäuscht. Wie bei den beruflichen Zumutungen, so sehen die Teilnehmenden auch hier keine Möglichkeiten der Gegenwehr. Ruth geht als Gewerkschafterin auf die Straße, ansonsten gibt es keine Beteiligung an politischen Initiativen oder Protestaktionen. Dafür werden unterschiedliche Erklärungen und Gründe genannt (fehlender Zusammenhalt und Kampfgeist, berufliche Belastungen, die wenige Freizeit werde für die Familie und persönliche Regeneration benötigt, Einschüchterung durch Polizeipräsenz und Kameras bei Demonstrationen, Ohnmacht angesichts intransparenter Prozesse und Machtverhältnisse). Die genannten Gründe führen zum Rückzug ins Private. Die Befragten schließen sich selbst aus dem Feld des Politischen aus: „Viele schirmen sich ab nach dem Motto: Ich bringe meine kleine Welt, äh, ich kuck, dass ich klar komm."

Collagen-Arbeit

- Gesellschaftliche Utopie im Privaten

Es wurden in der Gruppe zwei Collagen zum Thema: „Mein Bild von einer Gesellschaft, in der ich gern leben und arbeiten möchte" erstellt. Bei beiden Collagen handelt es sich um Gemeinschaftsprodukte.

Die erste Collage enthält fast ausschließlich großformatige Bildmotive, die gleichmäßig über das Papier verteilt und mit erklärenden handschriftlichen Er-

Abb. 3: Collage Medizinische Fachangestellte-1 (Essen)

Eigene Darstellung (2012)

gänzungen versehen wurden. Sie kreisen um ein kleines, zentral angebrachtes Textmotiv „Glück". Bei den Illustrierten-Ausschnitten dominieren solche, die körperlich-sinnlichen Lebensgenuss, Wohlgefühl, Entspannung, privates Glück und ein schönes Zuhause symbolisieren. Religion und Glaube werden im Sinne von Halt gebend und globaler Gemeinschaft durch einen schwarzen katholischen Priester aufgegriffen.

Bei der zweiten Collage werden neben Genuss-Motiven auch umweltpolitische Ziele („Saubere Energie") und humanitäre und Toleranz betreffende Aspekte aufgegriffen („Menschlichkeit"; „Leben und Leben lassen"; „nicht nur Geld") und Motive, die den Wunsch nach Grenzüberschreitungen anzeigen („Die große Freiheit"; ein Schiff, das über den Rand geklebt wurde; eine Frau, die in akrobatischer Haltung ein Buch liest).

Eine Wandergruppe steht in der Collage für Gemeinschaft. Insgesamt wirkt die zweite Collage weniger körperlich-sinnlich und etwas ‚kopflastiger', sie enthält zudem weniger emotional gefärbte Beziehungsmotive.

In beiden Collagen tauchen Motive auf, die das leibliche Wohl betreffen und das Thema Alter aufgreifen. Dabei klingt einerseits Sorge durch, im Alter auf das Abstellgleis oder in Altersarmut geraten zu können (1. Collage: handschriftlich „Altern in Würde"; 2. Collage: „Hurra uns Alte braucht man doch"; „So retten Sie ihre private Altersrente"). Die Befragten möchten sich zudem ihre Beziehungen bis ins höhere Alter bewahren („glückliche Ehe"; älteres Paar, das sich umarmt). In beiden Collagen fehlen Statussymbole und Luxusstreben. Es sind recht bescheidene Lebensentwürfe und Wünsche nach dem ‚kleinen Glück'.

Die Arbeitswelt bzw. berufliche Entwürfe werden in beiden Collagen mit jeweils nur einem Motiv angesprochen: ein Laptop als zukünftiges Arbeitsgerät; eine Patientenkarikatur als Symbol für betriebswirtschaftlich dominierte Bedingungen, die man nicht mehr haben möchte. Der Text auf der durchgestrichenen Karikatur lautet: „Wir müssen handeln, seine Leberwerte sind gestiegen von 135.000 auf 140.000 Euro!" Veronika: *„Das ist so das Typische, was uns total abgeschreckt hat, und deswegen haben wir es hin geklebt und durchgestrichen."* Einen positiven Entwurf zur Arbeitswelt gibt es in beiden Collagen nicht.

Besonders auffällig ist das großformatige ‚Paradiesmotiv', das im oberen Teil der zweiten Collage ins Auge fällt. Auf das Bild wurde zusätzlich eine Gruppe mit winkenden Menschen in roten T-Shirts aufgeklebt. Dazu wird erläutert: Wenn die Gesellschaft so wie in der Collage wäre, wäre es das Paradies.

Die Vorstellungen von einer ‚guten' Gesellschaft werden auf die eigene Lebenswelt und das alltagtäglichen Leben projiziert, darüber hinaus gehend werden aber auch gesellschaftliche Themen aufgegriffen. In den Collagen werden Wünsche nach einem sorgenfreien, materiell abgesicherten Leben bis ins höhere Alter thematisiert, aber auch Wünsche nach Mitmenschlichkeit, gemeinschaftli-

Abb. 4. Collage Medizinische Fachangestellte-2 (Essen)

Eigene Darstellung (2012)

chem Miteinander und Toleranz gegenüber anderen Lebensentwürfen. Zugespitzt wurde der Gesellschaftsentwurf hier im Bild vom Paradies (für möglichst viele) zum Ausdruck gebracht. Ohne dass bei der Collagenarbeit nochmals ausdrücklich auf die Kritik an den bestehenden gesellschaftlichen Verhältnissen Bezug genommen wurde, handelt es sich hier um einen Gegenentwurf zur Gesellschaft, wie sie derzeit erfahrenen wird, der aber nur im privaten Umfeld realisierbar erscheint.

Bildung und Lernen

Bildung und Lernen sind in dieser Gruppe selbstverständlicher Bestandteil des Lebens, werden aber vor allem als institutionalisierte und berufliche (Aus-)Bildung in Anspruch genommen. Einige verbinden mit Bildung auch den Zugang zu wissenschaftlich-theoretischen Erkenntnissen und einen erweiterten Weltzugriff *(„Prozesse durchdringen“).* Allen fällt das Lernen im Moment noch etwas schwer, die Teilnehmenden haben das Gefühl, erst wieder *„reinkommen zu müssen“.* Dabei besteht sehr viel Offenheit dafür, Neues zu lernen.

Umstellungsanforderungen

Das Moratorium hat in dieser Umschulungsgruppe als ‚Entpflichtungszeit‘ begonnen, die beispielsweise im Krankheitsfall zugestanden wird. Es findet nun in der Umschulung als Bildungsmoratorium seine Fortsetzung und ist mit erheblichen Umstellungsanforderungen verbunden.

Insbesondere die weiblichen Befragungspersonen dieser Gruppe haben ein generations- und geschlechtsspezifisch sozialisiertes Professionsverständnis, das die gesamte Person umfasst und als Dienst am Anderen/am Nächsten verstanden wird. Die Frauen übertragen dabei familiäre Handlungs- und Beziehungsmuster der Vergemeinschaftungsebene auf die berufliche Tätigkeit und das Erwerbsfeld und damit auf die Vergesellschaftungsebene.

Diese Handlungsmuster geraten seit den Strukturreformen im Pflege- und Gesundheitssystem Mitte/Ende der 1990er Jahre in Widerspruch zu wirtschaftsliberalen Politiken, die seitdem im Gesundheitssystem vorherrschen. Die Anforderung besteht in der Umstellung von familiär-fürsorglichen Mustern beruflichen Handelns auf rationalisierte und professionalisierte Handlungsstrategien. Die Gruppe ist ein Beispiel für Berufsfeldveränderungen, die dazu führen, dass das Passungsverhältnis bestimmter Habitusmuster nicht mehr mit den Anforderungen des Feldes übereinstimmt. Die Befragten sind dadurch einem gesellschaftlich erzwungenen Lernprozess ausgesetzt. Dabei geht es um die Herauslösung aus milieuspezifisch und weiblich sozialisierten Rollenbildern und Handlungsmustern.

Hinweise auf Habitus und Gesellschaftsbild

Die Befragten der Gruppe orientieren sich an einem eigenverantwortlichen und leistungsorientierten Arbeitsethos. Bei fast allen zeigt sich ein methodisch-asketischer Pflichthabitus mit Neigung zur Selbstausbeutung (Arbeiten bis zum Umfallen). Die Praxis der Befragten folgt einer ausgeprägten Gemeinschaftsorientierung (privat wie beruflich). Die Gruppe steht daher exemplarisch für ein Gesellschaftsbild, das die Gesellschaft als Solidargemeinschaft auffasst, in der sozial Schwächere, Alte, Kranke und weniger Leistungsfähige mit sozialer Unterstützung rechnen können. Diese Erfahrung haben die Älteren in der Gruppe noch gemacht. Sie haben aber den Eindruck, dass sich die Gesellschaft erheblich gewandelt hat. Es besteht das Bild einer beschleunigten, liberalisierten und rücksichtslosen Leistungsgesellschaft.

Ausgehend von den eigenen Arbeitserfahrungen wird der gesellschaftliche Wandel zum einen durch das politische System, das Vordringen wirtschaftsliberaler Politiken und durch eine fehlende Politik des sozialen Ausgleichs erklärt. Deregulierungs- und Privatisierungsprozesse gehen mit einer Destabilisierung sozialer Sicherungssysteme einher. Daneben wird die Akteursebene zur Erklärung einbezogen und eine Zunahme von Egoismen und ein Trend zur Bereicherung Einzelner auf Kosten anderer (Beispiel ‚geiz ist geil') festgestellt. Die Befragten bringen den gesellschaftlichen Wandel zwar mit gesellschaftlich-politischen Kräfteverhältnissen in Verbindung, sehen sich aber nicht als (kollektive) Kraft, um an diesen Kräfteverhältnissen etwas verändern zu können.

Das ‚wirtschaftsliberale Gesellschaftsprojekt' steht im Widerspruch zum Ethos dieser Befragten; es wird zurückgewiesen. Die Vorstellung einer Solidargemeinschaft ist bei den Befragten alltagspraktisch, vor allem aus der Erfahrung des sozialen Milieuhintergrundes begründet, bei Steffen möglicherweise weltanschaulich-ideologisch.

Zweite Erhebung

Zusammensetzung der Gruppe: Zur zweiten Diskussionsrunde der Gruppe „Fachangestellte Medizinische Dokumentation" sind fünf der acht Befragten gekommen (Hartmut, Dorothee, Ruth, Veronika, Dagmar). Die drei anderen sind noch im Kurs, konnten aber aus unterschiedlichen Gründen nicht teilnehmen. An den privaten Lebensverhältnissen hat sich in der Zwischenzeit nur bei Veronika etwas verändert. Sie hat sich von ihrem Partner getrennt.

Themen und Verlauf der Gruppenwerkstatt

In der zweiten Diskussionsrunde steht die Umstellung auf den neuen Beruf mit einer anderen Arbeits- und Handlungslogik im Vordergrund.

- Praktikumserfahrungen

Die Gruppe beginnt die Diskussionsrunde mit Erfahrungsberichten aus dem Praktikum. In allen Berichten klingt durch, dass die Befragten – wie schon im Pflegeberuf – engagiert an die neuen Aufgaben herangegangen sind. Vorwiegend wurden Praktika im Bereich Medizin-Controlling absolviert, bei denen die Dokumentation für Patienten erbrachte Krankenhausleistungen überprüft, gegebenenfalls korrigiert und fehlende Abrechnungen ergänzt werden. Seltener war es die Mitarbeit in klinischen Studien (Veronika, Ruth).

Die Arbeit ist anspruchsvoll und erfordert fundierte medizinische Fachkenntnisse, um die Abrechnungen anhand von Krankheitsverläufen, Diagnosen und Therapien beurteilen zu können. Verbunden ist damit auch ein gewisses Konfliktpotential, da Ärzte und Pflegepersonal auf Fehler bei der Dokumentation hingewiesen werden müssen. Die Dokumentationspflicht ist unter dem Krankenhauspersonal sehr umstritten (Zeit, die für die eigentliche Arbeit verloren geht); die Befragten hatten die Dokumentationspflicht in der ersten Diskussion selbst stark kritisiert.

Die Berichte zum Praktikum fallen positiv bis ambivalent aus. Hartmut berichtet von positiven und selbstbestärkenden Erfahrungen, die dann am Ende aber einer Ernüchterung gewichen seien. Sein Praktikum bestand aus einem Klinikpilotprojekt zum *„prozessbegleitenden Arbeiten"*, fehlende und fehlerhafte Dokumentationen sollten durch eine zeitnahe und regelmäßige Kommunikation mit Ärzten und Pflegepersonal verringert werden. Hartmut hat damit *„absolutes Neuland betreten (...), hab da das prozessbegleitende Arbeiten quasi aus dem Boden gestampft"*. Er hatte zunächst ein Übernahmeangebot der Klinik angenommen, danach habe sich aber seine Rolle verändert, er sei nicht mehr als Praktikant, sondern als fester Mitarbeiter wahrgenommen und mit Arbeit überhäuft worden. Hartmut hat daraufhin einen Rückzieher gemacht *(„frühzeitig Lunte gerochen")* und seinen Nachfolger (ebenfalls ein Praktikant) eingearbeitet. Er deutet diese Entscheidung retrospektiv als richtig: *„Der steht also jetzt vor ner Arbeitslawine, da wär ich ja so im Prinzip vom Regen in die Traufe gekommen."*

Ruth hat letztlich aufgrund ihrer körperlichen Beeinträchtigungen die Praktikumsstelle verloren. Sie war den langen Fußwegen im Klinikum nicht gewachsen, wofür aber nur wenig Verständnis vorhanden war:

> „Ich kann mal besser gehen, mal schlechter gehen. Ja, da wurde mir glatt weg einmal gesagt, ich wär zu langsam. Ja, ich sach: Ich bin ja nicht umsonst hier. Ich bin ja krank. Ja, time is money."

Beides sind Beispiele für die neuerlich erfahrene Rücksichtslosigkeit der Leistungsgesellschaft. Hartmut sieht sich um den ‚gerechten Lohn geprellt', der Oberarzt, der sein Pilotprojekt begleitet hat, habe *„den nächsten Schritt auf der Karriereleiter" gemacht und sei auf Grund der Ergebnisse, „die ich da eingefahren habe in seinem Pilotprojekt (...) jetzt der geschäftsführende Oberarzt in der Klinik."*

Insbesondere Dorothee identifiziert sich noch nicht vollständig mit dem neuen Beruf. Sie musste nach eigenen Angaben häufig den Aufgaben- und Klinikbereich wechseln, hat das Gefühl, nirgendwo angekommen zu sein und keine fundierten Kenntnisse erworben zu haben. Die an sie herangetragenen Ansprüche an inhaltliche und örtliche Flexibilität gehen an ihrem Arbeitsethos vorbei. Zudem erschien ihr die Arbeit zu wenig sinnerfüllend:

> „Et mag zwar richtig sein, dat wenn man viel kennenlernt und viele Bereiche durchlebt oder durchläuft, dat man dann viel Wissen mitnimmt, aber dieses Konzept passt nicht auf mich. Ich brauch eine Sache, auf die ich mich konzentrieren

kann, der ich mich hingeben kann (...). Und dann kann ich auch dementsprechend Leistung abliefern. Und dat is so ne Arbeit, die is mir letztendlich auch zu eintönig gewesen (...), dat is immer wieder derselbe Ablauf, dieselbe Tätigkeit und et kommt immer wieder datselbe dabei raus. Und da ich ja auch Altenpflegerin bin, hab ich immer irgendwie so dat Gefühl, ich muss am Ende des Tages sagen können, ich hab irgendwat erreicht. Und mein Ziel isset nich, achtzich Gutachten bearbeitet zu haben. Da fühl ich mich nich besser mit."

Aus den Erfahrungsberichten wird ersichtlich, dass die Teilnehmenden die Umstellung auf das neue Berufsfeld und die Bürotätigkeit weitgehend – wenn auch noch nicht vollständig – bewältigt haben, was ihnen nicht immer leicht gefallen ist.

Veronika: „Weil ich mich nie als Büromensch gesehen habe. Ich war immer Krankenschwester. Das war für mich ganz lange noch en Riesenproblem, mich da am Schreibtisch zu sehen. Das hat sich gewandelt."

Die meisten vermissen die zwischenmenschlichen Beziehungen und Patientenkontakte. Dennoch sind die Befragten froh über den Berufsausstieg, in der Pflege seien die Arbeitsbedingungen noch schlimmer geworden. Veronika hat für drei Jahre einen Arbeitsvertrag und die Aussicht, auch länger im Bereich klinische Studien tätig sein zu können. Die anderen haben noch keine festen Stellenangebote.

- Berufliche Identitätsfindung – Perspektivwechsel

Die Befragten realisieren während der Diskussion, dass sie die Perspektive und die berufliche Seite gewechselt haben. Sowohl zur Dokumentationspflicht als auch zu Wirtschaftlichkeitskriterien wird aufgrund eigener Anschauung nun ein anderer Standpunkt eingenommen. Beides erhält eine Berechtigung und die eigene Tätigkeit dadurch einen Sinn; es würden sonst Gelder verschwendet.

Dagmar: „Man sieht das aus ner ganz anderen Perspektive, wenn man da wirklich an so nem Fall sitzt und jeden Tag wirklich dann Kurven studieren muss, Pflegedokumentationen gucken muss, Arztberichte (...). Es is wirklich erschreckend, dat stimmt, man wechselt schon die Seiten. Aber wir haben es ja mit eigenen Augen gesehen beim Codieren, dann gibt man das nochmal ein und guckt dann nochmal durch und dann stehen da auf einmal 37.000 Euro. Also ich krieg jetzt noch Gänsehaut. Dat sind Summen, da kriegst du en Schleudertrauma."

Auch wird deutlich, dass einige die administrativ-betriebswirtschaftliche Sprache und Denkweise bereits übernommen haben und kaum noch hinterfragen. Sie denken und argumentieren in/mit Zahlen und Beträgen. Bei anderen der Diskussionsgruppe ist dies nicht so deutlich wahrnehmbar.

Hartmut: „Vorgegeben war von der Hauptstelle des Controllings ne Schlagzahl von zwanzig Codierungen pro Tag."

Dagmar: „Es wird wirklich so gesagt: Schlagzahl. Es wird die Station berechnet, das Patientengut und dann wird geguckt, wie das Entlassungsmanagement ist. Ein guter Codierer rechnet direkt mit, was der an Tagesumsatz bringt. Wir hatten immer montags Teamsitzung und da wurde ganz knallhart auch an der Wand gezeigt: Das is ne gute Station, die wurde gut abgerechnet. Das is ne schlechte, da wurde man richtig runter gemacht. Aber was will man abrechnen, wenn es nur so kleine Fälle sind? Das bringt nix, 650 Euro Punkt."

- Interpretation der eigenen Arbeit: Alle mit ins Boot holen

Die Teilnehmenden verrichten die Arbeit mit dem für sie typischen Engagement. Dabei interpretieren sie ihre Arbeit und Funktion nicht als gegen andere Klinikberufsgruppen gerichtet, sondern gehen weiterhin von einer gemeinschaftlich-kollegialen Sichtweise und einem gemeinsamen Interesse aus. Das eigene Tun zielt darauf, andere mit ins Boot zu holen, um das Ganze – das Wohl des Krankenhauses – zu sichern. Der Sinn der eigenen Aufgabe wird damit begründet, dass alle an einem Strang ziehen müssten, damit den Kliniken kein Geld verloren gehe und Schließungen vermieden werden.

Die Controlling-Funktion birgt ein erhebliches Konfliktpotential in sich und erfordert ein sensibles Vorgehen, insbesondere auch, weil dadurch die Klinikhierarchie auf den Kopf gestellt wird. Geholfen hat den Kursteilnehmenden, dass sie die Arbeitsbedingungen der andere Seite kennen und anerkennen und sich auf kommunikativ-integrative Handlungsstrategien verlegt haben.

Ruth: „Ich hab gesagt: Passt mal auf, ich will doch nix Böses. Dat is auch keine Kontrolle, ich hab es erlebt, wie ein Krankenhaus geschlossen wird. Ihr wisst gar nicht, wie schnell das geht. Und das möchte ich hier vermeiden. (...) wir sind alles eins. Wenn das nicht drin steht, isset verlorenes Geld. Und die Fehler haben wir damals auch gemacht, weiß ich. Und das Krankenhaus ist geschlossen. (...) so hab ich die auf meine Seite gekriegt."

Bildung und Lernen: Leistung beweisen

Die Gruppe betont auch in der zweiten Diskussionsrunde den guten Zusammenhalt in der Klasse. Die Klasse wird als Team gesehen, das sich gegenseitig solidarisch unterstützt *(„das war ne Einheit bei uns")*. Betont wird außerdem die eigenverantwortliche Lerndisziplin, was die Dozenten auch zu schätzen gewusst hätten *(„doch, wir waren sehr diszipliniert")*. Das geforderte selbstorganisierte Lernen hat der Gruppe keine Probleme bereitet und wird von der Gruppe als *„Standard in der Erwachsenenbildung"* angesehen. Einige hatten Abbruchgedanken, die Teilnehmenden wurden aber von Familie und Partnern gestützt und zum Durchhalten motiviert.

Auffällig ist die starke Leistungsbetonung, die die Teilnehmenden mit der Umschulung verbinden: *„Wir haben auf jeden Fall bewiesen, dass wir lernen können, dass wir arbeiten können, dass wir uns Wissen aneignen können. Und wir wissen jetzt auch, was wir leisten können."*

Diese Betonung kann als Nachwirkung der Erkrankungen interpretiert werden. Die Teilnehmenden gehen von einer stark fordernden Leistungsgesellschaft aus, in der sie mithalten wollen. Sie haben sich und der Gesellschaft bewiesen, dass sie wieder bzw. immer noch leistungsfähig sind.

In Konfrontation mit den Metaplankarten aus der ersten Diskussionsrunde kritisieren einige in der Gruppe, dass die Umschulung zu wenig familienfreundlich gestaltet und insgesamt mit den zu bewältigenden Alltagsproblemen von Personen, die sich in der mittleren Lebensphase befinden, nur schwer vereinbar sei. Dies ist nicht allen so gegangen. Veronika vergleicht die Umschulungssituation mit ihrem früheren Leben und kommt zu dem Ergebnis:

> „Auch wenn's echt viel war jetzt mit der Lernerei und mit diesen Arbeitsstrukturen (...). Es war ja im Grunde ein lustiger Stress im Gegensatz zu dem Stress, den ich die zwanzig Jahre davor hatte. Ich hatte viel mehr Zeit für meinen Sohn, viel mehr Energie."

Selbstwahrnehmung von Veränderungen

Konsens besteht in der Gruppe darin, inzwischen einen Lernprozess durchlaufen zu haben und der Selbstausbeutung Grenzen setzen zu können. Dies gelinge jetzt leichter, da es sich um die Bearbeitung von Akten und nicht mehr um die Arbeit mit Menschen gehe *(„das ist wirklich leichter")*. Dabei handelt es sich um eine neue Haltung, die die Befragten selbst etwas überrascht: *„Ich hätte nie gedacht, dass ich das kann."*

- Wieder ein Leben neben der Arbeit

Von Bedeutung ist außerdem die Erfahrung, wieder „ein Leben neben der Arbeit" und ausreichend Energie für soziale Beziehungen, Freizeitaktivitäten und ehrenamtliches Engagement zu haben. Veronika kompensiert den Verlust an menschlichen Beziehungen während der Arbeit mit *„sozialen Projekten (...) noch so'n Sozialcafe, so nebenbei"*. Sie formuliert anschließend, welchen Effekt die Umschulung für sie hatte:

> „Also ich lebe wieder quasi außerhalb der Arbeit. Ich hab wieder Freude am Leben. Das is en riesen Vorteil dieser Umschulung und für mich im Grunde dat, wo ich am meisten draus ziehe."

- Berufliche und persönliche Aufwertung

Die Befragten nehmen offensichtlich durch die Umschulung eine persönliche und berufliche Aufwertung wahr. Sie haben sich dabei aus ihrer dienenden Rolle gelöst. Statt WeisungsempfängerInnen in der Pflege zu sein, erteilen sie anderen – zum Teil in der Krankenhaushierarchie höher gestellten Berufsgruppen – Anweisungen für die Dokumentation. Dabei zeigt insbesondere Hartmut sehr viel Hochachtung und Respekt vor akademisch ausgebildeten Berufsgruppen (Ärzten) und deutet anfängliche Schwierigkeiten an, sich in die neue Rolle einzufinden:

> „Also ich hab da plötzlich nem akademisch gebildeten Publikum gesagt: Hört mal, ihr habt Fehler gemacht. (...). Für mich ist das halt ein Schlüsselerlebnis gewesen, ich als in Anführungszeichen kleiner Krankenpfleger steh da vorne und erzähl den Akademikern was."

Dagmar korrigiert: *„Du bist kein kleiner Krankenpfleger mehr",* was darauf verweist, dass sich die Befragten bis dato in der Klinikhierarchie unten verortet haben und nun innerhalb der Klinikhierarchie einen symbolischen Aufstieg vollziehen konnten.

Collagen-Arbeit

- Eine Mut-Mach-Collage

Veränderungen zeigen sich in dieser Gruppe auch in der Collage der zweiten Diskussionsrunde.[4]

Die Collage enthält wesentlich mehr Text als die Collagen aus der ersten Runde; es gibt kein optisches Zentrum, mehr seitlich angebracht fällt ein knallroter hochhackiger Schuh besonders ins Auge. Die emotionale Ästhetik der ersten Collagen und insbesondere körperlich-sinnliche Motive sind weitgehend verschwunden. Abgesehen von einigen, auf Familie und (Enkel-)Kinder hindeutende Motive (Monster, Frösche, Junge und Mädchen) sind kaum Menschen zu sehen. Auch die Themen ‚alt werden' und ‚Ehe/Beziehung im Alter' werden nicht mehr aufgegriffen.

Inhaltlich handelt es sich vorwiegend um eine Motivations- bzw. Mut-Mach-Collage, in der das Selbst in den Mittelpunkt gerückt ist. Sich selbst pflegen, sich selbst etwas Gutes tun und sich selbst zu verwirklichen sind Ziele für die Zukunft. Diese müssen allerdings noch umgesetzt werden, wobei die zahlreichen Mut-Mach-Motive offenbar helfen sollen, sich dieses Recht selbst zuzugestehen („Du schaffst das"; „Ich weiß, was ich kann"; „Probier mal"; „mutig"; „Man kann nichts Besseres tun, als sich um sich selbst kümmern"; „so hast du

---

4 Die Aufgabenstellung für die Collage der zweiten Diskussionsrunde lautete: Was kommt nach der Weiterbildung? Wie stelle ich mir meine Zukunft vor oder wünsche ich sie mir?

Abb. 5: Collage Medizinische Fachangestellte-3 (Essen)

Eigene Darstellung (2014)

Platz in jeder Beziehung“; „Wir müssen lernen, im Beruf mal wieder Nein zu sagen“; „Mit einem Lächeln im Gepäck“; „Ich fühl mich wohl mit meiner Figur“). Daneben finden sich Motive, die das Thema Gemeinschaft und Zusammenarbeit aufgreifen („besser gemeinsam als einsam“; „gemeinsam stark“; „gemeinsam passende Lösungen erarbeiten“; „ohne das Gefühl, in der Gemeinschaft eine sinnvolle Aufgabe zu erfüllen, fehlt uns die Verankerung im mitmenschlichen Kreis“).

Eine besonders starke Veränderung deutet sich bei Dagmar an, sie hat den roten Schuh aufgeklebt und markiert damit den vollzogenen Berufsfeld- und Positionswechsel:

> „Die werd ich mir kaufen, das war mein Ziel. Weil ich ja nie auf der Arbeit solche Schuhe tragen konnte (...). Durch die Büroarbeit lernt man ja vieles kennen und es gibt nun mal Frauen, die darauf laufen können und irgendwann hab ich mir gedacht: Ich will auch mal so nen Schuh haben.“

Den Einwurf, der Schuh sei *„so nen bisschen Chefsekretärinnen-Style“,* weist sie zurück: *„Nee, ich will das gar nicht, Chefsekretärin sein“.* Der rote Schuh stehe für *„die Bürofrau“.* Dazu hat sie den Textzug *„Jetzt bin ich groß“* geklebt. Sie will damit ausdrücken, etwas geschafft zu haben, meint aber auch, als Bürofrau nach außen etwas Höheres darzustellen: *„Also vom Wissen her und von der Größe her, gewinnt man ja schon damit.“* Der hochhackige rote Schuh symbolisiert Weiblichkeit, Extravaganz, löst Aufmerksamkeit aus, wirkt provokant und sexy, alles Attribute, die in Kontrast stehen zur mütterlichen, versorgenden und dienenden Rolle. Für Dagmar symbolisiert der Schuh eine neue Rolle, in die sie geschlüpft ist. Dazu passt „Probier mal“. Sie benennt damit einen Wendepunkt, sieht und fühlt sich anders und möchte auch anders wahrgenommen werden.

Dagmar war in der ersten Diskussion eine von den Teilnehmenden, die sich besonders schwer mit dem Abschied vom Pflegeberuf und mit der Umschulung getan haben. Die sich anschließende Erklärung untermauert jedoch die Veränderung. Dagmar hat durch die Umschulung an Selbstvertrauen gewonnen und kann sich inzwischen auch auf etwas völlig Neues einlassen:

> „Und probier mal, wenn man nen Angebot kriegt, ausprobieren! Nicht direkt sagen: Nein. Nicht direkt die Schranke setzen: Ich will nicht, sondern auch mal sagen: Is okay, ich probier’s mal aus. Da bin ich mutiger geworden.“

In der Collage zeigen die Untersuchungspersonen, dass es ihnen um mehr innere Autonomie und Lebensqualität geht, ein Anspruch, der aber im Moment noch nicht abschließend umgesetzt ist. Die Collage wirkt wie die Anweisung für ein zufriedenes Leben, wie ein Rezept, für das das Gericht erst noch bereitet werden muss. Sie kommt wie ein Programm mit der Botschaft daher: Kümmere Dich um Dich selbst, jetzt bist Du mal dran! Daher fehlen vermutlich auch Motive, die auf Familie, Partnerschaft und Beziehungen hinweisen. Es ist bei den Befragungspersonen unzweifelhaft etwas in Bewegung geraten, aber die Transformation des Habitus zu mehr innerer Autonomie scheint noch nicht vollständig erreicht. Dazu bedarf es weiterer Anstrengungen und Arbeit am Selbst. Die ganz großen Wünsche oder Utopien aus den ersten Collagen, wie die „große Freiheit", „das Paradies" fehlen, die Collage verweist auf realisierbare Wünsche, geblieben ist das Gemeinschaftsethos. Konkretere Hinweise auf die zukünftige berufliche Tätigkeit fehlen.

Habitus und Gesellschaftsbild: Veränderungen

Die Teilnehmenden waren in der ersten Diskussionsrunde noch stark mit ihrem alten Beruf beschäftigt. Mit der Umschulung mussten sie sich von ihrem fürsorglich-dienenden Berufsethos trennen und auf eine andere Arbeits- und Handlungslogik einstellen. Diesen Umstellungsprozess haben die Teilnehmenden zum Zeitpunkt der zweiten Erhebung unterschiedlich weit und gut bewältigt. Hartmut, Dagmar und auch Ruth scheinen im neuen Berufsfeld angekommen zu sein, können der neuen Tätigkeit Sinn abgewinnen und haben die Begrifflichkeiten und Denkweisen des Berufsfeldes weitgehend übernommen. Bei Veronika und Dorothee ist dies noch nicht ganz so klar erkennbar. Am stärksten hadert Dorothee, sie sucht nach einer Verbindung zwischen beiden Berufsfeldern. Alle Befragungspersonen wirken aber inzwischen deutlich vorwärtsgewandter als in der ersten Diskussionsrunde. Für alle hat sich die Lebensqualität erheblich verbessert.

Die Befragten haben während des Moratoriums einen Reflexionsprozess durchlaufen und stellen sich selbst stärker in den Mittelpunkt ihrer Lebensentwürfe. Dieser Prozess ist noch nicht abgeschlossen, wie die Collage zeigt. Er ist aber vermutlich nicht mehr umkehrbar. Der Berufsfeldwechsel hat vermutlich die Befreiung aus dominierten weiblichen Rollenmustern mit befördert. Damit haben Moratorium und Umschulung in der Gruppe einen emanzipativen Prozess angestoßen. Zurückgedrängt wurde mit der Weiterbildung das kritische Potenzial der Gruppe. Die Sicht auf die Gesellschaft habe sich nicht verändert, die Kritikpunkte hätten Bestand, so die Teilnehmenden. Dennoch ist sowohl die Kritik an der entsolidarisierten Leistungsgesellschaft als auch die an den Bedingungen im Gesundheitssystem in den Hintergrund getreten. Die Befragten erscheinen durch die Umschulung wieder besser eingepasst in beide Systeme.

Habitus und Gesellschaftsbild: Beharrlichkeiten

Die Befragten nehmen die Gesellschaft weiterhin als Leistungsgesellschaft wahr und wollen in dieser mithalten. Die Umschulung hat sie in ihrem Leistungsvermögen bestärkt. Sie halten gleichzeitig am Bild einer solidarischen Gesellschaft fest und versuchen, diese zumindest im eigenen Berufsfeld zu realisieren. Sie haben sich ihre neue Funktion und Rolle auf der Grundlage ihrer vorhandenen Habitusmuster zu eigen gemacht, gehen mit Pflichtbewusstsein und eigenverantwortlichem Engagement an die neue Aufgabe (die Controlling-Funktion) heran. Sie tun dies aber weiterhin auf der Grundlage gemeinschaftlich-solidarischer Haltungen. Die Umschulung hat nicht zur Zunahme von Individualismus, Konkurrenz und Durchsetzung gegen andere geführt. Die Befragten versuchen, andere Klinikberufsgruppen durch Beziehungs- und Überzeugungsarbeit für ein gemeinsames Ziel mit ins Boot zu holen. Die Gruppe leistet damit eine für die Kliniken wichtige Mediatorenfunktion und vermittelt zwischen den eher gegensätzlich eingestellten Berufsgruppen der kaufmännisch-verwaltenden Bereiche und den pflegenden Berufsgruppen.

4.1.3 Fallprofil „Pflegedienstleitung" (Essen)

Bei der dritten Gruppe aus dem Pflegebereich handelt es sich um eine Qualifizierung in Führungspositionen. Die Gruppe ist in der ersten Erhebung milieubezogen sehr heterogen zusammengesetzt. Wir haben für diese Gruppe ein konkurrenzbetontes-meritokratisches Gesellschaftsbild rekonstruiert, das aber häufig Brüche aufweist. Bei einer Teilgruppe ist das Gesellschaftsbild an individuelle Konkurrenz und Durchsetzung gekoppelt. Eine andere Teilgruppe tritt – ähnlich wie die „Fachangestellten für Medizinische Dokumentation" – für eine solidarische Gesellschaft ein und verhält sich in der Praxis gemeinschaftlich-kollegial orientiert. Diese Teilgruppe hat den Kurs zum Zeitpunkt der zweiten Erhebung verlassen.

Erste Erhebung

Zusammensetzung der Gruppe: Die Gruppe besteht aus acht Teilnehmenden (vier Männer, vier Frauen) im Alter von 35 bis 49 Jahren. Alle haben qualifizierte Berufsausbildungen in der Alten- und Krankenpflege, können aber den Pflegeberuf aufgrund körperlicher Probleme nicht mehr ausüben und wollen auch nicht mehr in der Pflege arbeiten. Einige haben früher bereits andere Berufe erlernt (Gas-Wasser-Installation, Erzieherin, Verkäuferin).

Die Teilnehmenden absolvieren eine zweijährige Vollzeitqualifizierung zur Pflegedienstleitung (PDL), die als Reha-Maßnahme von den Krankenkassen finanziert wird. Sie reagieren damit – anders als die „Fachangestellten für Medizinische Dokumentation" – auf die Berufsunfähigkeit mit einer Aufstiegsqualifizierung innerhalb ihres ehemaligen Berufsfeldes. Angestrebt werden Leitungspositionen in Krankenhäusern oder Altenpflegeheimen, teilweise die (selbständige) Führung einer kleineren ambulanten Pflegediensteinrichtung.

Themen und Verlauf der Gruppenwerkstatt

Aufgrund der heterogenen Zusammensetzung gibt es in der Gruppe kein gemeinsames Thema, an dem sich selbstläufig eine kollektive Gruppenmeinung entwickeln könnte. Zu den anmoderierten Themen werden fast durchgängig kontroverse Standpunkte vertreten. Ausführlicher diskutiert die Gruppe das Thema Bildung und Weiterbildung sowie die Bedingungen im Gesundheits- und Pflegesystem. An diesen Themen entfaltet sich eine Gesellschaftskritik, bei der es vor allem um die Anerkennung von Leistung geht.

Bildung und Weiterbildung

Das Bildungs- bzw. Weiterbildungssystem wird überwiegend unter monetären Gesichtspunkten diskutiert und kritisiert. Bildung und Weiterbildung seien nicht allen gleichermaßen zugänglich, der Zugang zu Weiterbildung werde beispielsweise dadurch erschwert, dass um die Finanzierung der Qualifizierung und Anerkennung der Berufsunfähigkeit gekämpft werden müsse *(„nach dem sechsten Gutachten hieß es dann, na, äh gut, zahlen wa mal“)*. Zudem seien Weiterbildungen für Arbeitgeber wie für Privatpersonen zu teuer und es bestehe das Risiko, dass sie monetär nicht vergolten würden: *„Ich bilde mich weiter, ich habe ne Qualifikation hier drin und da drin, und dann sacht mein Arbeitgeber: Schön und gut, (...) aber bezahlen können wir dich dafür nicht.“*

Bei den meisten besteht ein eher anwendungsbezogenes, auf berufliche Bildung fokussiertes Bildungsverständnis, erworbene Kenntnisse sollen beruflich weiterbringen und einen (monetären) Nutzen haben. Die Bildungsteilnahme folgt einer rationalen Kosten-Nutzen-Abwägung oder wird durch eine Tauschethik nach dem Prinzip ‚Nehmen und Geben‘ legitimiert. Die Befragten meinen, der Gesellschaft lange Zeit selbst viel gegeben zu haben (zum Teil fühlen sie sich ausgenutzt) und jetzt auch etwas zurückerwarten zu können. Eine Befragungsperson (Andrea) vertritt eine liberalistische Position und betont die Freiheit der Wahl, die jede(r) in der Entscheidung für oder gegen Weiterbildung habe. Sie sieht darin eine reine Frage von Interesse und Motivation.

• Fehlende monetäre Anerkennung

Das Thema Weiterbildung wird unter (monetären) Anerkennungsgesichtspunkten weiter diskutiert. Eine Teilgruppe zeigt sich hinsichtlich zusätzlicher Qualifizierungen enttäuscht, sieht darin eine gesellschaftliche Notwendigkeit, die nicht entsprechend honoriert werde und stattdessen zu zusätzlichen Belastungen führe: *„Dir wird immer mehr auferlegt. Die Bildung, die du dir angeeignet hast, wird ausgenutzt.“* Anders als beispielsweise in skandinavischen Ländern würden Zusatzqualifikationen in Deutschland nicht entsprechend monetär vergolten. Statt Fachspezialisten zu bemühen, werden in den Augen der Befragten Generalisten gefordert, die fachlich alles gleichermaßen abdecken: *„Wie sagt man, eine Eier legende Wollmilchsau?“* Diese Teilgruppe kritisiert zudem die fehlende Anerkennung praktischen Erfahrungswissens und die Notwendigkeit, angeeignete Kenntnisse permanent durch Zertifikate belegen zu müssen *(„für alles sind Zertifikate nötig“).* Ohne zertifizierte Qualifikationen könne keine Führungsposition erlangt werden. Andrea vertritt auch hier eine andere Position, sie betrachtet Weiterbildung durchgängig positiv, fühlt sich dadurch nicht zusätzlich belastet, sondern betont, durch ein breites Wissensspektrum berufliche Wahlmöglichkeiten zu haben.

- Veränderungen im Gesundheits- und Pflegesystem

Die wahrgenommenen Veränderungen im Gesundheits- und Pflegesystem werden ebenfalls unterschiedlich beurteilt: Die durchsetzungsbetonte Teilgruppe kritisiert vor allem den Fachkräftemangel, Pflege werde als „Out-Beruf“ betrachtet, den niemand mehr machen wolle. Die Probleme im Pflegebereich werden u.a. ökonomisch begründet und vor allem im demografischen Wandel ausgemacht: *„die vielen alten Leute, immer weniger, die einzahlen“*. Dadurch sei das System nicht mehr bezahlbar. Das System und die gesellschaftliche Entwicklung scheinen für die Teilgruppe politisch kaum veränderbar, deshalb *„muss ich die Politiker in Schutz nehmen“*.

> „Aber mal ganz ehrlich, das, was wir als Wunschvorstellungen haben, das is doch überhaupt nich bezahlbar. (...) Was in der Öffentlichkeit als Altenpflege verkauft wird, (...) das Bild vom Lebenswechsel und der letzte und ah schöne Lebensabend. (...) is nicht finanzierbar, also auch nicht leistbar, das geht überhaupt nicht.“

Für die gemeinschaftsorientierte Teilgruppe resultiert aus den Veränderungen im Pflege- und Gesundheitssystem (Pflegereformen, hohe Arbeitsbelastungen durch *„Schreibkram“,* Personalabbau bei Zunahme von Demenzkranken) ein Konflikt, eigenen Ansprüchen an die Pflege nicht mehr gerecht werden zu können. Ähnlich wie bei der Gruppe „Fachangestellte für Medizinische Dokumentation“ werden die Ursachen für die Missstände im Pflegesystem nicht nur in den Pflegereformen, sondern auch in der Kommerzialisierung der Pflegeeinrichtungen gesehen. Altenpflege sei inzwischen ein *„lukratives Geschäft“* für die Betreiber, während das Personal ausgebeutet werde und die Politik untätig bleibe:

> „Aber irgendwas stimmt doch nicht, überall wird in die Altenpflege finanziert, die kommen aus dem Ausland, aus Kuwait sind sie mit drin, kann doch finanziell gar nicht so ein schlechter Zweig sein.“

Einer der Befragten sieht sich durch die Veränderungen regelrecht betrogen: *„Wenn ich das gewusst hätte, dass das mal so kommt, wäre ich bei Gas-Wasser-Installation geblieben.“*

Wie in der anderen pflegerischen Gruppe wird die Entwicklung zum Teil auch als unabwendbare Folge des Kapitalismus angesehen:

> „Das is Kapitalismus, der Herr Marx hat das zu mindestens so gesacht, das ist Ausbeutung des Menschen durch den Menschen, haben wir alle ja gewollt. Dafür haben wir lauter bunte Sachen."

- Umstellungsanforderungen durch den Positionswechsel

Umstellungsanforderungen bestehen in dieser Gruppe darin, sich auf eine Führungsrolle im bisherigen Berufsfeld einzustellen. Reizvoll erscheinen den Teilnehmenden daran der Ausstieg aus der Pflege, die Erwartung von Gestaltungsmöglichkeiten *(„es besser machen")* und die Hoffnung auf ein höheres Einkommen. Dem stehen allerdings auch ernüchternde Berichte zu den beruflichen Perspektiven entgegen. Inzwischen werden viele Pflegedienstleitungen über Zeitarbeitsfirmen vermittelt. Dabei handelt es sich um wechselnde ‚Feuerwehrstellen', die eine hohe berufliche wie räumliche Mobilität voraussetzen.

Die gemeinschaftsorientierte Fraktion antizipiert mit der zukünftigen Führungsrolle zudem einen Rollenkonflikt bzw. das Risiko von Entgrenzung, Selbstausbeutung und Überforderung *(„immenser Druck von allen Seiten gleichzeitig")*. Diese Teilgruppe hat Sorge, möglichen Überlastungen wehrlos ausgeliefert zu sein. Teilweise besteht die Vorstellung, durch eine selbstständig geführte Pflegeeinrichtung die Arbeitsbelastungen steuern zu können. Dagegen argumentiert die durchsetzungsbetonte Fraktion prozessorientiert, sieht sich in einem Lernprozess und der neuen Position gelassen-selbstbewusst entgegen. Sie erwartet durch die Weiterbildung auf die Führungsrolle vorbereitet zu werden: *„Dafür bist du hier, um genau das in der Weiterbildung, in diesen zwei Jahren zu lernen, und man wächst ja mit seinen Aufgaben."*

- Fehlende Leistungsgerechtigkeit

Bereits bei den vorangegangenen Themen wurden immer wieder rationale Tauschargumente sichtbar. In der Frage nach gesellschaftlicher Gerechtigkeit kumuliert die Kritik. Die gesellschaftlichen Verhältnisse werden (mit einer Ausnahme) als ungerecht bewertet. Qualifizierte, engagierte Arbeit und zusätzliche Qualifizierungen werden in den Augen der Befragten nicht angemessen entlohnt und damit werde Leistung nicht entsprechend anerkannt. Zudem seien (materielle) Teilhabemöglichkeiten ungleich verteilt. Gefordert wird nach dem Prinzip ‚Leistung gegen Teilhabe' ein *„gerechter Lohn für gute Arbeit"*. An dieser Stelle werden von einigen sehr deutliche Abgrenzungen gegenüber vermeintlich leistungsunwilligen Hartz-IV-EmpfängerInnen vorgenommen. Leistung wird als Willenssache gedeutet, Arbeit und Leistung lohnten sich nicht, wenn man mit Hartz-IV genauso gut dastehe.

Hinweise auf Habitus und Gesellschaftsbild

Die Gruppe ist durchgängig leistungsorientiert, Unterschiede bestehen jedoch darin, ob diese Leistungsorientierung mit individueller Konkurrenz und Durchsetzung gegen andere oder mit gemeinschaftlich-solidarischen Haltungen zusammengeht. Eine Teilgruppe agiert (auch im Weiterbildungskurs) individualisiert, konkurrenz- und durchsetzungsbetont und führt häufig monetäre oder betriebswirtschaftliche Argumente ins Feld. Sie zeigt sich durchsetzungsstark und konfliktbereit, will führen/leiten und dominiert die andere Teilgruppe der Gruppenwerkstatt. Die zweite Teilgruppe tritt eher bescheiden und zurückhaltend auf, ist harmoniebetont und gemeinschaftlich-kollegial orientiert. Teilweise wird befürchtet, aus Verbundenheit mit dem Pflegepersonal durch die Leitungsposition in einen persönlichen Konflikt zu geraten. Diese unterschiedlichen Haltungen und Handlungsmuster bilden sich auch in den von beiden Teilgruppen erstellten Collagen ab (Individualismus und Wettstreit vs. Harmonie, ‚heile Welt' und Gemeinschaft).

Die Gruppe vertritt insgesamt ein *meritokratisches Gesellschaftsbild*, das allerdings dadurch gebrochen ist, dass Weiterbildung und Leistungen in der Wahrnehmung der Befragten nicht in erwarteter Weise anerkannt und honoriert werden. Die Gesellschaft wird außerdem zum Teil als liberalisierte und fordernde Leistungsgesellschaft wahrgenommen, eine Teilgruppe befürwortet diese individuelle Leistungskonkurrenz, sieht sich den Anforderungen gewachsen, und insbesondere Andrea vertritt ein liberalistisches Gesellschaftsbild, das die Freiheit und Verantwortung des Einzelnen betont. Die andere Teilgruppe wünscht sich mehr gesellschaftlichen Zusammenhalt und hält vorläufig an der Vorstellung von einer solidarischen Gesellschaft fest, auch wenn die gesellschaftliche Realität dem nicht mehr entspricht.

Zweite Erhebung

Zusammensetzung der Gruppe: An der zweiten Diskussion nehmen vier der acht Teilnehmenden aus der ersten Runde teil (zwei Frauen und zwei Männer), die vier anderen Befragten haben, wie bereits erwähnt, den Kurs verlassen. Innerhalb unserer Stichprobe ist dies eine relativ hohe Abbruchquote, und es scheint kein Zufall zu sein, dass es sich dabei um die gemeinschaftsorientierten und weniger durchsetzungsstarken TeilnehmerInnen handelt. Die Gruppe ist dadurch in der zweiten Erhebung homogener geworden.[5]

5 In der zweiten Diskussion ist ein Teilnehmer hinzugekommen, der krankheitsbedingt an der ersten Diskussion nicht teilnehmen konnte, aber gern dabei sein wollte. Er passt in Bezug auf seine Orientierungen in die verbliebene Befragungsgruppe.

Themen und Verlauf der Gruppenwerkstatt

Im Vordergrund der zweiten Diskussionsrunde steht eine massive Kritik an der Weiterbildung.

- Enttäuschung durch Weiterbildung und Bildungsträger

Die Erwartungen – wie auch der Glaube an die Qualität der Ausbildung – waren in der Gruppe sehr hoch und wurden schwer enttäuscht. Die Gruppe argumentiert mit „Kompetenz und Inkompetenz“. Sie kritisiert überwiegend inkompetente Dozenten, unstrukturierte Vorträge, leidenschaftslosen und langweiligen Unterricht, fehlende Absprachen zwischen Dozenten und widersprüchliche Aussagen. Die Ausbildung wird als unkoordiniert wahrgenommen *(„der rote Faden fehlte komplett“)*, fachlich und didaktisch veraltete Konzepte und Lehrpläne werden bemängelt. Vor allem werde das Fachwissen nicht auf die Praxis von Pflegedienstleitungen bezogen. Statt wissenschaftlicher *„Utopiafächer“* und nicht umsetzbarer, träumerischer Zukunftskonzepte werden konkrete Lösungsvorschläge für anstehende Probleme erwartet: *„Ich bin schwer enttäuscht.“* Die Kritik kommt einer Generalabrechnung gleich, die von Andrea dann relativiert wird: *„Ich will's auch gar nicht so ganz schlecht machen hier.“* Sie betont, einiges in den zwei Jahren gelernt und aus der Qualifizierung mitgenommen zu haben.

- Zertifikate im Überfluss – Gefühl der Täuschung

Wurde in der ersten Diskussion die Notwendigkeit von Zertifikaten kritisiert, so richtet sich die Kritik jetzt dagegen, während der Ausbildung nebenbei Zertifikate ‚hinterhergeworfen‘ zu bekommen. Sie sind in den Augen der Befragten nichts wert, weil dafür nichts geleistet und lediglich oberflächliches Wissen erworben wurde:

> „Projektmanager, wir sind Zielproduktbeauftragter, was sind wir noch? Hygienebeauftragter, Praxisanleiter sind wir, Heimleiterqualifikation, ist ja in diesen zwei Jahren mit inbegriffen. Aber alles nur so, joa, haben wir mal nen Tag gehört.“

Die Ausbildung wird als Dienstleistung aufgefasst, die bestimmten Leistungsansprüchen zu genügen hat, und in dieser Hinsicht wird sie als eine Täuschung wahrgenommen: *„Das ist en Glitterprospekt, das Verkaufen dieser ganzen Veranstaltung, das ist wirklich aus meiner Sicht Augenwischerei.“*

Besonders verbittert sind einige, dass sie mit der Ausbildung keine Pflegedienstleitung in Krankenhäusern übernehmen können, dafür werden inzwischen akademische Berufsabschlüsse erwartet:

> „Auf den Unterlagen stand drauf, du kannst mit dieser Weiterbildung im Krankenhaus dann auch als PDL arbeiten. Aber du kannst damit überhaupt nicht im Krankenhaus arbeiten, scheiß was, da musst du studiert sein.“

Veränderungen

Bei aller Kritik haben die Befragten – bis auf eine Ausnahme – die Ausbildung nicht bereut und meinen, theoretisches Wissen verinnerlicht zu haben, das sie nicht mehr ablegen können. Sie sehen sich in einem selbstverändernden Lernprozess, der den persönlichen Horizont erweitert und neue Perspektiven eröffnet hat.

Bei den Verbliebenen der Gruppe haben sich Individualismus und Durchsetzungsverhalten verstärkt. Das bestätigt sich auch im Kursverhalten, dort haben sich vor allem die *„Alpha-Tiere"* behauptet. Bezüglich der AbrecherInnen besteht eine einhellige Meinung, sie hätten berechtigter Weise den Kurs verlassen (müssen): *„Die Mission ist das Ziel, Schwund gibt's immer."*

Es habe ihnen an Eigenverantwortlichkeit, Disziplin und Anpassungsbereitschaft gefehlt: *„Also selber Schuld wirklich. Es gibt feste Vorgaben, die man erfüllen muss, daran muss man sich halten."*

Selbstbewusst waren die TeilnehmerInnen bereits in der ersten Diskussion, der Führungsanspruch und die betriebswirtschaftliche Sichtweise sind noch deutlicher geworden. Unverändert geblieben ist die Leistungsorientierung, die mit fachlicher Kompetenz einhergeht. Daran werden auch andere gemessen und gegebenenfalls abqualifiziert.

Habitus und Gesellschaftsbild

Die Habitusmuster der TeilnehmerInnen der zweiten Diskussionsrunde haben sich nicht grundsätzlich verändert, sondern verstärkt, und auch das an Konkurrenz und Durchsetzung gebundene *meritokratische Gesellschaftsbild* ist erhalten geblieben. Ob sich die Brüchigkeit des Gesellschaftsbildes gewandelt hat, lässt sich zum Erhebungszeitpunkt kaum sagen. Dies hängt davon ab, ob die Weiterbildung in adäquate berufliche Positionen mit entsprechenden Einkommen umgesetzt werden kann. Erst dann sehen die Befragten vermutlich das Versprechen von Leistungsgerechtigkeit eingelöst.

4.2 Erziehungsberufe

Innerhalb der interpersonellen Arbeitslogik wurden zudem zwei Werkstätten im erzieherischen Berufsfeld durchgeführt: Zum einen die Gruppenwerkstatt „ErzieherInnen" in Essen und zum anderen – vom Weiterbildungsformat her spannend – die Gruppenwerkstatt „Erzieherinnen für Migrantinnen" in Hamburg. Letztere Weiterbildung soll Modellcharakter haben und nimmt die spezielle Problematik der Zielgruppe auf. Inhaltlich erhält dieses Tätigkeitsprofil eine Aufwertung, der sich aber noch nicht im formalen Status niedergeschlagen hat.

4.2.1 Fallprofil „ErzieherInnen" (Essen) – exemplarisch Gesellschaft als „Kampf um Teilhabe"

Die Gruppe geht von einer *Leistungsgesellschaft* aus; ihr Handlungsprinzip lautet: ‚Leistung gegen Teilhabe'. Dabei haben die Befragungspersonen den Eindruck, durch Leistung legitimierte (Teilhabe-)Rechte zunehmend gegen Widerstände erkämpfen und durchsetzen zu müssen. Das Leben erscheint ihnen zunehmend als alltäglicher Selbstbehauptungskampf.

Erste Erhebung

Zusammensetzung der Gruppe: An der ersten Diskussion nehmen sieben Personen (sechs Frauen, ein Mann) im Alter von 28 bis 48 Jahren teil (Hanne, Kathi, Tina, Sarah, Birgit, Marlene, Gunnar). Alle Teilnehmenden haben Kinder, vier Personen sind alleinerziehend, zwei haben einen Migrationshintergrund. Birgit und Gunnar leben in prekären Verhältnissen. Die Gruppe steht dem linken Parteienspektrum nahe (SPD, Bündnis 90/Die Grünen). Es handelt sich um die Enkelgeneration ehemaliger Bergarbeiterfamilien, vielfach waren die Großväter im Bergbau tätig. Die meisten sind im Ruhrgebiet verwurzelt, die regionale Sprache und Sprechweise wird ausdrücklich beibehalten.

- Bildungs- und Berufsbiographie

Die Teilnehmenden verfügen über mittlere bis höhere Bildungsabschlüsse. Sie haben – abgesehen von Sarah – mindestens eine abgeschlossene Berufsausbildung als Kinderpflegerin, und/oder sie haben ein Studium abgebrochen (Sozialpädagogik bzw. Erziehungswissenschaft). Teilweise waren sie bereits in anderen Berufsfeldern tätig, bevor sie ins erzieherische Feld gewechselt sind (Tischler, Rechtsanwaltsfachangestellte, Frisörin). Sarah war bislang ohne Ausbildung in der Altenpflege tätig. Die Teilnehmenden sind häufig wegen der Kinder aus dem Studium, der Ausbildung oder dem Beruf ausgestiegen. Sie versuchen jetzt, durch eine zweijährige Ausbildung zur Erzieherin bzw. zum Erzieher beruflich neu Fuß zu fassen oder sich beruflich zu verbessern.

Themen und Verlauf der Gruppenwerkstatt

Im Mittelpunkt der ersten Diskussion stehen Erfahrungen der sozialen Herabwürdigung und Abhängigkeiten von Behörden sowie erwartete Benachteiligungen bei der Abschlussprüfung.

- Abwertung beruflicher Qualifizierungen

Die Befragten stellen gemeinsam fest, dass eine Qualifizierung als Kinderpflegerin nicht mehr ausreicht, um gesellschaftlich Anschluss zu halten, sie sehen deshalb einen Druck zur Weiterbildung *(„das ist uns aufgebrummt worden quasi, Kinderpflegerinnen sind nix mehr wert, ne“)*. Erwartet wird, dass der Berufsabschluss als staatlich examinierte ErzieherInnen zu einer abgesicherten gesellschaftlichen Position mit höherem Einkommen verhilft *(„finanziell, ja natürlich, bei mir Punkt eins, ganz klar“)*. Tina möchte keine schlechtbezahlten *„Knechtjobs“* mehr machen: *„schon lieber jetzt den richtigen Abschluss und dann auch vernünftig verdienen.“*

Deklassierende und herabsetzende Erfahrungen im Vorfeld der Umschulung haben die Befragten dafür sensibilisiert, die respektable gesellschaftliche Stellung relativ schnell verlieren zu können und in entwürdigende Abhängigkeiten zu geraten. Weiterbildung und Qualifizierung dienen daher vorrangig dem Rückgewinn bzw. dem Erhalt der Respektabilität. Damit verbunden sind Wünsche nach materieller Teilhabe und besseren Zukunftschancen für die Kinder.

> *Birgit:* „Jetz fang ich an, meinen Traum zu leben und auch für meine Kinder, dass meine Kinder ihre Träume verwirklichen können und man nich jeden Tag sagen muss: Nee, geht nich, is kein Geld da.“

Die Teilnehmenden qualifizieren sich in einem ihnen bekannten Berufsfeld weiter und sind daher zuversichtlich, die Ausbildung meistern zu können.

- Umgang mit Behörden – Überforderung und Desorganisation

Ein zentrales Thema sind in dieser Gruppe die Erfahrungen im Umgang mit Behörden (Bezirksregierungen, Arbeitsagenturen und Jobcenter). Die Bezirksregierungen prüfen, ob die Voraussetzungen für die Anmeldung zur Ausbildung und zur Prüfung gegeben sind. Die Teilnehmenden kritisieren, sich mit überlastet und überfordert erscheinendem Personal auseinandersetzen zu müssen. Sie haben den Eindruck, es handele sich um fachlich inkompetente MitarbeiterInnen und um desorganisierte Behörden *(„bei jedem Telefonat hab ich den gleichen Satz gehört: Sie müssen schon entschuldigen, aber hier brennt es wirklich“)*. Mehrere Teilnehmende haben wegen der Kursteilnahme einen zähen und langen Kampf bei den Arbeitsagenturen und Jobcentern hinter sich. Die Behandlung wird – von einigen positiven Beispielen abgesehen – als entwürdigend, willkürlich und wenig kompetent wahrgenommen: *„Die waren alle so desorientiert und uninteressiert da.“*

Die Gruppe erklärt sich die unbefriedigende Behandlung damit, dass bei den Arbeitsagenturen und Jobcentern ehemalige Angestellte von der Post oder der Telekom untergebracht würden, die nicht gut qualifiziert seien. Dazu werden konkrete Beispiele aus dem Bekanntenkreis berichtet. Früher seien die SachbearbeiterInnen zudem auf Berufsgruppen spezialisiert gewesen *(„wussten auch, worum es geht, wenn Erzieher kommen“)*, während die Beratung heute alphabetisch zugeordnet erfolge *(„eine Sachbearbeiterin, wat weiß ich, von A bis C“)*.

Die Gruppe trägt Beispiele vor, in denen sich die Kritik an den Reformen der Arbeitsmarktpolitik manifestiert, etwa auch daran, dass die kurzfristige Vermittlung in den Arbeitsmarkt Vorrang hat vor längerfristigen Qualifizierungen. Verloren gegangene Unterlagen sowie das Gefühl, in ungewollte Tätigkeiten gedrängt zu werden, sind weitere Beispiele gemeinsam eingebrachter Erfahrungen.

> *Hanne:* „Ich glaub, die wollen dir echt vor allem en Job vermitteln. Weil zu mir haben sie gesacht, ob ich nich Lageristin werden will. Ich hab gar nix mit Lager irgendwann mal zu tun gehabt, keine Ahnung."

> *Marlene:* „Ich sollte mich als Sozialpädagogin bewerben. Hmm, ich bin Kinderpflegerin, meine zuständige Sachbearbeiterin meinte: Ja, der Arbeitgeber muss langsam lernen umzudenken. Sag ich: Wissen se wat, bevor ich meine E-Mail dann raus schicke, rufen se da bitte an, dass er umdenken soll, ne."

> *Birgit:* „Mich wollten se in ein Callcenter reinstecken. Ich sach, ich verkauf den Leuten nich irgendwas, wat ich nich will!"

> *Tina:* „Ich hab da auch nochmal ein paar Arbeitsamtserfahrungen beizusteuern (kurzes Lachen in der Runde). Ich hab so nen Berater gehabt, der hat immer nur zu mir gesacht, ich soll mich in Kindergärten bewerben. Ich hab ihm immer wieder erklärt: Das kann ich nicht, weil ich keine Erzieherausbildung habe. Hat er gesacht: Ach, das macht nix! Machen Sie mal einfach, bewerben Sie sich mal. Sie verstehen das nicht richtig, ich kann mich da nicht bewerben, ich hab die Ausbildung nicht. Och, bewerben sie sich doch erst mal, dann sieht man doch (...). Bin dann gegangen. Und dann bin ich einfach (...) zu ner ganz anderen Frau (...) und hab nochmal erzählt, was ich möchte und was ich gemacht hab. Und die hat dann mal geschaltet und hat dann irgendwie den Kurs vorgeschlagen."

- Herabwürdigung und Abhängigkeit

Nur wenn Arbeitsagenturen oder Jobcenter der Finanzierung per Bildungsgutschein zustimmen, erhalten die Befragten für die Zeit der Weiterbildung auch finanzielle Unterstützung zum Lebensunterhalt, was für die Alleinerziehenden von existenzieller Bedeutung ist. Die Erzählungen entwickeln sich zu einer Aneinanderreihung von Erfahrungen, die als bedrohlich wahrgenommen werden.

> *Gunnar:* „Ich hab vor zwanzig Jahren Erfahrungen mit dem Arbeitsamt gehabt. Und dat hat sich total geändert. (...). Ich hab auf Geld gewartet und auf en Bescheid gewartet (...) und die haben sechs Wochen gebraucht, um mir dann zu sagen: Aaah, wissen se wat, sie kriegen ja gar nix. (...) Das Problem is ja nicht nur dat Arbeitsamt. (...). Man muss mit den Bankleuten reden und sagen: Et tut mir so leid. Man muss mit der Hausvermietung reden und sagen: Ich weiß, dat Geld is noch nich da, aber ich hab ja –. Man muss die Eltern anpumpen, damit man überhaupt noch einkaufen gehen kann. Et is ja nicht nur das Arbeitsamt, die Kette ist ja viel, viel länger, wo man sich als Bittsteller dann outen muss."

> *Sarah* weiter: „Also ich bin ja arbeiten gegangen als ich sechzehn war, (...) hab immer gearbeitet. Und das Schlimmste war für mich eigentlich, dass ich auf einmal abhängig war von jemanden (...), dass man da steht und weiß eigentlich, für sein Alter hat man sehr viel geschafft, und man is eigentlich stark und wie auch immer. Und dann steht da jemand und beurteilt einen (...). Entweder schleimt man oder man tut einen auf ich bin jetz frech und ich will mein Recht haben. (...). Mein eigenes Geld, das is schon was anderes, als wenn ich jetz da so stehe: Ich brauch bitte den Bildungsgutschein, dass du so ausgeliefert bist."
>
> *Gunnar:* „Nach fünf Wochen ohne Geld mit Kind und (...) dann Sprüche zu kriegen wie: Jetzt stell'n se sich mal nich so an, sie sind ja nicht der Einzige der hier Leistungen braucht. Man kommt sich da wirklich vor wie der letzte Arsch ne, seitens der Behörden da irgendwie eine Willkür herrscht und dass es einfach unfreundlich und erniedrigend ist."

In der Gruppe besteht Verständnis dafür, wenn Inanspruchnehmende irgendwann *„ausrasten"*, weil sie *„einfach nicht mehr können"*. Birgit hat hartnäckig fünf Jahre um den Bildungsgutschein gekämpft. Sie beschreibt diesen Kampf als alternativlos für sich und die Familie:

> „Ja, aber wat willste machen? Soll ich meinen Kindern sagen: So, wisster wat, wir leben jetzt noch die nächsten zwanzich Jahre von Hartz-Vier? Tut mir leid, ihr könnt nich in nen Sportverein, ihr dürft nicht in Urlaub (...), ich mach dat für mich aber auch für meine Kinder, dass ich denen wat bieten kann, ne."

- Geschlechterrollenverständnis

Gunnar und Birgit sehen sich besonderen Schwierigkeiten ausgesetzt; bei den Arbeitsagenturen/Jobcentern herrsche ein traditionelles Geschlechterrollenbild vor. Ein Geschlechterrollentausch sei nicht vorgesehen. Gunnar übernahm die Erziehungsarbeit und war bis zur Trennung vom Einkommen der Ehefrau abhängig: *„Wie konnten Sie denn überhaupt überleben, wenn sie jetzt hier Grundsicherung beantragen. Ich sach: Schon mal was von Rollentausch gehört?"*. Birgit finanziert die Familie, seit ihr Mann nach einem Unfall arbeitsunfähig ist:

> „Hauptemährer is nun mal der Mann.(...) Das is immer noch dieses Denken: Ihr Mann ist der Hauptverdiener, der muss arbeiten gehen (...), sie müssen bei den Kindern bleiben. Wo ich gesacht hab: Wo steht dat festgeschrieben?"

Abgesehen von Kathi, die sich im relativ konventionellen Modell des männlichen Haupternährers gut aufgehoben fühlt, vertreten die Frauen der Gruppe ein Rollenbild, das nicht zuletzt aus Absicherungsgründen von Selbständigkeit und finanzieller Unabhängigkeit durch eigene Berufstätigkeit ausgeht:

> „Vor allen Dingen auch als Frau, ne. Ich kann mich nich auf den Lorbeeren quasi ausruhen oder sagen: klar, mein Mann bringt das Geld nach Hause. Geht so ne Ehe mal zu Ende, war ich nicht arbeiten, (...) wird et schwieriger."

- Kampf um Rechte und Teilhabe

Die Gruppe sieht sich mit einer Gesellschaft konfrontiert, in der als legitim erachtete (Teilhabe-)Rechte erkämpft werden müssen: *„Warum muss ich für was kämpfen, was mir zusteht, ne?"* Dieser Eindruck wird durch die Erfahrungen mit staatlichen Institutionen verstärkt: *„Solange man lieb und nett is, dat funktioniert gar nicht. Und Ehrlichkeit geht schon mal gar nicht. Da kriegste erst recht weniger."* Die Teilnehmenden sehen den gesellschaftlichen Reichtum ungleich verteilt: *„Die, die viel haben, kriegen immer mehr und die, die wenig haben, die werden noch abgezockt."* Die Zugangsmöglichkeiten zu (Weiter-)Bildung seien für viele erschwert.

> *Birgit:* „Du kannst machen, was du willst, du kommst nicht weiter (...), oftmals is dat halt so, dass gerade die, die das vielleicht nötich hätten oder grad nicht so viel Geld haben, nich die Chance auf ne Weiterbildung kriegen."

Die Frage nach sozialer Gerechtigkeit wird politisch diskutiert und eine *„sozial unverträgliche Politik"* festgestellt. Konkrete Anhaltspunkte für die Gesellschaftskritik und Empörung sind sowohl die *„arbeitgeberfreundliche Politik"*, die zu Niedriglöhnen führe und staatliche Transferleistungen notwendig mache *(„Warum gibt's denn vierhunderttausend Haushalte in Deutschland, die ergänzendes ALG II bekommen trotz Vollzeitanstellung?")* als auch Berichte, in denen Menschen trotz langjähriger Beschäftigung in Altersarmut geraten.

> *Marlene:* „Die haben vierzich Jahre gearbeitet , ne, und können sich jetzt ihr Essen nicht bezahlen. Eye, wo gibt's denn so wat! Wo ich denk, da is der Staat für zuständig, (...) da krieg ich Tränen inne Augen."

Die gesellschaftlichen Verhältnisse werden als politisch veränderbar diskutiert. Adressat sind Staat und Politik. Gunnar: *„Man kann dat politisch auch anders gestalten, wofür haben wir Politiker, nur es tut keiner."* Politisch sind die Befragten enttäuscht *(„trotz Rot-Grün, wat eigentlich ne Farce is")*. Sie erwarten etwas, *„aber es kommt ja nix"*. Sich selbst sehen sie nicht als Akteure, die (kollektiv) an den Verhältnissen wirklich etwas verändern könnten: *„Man kann wat tun, sich aufbäumen, aber et kommt ja nirgendswo an, ne."*

- Handlungs- und Durchsetzungsfähigkeit

Die Teilnehmenden haben eine direkte und zupackende Art. Sie sind im Umgang mit Behörden handlungs- und durchsetzungsfähig, wollen sich nicht deklassieren lassen und wehren sich gegen Zumutungen. Als Tinas Unterlagen beim Jobcenter verloren gingen *(„alles war weg (...), ich soll das nochmal neu einreichen")*, griff sie auf die Unterstützung der Stadträtin zurück:

> „Hab der geschrieben, wie das möglich sein kann, dass in ner deutschen Behörde so wichtige Unterlagen verloren gehen, und warum die so mit Menschen umgehen."

Sie drohte schließlich mit einer Dienstaufsichtsbeschwerde: *„Sie stehen jetzt sofort auf und suchen die Unterlagen. Ich wart jetzt noch ne halbe Stunde und als nächstes kommt ne Dienstaufsichtsbeschwerde."*

Ähnlichen Widerstand beschreiben auch andere in der Gruppe (Gunnar: *„der hat, glaub ich, den blanken Hass in meinen Augen gesehen"*). Mitunter führt das Aufbegehren aber auch zu Sanktionen. Nachdem Marlene ihre Sachbearbeiterin beschimpft hatte *(„Hör mal zu, Bibi Blocksberg")*, seien auch ihre Unterlagen verloren gegangen, sie habe drei Monate lang kein Geld bekommen. Marlene deutet dies als Strafmaßnahme. Insgesamt kommen die Teilnehmenden aber zu dem Ergebnis, dass das selbstbewusst-fordernde Auftreten richtig gewesen sei.

Die Vorstellung, sich durchsetzen zu müssen, ist bei einigen auch Teil der kommunikativen Praxis, wird in den Partnerbeziehungen sichtbar oder bezieht sich auf zu Betreuende, Vorgesetzte und KollegInnen.

> *Hanne:* „Wenn du nur so ne kleine Maus bist, die nur sacht: Ja und Amen, find ich auch, haste in diesem Beruf als Erzieher nichts zu suchen. (...), es geht ja nicht nur um Kindergarten, sondern mit Jugendlichen und wenn du bei Jugendlichen dich nicht durchsetzt, ja dann biste fehl am Platz, ganz einfach."
>
> *Marlene:* „Musst dich ja auch in unserem Beruf durchsetzen. Aber da isset nich gerne gesehn, dass du den Mund aufmachst, (...) hab meine Arbeitskollegin angeschwärzt, weil die die Kinder geschlagen hat. Ich bin intern versetzt worden, weil ich nicht mehr ins Team passe."

- Prüfungsstatus als Externe Prüflinge

Der Kampf um Selbstbehauptung setzt sich in der Weiterbildung fort. Die Teilnehmenden werden am Ende des Programms als „externe Prüflinge" an von den Bezirksregierungen zugewiesenen Berufskollegs geprüft, ohne dort Unterricht gehabt zu haben. Diese Situation wird als strukturell benachteiligend empfunden. Externe Prüflinge bedeuteten für die Lehrenden am Berufskolleg unvergütete Mehrarbeit, *„die natürlich keiner haben möchte"*. Gunnar fühlt sich inzwischen mehrfach benachteiligt: *„Da is man nich nur Hartzer, da is man nich nur Alleinerziehender, da is man auch noch en Externer, ne. Und irgendwann is dann mal gut."* Zudem betrachtet die Gruppe die Prüfung durch fremde DozentInnen als schwieriger. Wie die Befragten erfahren haben, war die Durchfallquote in der Vergangenheit hoch. Die Gruppe beruhigt sich damit, dass der Vorgängerkurs nicht die rechte Arbeitshaltung gehabt habe *(„Fehlzeiten ohne Ende")* und für den derzeitigen Kurs im Vorfeld stärker *„ausgesiebt"* worden sei. Die Teilnehmenden grenzen sich hier als leistungsmotivierte Gruppe vom Vorgängerkurs ab: *„Die Arbeitseinstellung ist jetz mit der Gruppe auch anders, irgendwie sind alle ein bisschen motivierter."*

- Gesellschaftliche Statushierarchie

Einige der Gruppe nehmen eine gesellschaftliche Statushierarchie wahr, die von Beruf und Einkommen abhängt. Man werde nach dem beurteilt, was man ist und was man hat.

> *Kathi:* „Der Beruf is ja schon ein bisschen ausschlaggebend für den Status in der Gesellschaft. Irgendwie jetzt Hartz-Vier-Empfänger stehste ganz unten. Und dann steigert sich dein Ansehen. (...) dann kommen so die ganz normalen Berufe, sag ich mal. Dann kommen die Berufe, wo man viel Geld verdient, und dann kommen irgendwann die Manager, die ganz, ganz viel Geld verdienen."

Kathi lebt in etablierten und gut abgesicherten Verhältnissen. Sie profitiert vom Status ihres Mannes (Ingenieur mit leitender Stelle), hat als ausgebildete Kinderpflegerin zwischenzeitlich in einer Bäckerei hinzu verdient. Sie meint, in den Kreisen des Ehemannes herabgewürdigt zu werden und möchte dies durch die Weiterbildung ändern:

> „Jetzt auch von meinem Mann halt, von der Firma aus, wenn wir da mal Essen gehen, dass die mich fragen, was ich mache, hab ich dann irgendwann einfach nur gesacht, ich arbeite im Einzelhandel. Also, das soll ja jetzt nich heißen, dass ich jetz irgendwie nur Bäckereifachverkäuferin bin. Aber es war halt schon so, dass es halt blöd war."

Einige in der Gruppe erachten nicht zuletzt der Kinder wegen, vorzeigbare materielle Standards als wichtig: *„Weil's halt einfach in der Gesellschaft auch häufig so is, dass man halt nach dem Aussehen, was man trägt und so, bewertet wird."* Diese Sichtweise schlägt sich dann darin nieder, dass teure Geburtstagsgeschenke für Kindergeburtstage gekauft werden. Die Befragten wollen sich und die Kinder nicht blamieren:

> „Kindergeburtstag, wo ich keinen kenn, dann kauf ich halt wirklich nich was für fünf Euro. Dann kauf ich schon was für zehn, fünfzehn Euro, denn da kannet schon passieren, dass die Mutter echt so diesen Blick so."

Bildung und Lernen: Beruflichen Abschluss erwerben

Lernen und Bildung dienen in dieser Gruppe vorrangig dem Erwerb eines anerkannten Abschlusses und damit verbundenen (materiellen) Teilhaberechten. Die Gruppe zeigt eine Distanz zu theoretisch-fachlichen Inhalten *(„fünfzehn Seiten vollschreiben mit so ner dämlichen Planung, wie en Kind en Bild malt").*

Aus Unsicherheit, Ironie oder Distanz wird der Name des französischen Reformpädagogen Celestin Freinet belustigt verballhornt, so als sei die französische Sprache nur etwas für ‚feine Leute'. Birgit: *„Wenn ich an den Freinet denke".* Hanne: *„Freneee!"* (näselnd). Birgit: *„oder Freinet, Freixenet"* (Hanne lacht).

Das Berufsverständnis ist durch praktische Erfahrungen fundiert. Diese werden betont und aus ihnen wird berufliche Sicherheit gezogen. Zusätzlich scheint es eine (weibliche) Selbstzuschreibung zu geben, dass Erziehung vielfach bereits von denen beherrscht wird, die selbst Kinder haben und großziehen. Diese Alltagskompetenzen müssen jedoch durch ein formales Zertifikat bescheinigt werden, um eine offizielle Berechtigung zur Arbeit mit Kindern zu haben. Dabei bleibt offen, ob die Befragten aus der Weiterbildung für sich als sinnvoll erachtete neue Erkenntnisse mitnehmen. Gunnar hat im weiblich dominierten Berufsfeld der Erziehung eine Sonderstellung. Diese wird aber dadurch relativiert, dass er seit Jahren als alleinerziehender Vater die Betreuungsrolle übernommen hat.

Die Befragten betrachten die Weiterbildung als anspruchsvoll und sehen sich (als Alleinerziehende) durch verschiedene Faktoren belastet (Stoffdichte, verkürzte Ausbildungszeit, Doppelbelastung durch schulische Anforderungen und Familie). Einige berichten von Lernschwierigkeiten. Das Verhalten im Kurs wird als solidarisch-unterstützend und hilfsbereit beschrieben.

Collagen-Arbeit

- Privates Glück, Familie und Wohlstand

In der Gruppe wurden in Gemeinschaftsarbeit zum Thema „Mein Bild von einer Gesellschaft, in der ich gern leben und arbeiten möchte“ zwei Collagen erstellt. Auf eine wird hier eingegangen.

Die Collage (von Hanna, Sarah, Marlene, Kathi) weist eine hohe Materialdichte auf, vorwiegend finden sich Bildmotive, die relativ sorgfältig in einer senkrechten Struktur ausgerichtet sind. Die Collage wirkt dadurch geordnet, auch wenn keine inhaltlich-thematische Strukturierung erkennbar ist. Zentral klebt ein etwas größeres Bild mit einer Eis essenden Frau, sie trägt einen auffälligen Ring. Ansonsten dominieren Bilder mit jungen, glücklich erscheinenden Menschen, vorwiegend Frauen/Mütter mit fröhlichen Kindern oder Familienmotive (Familienspaziergang; Familienausflug in den Zoo; Familien-Cartoon; Familie am Strand; Textmotiv „Das Geheimnis einer glücklichen Ehe“).

Die Collage wirkt bunt, dynamisch und transportiert Lebensfreude. Es geht um Glück und Zufriedenheit („Strandbild mit Textzug „Der Steg ins Paradies“); Ausspannen und Muße (Hängematte; Hollywood-Schaukel; Sonnenbad; Urlaubsdomizil in den Bergen), Bildung (Frau inmitten von Büchern) und gesunde Ernährung („Lecker, gesund und gar nicht teuer“). Von Sarah stammt die Abbildung mit einer Frau in Business-Kleidung. Sie orientiert sich in diese Richtung, sieht *„Raum zur Veränderung“* und kann sich auch gut vorstellen, im Ausland zu arbeiten (Schild „Euroland“; Schild „Ausland“). Der Steg ins Paradies wird mit Eigeninitiative verbunden (Marlene: *„Jeder ist seines Glückes Schmied“*).

Abb. 6: Collage ErzieherInnen-1 (Essen)

Eigene Darstellung (2012)

Einige Motive sind gemeinschaftlich konnotiert („Gutes Team", „Gemeinsam ist alles noch mal so schön") und einige Textauszüge enthalten pädagogische Ratschläge: „Vorlesen macht Spaß – und schlau"; „Begreifen sie ihr Kind. Und setzen sie Grenzen" und einige Motive transportieren politische Botschaften (ein Bürgerkriegsmotiv; „Ausländer willkommen"; eine Muslima und Guido Westerwelle mit Partner). Diese Motive sollen für Multikulturalität und Toleranz stehen. Das Thema Selbstbehauptung findet sich auch in der Collage wieder, zwei junge Mütter mit Schirm und Boxhandschuhen ‚bewaffnet' verteidigen ihre Kleinkinder. Zwischen beiden befindet sich ein roter Blitz.

Die Collage repräsentiert einen gehobenen Lebensstil, der durch die Abbildungen von zwei Sport-Coupés noch unterstrichen wird. Daran entzündet sich zwischen beiden Kleingruppen eine Diskussion. Tina: *„Also ich hab so das Gefühl, dass unsere Seite so 'n bisschen mehr auf Lebensqualität abzielt und ihr so 'n bisschen mehr auch so Luxus."* Die andere Teilgruppe hält dem entgegen, vor allem das Thema Familie angesprochen zu haben: *„Familienglück, gutes Team als Familie, Job und Familie und quasi nur einmal Glitzer und Glamour."* Birgit bleibt bei ihrer Distanz: *„Wir haben aber en normales Auto. Ich würd das Auto nich kaufen, auch wenn ich das Geld hätte."* Die Standpunkte verweisen auf eine mehr materiell und eine mehr immateriell orientierte Teilgruppe.

Das Bild einer ‚guten' Gesellschaft wird von den Frauen auf das persönliche Leben bezogen. Auch hier handelt es sich im Privaten um einen Gegenentwurf zum gesellschaftlich erzwungenen Selbstbehauptungskampf. Die Collage wird schließlich als *„Wunschdenken"* klassifiziert. Die Teilnehmenden sehen zwar in der Gesellschaft Formen des Zusammenhalts, *„aber nicht als großes Ganzes"*.

Hinweise auf Habitus und Gesellschaftsbild

Die Gruppe nimmt eine hierarchisch strukturierte Gesellschaft wahr, in der Teilhaberechte (materielle wie immaterielle) ungleich verteilt sind. Die eigenen Teilhabeansprüche werden selbstbewusst als legitim vertreten, da ihnen in den Augen der Befragten eine eigene Leistung gegenüber steht. Familienarbeit erfährt dabei den gleichen Wert wie Erwerbsarbeit. Es gibt eine Sensibilität für Schwächere, zu denen die Befragten aber nicht gehören wollen. Sie beanspruchen für sich Respektabilität und lassen sich nicht sozial deklassieren.

Wahrgenommen wird die Zunahme gesellschaftlicher Ungleichheit (erschwerter Zugang zu Bildung, Reformen der Arbeitsmarktpolitik, Hartz IV-Reformen, arbeitgeberfreundliche Politik, Niedriglöhne). Das Leben erscheint den meisten (von Kathi und Tina abgesehen) zunehmend als Kampf um das alltägliche Auskommen. In diesem Kampf meinen sich die Befragten notgedrungen durchsetzen und behaupten zu müssen und dies auch zu können. Dabei geht es nicht um Herrschaftsansprüche über Gleichgestellte, sondern vor allem um die Durchsetzung gegenüber Institutionen, Behörden und Ämtern sowie gegenüber Vorgesetzten. Die Weiterbildung und der Berufsabschluss dienen dabei als unterstützende Ressource. Für einige in der Gruppe ist die gesellschaftliche Hierarchie durch (Berufs-)Titel und Besitz strukturiert (‚man wird nach dem beurteilt, was man ist und hat'). Sie meinen, den eigenen Status innerhalb der Hierarchie verteidigen oder aufwerten zu müssen.

Die Gruppe ist leistungsorientiert, aber nicht leistungsbetont, zeigt weder ein ausgeprägtes Aufstiegsstreben noch eine konkurrenzbetonte Haltung. Wichtig sind den Teilnehmenden ein materiell angemessenes Auskommen und ein selbstbestimmtes Leben. Der Eindruck, um zustehende Rechte kämpfen zu müssen und das Gefühl, diesen Kampf rechtens und mit einem gewissen Leistungsstolz aufzunehmen, verweist auf eine historische Klassenerfahrung und auf die Nachwirkungen eines Habitus, der seine Wurzeln im traditionellen Arbeitermilieu hat.

Zweite Erhebung

Zusammensetzung der Gruppe: Bis auf Birgit, die beruflich verhindert ist, nehmen alle anderen Befragungspersonen auch an der zweiten Diskussionsrunde teil. Hanne, Sarah und Gunnar sind weiterhin alleinerziehend, Tinas Kinder sind ausgezogen.

Themen und Verlauf der Gruppenwerkstatt

Die Gruppe wirkt in der zweiten Diskussionsrunde erschöpft und verausgabt. Die meisten haben gerade die praktische Prüfung an unterschiedlichen Berufskollegs hinter sich gebracht. Für alle war es anstrengend, Weiterbildung und Kinderbetreuung miteinander zu vereinbaren, wichtig war dabei ein unterstützendes Umfeld. Im Vordergrund der zweiten Diskussionsrunde stehen zunächst die mit der Weiterbildung erfahrenen Belastungen und Benachteiligungen, im späteren Verlauf auch positiv erfahrene Veränderungen.

- Belastungserfahrungen

Für eine Teilgruppe (Kathi, Hanne, Sarah) war die Weiterbildung keine gute Erfahrung, sie betonen vor allem Belastungen und Benachteiligungen. Sarah: *„Sind sehr hohe Ansprüche, irgendwie noch Verantwortung für nen Kind, ich persönlich würd 's nich nochmal machen, definitiv."* Die andere Teilgruppe (Gunnar, Tina, Marlene) zieht letztlich eine positive Bilanz. Sie nehmen aus der Ausbildung bereichernde Kenntnisse mit. Tina: *„Also die Planungen selber zu schreiben, das war zwar sehr viel Arbeit, (...) und das hab ich hier gelernt, das hätte ich vorher sonst so nicht gekonnt."*

Daneben werden Belastungen beklagt, die die Ausbildung und insbesondere die Praktika für die Kinder mit sich gebracht haben. Die Kursteilnehmenden mussten sich auf eine umfassende Fremdbetreuung der eigenen Kinder einstellen und diese organisieren. Einigen der Befragten (Hanne, Sarah) bereitet dies Schuldgefühle; sie fühlen sich als schlechte Mütter, die Kinder hätten gelitten.

> *Sarah:* „Mein Sohn ist fünf. Und ich hatte zu Anfang Arbeitszeiten bis zwanzig Uhr. Der war dann sehr lange im Kindergarten, die Tagesmutter hat nach dem

Kindergarten weiter betreut. Das war da sehr belastend, das hat man auch bei ihm gemerkt."

Ähnlich problematisch schildert Hanne ihre Erfahrungen. Sie meint, einen zu hohen Preis für die Weiterbildung bezahlt und aufgrund der Kursteilnahme wichtige Entwicklungsschritte ihres Kindes versäumt zu haben:

> „Ja, war ganz schrecklich manchmal, (...) für mich würde sowas nie wieder in Frage kommen. Und (...) wenn ich das nich besteh, dann mach ich das nich nochmal. (...) mein Kind, der war ja unter einem Jahr schon im Kindergarten. Ich hab viel verpasst, ganz klar, ne. Wo ich denke, son kleines Kind schon acht, manchmal neun Stunden im Kindergarten einfach abzugeben, finde ich persönlich dann auch nich richtig."

Beide Frauen orientieren sich an einem konventionellen Mutterbild. Die Situation hat entgegen ihrer Überzeugung eine frühe Fremdbetreuung erzwungen. Andere (Marlene, Gunnar) meinen, die Kinder hätten zwar *„enorm zurückstecken"* müssen, hätten aber auch profitiert. Gunnar: *„Das hat meine Tochter unwahrscheinlich nach vorne gezogen (...). Also ihr eigener Eifer is dadurch doch sehr gestiegen."*

Für die Befragten hat die Kursteilnahme im privaten Bereich relativ einschneidende Veränderungen hervorgerufen. Sie wurden dadurch gezwungen, sich ein Stück weit aus der bislang vertrauten Rolle als Mutter/Vater zu lösen. Daraus ergeben sich neue Handlungsspielräume, die aber zunächst auch Irritationen, Verunsicherungen und Schuldgefühle auslösen.

- Kampf um den Berufsabschluss

In der Gruppe setzt sich der Kampf um die Durchsetzung eigener Interessen fort. Die strukturellen Bedingungen der Bildungsmaßnahme erschweren den Berufsabschluss. Die Befürchtung, als externe Prüflinge mit einer Benachteiligung rechnen zu müssen, hat sich erhärtet. Kathi berichtet, bereits im Vorfeld vom prüfenden Berufskolleg darauf vorbereitet worden zu sein, dass sie als ‚Externe' möglicherweise durchfallen könnte. Es sei ihr davon abgeraten worden, mit rechtlichen Schritten dagegen vorzugehen:

> „Wir sollten uns halt auch drauf einstellen, dass das ne negative Nachricht sein könnte. Dass es für uns sehr schwer wäre und dass, wenn's dann eine negative Rückmeldung ist, wir nicht den rechtlichen Schritt einleiten sollten, dagegen Einspruch einzulegen (...). Das hätten se schon mal gehabt und da wär halt nichts bei rumgekommen."

Der Weg, die Ausbildung an Berufskollegs zu machen, stand den Befragungspersonen bislang nicht offen, da es dafür keine Bildungsgutscheine und damit auch keine finanzielle Grundsicherung gab. Diese Regelung wurde inzwischen geändert *(„wir sind jetzt hier der letzte Durchgang“).* Einige sehen sich dadurch um ihre Chancen geprellt. Dazu tragen auch Äußerungen der eigenen Dozenten bei, *„ihre Erfahrung, dass sowieso viele durchfallen“*. Hanne greift auf Unterlagen einer Freundin zurück, die das für sie prüfungsrelevante Berufskolleg besucht. Externen Prüflingen werde unterstellt, sich die Ausbildung zu einfach zu machen:

> „Es wird da richtig in den Klassen gesagt: Leute, an die Externen nix rausgeben. (...), das ist eure Arbeit und die Externen machen es sich ganz einfach und ganz kurz. (...) wird man schon en bisschen schikaniert, ne.“

Einige fühlen sich jedoch an ihrem Berufskolleg *„sehr gut aufgenommen“* und gut informiert für die Prüfung: *„Die haben gesagt, die haben nix davon, mich durchfallen zu lassen.“* Gunnar hat bei der praktischen Prüfung sehr wertschätzende Erfahrungen gemacht, seine Prüfungskommission sei von der guten Vorbereitung durch den Bildungsträger positiv überrascht gewesen. Die Erwartungen der Prüfungskommission waren offensichtlich aber auch hier andere.

Die Ausführungen geben Hinweise auf Kämpfe im Feld der Erwachsenenbildung, in die die Teilnehmenden und andere externe Prüflinge hineingeraten. Dabei profilieren sich offenbar einige Berufskollegs als Fachschulen gegenüber Bildungsträgern, die ihre Kurse durch Bildungsgutscheine und öffentliche Mittel der Arbeitsverwaltungen finanzieren. Die Ausbildung dieser Bildungsträger wird dabei als qualitativ minderwertig herabgewürdigt.

- Zusätzliche Prüfungsbenachteiligungen

Die Teilnehmenden diskutieren das Thema Benachteiligung gegenüber Absolventen der Berufskollegs unter dem Gesichtspunkt anderer struktureller Bedingungen weiter. Sie erachten es als schwierig, sich auf die Ansprüche von ihnen nicht bekannten PrüferInnen und deren inhaltliche Schwerpunkte einzustellen *(„Ich weiß nicht, was die Lehrer erwarten“).* Es sei

> „unglaublich viel einfacher, ne gute Prüfung zu schreiben, wenn ich bei einem Lehrer Unterricht habe und bei dem mach ich die Prüfung, dann weiß ich doch genau, wie der tickt.“

Zudem besteht der Eindruck, es scheine keine verbindlichen Curricula und keine verlässlichen Prüfungsbedingungen zu geben. Die Berufskollegs hätten sehr große Freiheiten und Entscheidungsspielräume, so dass jedes Berufskolleg die Prüfungen anders handhabe. Die Befragten haben sich gut informiert und führen Belege an: Zum Beispiel gebe es unterschiedliche formale Standards, uneinheitliche Zeitvorgaben für die Bearbeitung der Prüfungsaufgaben *(„bei Reflexionsaufgaben in F. vierundzwanzig Stunden, bei uns drei Tage“)*, Unterschiede, ob die Prüfungsthemen ausgewählt oder vorgegeben werden *(„in H.: Ihr könnt euch natürlich euer Thema selbst aussuchen und bei uns war's, Freitag haben wir das Thema bekommen und Montag war Abgabe").* Die Prüfungskriterien und Standards erscheinen nicht transparent: *„Jede Schule kann machen, was sie will. Diese Freiheit versteh ich überhaupt nich."*

Die Befragten sind verunsichert und wünschen sich unter diesen Bedingungen eine gezieltere Vorbereitung auf die unterschiedlichen Prüfungsanforderungen der Berufskollegs. Sie kritisieren bis kurz vor der Prüfung quasi im Trüben zu fischen und befürchten, möglichweise das Falsche gelernt zu haben.

> *Gunnar:* „Es war immer alles so en bisschen Stochern im Dunkeln, wat lernen wir alles, und worauf kommt es im Prinzip an? Viele theoretische Sachen einfach auch ausgedacht."

Die Erfahrungen und Bewertungen erinnern an die erste Diskussionsrunde, dort wurde die desorganisierte, willkürliche und herabsetzende Behandlung durch die Arbeitsagenturen, Jobcenter und Bezirksregierungen kritisiert, hier sind es nun einige Berufskollegs, die nicht durchschaubar agieren. Es handelt sich jeweils um Institutionen, denen gegenüber die Kursteilnehmenden ihre Interessen durchsetzen müssen. Im Fall der Arbeitsagenturen und Bezirksregierungen waren die Befragungspersonen erfolgreich, innerhalb der Bildungsmaßnahme und gegenüber den Berufskollegs scheinen ihre Handlungsmöglichkeiten deutlich begrenzter zu sein.[6]

Die Gruppe kritisiert zudem häufig wechselnde Dozenten (in Kunst, Religion, Psychologie, Recht), die ihr Fachwissen kaum anwendungsbezogen auf das Berufsfeld der Erziehung herunterbrechen und vermitteln könnten. Wie in anderen Kursen und bei anderen Trägern handelt es sich bei den Dozenten nicht um pädagogisch ausgebildete ErwachsenenbildnerInnen, sondern um Honorarkräfte aus anderen Institutionen, der Privatwirtschaft oder aus dem wissenschaftlichen Feld, die häufig auch freiberuflich tätig sind.

- Bestätigung des praktischen Berufszugangs

Es bestätigt sich das anwendungsbezogene Berufsverständnis aus der ersten Diskussion. Die Befragten sehen sich durch die beruflichen Vorerfahrungen, die Erziehung eigener Kinder, durch Geschlecht und Alter für den Beruf qualifiziert (Kathi: *„Man hat selber Kinder, das Alter, man arbeitet dann einfach schon an-*

6 Die Befürchtungen der Befragten waren berechtigt. Aus der Befragungsgruppe sind drei der vier Personen, die am Berufskolleg F. geprüft wurden, durchgefallen. Dies lässt vermuten, dass manche Berufskollegs bei der ErzieherInnenausbildung bewusst selektieren, möglicherweise mit dem Argument, eine qualitativ hochwertige Ausbildung sicherzustellen. Das wenig kooperative Verhalten einiger Berufskollegs wurde vom Bildungsträger bestätigt. Der erfolgreiche Abschluss hinge dann in der Tat weitgehend davon ab, welchem Berufskolleg die Prüflinge zugeordnet werden.

ders, also selbstständiger, finde ich"). Hinsichtlich der Praxis erachten sich die Teilnehmenden den Auszubildenden der Berufskollegs überlegen und werten sich auf. Kathi: *„Bei uns in der Gruppe ist jemand aus der Berufsfachschule (...). Der fragt fünf Mal: Wie soll ich das denn basteln?"* Marlene: *„Dat macht bei uns der Anerkennungspraktikant auch."*

Wahrgenommene Veränderungen

- Verändernde Lerneffekte im Professionsverständnis

Bei einigen hat die Weiterbildung Veränderungen ausgelöst. Tina und Gunnar nehmen aus dem Kurs professionelles Wissen mit, das sie in dieser Form vorher nicht hatten. Beide haben durch das Studium bereits eine Nähe zu wissenschaftlich-theoretischen Inhalten, was ihnen vermutlich den Zugang dazu auch innerhalb der Ausbildung erleichtert hat. Tina reflektiert diese Veränderung im Professionsverständnis ganz ausdrücklich. Ihre – wie sie selbst ausführt – unbedarfte Tätigkeit als Honorarkraft ist einem professionellen erzieherischen Handeln gewichen, für das sie auf theoretisches Hintergrundwissen zurückgreift:

> „Ich hab son Gefühl, en bisschen professioneller geworden zu sein. Ich beobachte die Kinder schon mit anderen Augen durch das ganze Hintergrundwissen, was ich jetzt einfach mehr hab, (...) und mir wird immer bewusster, was ich eigentlich noch lernen muss. (...) das hab ich vorher in der Honorarstelle gar nicht so gesehen. Da hab ich immer so lustig meinen Tag gemacht."

Bei Tina deutet sich eine Habitustransformation an. Ihre Handlungsmuster orientieren sich inzwischen weniger an Intuition, Spaß und Spontanität, sondern mehr an einer systematisch-reflektierter Analyse und an pädagogischen Fachkenntnissen. Ähnlich stellt Gunnar für sich einen bewussteren Umgang mit Kindern fest, der auch an bestimmten Erziehungszielen und theoretischen Kenntnissen orientiert ist.

Diejenigen TeilnehmerInnen, die der Weiterbildung jenseits des formalen Abschlusses kaum einen persönlichen oder beruflichen Erkenntnisgewinn abgewinnen können, betonen vor allem belastende und benachteiligende Aspekte der Weiterbildung. Sie meinen, damit möglicherweise einen zu hohen Preis bezahlt zu haben, zumal das vorrangige Ziel – der Abschluss – gefährdet erscheint. Bei den anderen wiegt der persönliche Zugewinn die Belastungen auf.

Im Verlauf der Diskussion werden weitere Veränderungen und Lernprozesse sichtbar. Die Frauen meinen, durch die Weiterbildung ihren Alltag besser strukturieren und organisieren zu können. Dabei haben sich auch Prioritäten verschoben; es werden Abstriche bei der Hausarbeit gemacht (insbesondere beim Bügeln). Die Verschiebung weist auf eine emanzipative Ablösung von konventionellen Frauenbildern und ‚typischen' Frauenaufgaben. Die Abstriche werden vom Umfeld der Befragten nicht immer konfliktlos hingenommen. Die Kursteilnahme hat den Befragungspersonen mehr Freiraum in ihrer Rolle als Frau und Mutter ermöglicht und neue Horizonte und Sichtweisen auf sich selbst eröffnet. Sie gestehen sich mehr Selbstbezogenheit zu.

> *Sarah:* „Auch mal (...) abends bis in die Puppen tanzen. Und das war halt vorher alles nicht so angesagt. Man muss sich ja auch irgendwann selber belohnen (...). Also ich kann nicht immer nur Mutter sein und arbeiten und klar, ich liebe mein Kind, aber ich hab auch noch mein eigenes Leben, ne. Das hab ich (...) hier gelernt (...), ohne en schlechtes Gewissen zu haben".
>
> *Marlene* ergänzt: „Nen gesunder Egoismus halt."

In dieser veränderten Haltung haben sich die Befragten im Kurs vermutlich gegenseitig bestärkt. Es treten demnach befreiende Momente der Weiterbildung neben Belastungen und Schuldgefühle. Ebenso zeigen sich selbstbestätigende Effekte. Die Teilnehmenden sind stolz auf die eigene Leistung, insbesondere darauf, dass sie die Weiterbildung unter erschwerten Bedingungen und als Alleinerziehende bis zur Prüfung geschafft haben.

- Veränderungen im Lernverhalten

Auf Nachfrage zum Lernverhalten bestätigt Marlene ihre Lernprobleme. Bei ihr hat sich der Eindruck festgesetzt, sie sei schulisch *„eine Niete"*. Es reiche ihr, irgendwie durchzukommen, den Ehrgeiz einer Dozentin kann sie nicht teilen:

> „Im Gespräch mit Frau N., inwieweit finden Sie sich für die Prüfung (...), dass sie bestehen würden, von Null bis Zehn? Sag ich Sechs. Wie können wir denn auf Acht kommen? Wer sacht, dat ich auf Acht will?"

Marlene kompensiert ihre Unsicherheit im schulischem Lernen mit praktischer Erfahrung: *„Ich weiß, was ich kann auf der Arbeit"*. Weiterentwicklung findet ihres Erachtens nach auch in praktischen Kontexten, im Austausch mit anderen statt und ist nicht auf schulisches Lernen begrenzt: *„(...), dass ich mich natürlich auch weiterentwickel, aber das mach ich auch im Job (...). Ich denk nich immer, dass es nur auf 's Schulische ankommt"*. Bei Marlene wird deutlich, dass ihre Vorbehalte aus einem Selbstbild resultieren, das sich aus früheren institutionellen Bildungserfahrungen speist und inzwischen gefestigt hat. Bei anderen zeigen sich veränderte Lernstrategien. Sie betonen, es sei das erste Mal, dass sie sich auf die Anstrengung, die mit Lernen verbunden ist, eingelassen haben.

> *Hanne:* „Das ist bei mir, glaub ich, im Leben das erste Mal, dass ich überhaupt lerne, ich hab vorher noch nie gelernt. In der Kinderpflege oder beim Rechtsanwalt, gar nix. Entweder ich schaff 's oder ich schaff 's nich. Da hatte man dann vorher diese drei, vier Wochen vorher Lernzeit. Aber ich hab da nur im Garten gelegen, gar nichts."

> *Tina:* „Ich bin es eigentlich gewohnt, so leicht durchs Leben zu kommen, so ohne viel Lernen und immer so easy. Und hier war zum ersten Mal, wo ich mal so die andere Seite kennengelernt hab, wo ich richtig was tun musste. (...). Also, ich glaub, ich war noch nie so fleißig, wie jetzt bei dieser Prüfung. Wo ich mich wirklich so angestrengt hab auch, um en Ziel zu erreichen, hab ich bis jetzt in meinem Leben so noch nich erlebt."

Die Passage zum Lernverhalten weist darauf hin, dass bisherige Vorbehalte gegenüber schulisch-institutionellem Lernen aufgebrochen wurden, weil ein persönliches Lerninteresse bestand. Die Vorbehalte gründen teilweise auch darin, dass schulische Lern- und Bildungsprozesse mit Anstrengung und Selbstdisziplinierung verbunden sind, die sich einige in der Gruppe offenbar erst noch zu eignen machen mussten.

Collagen-Arbeit

- Belohnung und Suchbewegungen

Die zweite Collage, die die Gruppe als Gemeinschaftsprodukt geklebt hat, wurde mit großformatigen Bildmotiven und nur wenigen Textelementen gestaltet. Thematisch geordnete Bereiche sind nicht erkennbar, die Motive wirken spontan angebracht. Auffällig sind mehrere großformatige Bilder mit attraktiven Frauen in (erotischen) Wohlfühl-Posen. Relativ zentral wurde ein Bild mit einem im Bett sitzenden älteren Paar angebracht. Es überwiegen Motive, die sinnlichen Genuss ansprechen (gesundheitsbewusst gefüllter Kühlschrank; Bier; Blumen; „die schönsten Grillplätze"; Möhrensaft) und auf Erholung bzw. Reisen hindeuten (luxuriöser Swimming-Pool; Urlaubsdomizil mit Poollandschaft; Paddler auf einem Fluss; Segelboot; Wegweiser zu internationalen Metropolen; Rucksackfrau; junge Frau mit Koffer; Weltkarte).

Die in der ersten Runde vielfach aufgenommenen Mutter-Kind- und Familienmotive fehlen in dieser Collage. Lediglich drei Motive verweisen auf Kinder (Superman-Kind; „Mein Kindergarten"; Abbildung eines Mädchens). Das Leben mit Kindern und Partnern scheint im Moment nicht im Vordergrund zu stehen. Die wenigen Textmotive weisen entweder auf den Wunsch nach erfolgreich gemeistertem Abschluss hin oder wiederum auf den Freizeitbereich („Wir schreiben die Geschichte fort"; „Gemeinsam stark"; „Du schaffst das"; „Raus aus der Stressfalle!"; „Schalke"; „die schönsten Grillplätze"). Abgesehen vom Schalke-Motiv, das auf die Verbundenheit mit der Alltagskultur des Ruhrgebiets hindeutet, überwiegt ein gehobenes bis luxuriöses Ambiente.

Die Motive sprechen für das Bedürfnis, sich nach den Anstrengung und Belastungen der Weiterbildung zu belohnen. Die Befragten selbst leiten die Vorstellung der Collage mit dem Satz ein: *„Wir haben hier überall Erholung,*

Urlaub, Blumen, Sauna". Gunnar hat nur ein Motiv aufgeklebt („Wir schreiben die Geschichte fort") und spielt damit auf den erhofften Berufseinstieg an.

Die stärksten Aufbruchspläne zeigen sich bei Sarah und Hanne. Sarah verbindet mit der jungen Frau, die einen Koffer zieht, ihre eigenen Umzugspläne nach Berlin; längerfristig möchte sie in die Türkei zum dort verbliebenen Teil ihrer Familie (türkische Flagge, Textzug „Türkei"). Diese Rückkehr zu den Wurzeln kann als eine Entwicklung gedeutet werden. Sarah sah sich als schwarzes Schaf der Familie, empfand ihre Familie als sehr kontrollierend und bevormundend und hatte sich von ihr entfernt. Es scheint, als könne sie sich – nachdem sie die abgeschlossene Ausbildung vorweisen kann – der Familie wieder annähern.

Hanne hat ambitionierte Pläne, sie will in Spanien – dem Herkunftsland ihrer Eltern – einen eigenen Kindergarten eröffnen („Mallorca"; spanische Flagge; Textzug „Spanien"). Sie begründet diese Entscheidung mit Selbstbestimmungsmotiven:

Abb. 7: Collage ErzieherInnen-2 (Essen)

Eigene Darstellung (2014)

> „Es is immer en bisschen schwierig unter jemandem zu arbeiten. Ich finde, wenn ich jetzt den Beruf hier mache, dann gehört für mich dazu, dass ich irgendwann mal ne Leitung übernehme, und ich meine eigene Kindergartengruppe aufmache.“

Der behördliche Aufwand erscheint übersichtlich, sie benötigt dafür aber die ErzieherInnenausbildung.

Die Collage bringt die Erschöpfung der Teilnehmenden zum Ausdruck. Die emotionalen, lebens- und beziehungsbejahenden Motive aus der ersten Diskussion wurden nicht wieder aufgegriffen. Es ist eine Collage, in der sich die Frauen vor allem mit sich und ihrer Regeneration beschäftigen. Kinder, PartnerInnen und Familie sind im Moment nachrangig. Die Collage rekurriert ästhetisch auf Jugendlichkeit und Erotik. Die erotischen Frauenbilder werden von einem pessimistischen Zukunftsbild der eigenen Beziehungen kontrastiert. Das ältere Paar, das im Bett sitzend Kaffee trinkt, strahlt zwischenmenschliche Einsamkeit bis Verbitterung aus, das Foto setzt alternde Körper ins Bild.

Es fehlt in der Collage ein Frauenbild, das zwischen diesen Extremen liegt und die beteiligten Frauen aufnimmt. Weder entsprechen die Befragten als Frauen mittleren Alters, die Kinder geboren haben, den sexualisierten Wesen, die abgebildet sind, noch befinden sie sich im Zustand körperlichen Verfalls. Es scheint, als habe die durch die Weiterbildung erzwungene Ablösung vom weiblichen Selbstbild des ‚Mutter-Seins‘ andere Aspekte des ‚Frau-Seins‘ wieder stärker in den Vordergrund gerückt. Hier befinden sich die Frauen in einer Suchbewegung, als müssten sie sich neu finden und re-strukturieren. Das Bildungsmoratorium hat Zeit und Raum für Reflexion ermöglicht, diese mündet möglicherweise auch in der Erkenntnis, dass bestimmte ‚Dinge‘ unwiederbringlich vergangen sind.

Habitus und Gesellschaftsbild

Die Gruppe nimmt die Gesellschaft weiterhin als Leistungsgesellschaft wahr; die Entscheidung für die ErzieherInnenausbildung konfrontiert sie verstärkt mit deren Anforderungen; das eigene Leistungsverhalten ist deutlicher sichtbar geworden, ohne allerdings konkurrenzbetonter geworden zu sein. Einige haben Umstellungs- und Anpassungsanforderungen im Hinblick auf Selbstdisziplinierung und Lernanstrengungen zu bewältigen, diese verweisen auf eine Transformation des Habitus.

Der Selbstbehauptungskampf als Thema setzt sich fort, hat sich nun aber auf den erfolgreichen Abschluss verlagert. Es werden strukturelle Benachteiligungen in der Weiterbildung wahrgenommen, andere soziale Benachteiligungen aber nicht mehr thematisiert. Einige scheinen versöhnter und sehen sich dem Ziel gesellschaftlicher Teilhabe näher gekommen. Bei ihnen werden die Belastungen der Weiterbildung durch bereichernde und selbstbestätigende Erfahrungen aufgewogen. Anderen stellt sich die Frage, ob sich der Verzicht und die Anstrengungen wirklich gelohnt haben. Sie haben Sorge, als ‚externe Prüflinge' um ihre Chancen geprellt zu werden und ihre Zukunftspläne nicht verwirklichen zu können. Damit würde das Versprechen ‚Leistung gegen Teilhabe' erneut nicht eingelöst werden.

Sichtbar werden Entwicklungs- und Veränderungsprozesse, die durch die Weiterbildung und das Bildungsmoratorium ausgelöst wurden. Sie gehen mit emanzipativen Entwicklungen einher. Teilweise erfolgt eine Umstellung der pädagogischen Praxis von der Orientierung an Erfahrungswissen auf den Einbezug fachlich-theoretischer Kenntnisse, womit eine Professionalisierung der erzieherischen Tätigkeit und ein verändertes Professionsverständnis verbunden sind. Zudem lösen sich die Teilnehmenden von konventionellen Frauenrollen und Mutterbildern zugunsten eigener Interessen. Sie gestehen sich mehr Selbstbezogenheit zu. Teilweise geht dies zunächst noch mit Verunsicherungen und Schuldgefühlen einher, führt aber andererseits auch zu einer neuen Aufbruchsstimmung und zu neuen Zukunftsentwürfen.

4.2.2 Fallprofil „Erzieherin für Migrantinnen" (Hamburg)

Die zentralen Themen dieser Gruppe sind Integration und Anerkennung. Für die Gruppe wurde ein dichotomes Gesellschaftsbild rekonstruiert, in der soziale Benachteiligung entlang der Strukturkategorie Ethnie erzeugt wird.

Erste Erhebung

Zusammensetzung der Gruppe: An der Gruppenwerkstatt nehmen sechs Frauen mit Migrationshintergrund im Alter von 27 bis 41 Jahren teil. Die Gruppe macht eine ausdrücklich für Migrantinnen vorgesehene Ausbildung zur Erzieherin. Drei Teilnehmerinnen haben in ihrem Herkunftsland die allgemeine Hochschulreife erworben, die drei anderen haben unterschiedliche Schulabschlüsse, die teilweise in Deutschland erworben, teilweise in Deutschland anerkannt wurden (Haupt-, Realschul- und FOS-Abschluss). Die Teilnehmerinnen mit Hochschulreife haben im Herkunftsland teilweise studiert, eine von ihnen hat das Studium abgeschlossen und promoviert. Andere Teilnehmerinnen haben in ihrem Herkunftsland eine Ausbildung absolviert, teilweise bereits im pädagogischen Bereich, eine in der Buchhaltung. Bis auf eine Teilnehmerin haben alle zwei oder drei Kinder, zwei Frauen sind alleinerziehend, vier sind verheiratet bzw. leben in einer Beziehung.

Themen und Verlauf der Gruppenwerkstatt

- Weiterbildung als Integrationshilfe

Die Teilnehmerinnen empfinden es einerseits als Zumutung und als hohen Druck, die Weiterbildung zu absolvieren. Sie sehen jedoch keine andere Möglichkeit, da die Bildungsabschlüsse und praktischen Erfahrungen aus den Herkunftsländern nicht anerkannt werden: *„Heutzutage muss man alles das schriftlich machen, studieren."* Andererseits nehmen sie die Weiterbildung auch als Chance und als Geschenk wahr. Die Ausbildung fungiert hier als Ausweis ihrer Integration und dient so der Absicherung ihres Aufenthalts *(„ein Beweis, dass ich hier leben kann").* Als weiterer wichtiger Faktor wird die Anerkennung in der deutschen Gesellschaft genannt:

> „Ich brauche diese Anerkennung, dass ich hier was gelernt habe, geschafft habt. Habe ich dieses Papier so vorliegen. Diese Anerkennung, das ist das große Bedürfnis. Dieses, das ist reinzukommen und das ist die große Chance hier in Hamburg. Das ist auch mit der Weiterbildung eine große Bedeutung für mich und ich glaube auch für alle Migranten."

- Lernen der Sprache für Anerkennung und Integration

Die Weiterbildung wird als Möglichkeit gesehen, die deutsche Sprache zu lernen: *„Denn jetzt haben wir auch Kontakt mit den deutschen Leuten, (...) das hat mir auch so geholfen, dass ich meine Sprache verbessern kann."* Gleichzeitig wird deutlich, dass sich die Teilnehmerinnen mit einer Reihe von Barrieren konfrontiert sehen, die durch Sprache aufgebaut werden. So stellen sie beispielsweise fest, dass Sprachkenntnis mit Intelligenz oder Bildung gleichgesetzt werden: *„Also, man sieht nur: Oh, der kann sowieso nicht die Sprache, kann sowieso nix machen",* was so weit gehe, dass man für *„dumm gehalten"* oder ausgegrenzt werde:

> „Ist gut, die Sprachen zu lernen. Das muss man schnell lernen, damit nicht so gemobbt werden. (.) Ich hab auch die Fehler gemacht, ich habe auch später gelernt."

Wie gut die Sprachkenntnisse sein müssen, um eine Anstellung zu bekommen, wird unterschiedlich bewertet. Einige meinen, dass man als Migrantin auch dann keine Arbeitsstelle finde, wenn man sich verständigen könne und die sprachlichen Voraussetzungen erfülle:

> „Ja, okay, ich bin nicht so fließend in Deutsch, aber ich bin auch nicht so schrecklich, ich kann die verstehen, die anderen Leute, und die können mich auch verstehen. (...) Und ich bekomme keine richtige Stelle."

Eine andere Teilnehmerin vertritt dagegen die Ansicht, dass bestimmte Berufsgruppen auch mit nicht perfekten Sprachkenntnissen eine Arbeitsstelle finden könnten:

> „Habt ihr das mal gehört, äh, die haben eine Befragung gemacht in Deutschland und sechzig Prozent von den (.) Ärzten können nicht richtig deutsch sprechen. Habt ihr das mal gehört? (...) Also, auch, wenn sie nicht perfekt deutsch sprechen können, können sie schon hier als Arzt arbeiten. Türken."

Dabei kritisiert eine Teilnehmerin, die in ihrem Heimatland Englisch unterrichtet hat, dass es nicht um Verständigung gehe, sondern um die Durchsetzung der ‚legitimen' und dominanten Sprache:

> „Aber manche Deutsche sagen, nein, sie sprechen kein Englisch. (...) Die wollen nur, dass du auf Deutsch alles sprechen kannst."

- Anerkennung und Akzeptanz

Die Teilnehmerinnen kommen immer wieder darauf zurück, wie wichtig es ihnen ist, anerkannt zu werden, integriert zu sein und akzeptiert zu werden. Die Ausübung eines Berufs wird dabei als zentral angesehen. Die Vorstellungen, was Integration sei und wie sie funktioniere, werden kontrovers diskutiert. Sie kreisen um die Frage, ob man von der Gesellschaft etwa die Anerkennung unterschiedlicher Feiertage, Religionen und mehrerer Sprachen erwarten könne oder ob man sich als Einwanderin an die deutsche Mehrheitsgesellschaft anpassen müsse. Integration wird dann entweder eher als Aufgabe der Mehrheitsgesellschaft oder der Migrantinnen gesehen. Eine Teilnehmerin betont, dass sie selbst tolerant sein und ihren Horizont erweitern möchte, aber auch so, wie sie sei, akzeptiert werden wolle:

> „Das was ich mag oder meine Kultur oder meine Religion. Ich möchte mich weiterbilden, weiten Blick haben für alles, aber ich muss nicht anders sein. Also, ich kann leben, wie ich möchte, wie ich es mir ausgesucht habe. Für mich, wie ich entschieden habe. Also, ich muss jetzt nicht für meinen Beruf jemand anders sein."

Lernen und Bildung

Die Teilnehmerinnen betrachten die Weiterbildung zum Teil deshalb als Zumutung, weil sie sich bereits als qualifiziert ansehen. Diese Qualifizierung wird aber nicht anerkannt. Die Weiterbildung stellt für die Teilnehmerinnen daher vor allem eine deutsche Ausbildung dar, d.h., für sie, dass sie im Alltag Deutsch lernen und am Ende ein anerkanntes deutsches Zertifikat erhalten. Von diesen Lernprozessen und dem Zertifikat versprechen sie sich Integration und gesellschaftliche Teilhabe, auch wenn sie Integration unterschiedlich definieren.

Anhaltspunkte für das Gesellschaftsbild

Die Teilnehmerinnen unterscheiden stark zwischen einem „wir" (den MigrantInnen) und den „anderen" (den Deutschen). Diese Gegenüberstellung weist auf ein dichotomes Gesellschaftsbild hin. Die Gesellschaft ist in diesem Gesellschaftsbild rassistisch strukturiert, d.h., aus Sicht der Teilnehmerinnen werden Deutsche privilegiert und MigrantInnen benachteiligt. Ausschlaggebend für die Teilhabe an der Gesellschaft und die soziale Positionierung sind nach Ansicht der Befragten vor allem deutsche Sprachkenntnisse und deutsche Bildungs- und Berufsabschlüsse. Während letztere zertifiziert werden können, erscheint der Erwerb der deutschen Sprache informeller; was anerkannt wird und was nicht, unterliege einer stärkeren Willkür. Die Teilnehmerinnen wählen mit der Ausbildung einen Weg, der ihre Position in der gesellschaftlichen Hierarchie verbessern kann, ein Wechsel in eine dominante Position erscheint nicht denkbar und wird auch nicht angestrebt. Deutschlands Gesellschaft schneidet im Vergleich mit ihren Herkunftsländern sehr gut ab. In Deutschland hätten sie und ihre Kinder mehr Rechte und mehr Sicherheit.

Zweite Erhebung

Zusammensetzung der Gruppe: An der zweiten Erhebung nehmen nur zwei Teilnehmerinnen teil. Die in der ersten Erhebung kontroverse Diskussion spielte sich vor allem zwischen zwei Protagonistinnen ab, von denen die eine in der zweiten Erhebung fehlt. Da keine richtige Diskussion zustande gekommen ist, lässt sich nur eingeschränkt etwas über Veränderungen sagen. Es handelt sich eher ein Interview mit zwei Teilnehmerinnen. Eine Teilnehmerin hat Kinder, die andere Teilnehmerin nicht, eine hat eine Ausbildung absolviert, die andere in ihrem Herkunftsland ein Studium abgebrochen. Beide leben in einer Partnerschaft.

Themen und Verlauf des Gesprächs

Die Teilnehmerinnen erzählen, dass sie viel gelernt hätten. Besonders betont werden als modern bezeichnete Erziehungsvorstellungen und dass sie in den Praktika die deutsche Sprache gelernt hätten. Die Teilnehmerinnen bezeichnen sich nun als *„integriert"* und erfahren Anerkennung in ihrer Tätigkeit: *„Anfangs war ich, muss hier irgendwie anerkannt werden (...). Aber jetzt, ja bekomm ich auch diese Anerkennung."* Sie berichten, dass sie sich mit ihren persönlichen Fähigkeiten (*„Yoga"* und *„Bollywood-Tanz"*) im Kindergarten einbringen konnten, dabei betonen sie zum einen ihren Migrantinnen-Status *(„dass ich als Migrantin meine Fähigkeiten umsetzen kann")* und auch ihre Befürchtungen, als fremd zurückgewiesen zu werden. Diese Befürchtungen haben sich nicht bestätigt:

> „Äh, die Kinder: Ah, das will ich nicht machen, das mag ich nicht, das ist fremd oder das ist anders, das gehört nicht zu uns. So haben sie nix reagiert, überhaupt nicht."

Die Erwerbsperspektiven werden insgesamt als gut eingeschätzt, die Frauen gehen davon aus, dass Erzieherinnen gebraucht und auch Erzieherinnen mit Migrationshintergrund gesucht werden. Die Kinder seien ja auch heterogen in ihrer

Herkunft. Eine Teilnehmerin möchte gerne in einem bilingualen Kindergarten arbeiten.

Veränderungen

Im Unterschied zur ersten Erhebung, in der es vor allem um Anerkennung und Integration ging, fällt in der zweiten Erhebung die stärkere Thematisierung des Rechts auf. Es geht um allgemeine Grundrechte von Kindern und Erwachsenen und gesetzliche Regelungen wie Arbeitsrecht. Diese Rechte könne man in Deutschland einfordern und einklagen, eigene Erfahrungen haben die Frauen damit aber noch nicht:

> „Ja. Ja. (...) Oder wir haben noch nicht die Erfahrung als Erzieherin. Ja, haben wir sind noch nicht, (.) in eine problematische Situation gekommen, damit unsere Rechte so fragen oder fordern. Äh, aber (.) ich glaube, (.) kann man durchsetzen und bekommen."

Im Unterschied zur ersten Erhebung betonen die Teilnehmerinnen, dass sie nun nicht mehr nur eine anerkannte Ausbildung bekommen wollten, wie sie das zu Anfang betrachtet hätten, sondern dass sie der Gesellschaft und ihren Mitmenschen etwas zurückgeben möchten. Es geht ihnen dabei um Geben und Nehmen, die miteinander im Einklang stehen sollten:

> „Das ist auch wichtig für mich, wenn ich nichts in die Gesellschaft reingeben und (...) ich nehme dann was und ich dann gebe nix aus für, für die andere Menschen. Das ist irgendwie für mich irgendwie trocken."

Lernen und Bildung

In der zweiten Erhebung betrachten sich die anwesenden Teilnehmerinnen als integriert, das Ziel der Weiterbildung ist aus ihrer Sicht damit erreicht. Dabei treten Lernmethoden, wie gleichberechtigte Unterrichtsgespräche oder Lernhinhalte (z.B. Kinderrechte) stärker in den Vordergrund. Diese Inhalte und Methoden werden als Bereicherung erfahren.

Anhaltspunkte für eine Transformation des Gesellschaftsbildes

Das dichotome Gesellschaftsbild, das die Unterscheidung Deutsche und Migrantinnen betont, findet sich auch in der zweiten Erhebung. In der zweiten Erhebung meinen die Teilnehmerinnen aber, dass sie eine Verbesserung der eigenen Position erreichen konnten. Dabei wird auch deutlich, dass sie die Anerkennung, die sie erfahren, als eine Anerkennung als Migrantin erfahren. Der Status bleibt ebenso unverändert, wie das Angewiesen-Sein auf die Anerkennung durch die dominante deutsche Mehrheitsgesellschaft. Die Teilnehmerinnen zeigen sich jedoch nicht ohnmächtig und handlungsunfähig, sondern selbstbewusst und aktiv gestaltend. Die Diskussion über die Bedeutung von Grundrechten, Rechtsansprüchen und rechtlichem Vorgehen in der zweiten Erhebung könnte auf sich neu erschließende und entwickelnde Handlungsmöglichkeiten hinweisen.

4.3 Technische und Facharbeiterberufe

Der technischen Arbeitslogik gehören meist männlich dominierte Berufsgruppen an, die Vielfalt dieser Berufe ist breit und uneinheitlich. Inzwischen sind im Bereich der Informationstechnologie eine Reihe neuer qualifizierter Berufe entstanden. Innerhalb des Beschäftigtenspektrums besitzt Facharbeit in Deutschland nach wie vor hohes Ansehen. Traditionell stehen Metallberufe – heute z.B. Mechatroniker – an der Spitze der Facharbeiterelite, die auch durch ein ausgeprägtes Facharbeiterbewusstsein gekennzeichnet ist.

4.3.1 Fallprofil „Fachinformatiker" (Essen)

Die Gruppe orientiert sich an einem meritokratischen Gesellschaftsbild. Dieses ist aber durch die Wahrnehmung von Chancenungleichheit hinsichtlich des Zugangs zu Weiterbildung brüchig geworden.

Erste Erhebung

Zusammensetzung der Gruppe: Die Gruppe besteht aus sechs Männern im Alter von 28 bis 36 Jahren, die eine zweijährige Ausbildung bzw. Umschulung zum IT-Beruf „Fachinformatiker" absolvieren. Die Teilnehmer haben mittlere und höhere Bildungsabschlüsse, durchgängig gebrochene Bildungs- bzw. Berufsbiographien (zur Hälfte Studienabbrecher), waren zwischenzeitlich erwerbslos und/ oder haben ohne einschlägige Qualifizierungen gejobbt. Sie verfügen über Erfahrungen mit Arbeitsagenturen und Jobcentern und haben überwiegend um die Bildungsgutscheine zur Finanzierung der aktuellen Ausbildung bzw. Umschulung kämpfen müssen.

Themen und Verlauf der Gruppenwerkstatt

Die Gruppe diskutiert vor allem unterschiedliche gesellschaftliche und politische Themen und kritisiert diese unter Kompetenzgesichtspunkten.

- Versäumtes nachholen

In der Vorstellungsrunde berichten die Teilnehmer über schulisch-berufliche Umwege und ‚Fehlentscheidungen' (z.B. Schule oder Studium *„schleifen las-*

sen"). Diese werden mit jugendlichem Leichtsinn und Unwissenheit erklärt *(„hinterher ist man schlauer").* Die Umschulung knüpft an persönliche Neigungen und autodidaktisch erworbene Computerkenntnisse an. Die Teilnehmer versprechen sich davon eine fundierte Ausbildung. Sie möchten die ‚Fehler der Vergangenheit' wettmachen und sehen in der Bildungsmaßnahme vielfach ihre letzte Chance.

- Wahrnehmungen zu Arbeitsagenturen und Jobcentern

Als ein zentrales Thema der Gruppe erweisen sich die Erfahrungen mit Arbeitsagenturen und Jobcentern sowie deren Vergabepraxis von Bildungsgutscheinen und Kurszuweisungen. Die Befragten fühlen sich hinsichtlich des Zugangs zu Weiterbildung und insbesondere im Zugang zu einer Ausbildung, die ihren Interessen und Neigungen entspricht, massiv benachteiligt:

> „Dann hab ich noch vierzehn Monate gekämpft, um die Umschulung zu kriegen, weil mich das Jobcenter unbedingt weiter kaufmännisch weiterqualifizieren wollte."

Das Thema wird sowohl als strukturelles, wie auch als personelles Problem gesehen. Bei der Maßnahmenvergabe kämen Kriterien zum Tragen, die nicht an den Menschen, sondern an bürokratischen Vorgaben orientiert seien. Insbesondere die Behandlung durch Mitarbeitende der Jobcenter wird als herabsetzend, entwürdigend und wenig kompetent wahrgenommen. Die Vergabeverfahren erscheinen intransparent, willkürlich und desorganisiert, der Sinn verordneter Maßnahmen äußerst fragwürdig: *„Obwohl ich nie wieder im Lager arbeiten darf, ich soll en Staplerschein machen!"* Die Teilnehmer bewerten die Umgangsweise insgesamt als Disziplinierung und Machtmissbrauch *(„das hat so bisschen was von Diktatur")*; die Erfahrungen gehen mit dem Gefühl einer sozialen Deklassierung einher: *„hat die Sachbearbeiterin mir durch die Blume so vermittelt, dat ich faul bin (.) ja!"* Ebenso steht die Art und Weise der Vermittlung den eigenen Erwartungen an eine professionelle Beratung und Unterstützung entgegen. Die Teilnehmenden konstruieren hier gemeinsam einen Gegensatz von Kompetenz und Inkompetenz:

> „Da sitzen Leute, die aus nem ganz anderen Berufsfeld kommen, letztens saß mir en Fleischer gegenüber (...). Ich muss mich nicht von jemandem beraten lassen, der nen Crash-Kurs gekriegt hat und der absolut keine Ahnung hat."

Die Erfahrungen mit Abteilungen der Jobcenter haben nachhaltige Spuren hinterlassen und das Vertrauen in staatliche Gerechtigkeit und menschenwürdige Behandlung erheblich erschüttert: *„Es war ein langer Weg und da is viel kaputt gegangen bei mir."* So werden auch verlorengegangene Unterlagen als Indiz für Missachtung und mangelnde Wertschätzung bewertet:

> „In den ganzen Jahren, (...) hab ich denen so oft meine Zeugnisse mitgebracht, so oft meine Bewerbungen mitgebracht, das ist grundsätzlich nicht mehr aufzufinden, grundsätzlich nicht."

- Wahrnehmungen und Bewertungen zum politischen System

Die Gruppe nimmt die Gesellschaft als verteilungsungerecht wahr, dabei scheint es sich um einen Zustand zu handeln, auf den kaum Einfluss genommen werden kann: *„Die oberen zehn Prozent haben fünfzig Prozent der Moneten, is doch alles gesacht. Häkchen hinter machen."* Mitverantwortlich für die soziale Schieflage ist in den Augen der Gruppe die Politik. Die Befragten nehmen ein unfähiges politisches System wahr, dessen Akteure auf der Jagd nach Wählerstimmen lediglich zu kurzfristigen und populistischen Entscheidungen fähig sind und die sich aus Gründen des Machterhalts gegenseitig blockieren *(„Parteien-Hin-und-Her").* Auch hier wird mit Fachkompetenz argumentiert: Politiker sind nach Ansicht der Gruppe fachlich nicht ausreichend für ihre Position und Aufgabe qualifiziert. Aufgrund fehlender Kompetenzen könnten sie ihre Ziele nicht gegen Lobbyismus und Interessen der Finanzwirtschaft durchsetzen. Die Politik sei dadurch unglaubwürdig geworden, es werde nicht mehr *„Wort gehalten".* Zur derzeitigen Politik und zu den Parteien besteht daher ein ausgesprochen distanziertes Verhältnis, die Befragten sehen ihre Interessen von keiner der Parteien vertreten.

- Wahrnehmung von Konkurrenz und Entwertung

Konkurrenzerfahrungen betreffen in dieser Gruppe vor allem den Arbeitsmarkt. Einerseits sehen die Befragten in der jüngeren und anpassungsbereiteren Generation eine Konkurrenz, andererseits verschärft sich nach Ansicht der Gruppe die Konkurrenz durch die globale Arbeitsteilung und billigere Arbeitskräfte im Ausland. Darüber hinaus finde sowohl durch technologischen Fortschritt und Spezialisierungen (besonders in der IT-Branche) als auch durch Formen von Leih- und Zeitarbeit *(„die moderne Form der Sklaverei")* eine Entwertung von Wissen und qualifizierter Arbeit statt. Gegenüber gesellschaftlichem Wandel und technologischem Fortschritt besteht daher ein ambivalentes Verhältnis. Sie sind einerseits ausdrücklich erwünscht und notwendig (Umweltschutz, ökologisches Gleichgewicht, Wettbewerbsfähigkeit), werden andererseits aber auch als bedrohlich wahrgenommen (Verlust von Werten, Strukturwandel, Arbeitsplatzverlust).

Bildung und Lernen

Weiterbildungs- und Lernanstrengungen sind aus Sicht dieser Befragten gesellschaftliche Notwendigkeit und Chance zugleich. Sie sind der einzige Weg, um ein materiell angemessen ausgestattetes und selbstbestimmtes Leben führen zu können. Distanz besteht zu oberflächlich angeeignetem Wissen und zu reinem Zertifikaterwerb: *„Da ne Fortbildung, hier en Schein, da en Schein (...) und man rennt nur noch sinnlos irgendwelchen Scheinen hinterher.“*

- Bildungsanstrengungen: Rückgewinn von Autonomie

Entscheidendes Bildungsmotiv ist der Rückgewinn von Autonomie und Eigenständigkeit durch eine nachhaltige Ausbildung. Die Befragten wollen sich um jeden Preis aus der Abhängigkeit und Bevormundung von Arbeitsagenturen und Jobcenter befreien. Sie setzen dabei auf eigenverantwortliche, individuelle Anstrengungen und Leistungsbereitschaft, sind damit handlungs- und durchsetzungsfähig. Sie handeln jedoch nicht ausdrücklich konkurrenzbetont, sondern eher kollektiv-solidarisch. Die Erfahrung hat sie gelehrt, auf diese Weise die eigenen Interessen (gegenüber Bildungsinstitution und Lehrpersonen) besser durchsetzen zu können *(„einen einzelnen können sie platt drücken“).* Die kollektive Handlungspraxis findet sich im Weiterbildungskurs wieder, es besteht ein enger Zusammenhalt; Teamarbeit wird aber auch im späteren Beruf erwartet *(„Ohne einander kommt man da nicht aus.“).*

Hinweise auf Habitus und Gesellschaftsbild

Die Gruppe konstruiert ihr Gesellschaftsbild überwiegend aus konkreter Anschauung und durch persönliche Erfahrung. Um nicht durchschaubare Prozesse zu erklären, von denen die Befragten betroffen sind und die als unbefriedigend wahrgenommen werden (z.B. die unverständliche Vergabepraxis von Bildungsgutscheinen oder die Unzulänglichkeiten des politischen Systems), beziehen sie sich auf ihre eigenen Handlungsmaximen (Kompetenz, Leistung, Eigenverantwortung). Die Dinge sind deshalb nicht gut geregelt, weil sie aus Sicht der Befragten von inkompetenten Personen ausgeführt werden. Die Befragungspersonen übertragen damit ihre eigene Alltagsethik auf allgemeinere gesellschaftliche Strukturbereiche. Die Gruppe nimmt die Gesellschaft als eine *Leistungs- und Konkurrenzgesellschaft* wahr, die biographisch-berufliche Umwege und Fehlentscheidungen gnadenlos bestraft. Sie orientiert sich an einem *meritokratischen Gesellschaftsbild*, auch wenn sie soziale Benachteiligungen wahrnimmt und das Leistungsprinzip aufgrund fehlender Verteilungs- und Chancengerechtigkeit gesellschaftlich nicht eingehalten sieht.

Zweite Erhebung

Zusammensetzung der Gruppe: An der zweiten Diskussion nehmen vier der sechs Teilnehmenden aus der ersten Runde teil (Chris, Torsten, Erik, David), die zwei anderen haben den Kurs aus gesundheitlichen Gründen unter- bzw. abbrechen müssen, wollen den Faden aber wieder aufnehmen.

Themen und Verlauf der Gruppenwerkstatt

Zentrales Thema, an dem sich die Befragten in der zweiten Diskussion längere Zeit abarbeiten, ist die bevorstehende Abschlussprüfung.

- Kritik an bürokratischen Institutionen: Industrie- und Handelskammer (IHK)

Berufliche Praxis und IHK-Prüfung werden als völlig verschiedene Dinge wahrgenommen, die IHK-Prüfung als vollkommen veraltetes Verfahren zurückgewiesen: *„Es gibt nix Digitales, das macht man alles mit Stift und Zettel."* Das Vorgehen bleibt unverständlich und ergibt keinen Sinn: *„Das find ich absolut lächerlich, bei ner IT-Prüfung, was für nen Sinn das haben soll."*

Es wiederholen sich hier Argumentationsmuster aus der ersten Diskussion, in ihr wurde die Vorgehensweise von Arbeitsagenturen und Jobcentern als inkompetent kritisiert. Hier ist es die IHK, die als überholte und erstarrte Institution gesehen wird *(„Jahrtausendwende, total antiquiert")*, anders scheint das Prüfungsvorgehen nicht erklärbar. Dabei besteht auch hier der Eindruck, von einer inkompetenten und gleichzeitig übermächtigen Institution abhängig zu sein *(„gottgleich")*, gegen die niemand etwas ausrichten kann. Die Befragten fühlen sich wiederum einem undurchschaubaren, prinzipiell feindlich gesinnten System ausgesetzt: *„Wenn denen dein Gesicht nicht passt, dann pflücken die dich richtig auseinander."* In der ersten Diskussion wurde zudem in ähnlicher Weise mit einer Blockierung durch Überkommenes argumentiert, dort waren es u.a. *„die Alten"*, die durch ihr gewohnheitsmäßiges Wahlverhalten einen politisch-gesellschaftlichen Wandel verhindern.

- Betonung männlicher Stärke

Die Teilnehmenden berichten über unterschiedliche Praktikumserfahrungen im IT-Dienstleistungsbereich. Bei Torsten und Erik verliefen diese sehr positiv und bestätigend. Die beiden treten selbstbewusst, durchsetzungsstark und erfolgreich auf *(„Da hab ich mich genötigt gesehen, mit beiden Chefs mal nen Wörtchen zu reden")*. Beide haben bereits eine Stellenzusicherung in der Tasche und dominieren die interne Gruppenhierarchie. Die zwei anderen haben noch keine Stelle in Aussicht und berichten von eher unbefriedigenden Praktikumserfahrungen. Beide sehen ihre Vorgesetzten mit der Schwangerschaft der Partnerinnen überfordert und fühlen sich ausgenutzt: *„Zehn Stunden Möbel schleppen, weil der Chef meint, seiner Freundin ein Kind machen zu müssen."* Weiblichkeit wird wiederholt und an verschiedenen Stellen der Diskussion abgewertet, diese Haltung durch sexistische Anspielungen und Sprüche bekräftigt *(„wir frotzeln viel und gerne")*. Die Gründung einer Familie kommt zur Zeit nicht in Frage.

Beharrlichkeit und Transformation von Habitus und Gesellschaftsbild

Unverändert geblieben ist in dieser Gruppe hinsichtlich des Arbeitsmarktes das Bild gesellschaftlicher Konkurrenz. Die Teilnehmer fühlen sich jedoch durch die Bildungsmaßnahme besser gewappnet, in dieser Konkurrenz mithalten zu können. Sie stützen sich dabei – wie gehabt – auf ihr Leistungsvermögen und auf das neu erworbene Fachwissen und Können. Im Kampf nach außen dominieren nun individuelle Durchsetzungsstrategien, in der Beziehung nach innen wird auf die vertraute Männergemeinschaft und deren Zusammenhalt zurückgegriffen, diese beschworen und bestätigt. Gleich geblieben sind auch die über das Schema „Kompetenz-Inkompetenz" erfolgenden Argumentationsmuster, die das Wirken nicht durchschaubarer, Macht ausübender bürokratischer Institutionen erklären. Hier ist es die IHK, die als inkompetent und überkommen angesehen wird.

Die Veränderungen verlaufen für die Personen unterschiedlich: Erik zeigt einen deutlichen Zugewinn an Selbstbewusstsein und Handlungsfähigkeit. Er sieht sich durch die Erfahrungen während der Weiterbildung erst am Anfang völlig neuer Entwicklungsmöglichkeiten *(„Nach oben ist kein Ende, in der Hinsicht bin ich schwindelfrei")*. Torsten hat eine Festanstellung bei einem Bildungsträger und damit in der Erwachsenenbildung ein für sich völlig neues Berufsfeld entdeckt *(„die Option gar nicht auf dem Schirm gehabt")*. Er stellt seine Gehaltsansprüche zugunsten von mehr Absicherung zurück. Bei David bestehen weiterhin Unsicherheiten, ob sich die Bildungsanstrengung gelohnt hat und ob sich das eigene Leben dadurch tatsächlich zum Guten wenden wird *(„ich fühl mich nicht mehr so ganz außenseiterisch")*. Chris hält an seiner bereits in der ersten Diskussion sichtbar gewordenen pessimistischen Weltsicht fest und befürchtet weiterhin, um seine Lebenschancen geprellt zu werden *(„Das Märchen vom guten Spiel")*. Er reflektiert die Vergangenheit vor und während der Umschulung *„als Tage des Schmerzes"*, sorgt sich darum, dass ihn *„die Schatten der Vergangenheit"* nochmals einholen könnten. Er kann die Statuszuweisung „Hartz IV-Empfänger" und die damit verbundene Diskriminierung bislang noch nicht zurückweisen: *„Ich bin noch ein Hartzer"*.[7]

Insgesamt werden Durchsetzungsfähigkeit und Männlichkeit erheblich stärker betont als in der ersten Runde. Die Abgrenzungen verlaufen deutlicher ge-

---

7 Die Teilnehmenden der Gruppe haben die Prüfung alle bestanden, Torsten und Erik auch den Berufseinstieg. Beide sind mit ihren Stellen sehr zufrieden. Bei Erik klingt aber Verbitterung darüber an, dass ihm bis zum Erreichen dieses Ziels von den Behörden so viele Steine in den Weg gelegt worden seien. Von Chris und David gibt es keine weiteren Rückmeldungen.

genüber vermeintlich Unmotivierten und Leistungsunwilligen (Rückgriff auf die Strukturkategorie Klasse/Milieu), die Zustimmung zu einer Selektion nach Leistung und Eigeninitiative erfolgt eindeutiger. Neu ist die homophobe Haltung, Weiblichkeit, Homosexualität, Schwangerschaft werden als bedrohlich zurückgewiesen und abgewertet.

Die Befragten haben mit der Bildungsmaßnahme einen Weg hinter sich gebracht, der ihre Chancen auf auskömmliche Arbeit und Anerkennung verbessert sowie Aufstiegswege ermöglicht hat. Dieser Weg hatte einen Preis, darauf verweisen z.B. die Wünsche nach Belohnung, die in der Collage (mehrere Grill-, Reise-, und gehobene Konsummotive) zum Ausdruck gekommen sind. Ebenso lässt sich das gestiegene Aggressionspotential, das einige an sich selbst zwischenzeitlich wahrgenommen haben, als ein Hinweis auf die Anspannung deuten. Weibliche Anteile, Emotionalität und Familienplanung werden zurückgewiesen, um sich nicht vom eingeschlagenen Weg abbringen zu lassen. Die Teilnehmer müssen sich in ein neues Berufsfeld einfinden, zum Teil eine neue Kultur und Sprache aneignen *(„höher kultivierte Umgangsformen“),* das verunsichert mitunter. In der Verunsicherung erfolgt ein Rückgriff auf Vertrautes und Bestätigendes, in diesem Fall ist dies offenbar die männliche Geschlechtlichkeit.

Die Bildungsmaßnahme hat bei dieser Gruppe männliche, meritokratische, konkurrenzbetonte und individualisierte Anteile des Habitus und des Gesellschaftsbildes verstärkt.

4.3.2 Fallprofil „Lagerlogistik und Mechaniker“ (Hamburg) – exemplarisch Gesellschaft als „Dichotomie“

In dieser Gruppe bezieht sich das zentral diskutierte Thema auf die Folgen neoliberaler Arbeitsmarkt- und Weiterbildungspolitik. Die Fallanalyse stellt exemplarisch ein Gesellschaftsbild vor, das von uns als *dichotomes Ausbeutungsverhältnis* gefasst wurde.

Erste Erhebung

In dieser Gruppe hat nur eine Erhebung stattgefunden; die zweite Erhebung ist aufgrund organisatorischer Schwierigkeiten nicht zu Stande gekommen.

Zusammensetzung der Gruppe: An der ersten Gruppenwerkstatt nehmen neun Männer im Alter von 26 bis 45 Jahren teil. Sie absolvieren unterschiedliche Umschulungen, haben aber teilweise gemeinsamen Unterricht. Fünf Teilnehmer qualifizieren sich zum Lagerlogistiker, drei zum Zerspanungsmechaniker und einer zum Anlagemechaniker für Sanitär, Heizung und Klima. „Mechaniker“ und „Logistiker“ bilden in der Werkstatt zwei Teilgruppen, die sich in ihren Erfahrungen deutlich voneinander unterscheiden und sich auch selbst untereinander abgrenzen. Von den Teilnehmern haben sieben die Schule mit einem Hauptschulabschluss und zwei mit der Mittleren Reife abgeschlossen. Fünf Teilnehmer haben eine berufliche Ausbildung. Die Teilnehmer leben in ganz verschiedenen Verhältnissen, drei in einer Ehe oder Partnerschaft, einer in einer Wohngemeinschaft, einer bei den Eltern, zwei allein und einer allein mit Kind. Drei Teilnehmer haben Kinder. Die Befragten haben vielfältige Arbeits- und Berufserfahrungen in ihren gelernten Berufen, in Hilfstätigkeiten und Zeitarbeitsverhältnissen.[8] Sie waren vor Beginn der Umschulung arbeitslos und sind über die Arbeitsagentur bzw. das Jobcenter in die Umschulung vermittelt worden.

Themen und Verlauf der Gruppenwerkstatt

- Ausbeutung und Konkurrenz in der Weiterbildung

In der Vorstellungsrunde äußern sich die Teilnehmer sehr negativ über die Weiterbildungseinrichtung und ihre Arbeitserfahrungen. Um dem vorhandenen Redebedarf Raum zu geben, wurde zunächst auf den Einstiegstext für die Diskussion verzichtet. Die Diskussion wird mit den ersten Erfahrungen in der Umschulung fortgesetzt:

> „Der Start hier, der war super. Man hat, die haben uns das Blaue vom Himmel versprochen und hinterher kriegt man einen Arschtritt. Die ganzen Förderungsmaßnahmen, also die ja manche hier bräuchten, äh, sind nicht vorhanden."

Die Teilnehmenden beschreiben die bisher durchlaufene Weiterbildung als Enttäuschung. Der Bildungsträger habe die Teilnehmenden unter falschen Versprechungen in die Einrichtung ‚gelockt'. Durch Marketingstrategien und Werbung werde Weiterbildung vor allem auf eine ökonomische Logik der Bildungsgutscheine reduziert, an denen der Weiterbildungsträger interessiert sei. Seien die Teilnehmer erst einmal erfolgreich eingeworben worden, würde sich für Lernvermittlung wenig Mühe gegeben. In der Bildungseinrichtung werde an allem gespart; es gebe z.B. keine Nachhilfe, keine Schulbücher und nur minderwertige Arbeitskleidung. Ironisch dazu: *„Am besten fand ich noch die Arbeitsausrüstung, die wir gekriegt haben, also da kriege ich, glaube ich, bei der Zeitarbeit bessere."* Dadurch, dass über sie vor allem Gewinne erzielt werden sollen, ohne dass ihnen dafür Bildung vermittelt werde, fühlen sich die Teilnehmenden ausgenutzt bis ausgebeutet. Sie weisen sich zudem als unterstützungsbedürftig aus, haben im Hinblick auf Bildung einen Nachholbedarf.

Von den Mechanikern wird eingebracht, dass die Weiterbildungsinstitutionen miteinander in Konkurrenz stehen und daher der Unterricht nicht so gestaltet werde, wie es eigentlich didaktisch sinnvoll wäre, sondern nach Kostenprin-

---

8 Ein Teilnehmer gibt seine berufliche Stellung im sozialstatistischen Fragebogen als „AvD" an, was „Arsch vom Dienst" meint.

zipien: „*Die wollen ja auch nur Geld verdienen. Und die haben so eine Konkurrenz untereinander.*" Kritisiert wird, dass es keine fach- oder berufsgebundenen Kurse gebe. Weil die Berufsgruppen in verschiedenen Weiterbildungsprogrammen verteilt seien, gebe es zum Teil geringe TeilnehmerInnenzahlen in den Programmen, so dass die Teilnehmer dann mit anderen Berufsgruppen zusammen unterrichtet würden, z.B. Köche mit Mechanikern.

- Selbstgesteuertes Lernen zwischen Anforderung und Orientierungslosigkeit

Die Mechaniker, eine betrieblich geachtete Gruppe, grenzen ihre Erfahrungen von denen der Lagerlogistiker ab, die weniger gut angesehen sind:

> „Ja, also ich muss sagen, diese Erfahrung hab ich und die Zerspaner, habe ich eigentlich gar nicht. Also, wir sind hier aufgenommen worden, wir waren zwar zuerst zusammen, aber das war auch dann plausibel von dem Unterricht her, dass wir das eigentlich auch zusammen lernen können. Das war alles wunderbar. (...) und da finde ich eigentlich auch nichts unnütz, was wir hier machen. In der Berufsschule ist anderes Lernen, weil wir da auch mit 16- bis 25-jährigen dabei sind, denen wird noch was anderes mit beigebracht, denen wird selbst eine Eigenverantwortung zum Beispiel mit beigebracht."

Die Mechaniker stellen der Beschreibung der Lagerlogistiker ein positives Gegenbild entgegen. Die Weiterbildung diene den Lernenden als Voraussetzung für Lernen und lege das eigene Lernen in die Verantwortung des Einzelnen. Die Weiterbildungseinrichtung wird von der Berufsschule abgegrenzt, wo Jugendliche erst noch Verantwortung lernen müssten. Ein Teilnehmer räumt ein, dass sie, was selbstgesteuertes Lernen angeht, auch dazulernen würden:

> „Gut, dat machen wir halt mit. Wir knuspern dann an den Aufgaben. Und lernen halt dadurch, die Aufgaben selbst zu bewerkstelligen und dadurch lernen wir halt, ne."

Insgesamt liegen die Anforderungen für die Mechaniker im Rahmen des Möglichen und sie finden passende Voraussetzungen. Für die Lagerlogistiker trifft das nicht zu, sie äußern Kritik:

> „Und man legt uns da einfach Zettel hin, dann macht mal! Die sitzt da vorne und macht gar nix und nachher, wenn alle mal so halbwegs fertig sind, dann geht sie es mal durch und kann selber nicht rechnen."

Dass die Lehrkräfte den Stoff nicht erfolgreich vermitteln würden, wird auf falsche Didaktik und auf fachliche Inkompetenz zurückgeführt. Man werde mit einer Aufgabe konfrontiert und dann sich selbst überlassen. Kritisiert wird das Fehlen von Nachhilfe. Die Lehrkräfte, die den Teilnehmern als persönliche Ansprechpartner zur Seite stehen sollten, werden als gleichgültig und nicht erreichbar beschrieben: „*Ich hab achtzig Leute. Ja und? Ist mir doch scheißegal.*" Man müsse sich selbst helfen, auf Hilfe durch die Lehrkräfte könne man nicht hoffen: *„Also, hilf dir selbst ist hier."* Die Lagerlogistiker fühlen sich überfordert und orientierungslos. Die Situation wird als chaotisch beschrieben: *„Das ist komplett das Chaos. Schlecht organisiert. Die Leute wissen nicht, wann sie was tun sollen."*

Insbesondere diese Teilgruppe diskutiert dann sehr ausführlich und verärgert institutionell und personell wahrgenommene Probleme. Sie tut dies am Beispiel eines Berichtsheftes. Die Lagerlogistiker haben mit dem Erstellen des Berichtsheftes Schwierigkeiten. Sie begründen diese Probleme damit, dass die zugesagte Hilfestellung der Lehrkraft ausblieben ist. Sie hätten zudem vergeblich auf eine Formatvorlage für das Deckblatt gewartet. Die Teilnehmer berichten von verschiedenen Strategien, mit dem Problem umzugehen. Ein eigenhändig erstelltes Deckblatt sei von den Lehrkräften zurückgewiesen worden:

> „Wir haben von ihnen keins gekriegt, das haben wir uns aus dem Internet selber rausgezogen, von der Handelskammer und haben das erstellt. Und das passte ihr (der Dozentin) dann gar nicht."

Ein anderer Teilnehmer berichtet, ein Deckblatt der Einrichtung verwendet zu haben, es sei aber das falsche gewesen: *„Ja, sie hat uns ja eins gegeben, das dürfen wir aber nicht benutzen, laut ihr, das ist falsch, das dürfen wir nicht haben."* Ein Dritter, der versucht habe, den Bericht ohne Deckblatt abzugeben, sei ebenfalls kritisiert worden: *„Der wollte sein Berichtsheft denn auch abgeben. Er hatte aber kein Deckblatt. Da sagt sie doch kackfrech: Sie haben ja gar kein Deckblatt!"*

In dieser Situation, in der es den Teilnehmern unmöglich erscheint, den undurchsichtigen Anforderungen der Einrichtung gerecht zu werden, spiegeln sich Ohnmacht und Resignation. Aus der Beschreibung geht nicht hervor, ob der Bericht trotz der Schwierigkeiten mit dem Deckblatt erfolgreich erstellt wurde. Einzelne Teilnehmer haben den Bericht zumindest abgegeben. Bemerkenswert ist, dass in der Darstellung alle Versuche selbstständig zu agieren, als gescheitert beschrieben werden und auf Ablehnung der Lehrkräfte gestoßen seien. Die Episode zum Deckblatt erscheint symptomatisch für die Ausweglosigkeit und Orientierungslosigkeit, die diese Teilgruppe in Lernsituationen der Weiterbildung empfindet.

Die Mechaniker beginnen an dieser Stelle ein Nebengespräch und erklären auf Nachfrage der Moderation, man habe sich zuerst schwer getan mit den Berichtsheften: *„Ja, wir haben auch ein bisschen mit den Berichtsheften zu knabbern gehabt"*. Es habe eine Weile gedauert, aber am Ende hätten sie die Aufgabe erfolgreich bewältigt: *„Ja, ist ein bisschen später geworden, aber trotzdem, wir haben das alles hingekriegt."*

Chaos entsteht für die Lagerlogistiker u.a. auch dadurch, dass die Lehrenden inkompetent seien: *„Unser Coach (...) kriegt nichts gebacken. Und wir ste-*

hen dann nachher da und sind die Leittragenden, die es nicht packen." Zudem gebe es keine eindeutig gültigen Standards, diese würden von Lehrperson zu Lehrperson variieren: „*Der eine sagt, ihr müsst das so machen, (...) einen Tag später (...) und der sacht, nee, das muss genau andersherum.*" Die Teilnehmer können sich in dieser Situation nicht selbst für eine Variante entscheiden *(„und dann hat man drei verschiedene, ja, suchen sie sich einen aus").* Aufgrund der eigenen Unvertrautheit mit Bildungs- und Lernprozessen sind sie mit dieser Entscheidung überfordert.

Eigeninitiative und selbstgesteuertes Lernen erscheinen den Lagerlogistikern als aussichtsloses Unterfangen, weil ihre Bemühungen und Lernergebnisse von der Einrichtung nicht anerkannt werden. Die Teilnehmer nehmen sich in einem dichotomen Machtgefälle auf der ohnmächtigen Seite stehend wahr. Damit einher geht die ausgeprägte Wahrnehmung von Handlungsunfähigkeit: Nicht sie werden es sein, die am Ende das erworbene Wissen mit einem Zertifikat legitimieren, sie haben auf die Spielregeln des Feldes keinen Einfluss. Diese Wahrnehmung unterlegener Position schließt den Glauben an Veränderung und sozialen Aufstieg aus; sie trägt so zusätzlich zur Verfestigung der benachteiligten sozialen Position bei. Misserfolg und Defiziterfahrung können dadurch zur sich selbst erfüllenden Prophezeiung werden.

Die beiden Teilgruppen unterscheiden sich in der Artikulation enttäuschender bzw. zufriedenstellender Erfahrungen in der Weiterbildung, sie unterscheiden sich auch in ihren Wünschen und Bedürfnissen an Lern- und Lehrsituationen. Die Teilnehmer, die sich eine bessere Vermittlung und stärker strukturierte Lehre wünschen, zeigen sich enttäuscht und sind mit den Lernproblemen überfordert. Das sind vor allem die Lagerlogistiker. Die Teilnehmer, die selbstorganisiertes Lernen wollen und können, sind deutlich zufriedener und zuversichtlicher. Das sind vor allem die Mechaniker.

- Opfer der Umstände oder Erfolgsaussichten individueller Anstrengung

Die Teilnehmer diskutieren dann die Konsequenzen, die die Lernsituation für Prüfungen und zukünftige Chancen auf dem Arbeitsmarkt haben könnte. Bei einigen Teilnehmern bestehen Ängste, die Prüfung nicht zu bestehen. Dabei werden Schwächen bei sich selbst und in der Weiterbildungseinrichtung gesehen. Im Umgang damit lassen sich wiederum zwei Perspektiven ausmachen: Die eine Perspektive setzt auf Eigeninitiative *(„man muss halt viel selber machen, man macht das ja auch für sich")* und ist mit einem Gefühl stärkerer Handlungsfähigkeit und Zuversicht verbunden *(„ich zieh das hier durch, bin optimistisch, auf jeden Fall"),* die andere Perspektive hält einen erfolgreichen Abschluss unter den gegebenen Bedingungen für unwahrscheinlich *(„mit der Organisationsstruktur, die hier momentan nicht vorhanden ist äh, seh ich schwarz")* und neigt zu Resignation.

- Handlungs- und Beschwerdemöglichkeiten

Möglichkeiten, sich zu beschweren, werden nicht gesehen: *„Nicht das ich wüsste."* Oder es werden Sanktionen und negative Konsequenzen befürchtet: *„Wenn du dich hier beschwerst, wirst du gleich rausgemobbt."* Kollektive Beschwerden im Klassenverband stellen für die Teilnehmer auch keine Lösung dar: *„Da zieht nur die Hälfte mit."* Das Thema wird nicht weiter vertieft, die Diskussion schwenkt dann wieder zur Inkompetenz der DozentInnen und zu den chaotischen Zuständen in der Einrichtung.

- Vergabeprobleme bei den Bildungsgutscheinen

Der zu einem späteren Zeitpunkt in dieser Gruppe verlesene Einstiegstext bringt das Thema auf Bildung und Lernen. Das Thema wird von den Teilnehmern vor ihrem persönlichen Erfahrungshorizont, vor allem aus der Erfahrung mit der Arbeitsagentur, diskutiert. Mit der Bewilligung der Umschulung wurden verschiedene Erfahrungen gemacht. Einige berichten, die Umschulung sofort bewilligt bekommen zu haben, andere davon, sich konkret für eine bestimmte Umschulung entschieden zu haben, überzeugend aufgetreten zu sein und die Forderungen durchgesetzt haben zu können *(„Hier guck mal. Hier mach ich. Gib mal her.")*. Einige beschreiben sich aber in der Rolle von BittstellerInnen („Ich hab schon mehrere Sachen gekriegt, aber ich musste wirklich betteln").

Die Teilnehmer kritisieren die Arbeitsmarktpolitik und deren Motto „Fördern und Fordern": *„Im Endeffekt wurde nur gefordert, aber gefördert, nee, lassen wir weg, kostet ja nur was."* Daneben sehen sie sich willkürlichen oder auf schnelle Vermittlung abzielenden Entscheidungen der SachbearbeiterInnen ausgesetzt: *„Nee, das ist meistens Laune der Sachbearbeiter, haben wir keinen Bock drauf (...) und sobald wir dir die Zeitarbeit wieder aufdrängen können, machen wir das."*

- Verschärfung der Ausbeutungsverhältnisse durch Zeitarbeit

Auf Nachfrage der Moderatorin zum Eindruck, wie gerecht es gesellschaftlich zugehe, lautet die prompte Antwort *„sehr ungerecht"*. Diese Einschätzung wird wie folgt erläutert:

> „Ja, dass die Leute, denen es gut geht. Also, die, unsere Wohlhabenden, die die Wirtschaft bestimmen, die fordern von uns immer mehr, wollen immer mehr Geld machen. Man sieht es, die werden reicher und reicher und reicher und wir sollen immer mehr bluten, immer mehr bluten, immer mehr bluten, damit die Herrschaften noch mehr Geld in der Tasche haben."

Der Teilnehmer beschreibt hier ein dichotomes, ökonomisches Ausbeutungsverhältnis: Die Reichen bereichern sich auf Kosten der Armen, die Schere zwischen

Arm und Reich wird dabei immer größer. Das Ausbeutungsverhältnis wird als politisch gewollt dargestellt:

> „In den letzten Jahren wird da eine Politik getrieben, ja, du als Kleiner musst verzichten, damit der arme Reiche da noch mehr Geld in die Tasche kriegt, ne. Im Endeffekt wird doch alles weggestrichen, wo sie nur können, ne. Und die Politiker, zum Beispiel unsere SPD, die eigentlich sozial angehaucht ist, da ist auch nix mehr Soziales dran an denen. Erst unser Herr Schröder hat den Zeitfirmen Haus und Tür geöffnet, damit sie das machen können. Im Vergleich zu damals, weiß ich, hab mal da gearbeitet. Dat war nicht so schlimm, die hatten festen Regeln, die durften uns nicht alles mit uns machen. Mittlerweile haben die alle Türen geöffnet für die, damit sie uns da drangsalieren."

In der Wahrnehmung der Befragten wurde die Ausweitung der Ausbeutungsverhältnisse durch die Deregulierung der Zeitarbeit politisch forciert. Die Position der ArbeitnehmerInnen sei durch diese neoliberalen Politiken stark geschwächt worden. Die Formulierung „drangsalieren" unterstreicht die Wahrnehmung von Ausbeutung. Die damit verbundene Gefühle von Qual und Ausgeliefert-Sein verweisen eher auf einen Rückfall in unfreie Arbeitsverhältnisse. Später wird dann auch formuliert: *„Zeitarbeit ist gleich moderne Sklaverei."*

Rechtlosigkeit und Ausbeutung sind mit sozialer Degradierung verbunden. Auf die Frage, wie mit dem Lohnverfall umzugehen sei, wird von einem Teilnehmer auf individuelles Auftreten und Verhandlungsgeschick gesetzt. Dem stimmen die anderen zwar zu, stellen aber fest, dass die Verhandlungsposition auch durch Faktoren wie Ausbildung und Erfahrung bestimmt wird. Die Gruppe gelangt zu dem Fazit, es herrsche eine ökonomische und konkurrenzbetonte Logik vor, die den Menschen enthumanisiere: *„Du wirst als Ware gehandelt."* In der Diskussion werden die großen Zeitarbeitsfirmen als „G8" bezeichnet, eine Begriffswahl, die die Machtstellung der Zeitarbeitsfirmen am Arbeitsmarkt nochmals unterstreicht.

- Abgrenzungen entlang der Strukturkategorien Klasse, Geschlecht und Ethnie

Besonderes lebhaft und kontrovers wird die Diskussion dann noch einmal, als es um das Thema „gesellschaftliche Reproduktion" geht. Ein Teilnehmer verknüpft die Frage der Familiengründung mit fehlenden finanziellen Ressourcen. Daraus ergibt sich eine generelle Diskussion über den Zusammenhang von Armut und Kinderreichtum. Ein Teilnehmer ist der Ansicht, Arme hätten besonders viele Kinder und würden nicht arbeiten. Er bezeichnet diese Menschen abwertend als „Pack". Diese Personen müssten seiner Ansicht nach zwangssterilisiert werden. Dem wird entgegen gehalten, dass die Gesellschaft für ihren Fortbestand auf Kinder angewiesen sei. Einige Teilnehmer stimmen jedoch der Zuschreibung, dass Kinderreichtum der Arbeitsvermeidung diene, zu. Sie berichten von Frauen, die Kinder als Einkommensquelle funktionalisierten:

> „Ich kenn auch ein paar Frauen, die sagen, jah, ich mach noch ein Kind, damit ich nicht mehr arbeiten gehen muss. Ich kenn eine, die hat sechs Stück deswegen (lacht)."

Die Gruppe ist sich einig, dass es solche Fälle gebe, die Bewertung ist allerdings verschieden. Die einen sehen darin Ausnahmefälle, die eine liberale Gesellschaft zu tolerieren habe, die anderen meinen, dass es von diesen Fällen zu viele gebe. Dem wiedersprechen einige Befragte mit dem Argument, dass es in der Gesellschaft einen Mangel an Nachwuchs gebe und man daher gesellschaftlich gesehen, jedes Kind brauche. Im darauf folgenden Kommentar enthüllt sich dann ein rassistisches Motiv, *„den Deutschen"* fehlten die Kinder: *„Das deutsche Volk stirbt aus, das ist richtig."* Die Frage, ob es nun zu viel oder zu wenig Nachwuchs gibt, wird hier – aus einer rassistischen Perspektive betrachtet – zur Frage, ob es der ‚richtige' Nachwuchs ist.

In dieser Diskussion grenzen sich einige Teilnehmer massiv und teilweise abwertend von prekarisierten Milieus ab, denen unterstellt wird, sie würden nicht arbeiten wollen. Diese Zuschreibung richtet sich besonders gegen Frauen und von einigen Teilnehmern besonders gegen Frauen mit Migrationshintergrund.

Lernen und Bildung

Die Umschulung wird von den Teilnehmern vor allem mit dem Wunsch verbunden, über die berufliche Qualifizierung den wechselnden und unsicheren Verhältnissen von Arbeitslosigkeit und Zeitarbeit zu entkommen oder zumindest eine bessere Ausgangsbasis für Gehaltsverhandlungen mit Zeitarbeitsfirmen zu erreichen.

Die Diskussion wird von der Gruppe der Lagerlogistiker dominiert. Sie melden sich empörter und lautstärker zu Wort als die Mechaniker. Ihre Polemik gegen den Bildungsträger verweist vor allem auf den Wunsch nach methodischen Lehr- und Lernverhältnissen. Das selbstgesteuerte Lernen, das die Weiterbildungsinstitution von ihnen erwartet, entspricht nicht ihren Lernformen und Lernbedürfnissen. Da sie sich nicht in der Lage sehen, die Anforderungen der Institution zu erfüllen, befürchten viele, nicht genügend zu lernen und so die Umschulung nicht erfolgreich abzuschließen. Abgesehen von den für sie ungünstigen Bedingungen stellt sich die Frage, ob nicht selbsterfüllende Prophezeiungen den Erfolg noch unwahrscheinlicher machen. Die Abbruchquoten der Kurse sind teilweise hoch. Die Teilnehmer sehen keine Möglichkeit, die Lernbedingungen zu ihren Gunsten zu beeinflussen. Die aufgebrachte Art, in der sie ihre Kritik vorbringen, mag nicht unbedingt dazu beitragen, dass die Institution und das Personal auf ihre Anliegen eingehen.

Die Ohnmacht und Resignation, die die Lagerlogistiker gesellschaftlich erfahren, erleben sie auch in der Weiterbildung. Von einigen Teilnehmern wird die Weiterbildung – die zumindest von der Idee her mit einer Verbesserung der eigenen Lage verbunden war – ebenfalls als Teil eines gesamtgesellschaftlichen Ausbeutungsverhältnisses wahrgenommen. Ihr wird keine ausgleichende Wirkung zugesprochen.

Die Gruppe der Mechaniker hat dagegen keine größeren Schwierigkeiten, sich den Gegebenheiten der Einrichtung anzupassen und die Anforderungen zu erfüllen. Sie machen in der Weiterbildung positive Lernerfahrungen und sind dementsprechend zuversichtlich, den Abschluss der Umschulung und eine berufliche Verbesserung oder Stabilisierung erreichen zu können.

Anhaltspunkte für Gesellschaftsbilder

Für die Gruppe „Lagerlogistik und Mechaniker" wurde ein Gesellschaftsbild rekonstruiert, in der die gesellschaftlichen Verhältnisse als *dichotome Ausbeutungsverhältnisse* wahrgenommen werden. Diese Wahrnehmung wird von beiden Teilgruppen geteilt. Das Ausbeutungsverhältnis hat sich in den letzten Jahren verschärft, die Spaltung zwischen Arm und Reich hat zugenommen. Als Ursache für die Verschärfung der Situation wird eine neoliberale Politik ausgemacht, die zu Deregulierung und Enthumanisierung führt. Diese Politik hat sich aus Arbeitsmarkt und Weiterbildung zurückgezogen und beide gesellschaftlichen Bereiche einer ausbeuterischen ökonomischen Logik und einem uneingeschränkt wirksamen Konkurrenzprinzip überlassen. Die auftretenden rassistischen und sexistischen Abgrenzungen richten sich besonders gegen unterprivilegierte Milieus, was darauf hinweisen könnte, dass die Teilnehmer eine Erosion der gesellschaftlichen Mitte wahrnehmen und um ihre eigene Position und den Verlust ihrer Respektabilität fürchten.

4.3.3 Fallprofil „Metall- und Konstruktionsberufe" (Essen)

Zentrales Thema der Gruppe sind unterschiedliche soziale Benachteiligungen und Ausschlüsse, von denen sich die Gruppe gesellschaftlich betroffen sieht. Es überwiegt ein *dichotomes Gesellschaftsbild*, das von einer Teilgruppe als *Gegensatz von Macht und Ohnmacht* konstruiert wird.

Erste Erhebung

Zusammensetzung der Gruppe: Zur Gruppe „Metall- und Konstruktionsberufe" gehören neun männliche Teilnehmer aus zwei verschiedenen Kursen der Weiterbildungseinrichtung. Sie sind 26 bis 51 Jahre alt. Die Teilnehmer absolvieren entweder eine zweijährige Umschulung bzw. Ausbildung zum technischen Produktdesigner oder zum Zerspanungs- bzw. Industriemechaniker. Etwa die Hälfte verfügt über qualifizierte Berufsausbildungen, die andere Hälfte hat bisher keinen beruflichen Abschluss erlangt. Die meisten Teilnehmer leben in festen Partnerschaften, drei haben Kinder. Einige sind schon länger arbeitslos, haben mehrere ‚Maßnahmen' durchlaufen und wurden zum Teil mit Sanktionen belegt. Viele verfügen über Erfahrungen mit prekärer Beschäftigung und Ein-Euro-Jobs. Die Teilnehmer haben um die Bildungsgutscheine für die aktuelle Ausbildung bzw. Umschulung gekämpft.

Themen und Verlauf der Gruppenwerkstatt

Die Gruppe thematisiert sowohl eigene Erfahrungen (in der Arbeitswelt oder im Kontakt mit Arbeitsämtern und Jobcentern) als auch gesamtgesellschaftliche Themen. Konsens besteht in der Wahrnehmung, dass die gesellschaftlichen Angelegenheiten nicht gut geregelt sind.

- Wahrnehmung von Verteilungs- und Chancenungerechtigkeit

Breit diskutiert wird die Wahrnehmung gesellschaftlicher Verteilungs- und Chancenungerechtigkeit. Bei einigen hat sich der Eindruck gesellschaftlicher Chancenlosigkeit verfestigt: *„Mir legt immer einer en Stein in den Wech, wenn etwas glatt geht, da bin ich skeptisch, weil da is dann immer irgendwas."*

Die Kritik an mangelnder Verteilungsgerechtigkeit bezieht sich auf Entlohnung und materielle Teilhabe, ebenso auf den Zugang zu Bildung. Die Urteile stützen sich sowohl auf eigene Erfahrungen als auch auf Erfahrungen im sozialen Umfeld. In den Augen der Teilnehmer werden von der Politik Gelder für falsche Dinge ausgegeben:

> „Aber es is ja so, wir sind die Leidtragenden (...). Die Politiker wirtschaften dat Land runter, der Einzelhandel, alles geht den Bach runter. Die Stellen werden mau, (...) nirgendswo werden Gelder reingesteckt, sozial wird alles abgebaut. Bestes Beispiel Gelsenkirchen, man gucke sich mal die Städte an! Aber vor en paar Jahren zwanzich Millionen in Schalke reingesteckt, die Kindergärten, da warten se teilweise vier Jahre auf en Kindergartenplatz."

Bezugspunkt der Gesellschaftskritik ist eine meritokratisch strukturierte Gesellschaft. Die Zuweisung gesellschaftlicher Positionen nach Bildung und Leistung wird befürwortet, aber anhand eigener Erfahrungen als nicht eingehalten angesehen:

> „Man pickt sich nur noch dat Beste raus, aber wie wird man das Beste? Dat muss man ja erst ma irgendwie erreichen, die Chancen dafür sind ja gar nich da."

Wiederholt kritisieren die Teilnehmer, dass die Vergabe von Lebenschancen – dazu zählt auch der Zugang zu Weiterbildung – nicht nach Motivation oder Leistungsbereitschaft vergeben würden. Die Teilnehmer konstruieren hier eine

Kette von Zusammenhängen, die bei einigen bereits mit herkunftsbedingten sozialen Benachteiligungen in der Kindheit beginnt und sich bis heute fortsetzt:

> „Meine Freunde warn Realschule, Gymnasium, und äh meine Mutter hat gesacht: Wat willst du denn als Arbeiterkind da? Nää, lass mal, geh mal zur Hauptschule."

Das Leistungsprinzip wird in ihren Augen auch dadurch durchbrochen, dass Menschen nach ihrem Aussehen und Auftreten beurteilt würden und dann häufig keine Chance bekämen, ihre Leistungsfähigkeit unter Beweis zu stellen: *„Einmal gemustert und dann wird en Stempel da drauf gemacht (...), Tatoos, was is dat denn für einer."* Insbesondere drei Befragte betonen die eigene Chancenlosigkeit und haben sich teilweise resigniert oder aufbegehrend von der Gesellschaft abgewendet: *„Keinen Bock mehr auf das System."*

- Sinn oder Unsinn kurzfristiger Qualifizierungsmaßnahmen

Die Erfahrungen mit Arbeitsagenturen und Jobcentern werden in das Bild gesellschaftlicher Benachteiligung und sozialer Deklassierung eingeordnet und deren Behandlung als Diskriminierung und Stigmatisierung wahrgenommen. Die Erfahrungen gehen mit dem Gefühl von Wertlosigkeit einher. Insbesondere die aufgezwungenen kurzfristigen Qualifizierungsmaßnahmen erregen bei den Befragten großen Unmut. Diese erweisen sich in mehreren Fällen als Fallstrick:

> „Jahrelang stecken die mich in Maßnahmen, ich krich keine Ausbildungsstelle. (...) Maßnahme, Maßnahme, Maßnahme. Und dann irgendwann zum Arbeitsamt zu gehen, ich sach: Ich will jetz aber ne Ausbildung, dann lachen die mich aus und sagen: Sie sind fümfenzwanzich, meinen sie, sie ham die Chance, es mit dem Lebenslauf irgendwie –. Aber wat steht in dem Lebenslauf drinne? Jede Maßnahme, die ich vom Arbeitsamt machen sollte. Dat sind so Dinger, wie-wie soll man da weiterkommen? (...) vier Jobs, da ne Umschulung, da ne Weiterbildung. Für die Leute, die die Chance haben, isset wat wert, aber für die Leute, die die Chance nich ham, die hams noch schwieriger, in irgendner Art und Weise Fuß zu fassen."

Die Teilnehmer betrachten die Vorgehensweise der Jobcenter als Disziplinierung, nehmen diese aber nicht unwidersprochen hin. Sie reagieren mit unterschiedlichen Formen des Widerstandes (Rückgriff auf juristischen und sozialpädagogischen Beistand, Verweigerung), dafür werden gegebenenfalls Sanktionen in Kauf genommen: *„Maßnahme abgebrochen, weil ich die einfach als sinnlos empfunden hab. Mit zehn Leuten ein Auto putzen oder sowas, der absolute Hit. (...) bin dann auch inne Sanktion gekommen."* Kollektive Strategien der Gegenwehr werden nicht sichtbar.

Bildung und Lernen

Die Bildungs- und Lernerfahrungen, die die Teilnehmenden im laufenden Weiterbildungskurs machen, werden ebenfalls in das Erfahrungsbild gesellschaftlicher Benachteiligung eingeordnet. Die besuchte Bildungseinrichtung wird stark kritisiert. Die Kritik richtet sich gegen Gleichgültigkeit und mangelnde Motivation der Lehrenden. Es besteht Sorge und auch teilweise die Erfahrung, dem Unterricht nicht folgen zu können. Die Institution gehe zu wenig auf ihre Probleme ein: *„Als würd ich mich mit ner Wand unterhalten"*. Auf unterschiedliche Lerntempi und Lernzugänge werde kaum Rücksicht genommen: *„Die spielen einen Film ab, wenn du dem Film nicht folgen kannst, dann musste einfach die Augen zu machen sozusagen, ne."* Die Gruppe fühlt sich vor allem im Unterrichtsfach Mathematik allein gelassen: *„Die Lösungen werden innerhalb der letzten fünf Minuten durchgeschossen."* Da die Teilnehmer die Ausbildung mehrheitlich als letzte Chance begreifen, haben sie Angst, an der Prüfung zu scheitern. Es drängt sich der Eindruck auf, dass sich bei einigen Bildungs- und Lernerfahrungen wiederholen, die bereits früher in der Schule bzw. in anderen Bildungseinrichtungen gemacht worden sind.

- Verschwörungs- und Untergangstheorien

Drei Teilnehmer zeichnen das Bild einer kurz vor dem Untergang stehenden Gesellschaft. Die Argumentation basiert auf einer extrem düster gedeuteten Gegenwart. Erwartet wird eine Art Abrechnung oder jüngstes Gericht *„für das, was wir angestellt haben, beziehungsweise die vor uns"*. Verantwortlich seien zum einen die unkritische Lebensweise einer gleichgültigen und gleichgeschalteten Masse *(„die konsumgesteuerten Leute, die das essen, das kaufen, das machen, was die Leute wollen")*, zum anderen mächtige Konzerne, Großbanken und Institutionen, die die Gesellschaft steuern und willentlich in den Abgrund treiben. Die Teilnehmer sehen keine Möglichkeit, dieser Entwicklung etwas entgegen zu setzen. Stattdessen besteht die Erwartung – fast Hoffnung – auf einen (selbstreinigenden) gesellschaftlichen Zusammenbruch:

> „Der Beruf, ob ich das hinterher irgendwie auf dem Papier hab, is mir wurscht. Diese Gesellschaft wird zusammenklappen früher oder später und ich hoffe, ich erleb das noch. Mit dieser Geschwindigkeit, mit der man was verändern will, wenn man die beibehält, dann werden wir's nich schaffen. Also is das alles sinnlos."

Bildung und Weiterbildung erscheinen gegen diese Entwicklung wirkungs- und machtlos, zwei der drei Teilnehmer haben den Kurs kurz nach dem Befragungstermin abgebrochen.

- Bildung als die Gesellschaft strukturierender Machtfaktor

Bildung gilt in der Gruppe als gesellschaftlich strukturierend und wird mit Macht über andere verbunden. Die Teilnehmenden gehen von betrieblichen und gesellschaftlichen Hierarchien aus. Machtgefälle werden kaum in Frage gestellt: Wer Arbeitgeber oder Vorgesetzter ist, hat das Sagen: *„En Chef muss auch en Arsch sein, wenn der Chef nett zu dir ist, fängst du an ihn zu verarschen.“*

Personen, die aufgrund ihrer Qualifikationen höhere Positionen innehaben, verfügen in den Augen der Befragten legitimer Weise über Macht, die sie ausspielen können. Die Befragten würden dies selbst nicht anders machen: *„dann meine zwanzich Leute unter mir habe, die schick ich dann durch die Gegend.“*

Anhaltspunkte für das Gesellschaftsbild

Die Gesellschaftsbilder der Gruppe unterscheiden sich nach Habitus und Milieuzugehörigkeit. Die Teilgruppe, die bislang keinen qualifizierten Berufsabschluss erlangt hat, folgt überwiegend einer ungeplanten und unstrukturierten Lebensweise, was auf die Zugehörigkeit zu unterprivilegierten Milieus verweist. Sie zeigt ein starkes Autonomiebestreben, teilweise in Kombination mit Eigensinn und Verweigerung. Die Befragten argumentieren systemkritisch und ideologisch. Die Gesellschaft wird als Ausbeutungs- und Herrschaftsverhältnis nach dem Gegensatz von Macht und Ohnmacht gedeutet. Damit verbunden ist das Gefühl von Chancenlosigkeit und Ausgeliefert-Sein sowie eine relative Handlungsunfähigkeit. Es zeigen sich hier deutliche Parallelen zu den „Lagerlogistikern“ im Hamburger Projektteil. Ohnmacht und Fatalismus finden ihre Zuspitzung in Untergangsszenarien und Verschwörungstheorien.

Die berufsqualifizierten Personen verfügen dagegen meist über eine methodisch-zielgerichtete Lebensführung, argumentieren praktisch bis pragmatisch. Auch sie betrachten die Gesellschaft als hierarchisch strukturiertes Herrschaftsverhältnis und empfinden die Arbeitsverhältnisse als ausbeuterisch. Ebenso führen sie die Wechselfälle des Lebens (Arbeitslosigkeit, ökonomische Krisen) auf sich der direkten Einflussnahme entziehende Entwicklungen zurück. Dennoch bestehen – ähnlich wie bei den „Mechanikern“ in Hamburg – Vorstellungen, das eigene Leben in Grenzen selbst steuern und einen individuellen Aufstieg über Leistung, Weiterbildung und Fachkönnen innerhalb der betrieblichen und gesellschaftlichen Hierarchien erreichen zu können (selbst ‚kleiner Chef‘ werden).

Zweite Erhebung

Zusammensetzung der Gruppe: An der zweiten Diskussion nehmen zwei der neun Teilnehmer aus der ersten Runde teil. Fünf Personen haben den Kurs zum Zeitpunkt der zweiten Erhebung abgebrochen, eine sehr hohe Zahl, die in der Stichprobe sonst kaum vorkommt. Es handelt sich bei der zweiten Erhebung mehr um ein Interview als um eine selbstläufige Diskussion.

Themen und Verlauf des Gesprächs

- Schulische und betriebliche Erfahrungen

Die beiden zur zweiten Diskussionsrunde erschienenen Teilnehmer (Ingo und Viktor) stehen für die zwei unterschiedlichen Teilgruppen der ersten Erhebung. Beide bestätigen nochmals unbefriedigende Erfahrungen mit dem schulischen Teil der Ausbildung, können aber unterschiedlich damit umgehen. Ingo (technisches Produktdesign) ist auf Hilfe und Unterstützung angewiesen, er sorgt sich sehr darum, ob er die (Mathematik-)Prüfung schafft. Viktor (Zerspanungsmechaniker) ist in der Lage, sich das notwendige Wissen eigenständig aus Lehrbüchern zu erarbeiten. Uneinheitlich fällt die Einschätzung dazu aus, warum sehr viele den Kurs abgebrochen haben:

> *Ingo:* „Die Leute scheitern an Mathe."
>
> *Viktor:* „Die sind selber schuld, die hatten keine Lust, zu viele Fehlzeiten."

Beide berichten von sehr positiven und bestätigenden Praktikumserfahrungen, haben partnerschaftliche Führungsstile erfahren und meinen, den richtigen Beruf gewählt zu haben. Dennoch bleibt Ingo bei seiner pessimistischen Weltsicht, hält an seiner Gesellschaftskritik und am Eindruck persönlicher Chancenlosigkeit fest. Er nimmt zwar Veränderungen an sich wahr, auf die er auch stolz ist (z.B., sich mehr disziplinieren zu können und sich trotz häufiger Abbruchgedanken, zum Durchhalten gezwungen zu haben), es überwiegen aber die (Selbst-) Zweifel. Ingo glaubt nach wie vor nicht an eine positive Lebenswende: *„Ich steck den Kopf zu schnell in den Sand."* Eine Zukunft mag er sich in Erwartung neuerlicher Schicksalsschläge nicht vorstellen:

> „Wenn ich morgen nen Schlaganfall krieg, sind meine Träume für den Arsch, deshalb leb ich im Moment."

Ingos abschließendes Resümee zur Ausbildung fällt daher ambivalent aus. Einerseits findet er, die *„anderthalb Jahre jetzt hier warn Kacke",* gleichzeitig hat er eine für sich neue Erfahrung gemacht: *„wenn ich was erreichen will, muss ich was dafür tun."* Das funktioniere auch immer häufiger und immer besser, was er positiv bewertet.

Bei Viktor zeigt sich dagegen eine Verstärkung seiner bereits in der ersten Diskussion kenntlich gewordenen methodisch-disziplinierten Denk- und Handlungsmuster: *„Wenn man nix macht, bleibt das so in Unordnung. Man muss sich entscheiden."* Viktor hat sich im Praktikum vieles autodidaktisch angeeignet, z.B. Kenntnisse zu ‚seiner Maschine', und verliert sich in Details dazu. Er ist selbstbewusster geworden, gibt sich überzeugt vom eigenen Können und betont: *„Jeder ist für sich verantwortlich, jeder macht es für sich."* Der Glaube an die eigene Leistungsfähigkeit und an vorhandene Aufstiegsmöglichkeiten hat sich verstärkt, nicht zuletzt auch deshalb, weil er im Gegensatz zu Ingo bereits eine feste Stelle hat (Metallausbildung von Jugendlichen). Dabei sieht er sich auch aus familiären Gründen unter Druck: *„Ich hab das zweite Baby, ich muss hart arbeiten für meine Familie, von nix kommt nix."* Wegen des besseren Verdienstes würde sich Viktor gern noch als Meister oder Maschinenprogrammierer weiter qualifizieren. Hinsichtlich der gesellschaftlichen Bedingungen bleibt er pragmatisch: Man müsse das Leben nehmen, wie es kommt, weil man ohnehin nichts ändern könne. Zugenommen hat die Selbstbezogenheit: *„Erst mal denkt man an sich, und wenn man Zeit hat, an andere."*

Verstärkung und Transformation von Habitus und Gesellschaftsbild

Viktor ist es gelungen, durch die Weiterbildung seine Selbstanerkennung und die Aussicht auf ein abgesichertes Leben zurückzugewinnen. Sein Habitus ist mit den disziplinierenden Anforderungen der Weiterbildungsmaßnahme und denen des Berufsfeldes kompatibel, die Anpassung verläuft unproblematisch. Die Ausbildung hat zu einer Verstärkung seiner individuellen Leistungsorientierung geführt, der Glaube an meritokratische Verteilungsgerechtigkeit ist gewachsen, schließlich werden seine Bildungsanstrengung und seine Leistungsbereitschaft durch die Festanstellung belohnt.

Ingo muss sich den von der Arbeitswelt und von der Bildungsinstitution geforderten „sekundären Habitus" dagegen erst noch aneignen. Er befindet sich mitten in einem noch instabilen Umstellungs- bzw. Transformationsprozess der Selbstdisziplinierung. Ingo hält zunächst noch an der Perspektive von Chancenlosigkeit und geringer Handlungsmacht fest, obwohl er selbst kleinere Veränderungen reflektiert.[9]

4.4 Kaufmännische Berufe

Entsprechend Oeschs Modell der Berufsklassen (vgl. 3.3) handelt es sich bei den Zielberufen dieser Gruppe um Berufe, die der organisatorischen Arbeitslogik zuzuordnen sind. In den kaufmännisch-organisatorischen Berufen bestanden besonders große Probleme, ausreichend Teilnehmende für die eigene Untersuchung zu gewinnen. Wir haben mit diesen Berufsgruppen nur eine Werkstatt in Essen durchführen können.

9 Ingo hat die Prüfung bestanden, wie er nachträglich berichtet hat, hatte aber zu diesem Zeitpunkt noch keine Anstellung gefunden.

4.4.1 Fallprofil „Kaufmännische Angestellte" (Essen) – exemplarisch Gesellschaft als „Statushierarche"

In der Gruppe spielen Status- und Anerkennungsfragen eine dominierende Rolle. Die Fallanalyse steht deshalb exemplarisch für die Rekonstruktion des Gesellschaftsbildes „Gesellschaft als Statushierarchie".

Erste Erhebung

Zusammensetzung der Gruppe: Die Gruppe besteht aus drei Männern im Alter von 27 bis 39 Jahren (Kristoph, Kai, Sharif). Kristoph und Sharif leben ohne Kinder in festen Beziehungen. Kai hat aus einer vorangegangenen Beziehung einen dreijährigen Sohn und lebt allein. Kristoph engagiert sich ehrenamtlich im kirchlich-sozialen Bereich, Sharif seit vielen Jahren in der SPD.

- Bildungs- und Berufsbiographie

Die Bildungs- und Berufswege der drei Befragten verweisen auf Brüche und Ausschlussmechanismen. Sharif hat einen Migrationshintergrund, ging nach der Hauptschule zur Marine und hat bislang keinen beruflichen Abschluss erlangt. Er war unqualifiziert in der Telekommunikationsbranche tätig. Kai und Kristoph haben das Gymnasium vorzeitig verlassen, einen Realschulabschluss und qualifizierte Berufsausbildungen. Kai kann seinen Beruf als Koch nach eigenen Angaben aus gesundheitlichen Gründen nicht mehr ausüben und arbeitete zwischenzeitlich in einem Callcenter. Kristoph ist ausgebildeter Systemelektroniker und wurde im Zuge von Umstrukturierungen arbeitslos. Nach erfolglosen Bewerbungen und Versuchen, eine Umschulung in einem kaufmännischen Beruf oder eine Weiterbildung im IT-Bereich zu erlangen, besuchte er zunächst für einige Zeit eine theologische Fachschule und absolvierte anschließend eine Umschulung zum Fachlogistiker. Kristoph war danach bis zum Kursbeginn arbeitslos und bekam zunächst nur einen Bildungsgutschein für eine halbjährige Ausbildung zum Büroassistenten. Er konnte aber aufgrund guter Noten eine Verlängerung der Bildungsmaßnahme erreichen. Alle drei machen nun die von ihnen angestrebte zweijährige Ausbildung in einem kaufmännischen Beruf (Sharif: Veranstaltungskaufmann; Kai: Personaldienstleistungskaufmann; Kristoph: Bürokaufmann). Kristoph und Kai würden gern noch studieren.

Themen und Verlauf der Gruppenwerkstatt

In der Gruppe geht es zentral um die Themen gesellschaftliche Anerkennung und soziale Benachteiligung. Die Befragungspersonen haben noch keine ihren Erwartungen entsprechende gesellschaftliche Etablierung erreichen können.

- Kampf um gesellschaftliche Anerkennung

Sharif sieht sich aufgrund seiner ausländischen Herkunft benachteiligt und durch den verwehrten Zugang zu einer qualifizierten Ausbildung um den anerkannten Status als gleichberechtigtes Mitglied der Gesellschaft gebracht. Kristoph hat durch die zahlreichen Umwege mit Phasen der Arbeitslosigkeit und beruflicher De-Qualifizierung einen sozialen Abstieg erfahren. Kai verbaute sich nach eigenen Angaben aufgrund von Rebellion gegen Eltern und Schulsystem den in der Familie üblichen akademischen Bildungs- und Berufsweg. Er ist im Vergleich zur Herkunftsfamilie ebenfalls sozial abgestiegen.

Alle drei möchten etwas nach- bzw. aufholen und befinden sich in einer Phase der beruflichen Neuorientierung. Dabei haben sie den Eindruck, aufgrund von Chancenungerechtigkeiten und Verkennungen (Arbeitgeber, Arbeitsagenturen) kostbare Zeit verloren zu haben. Inzwischen ist der Weg in das reguläre Ausbildungssystem altersbedingt verschlossen. Die Teilnehmenden haben Sorge, gesellschaftlich endgültig an den Rand gedrängt zu werden. Die aktuelle Ausbildung wird daher als letzte Chance gesehen, doch noch eine angesehene gesellschaftliche Position mit entsprechender Teilhabe und Anerkennung zu erreichen.

- Soziale Benachteiligungen

In der Diskussion nehmen soziale Benachteiligungen sehr viel Raum ein, sie werden unter verschiedenen Gesichtspunkten diskutiert. Die Befragten kritisieren den gesellschaftlichen Druck zu Qualifizierung und Weiterbildung und überzogene Ansprüche der Arbeitgeber. Dadurch würden Personen bevorteilt, die sich den Erwerb von zusätzlichen Kompetenzen und Qualifizierungen leisten könnten. Die Wahrnehmung ist, dass der Zugang zu Bildung ungleich verteilt ist. Bestimmte Gruppen würden davon ausgeschlossen.

> *Sharif:* „Wer eine private Uni besucht, die was weiß ich kostet, der hat ausgesorgt, da gehen die Unternehmen hin. Und die, die nichts haben, das sind die, die auch nie etwas haben werden letzten Endes.“

Die Befragten sehen die Verantwortung dafür in der staatlichen Politik. Sie versage komplett in der Sicherstellung von Chancengerechtigkeit.

Soziale Benachteiligungen werden auch unter dem Gesichtspunkt der Vermittlungspraxis der Arbeitsagenturen diskutiert. Dabei werden ungleiche Chancen darin gesehen, dass Antragstellende häufig keine Umschulungen oder Ausbildungen finanziert bekommen, die ihren Wünschen und Neigungen entspricht. Stattdessen würden sie in Maßnahmen und Umschulungen gezwungen, für die gerade Bildungsgutscheine vorhanden seien. Kritisiert wird zudem, dass die Fähigkeiten der Antragstellenden von Amtswegen nicht angemessen eingeschätzt werden. Es mangele beim Personal an Fachkompetenzen und Fähigkeiten zu einer differenzierten Beurteilung.

> *Kristoph:* „Die haben gar keine Ahnung, was die Berufsbilder angeht, keine Menschenkenntnis teilweise, ja man wird in einen Topf geworfen mit den ganzen Arbeitslosen und es wird einem unterstellt, dass man möglicherweise sogar betrügen will."

- Selektion und Platzzuweisung

Kai betont, dass die Bewerbungsverfahren über Zeugnisnoten erfolgen, daher erhielten Leute wie er – mit schlechten Schulzeugnissen – erst gar nicht die Chance, in ein Bewerbungsgespräch zu gelangen; sie würden sofort aussortiert. Sharif bestätigt diese Selektionsmechanismen und verweist auf soziale Platzzuweisungen, die er wegen seines Hauptschulabschlusses erfahren hat. Er habe sich eine eigene Lernstrategie zur Gewohnheit gemacht: Zeitung lesen, unbekannte Worte anstreichen, nachschlagen und sich damit in der Hauptschule *„zum größten Deppen in der Klasse gemacht"*. Sharif konnte die Hauptschule zwar als Zweitbester abschließen, habe aber mit dem Abschluss trotzdem keine Chancen gehabt: *„Da gab's keinen Ausweg, das einzige, was mir angeboten wurde, war Maler und Lackierer, ihr Hauptschüler seid mehr so die Handwerklichen."* Er betont, dass er diejenigen, die aus Leidenschaft Maler und Lackierer werden wollten, nicht herabwürdigen wolle, verweist aber auf pauschalisierende Vorurteile. Hauptschülern würden fehlende geistige Fähigkeiten unterstellt und ihnen deshalb *„stereotypische Berufe von Hauptschulkindern"* zugewiesen.

- Doppelte Diskriminierung

Sharif berichtet darüber hinaus von Diskriminierungen, die über seinen ausländischen Namen wirksam wurden,

> „dass man nach Namen letztendlich doch aussortiert. (...). Wenn ich ein Antwortschreiben kriege, is mein Name falsch geschrieben, seit dem wusste ich, alles klar (...), da wusste ich, dass ich das nicht leicht haben werde."

Sharif ist als Fünfjähriger mit seiner marokkanischen Familie nach Deutschland gekommen, die Eltern hätten sehr auf (Sprach-)Bildung geachtet. Er habe die *„Herausforderung"* angenommen:

> „Eines schwör ich mir, eines Tages wirst du perfekt deutsch sprechen, so dass vielleicht niemand mehr merkt, dass du Ausländer bist, und das ist son Ziel, das ich mir gesetzt hab und das hab ich gemacht!"

Sharifs Anstrengungen, die deutsche Sprache zu lernen, wurden aber nicht honoriert. Er glaubt inzwischen, manchmal zu verzweifeln, da es bei Bewerbungen jetzt an Englischkenntnissen mangele:

> „Heute fragen sie mich alle nach meinen Englischkenntnissen und da kommt bei mir diese Art Verzweiflung auf, dass man sacht: Wozu warst du damals der Depp der Klasse? Wozu war das, wenn du in einem Vorstellungsgespräch da sitzt, dich richtig und eloquent ausdrückst, hast gute Umgangsformen, aber dann kommt diese Frage: Ja, wie sind denn ihre Englischkenntnisse? (...). Und das war's dann."

- Ständische Mechanismen der sozialen Sortierung

Im Kampf um einen anerkannten gesellschaftlichen Platz werden soziale Bevorteilungen wahrgenommen. Aus Sicht der Gruppe bestimmen Geld, Titel und Renommee über die gesellschaftliche Statushierarchie:

> „Da gibt's halt Leute, die einfach nur reich sind, die einfach nur das nötige Geld haben, sich in den entsprechenden Einrichtungen, mit dem entsprechenden Ruf weiterbilden zu lassen, die den Stempel haben, den Firmennamen und für andere wird es zäh."

Es besteht die Wahrnehmung, durch Beziehungen käme man weiter, *„dann landet man nicht auf dem zweiten Stapel, da wird dann ein Zettel dran geheftet, und dann läuft das mit der Einstellung."* Dies führt zur Befürchtung, eine weniger anerkannte Ausbildung bei einem Bildungsträger machen zu müssen, der sich vorwiegend über Bildungsgutscheine der Arbeitsagenturen und Jobcenter finanziert. Sharif möchte andere Teilnehmende, die, wie er selbst über die Arbeitsagentur kommen, nicht diskriminieren. Er schätze sie *„mehr als die, die einfach alles in die Wiege gekriegt haben"*, hat aber Sorge, wiederum gesellschaftlich abgedrängt zu werden, weil es jemand anderen gebe, der eine renommiertere Einrichtung besucht hat.

Alle drei Teilnehmenden sind der Ansicht, es gehe es in der Gesellschaft nicht gerecht zu. Sie sehen dabei zwei verschiedene gesellschaftliche Sortierungs- bzw. Ausschlussprinzipien. Zum einen wird die gesellschaftliche Struktur mit ständischen Mechanismen der sozialen Herkunft und sozialen Beziehungen erklärt. Man könne schlechte Noten haben, doch wenn der Vater in der Firma Beziehungen habe, bekomme man eine Stelle: *„der Apfel fällt nicht weit vom Stamm, heißt es dann, der Sohn muss wohl so ähnlich sein."* In der Gesellschaft werde nicht nach Leistung und Können sortiert: *„Wo kommt derjenige her, was hat der für einen Hintergrund und nicht, was kann derjenige wirklich."* Eine andere Ausschluss-Sortierung erfolgt für die Gruppe über das Alter und verlängerte Bildungs- bzw. Berufsbiographien.

> *Kristoph:* „Wenn man ein bestimmtes Alter überschritten hat, über dreißig Jahre, da heißt es dann, was is denn da schief gelaufen, warum hat der keinen Job."

Beschrieben wird eine soziale Schieflage: *„Da haste dann Arm und Reich, die Schere wird immer breiter."* Die Befragten sehen sich inzwischen gesellschaftlich der *„Unterschicht"* zugerechnet und stigmatisiert.

> *Kristoph:* „Ich komme aus einer gutsituierten Familie, aber Hartz-Vier und dann die Ausbildung als Fachlagerist, die mich eher runter qualifiziert hat und ruck zuck is man dann auf so einem Low Level und da wieder hoch zu kommen, is unheimlich schwierig."

Es zeigt sich Unverständnis und sogar Verzweiflung darüber, dass eigenverantwortliche Anstrengung und Leistungsbereitschaft gesellschaftlich nicht belohnt werden. Inzwischen ist bei den Befragten der Glaube an das Leistungsprinzip brüchig geworden und es besteht das Risiko zu resignieren. Festgemacht wird dies an der Frage, ob die Qualität der Umschulung tatsächlich ausreichen wird, um den Berufseinstieg zu schaffen. Wenn ihnen das nicht innerhalb eines Monats nach der IHK Prüfung gelinge – so die Sachbearbeiterinnen bei der Arbeitsagentur – landeten sie bei Hartz IV. Die Befragten sehen sich dadurch extrem unter Druck gesetzt. Die Befürchtung zu scheitern, sei wie *„ein Gespenst im Hinterkopf"*.

Bildung und Lernen

- Erfahrungen im Ausbildungskurs: Milieuabgrenzungen

Beim Thema Klassengemeinschaft verweisen die Befragten auf eine sehr heterogene Kurszusammensetzung und auf sehr unterschiedliche Arbeitshaltungen. Das Verhalten wird als kollegial und unterstützend beschrieben, auch wenn man sich nicht sonderlich sympathisch sei. Die Klasse helfe sich gegenseitig und habe Lerngruppen gebildet. Als besonders störend empfinden die drei Befragten, dass einige Teilnehmende ihre Anwesenheit und den Arbeitsaufwand stark reduzierten. In der Gruppe besteht ein Konsens, man sei in der Erwachsenenbildung und da könne man Eigenverantwortlichkeit erwarten: *„Jeder ist seines Glückes Schmied und wenn einige das so machen wollen, dann ist das ihre Sache."* Es zeigen sich bei diesem Thema soziale Abgrenzungen, die über kultivierte Verhaltens- und Umgangsformen *(„dieses boah eye Alter")* sowie über Lernmotivation und Leistungsbereitschaft erfolgen. Wie schon bei den Ausführungen zur Arbeitsagentur handelt es sich dabei um Abgrenzungen von als weniger respektabel wahrgenommenen sozialen Milieus; die drei Teilnehmenden verteidigen ihre eigene Respektabilität.

- Bildung als Kriterium der Statuszuweisung

Institutionelle Bildung erfüllt in dieser Gruppe verschiedene Funktionen, sie ist im wesentlichen Mittel, um einen zertifizierten Abschluss zu erlangen. Über anerkannte Bildungs- bzw. Berufsabschlüsse werden aus Sicht der Befragten gesellschaftliche Statuspositionen verteilt:

> „Natürlich der Status in der Gesellschaft. (...). Das is in Deutschland eine der ersten Fragen: Und was machst de beruflich? Hartz-Vier, dann is man weg vom

> Fenster. Und schon allein dadurch, dass wir hier jetzt in die Umschulung gekommen sind, hat sich mein Status schon wieder erheblich verbessert. Ausbildung, jetzt bin ich wieder wer, kann man sagen und vorher war ich einfach ne Null. Der is bestimmt nur zu faul zum Arbeiten oder sowas."

Bildung ist jedoch ebenso Erwerb von Sprache, der eloquente Umgang mit Sprache dient der günstigen Selbstpräsentation und bei Sharif auch der gesellschaftlichen Integration. Nicht zuletzt erfüllt Bildung aber auch den Zweck, sich die Welt zu erschließen und Einfluss nehmen zu können.

Bei den Antworten auf die Frage, was bei der Weiterbildung als wichtig erachtet wird, fällt die Betonung von Eigenverantwortung und persönlicher Leistungsmotivation auf *(„Engagement! Fleiß! Wille!")*. Angestrebt wird ein anerkannter Abschluss: *„der einen Wert hat, mit dem man sich sehen lassen kann."* Fachlich-inhaltliches Wissen ist vor allem wichtig, um beruflich konkurrenzfähig zu sein, *„genau das Gleiche zu können, wie die, die die Ausbildung auf normalem Wege machen."*

- Lebensdevisen

Bei der Antwort auf die Frage, worauf es im Leben ankomme, steht für Kai die selbstbewusste Selbstpräsentation im Vordergrund, die sich auf fachliches Können stützt. Für Kristoph spielen Selbstverwirklichung und Selbstbestimmung eine entscheidende Rolle. Er möchte etwas bewegen und Sinnvolles tun. Voraussetzung dafür ist das Gefühl von Sicherheit:

> „dass der Mensch etwas bewegt hat und dass die Welt vielleicht ein Stückchen besser geworden ist, also irgendwie ne Spur hinterlassen, genau. Selbstverwirklichung, auch vielleicht, dass man nich nur gelebt wird, (...) und da is für mich Sicherheit wichtig."

Bei Sharif wird dagegen ein ausgeprägtes Erfolgsstreben sichtbar: *„Bei mir is es ganz klar Erfolg, is mir sehr, sehr wichtig."* Daran glaubt er, gesellschaftlich gemessen zu werden *(„dann ist man etwas")*. Zum anderen verfügt er über eine Motivation, die Dinge mit Leidenschaft zu tun und sich darüber selbst zu verwirklichen:

> „Leidenschaft (...) in allem, ob es jetzt die Beziehung is, ob es jetzt Leidenschaft is in dem Job, den ich mache später oder die Leidenschaft für die Hobbys (...). Selbstverwirklichung und die Leidenschaft."

Collagen-Arbeit

- Gemeinsame Aufholjagd

Die Gruppe hat gemeinsam eine Collage erstellt. Text- und Bild-Motive sind gleichmäßig über das Papier verteilt. Auffällig sind zwei zentral angebrachte

Antikriegsmotive, ein handgemaltes rotes Ausrufezeichen sowie eine Textzeile „Selbermachen“. Abbildung 8 zeigt den oberen Teil der Collage.

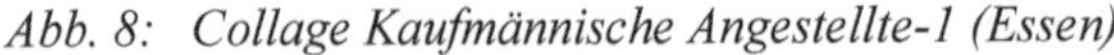

Abb. 8: Collage Kaufmännische Angestellte-1 (Essen)

Eigene Darstellung (2012)

Die Motive sind zum einen politisch konnotiert, sie verweisen inhaltlich auf Gemeinschaft und (globale) Solidarität (Gruppe in der Seilbahn, die gemeinsam den Berg herauf fährt; „Wir halten fest zusammen“; „Essen für alle“; „alles für das kleine Wörtchen Freiheit“), ebenso auf gegenseitige Toleranz („Mister und Miss Verständnis“; christliche Kirche; Frauen mit Kopftuch; handschriftlich „Religionsfreiheit“).

> *Kristoph:* „Wir können den Berg des Erfolgs erklimmen, da sitzen mehrere drin, gemeinsam können wir das schaffen.“
>
> *Kai* ergänzt: „Wir halten fest zusammen, das is definitiv allgemein, egal ob Deutsche, Ausländer, dass man zusammen hält, nicht gegeneinander arbeitet.“

Zum anderen wird auch in der Collage deutlich, dass die Befragungspersonen mit der Umschulung den beruflichen und gesellschaftlichen Anschluss (wieder-) erlangen wollen („Seitenwechsel“; „Bildungschance“; „reif für die Aufholjagd“;

„Mit 40 legt man zu"; „Es ist noch lang nicht vorbei"; „Hoffnung"; Personen in luftiger Höhe auf einem Eisenträger sitzend mit Textzug: „Riskante Lage", handschriftlich ergänzt „cool meistern"; „Erfolg"; „dauerhaft erfolgreich"; „wer nach oben will, muss unten anfangen"). Fast entsteht der Eindruck, als sporne sich die Gruppe in der Collage noch einmal selbst an. Kristoph: *„Wir können unsere Probleme im Leben bändigen (Löwenmotiv), neue Power durch Fähigkeiten, die wir uns aneignen, (...) dass man da nicht aufgibt."*

Hinweise auf Habitus und Gesellschaftsbild

In der Gruppe geht es vor allem um das Thema Anerkennung. Die Gesellschaft wird als chancen- und leistungsungerecht wahrgenommen, da den Befragten trotz großer Bemühungen und Anstrengungen die gesellschaftliche Anerkennung bisher versagt worden ist. Ausschlaggebend für die Zurückweisung ist aus Sicht der Befragten der fehlende qualifizierte Berufsabschluss, durch den eine angesehene berufliche Position erst möglich wird. Im Zugang zum Ausbildungssystem (duale Ausbildung, Studium) sehen sich die Befragungspersonen benachteiligt. Bildung und Qualifikation sind somit für sie wichtige, die Gesellschaft strukturierende Faktoren.

Die Gesellschaft wird als konkurrenzbetonte Statushierarchie wahrgenommen, deren Struktur über die symbolische Anerkennung von zertifizierten Bildungs- bzw. Berufsabschlüssen hergestellt wird. Sie zu erwerben ist nicht zwangsläufig an Leistung gekoppelt, denn dann hätten die drei Befragten aus ihrer Sicht erfolgreicher sein müssen. Die Erklärung wird auf der Systemebene gesucht, es werden bestimmte Faktoren und Ressourcen als wirksam für den gesellschaftlichen Erfolg angenommen, zu denen die Befragungspersonen – aber auch andere – keinen Zugang haben: Geld, Zugehörigkeit zu prestigeträchtigen und privilegierten sozialen Gruppen und Institutionen, Zugang zu sozialem Kapital.

Die Benachteiligung an den Rand gedrängter sozialer Gruppen geht in den Augen der Befragten mit Stigmatisierungen einher, die nur schwer überwunden werden können. Die Gruppe kann als Beispiel für eine Statusinkonsistenz gesehen werden, die mit statusgebundener Scham einhergeht. Die erfolgreiche Teilnahme an der Bildungsmaßnahme wird von den Befragten daher als letzte Möglichkeit gesehen, diese Statusinkonsistenz zu überwinden und eine anerkannte soziale Position zu erlangen.

Der soziale Aufstieg wird als kollektives Projekt gesehen. Zudem besteht der Wunsch nach einer solidarischen Weltgemeinschaft, die gesellschaftliche Realität wird jedoch als zunehmend in Arm und Reich gespalten wahrgenommen. Die soziale und gemeinschaftlich-solidarische Haltung gründet vermutlich bei Kristoph und Kai in der christlich-konservativen Sozialethik (beide stehen der Kirche nahe), bei Sharif evtl. in der Herkunftskultur und in der sozialdemokratischen Parteiarbeit.

Zweite Erhebung

Zusammensetzung der Gruppe: Alle drei Befragungspersonen sind in der zweiten Erhebungsrunde wieder mit dabei. Sharif hat sich während der Weiterbildung von seiner Freundin getrennt und zudem seinen äußeren Stil verändert. Er trägt jetzt modische schwarze Kleidung und Silberschmuck. Kai ist eine neue Beziehung eingegangen.

Themen und Verlauf der Gruppenwerkstatt

Die Befragten der Gruppe sind durch die Weiterbildung erheblich selbstbewusster geworden, sie fühlen sich gesellschaftlich nicht mehr an den Rand gedrängt und stigmatisiert. Gleichwohl wirken diese Erfahrungen nach, und es zeigt sich an verschiedenen Punkten die unterschwellige Sorge, wiederum abgedrängt zu werden.

- Anhaltende Sorge vor Abdrängung

Die Gruppe steigt mit den schulischen Erfahrungen in die Diskussion ein. Die Teilnehmenden kritisieren das Weiterbildungskonzept des Bildungsträgers im Hinblick auf zu wenig Präsenz der Dozenten, zu viele Skripte, einen zu hohen Anteil an Honorarkräften, zu wenig fachspezifischen und gut organisierten Unterricht:

> „Ne ganze Zeit lang kam von unseren spezifischen Berufen sehr, sehr wenig (...), mal vier Wochen, wurde dann komplett reingedonnert mit verschiedenen Dozenten. Da war meine Erwartung doch sehr viel höher."

Die drei Teilnehmer erwarten einen von qualifizierten Lehrpersonen durchgeführten Unterricht. Dabei zeigen sich unterschiedliche Bewertungskriterien hinsichtlich der Qualifikation. Für Kai sind sorgfältig und gewissenhaft vorbereitete DozentInnen mit Praxiserfahrung wichtig, sie sollen sich in die Teilnehmenden hineinversetzen können und die Prüfungserwartungen gut kennen. Für Kristoph zählt vor allem die akademische Qualifikation *(„Dozenten sollten normaler Weise etwas studiert haben")*. Beide verbinden mit einem akademischen Berufsabschluss und/oder mit einer leitenden Position kompetentes Wissen.

- Gute Vorbereitung auf die Prüfung

Den Befragten geht es um eine gute Vorbereitung auf die Prüfung. Im Hintergrund schwingt die Befürchtung mit, an der IHK Prüfung zu scheitern. Es werden pädagogisch-didaktische Kompetenzen erwartet, die von Honorarkräften oft nicht geleistet würden: *„Und das ist en Riesenproblem, die haben das Wissen, (...), aber die sind keine Lehrer. Also, die haben nicht gelernt, wie man Schülern Wissen vermittelt."* Die Mängel werden nicht Einzelnen oder dem Bildungsträger angelastet, sondern auf der Systemebene erklärt. Das Problem seien zu geringe Mittel im Weiterbildungssystem, um festangestelltes Personal zu finanzieren: *„ganz klassisch, unterbesetzt, das führt dazu, dass ehemalige Schüler genommen werden oder irgendwer, um halt die Lücken (...) zu füllen."* Die Teilnehmenden haben sich über die Geschichte des Bildungsträgers informiert und stellen einen Renommeeverlust fest *(„Es fehlt einfach das Geld, das war damals eines mit der ja (.) renommiertesten Weiterbildungseinrichtungen").* Gleichzeitig werden die Qualitätsabstriche mit der Tatsache erklärt, dass die Weiterbildung aus öffentlichen Mitteln der Arbeitsagenturen finanziert wird:

> „Wir werden ja gesponsert in dem Sinne, (...) aber angenommen, ich würde das Ganze jetzt privat finanzieren, dann würde ich sagen, sehr mager die Leistung (...). Ich möchte mein Geld wieder. Weil nach Rahmenprogramm zu lernen und sich irgendwo Skripte zu besorgen, kann man ganz eigenständig zu Hause machen."

Die Gruppe trägt damit Dienstleistungskriterien an den Bildungsträger heran: Kosten und Leistung müssen im Einklang stehen. Öffentliche Finanzierungen führen aus ihrer Sicht zu Qualitätsverlusten, da weniger Kontrolle durch Marktgesetzmäßigkeiten besteht. Da sie keine Kunden im klassischen Sinne sind, haben sie nur wenig Einfluss auf die Qualität.

- Drohende Konkurrenz auf dem Arbeitsmarkt

Die Teilnehmenden antizipieren eine Konkurrenz auf dem Arbeitsmarkt, daher wollen sie eine gute Prüfung ablegen. Sharif macht zusätzlich samstags einen Prüfungsvorbereitungskurs bei der IHK. Er sichert sich durch diese zusätzliche Investition ab und bestätigt damit sein asketisch-methodisches Vorgehen. Inzwischen ist er zu der beruhigenden Erkenntnis gelangt, *„dass die uns doch wirklich alles vermittelt haben."*

Neben Nachteilen gegenüber Auszubildenden des dualen Ausbildungssystems werden inzwischen auch persönliche Vorteile ausgemacht. Durch die gemischten Klassen würde Wissen *„über den Tellerrand"* hinaus erworben. Kai: *„Ich kann nen Jahresabschluss machen, alles Mögliche. Das kann eine normale Auszubildende nicht mal ansatzweise."* Die Sorge um die Konkurrenzfähigkeit der Ausbildung hat sich dadurch relativiert:

> „Wenn wir alle tatsächlich die Prüfung sehr gut bestehen, dann sind wir mehr als konkurrenzfähig gegenüber Auszubildenden, in Anbetracht dessen, dass wir mehr gelernt haben, als wir eigentlich müssen."

- Rückgewinn von Handlungsmacht

Kristoph und Sharif haben positive Praktikumserfahrungen, sie sind jeweils in ihrem Berufsfeld angekommen und haben beide bereits eine Stelle in Aussicht.

Kristoph ist in einem freikirchlichen Werk, das Drogenabhängige betreut, im Aufnahmeverfahren tätig. Die Arbeit entspricht seinem *„Interessenprofil"* im sozialen Bereich, sie kombiniert kaufmännisch-organisatorische und seelsorgerische Aufgaben. Er identifiziert sich bereits sehr stark mit der Einrichtung, die meiste Zeit spricht er von *„wir"* und *„uns"*. Die Arbeit wird als vielfältig und sinnstiftend wahrgenommen. Dabei kommen ihm auch seine IT-Vorkenntnisse zu Gute: *„eine neue Software, die eingeführt wird (...), der Typ, der kennt sich ja super damit aus, vielleicht kann er da auch eine Rolle übernehmen."*

Sharif macht sein Praktikum in einer kleinen Eventagentur, die ein breites und vielfältiges Aufgabenspektrum anbietet. Er hat sich gründlich informiert, ist persönlich vorstellig geworden, um nicht wieder wegen seines Namens ausgeschlossen zu werden. Seine Auswahlkriterien waren zunächst Größe und Renommee der Eventagentur. Er habe sich *„beworben gehabt bei einer der renommiertesten Eventagenturen eigentlich international (...). Hat man's da gemacht, hat man einen guten Sprung in die Eventbranche."* Seine Erwartungen wurden nicht erfüllt, er hat die Praktikumsstelle daher gewechselt: *„dass sich Firmen als tolle Agenturen präsentieren, auch vom Internetauftritt. Und wenn man da wirklich sich da rein arbeitet, kommt dann die Ernüchterung."*

Dabei zeigen sich Lernprozesse, durch den sich eine Habitustransformation andeutet. Sharif wechselt die Orientierung von Äußerlichkeiten wie Status und Renommee der Agenturen zu Inhalten und Lernmöglichkeiten. Er ist damit unabhängiger von Außenbewertungen geworden und scheint sicherer in der Auswahl eigener Bewertungsmaßstäbe. Sharif möchte Akteur sein, gefordert werden und nicht passiv am Erfolg anderer teilhaben. Sein eigenes Lernkonzept geht von Lernen durch Erfahrung und Praxis aus. Lernen bedeutet für ihn auch Absicherung:

> „Da war's mir dann doch lieber in eine kleinere Agentur zu kommen, weil man da auch einfach ins kalte Wasser geworfen wird. Den Chef, den ich habe, (....) der scheut sich nicht zu sagen: Ja, mach du mal! (...). Ich bin im Endeffekt glücklicher als in so einer riesigen Agentur, die halt wirklich international sehr bekannt ist, vielleicht wäre ich dann doch mehr untergegangen und hätte (.) joa ein bisschen mal geschaut, wie erfolgreich die doch alle sind, mehr nicht."

Kai ist weniger zufrieden mit seinem Praktikum im Personalbereich einer Zeitarbeitsfirma. Die Vorgesetzte sei überfordert und fachlich nicht ausreichend qualifiziert. Von einem Wechsel der Praktikumsstelle sei ihm aber seitens des Bildungsträgers abgeraten worden und er habe sich daran gehalten. Kai konstruiert sich und die Vorgesetzte dabei als Opfer der Verhältnisse:

> „Ich hätte auch wechseln sollen im Nachhinein, hätte meinem Bauchgefühl einfach folgen sollen. (...) Die Vorgesetzte war einfach ohne Ende überfordert. Sie hat den Beruf auch nicht gelernt. Also die haben die echt da ins Wasser rein geschmissen."

Kai sieht seine beruflichen Perspektiven zukünftig bei der Arbeitsagentur. Seiner Erzählung nach denkt und argumentiert er bereits aus deren Perspektive und Logik:

> „Das Problem ist, das pro Stadt nur ne gewisse Anzahl an Bildungsgutscheinen zur Verfügung stehen und dann werden halt die Besten dafür genommen. Wenn keine mehr da sind, sind halt keine mehr da.“

- Berufliche Perspektiven

Die beruflichen Perspektiven werden insgesamt positiv eingeschätzt, sofern die Prüfung gut bestanden wird. Es hat sich durch die Umschulung für die Teilnehmenden ein völlig neues Feld des Möglichen eröffnet. Sie haben plötzlich eine Wahl, können ihr Leben selbst bestimmen und in die Hand nehmen. Kristoph möchte noch nicht beim Erreichten stehen bleiben *(„auf jeden Fall weiter kommen und in Teilzeit weiter qualifizieren“).* Dabei denkt er an eine Qualifizierung zum Fachwirt in BWL, tendiert jedoch eher dazu, per Fernstudium die abgebrochene theologische Richtung wieder aufzunehmen: *„auch da hab ich ne Chance, da hab ich auch schon ne Finanzierungsmöglichkeit gefunden.“*

Sharif hat ebenfalls gute Möglichkeiten, von der Eventagentur übernommen zu werden, will sich aber noch nicht festlegen: *„sieht gut aus, aber ich schau mich trotzdem um.“*

Kais Perspektiven sind nicht ganz so gut. Sein Problem ist der Führerschein, der in seinem Berufsfeld vorausgesetzt wird und den er erst noch machen muss. Da er ihn nicht allein bezahlen kann, kämpft er nun bei der Arbeitsagentur um die Finanzierung. Letztlich strebt auch Kai ein Fernstudium in Wirtschaft an.[10]

- Rückblick auf den langen Weg

Für Kristoph ist es ein Anliegen, nochmals den langen Weg zu rekonstruieren, den er bis zum Beruf, *„den ich von Anfang an wollte“,* hinter sich gebracht hat. Er musste um die Verlängerung der Ausbildungsfinanzierung für zwei Jahre nochmals zittern. Wie auch bei einigen anderen Befragungspersonen in der Stichprobe erwiesen sich die Vorqualifizierungen als Problem:

> „Da gibt's immer so ne Warteliste und ich hatte ja schon eine Weiterbildung vormals zum Fachlageristen genehmigt bekommen, so dass es für mich jetzt auch schlechter aussah.“

Wegen bescheinigter gesundheitlicher Einschränkungen und dadurch, dass jemand abgesprungen sei, habe er dann die Verlängerung bekommen:

10 Kristoph und Kai haben die Prüfung erfolgreich bestanden und die gewünschten Stellen bekommen. Von Sharif haben wir keine Rückmeldung erhalten.

> „Waren wieder keine Bildungsgutscheine da, aber es ist noch jemand abgesprungen (.) und meine Sachbearbeiterin, die war wirklich so pfiffig, hat den Platz für mich reserviert."

Er deutet dies als *„kleines Wunder"*.

Selbstwahrnehmung von Veränderungen

Bei allen drei Befragten hat die Bildungsmaßnahme Prozesse der Selbstreflexion und persönliche Veränderungen angestoßen, teilweise werden diese erst in der Diskussionsrunde wahrgenommen, teilweise geschah dies bereits vorher. Kristoph wirkt ausgeglichen, gelassen und selbstsicher. Durchhaltevermögen, Zielstrebigkeit und Anstrengungsbereitschaft haben sich in seinen Augen ausgezahlt. Es scheint, als habe er den Glauben an das meritokratische Prinzip zurückgewonnen, auch wenn ein wenig Schicksal und ‚göttliche Fügung' mitgeholfen haben.

Bei Kai und Sharif gehen die Veränderungen in völlig gegensätzliche Richtungen. Kai befindet sich in einem Prozess der Selbstdisziplinierung und Selbststrukturierung. Er bewegt sich in Richtung asketisch-methodische Lebensführung, betont den hohen Lernaufwand, den er bereits seit einiger Zeit betreibt *(„Prüfungszusammenfassung, die ich gemacht hab von fünfundachtzig DIN A4 Seiten und mir Bücher gekauft hab").* Seine Erfahrung ist ebenfalls, Lernen und Selbstdisziplin lohnen sich, man kann dadurch etwas erreichen. Kai strebt nach familiärer Anerkennung, möchte vor allem dem erfolgreichen Vater beweisen, dass er selbst auch erfolgreich sein kann. Möglicherweise schließt er nun an den Status der Herkunftsfamilie an:

> „Um meinem Vater zum Beispiel zu zeigen, baah ich kann's doch. (...) Ich möchte ihm am liebsten ne Eins hinlegen. Einfach aus Trotzreaktion (...). Man muss ja dazu sehen, dass ich in der Realschule nur fünfen und sechsen geschrieben habe, der Rebell schlechthin war. Und ich komm hier hin und schreib nur Einsen und Zweien. Ich habe gerade so alles im Leben so haarscharf geschafft und nie nie gelernt in meinem Leben und jetzt so letzte Chance und jetzt aber richtig. Ich hab früher nie geplant, (...) mittlerweile plan ich schon sehr weit im Voraus. Jetzt lern ich seit November. Meine Mutter erkennt mich nicht wieder. Ich hab mich einfach um 180 Grad gedreht."

Bei Sharif ist es gerade die Abkehr vom Aufstiegs- und Erfolgsstreben, die von ihm besonders betont wird. Das asketische Leistungsethos wird durch hedonistische Bestrebungen gebrochen. Er deutet seine erfolgsorientierte, strebende Haltung retrospektiv als selbstauferlegte Verantwortung für die Herkunftsfamilie, die er bereits in der frühen Kindheit übernommen habe. Sein Migrationshintergrund habe ihn zu besonderer Leistung, Anstrengung und Erfolg verpflichtet: *„Da war ich halt immer so getrimmt, dass ich was erreichen wollte, (...) man musste irgendwem beweisen, dass man der Beste ist."* Daran möchte er nun etwas verändern, er geht davon aus, dass sich diese Handlungsmuster auch verändern lassen.

Sharif stellt inzwischen das eigene Konkurrenz- und Leistungsstreben infrage. Er macht darin ein gesellschaftliches Spiel aus, das er nicht mehr unreflektiert mitspielen möchte und versucht, sich von gesellschaftlichen Zwängen zu befreien:

> „Dieses falsche Streben, alle setzten einem immer in den Kopf, man muss motiviert sein (...). Früher hab ich einfach das Spiel mitgespielt, das einem in der Gesellschaft so hingeworfen wird. Das ist so wie Mensch-Ärger-Dich-Nicht-Spielen, ärger dich nicht, irgendwann haste alle vier raus."

Die Teilnehmenden reflektieren in Konfrontation mit den Materialien aus der ersten Diskussionsrunde (Diskussionsthemen, Metaplankarten, Collage) einen Entwicklungsprozess. Die damals thematisierten Abstiegsängste werden relativiert und stattdessen die Veränderungen betont. Diese werden damit erklärt, damals noch ganz am Anfang gestanden zu haben, inzwischen sei man *„reifer geworden"* bzw. gehe anders mit gesellschaftlichen Anforderungen um.

Sharif betont nochmals, dass alle versuchten, ihre Biographie zu optimieren und auf die Ansprüche der Personalleiter zuzuschneiden. Er fordert ein

> „kollektives Umdenken, wo man sagt: Hey Freunde, ihr habt noch ein Leben. Wollt ihr mit fünfzig da sitzen und auf eure Einser-Zeugnisse schauen, auf eure Nettogehälter und irgendwann dasitzen und denken, hab ich wirklich gelebt?"

Darüber hinaus grenzt er sich nun von der Zuweisung des gesellschaftlichen Status qua Bildungs- und Berufstitel ab. Sharif reagiert inzwischen auf soziale Klassifizierungen mit Gegenstrategien:

> „Wenn man Leute kennenlernt auf ner Party: Ja was machst du denn beruflich? Da wirst du direkt von den Leuten einsortiert. Hast du in der Gesellschaft irgendwo deinen Platz gefunden oder hast du nicht? (...). Da denke ich inzwischen, um was wir uns die ganze Zeit Sorgen machen, dass man an den Rand geschoben wird, wie man von der Gesellschaft gesehen wird. Warum lacht man nicht drüber und sagt, ich misch die Gesellschaft jetzt mal auf. Man kann dieses Gesellschaftsspiel so gut umdrehen, immer, wenn man so gefragt wird: In welchem Stand bist du? Dann sag ich: Was hast du bisher erlebt? Was hast du bisher gesehen, von der Welt?"

Zweite Collagen-Arbeit

- Wir sind wieder dabei!

In der zweiten gemeinsam erstellten Collage der Gruppe dominieren Textmotive, die Themen sind weniger kritisch und weniger gemeinschaftlich ausgerichtet. Es gibt einige sozial konnotierte Motive, die auf Gerechtigkeit abzielen

(„bitte teilen"; „teilen sie die schönsten Momente"; „Integration sollte wirtschaftlichem Nutzen, nicht den Lobbyisten dienen"). Kristoph: *„also nicht nur an sich selber denken".* Daneben finden sich einerseits Motive, die die Belastungen und Anstrengungen der Weiterbildung reflektieren („dramatische Tage"; „Endspurt";

Abb. 9: Collage Kaufmännische Angestellte-2 (Essen)

Eigene Darstellung (2014)

„rechtzeitig bewerben“; „1. Platz nach der Hölle“). Andererseits häufen sich Motive, die eine Aufbruchsstimmung signalisieren und die Botschaft transportieren: Wir sind wieder dabei! („Willkommen an Bord“; „in Bestform“; „tolle Erfahrung“; „fester Platz“; „Und jetzt Action“; „zweite Karriere“; „Weg ins Büro“; „Management/Erfolg, die Mischung macht's“; „bereit für die volle Power“; „erfolgreiche Mission“; „frisch ans Werk“). Deutlich weniger Motive verweisen auf Entspannung und Lebensgenuss („Neu, genießen und erholen“; „raus aus der Stressfalle“; „Lässigkeit und Lebenslust“; „Das Schönste ist für mich, durchs Land zu fahren und die Menschen schmunzeln zu sehen“). Das bisherige Leben wird nicht über Bord geworfen, Altes und Neues werden verbunden und erweitert („Neugierde“; „neue Ideen“; „wir setzen den Trend“), zugespitzt kommt dies im Schriftzug „alte Möbel aufarbeiten“ zum Ausdruck. Die vorher erworbenen und vermeintlich wertlosen Qualifikationen erscheinen nun in einem völlig anderen Licht.

> *Kristoph:* „Die Dinge, die man gemacht hat, bekommen einen neuen Wert. Dass man diese Umschulung zusätzlich hat. Bei mir ist zum Beispiel die IT-Ausbildung oder die Lagerlogistikausbildung kommt mir jetzt wieder zu gute, ist nur angereichert jetzt mit der kaufmännischen Qualifikation und diese neue Mischung macht's einfach, man ist wieder handlungsfähig, man sieht wieder gut aus, wie so ein neu poliertes Möbelstück.“

Habitus und Gesellschaftsbild

Die Befragten sind durch die Erfahrungen in der Weiterbildung erheblich selbstbewusster geworden. Sie konnten bei aller Kritik am selbstorganisierten Lernkonzept des Bildungsträgers die Lernanforderungen bewältigen. Alle drei sind dem gewünschten anerkannten gesellschaftlichen Status und dem Rückgewinn von Handlungsmacht erheblich näher gekommen. Dabei geht es ihnen auch darum, die Zugehörigkeit zum eigenen sozialen (Herkunfts-)Milieu zu erhalten bzw. wiederherzustellen.

Die Teilnehmer machen sich als Person und den eigenen Habitus zum Gegenstand der Reflexion; sie versuchen sich dadurch zu verändern. Vorläufig handelt es sich bei den gewünschten und sich andeutenden Habitustransformationen um einen noch nicht abgeschlossenen Entwicklungsprozess. Sharifs demonstrative Betonung, sich vom permanenten Status- und Erfolgsstreben befreit zu haben, wirkt noch nicht gefestigt. Darauf verweisen auch die leistungs- und erfolgsbetonten Motive in der Collage.

Die zweite Diskussionsrunde zeigt, dass sich die Befragungspersonen den gesellschaftlichen Spielregeln durch Bewusstwerdung allein (noch) nicht entziehen können, selbst wenn sie dies gern wollten. Die Kräfte des Feldes zwingen sich weiterhin auf, nur sehen sich die Befragten nun in der Lage, im ‚gesellschaftlichen Spiel' erfolgreicher, reflektierter und selbstbestimmter mitspielen zu können.

Die Gesellschaft wird weiterhin als konkurrenzbetonte Statushierarchie wahrgenommen. In dieser haben die Befragten durch die Teilnahme an der Bildungsmaßnahme eine andere Position erreicht. Die Statuszuweisung qua Titel und Stelle wird nicht mehr von allen unhinterfragt übernommen. Zudem wird der erlangte Status stärker mit Leistung verknüpft und weniger von sozialer Bevor- bzw. Benachteiligung abhängig gemacht. Die Benachteiligungsthemen sind insgesamt nachrangig geworden. Insofern wurde durch die erfolgreichen Bildungsanstrengungen der brüchig gewordene Glaube an das meritokratische Prinzip zurückgewonnen. Die Gruppe hat ihre gemeinschaftlich-solidarische Haltung insgesamt nicht aufgegeben, die Weiterbildung ist aber eher zu einem individuellen Projekt geworden.

4.5 Nachholen schulischer Abschlüsse

Längere Kurse im Weiterbildungsbereich finden abgesehen von Umschulungs- und Reha-Programmen vor allem im Bereich des „Zweiten Bildungswegs" statt. Herkömmlich ist der Zweite Bildungsweg ein Teil der Erwachsenenbildung. Die erworbenen Abschlüsse unterliegen in besonderem Maße der Paradoxie, dass zwar immer höhere Abschlüsse erworben werden, diese aber zugleich abgewertet und häufig nicht als gleichwertig zu „regulären" Schulabschlüssen betrachtet werden.

In den Jahren von 1980 bis 2010 ist die Bedeutung des Zweiten Bildungswegs deutlich gestiegen. Die Anzahl der Absolventen mit Hochschulreife im Zweiten Bildungsweg hat sich fast vervierfacht. Gab es an allgemeinbildenden und berufsbildenden Schulen des Zweiten Bildungswegs 1980 im früheren Bundesgebiet insgesamt etwa 21.000 AbsolventInnen mit Hochschulreife, so waren es 1990 bereits mehr als 35.000 und 2010 für Deutschland (gesamt) mehr als 82.000.

Wir haben Kollegs des Zweiten Bildungswegs in unsere Studie mit einbezogen, da es sich beim Erwerb der allgemeinen Hochschul- bzw. Fachhochschulreife um zwei- bis dreijährige Vollzeitweiterbildungen handelt, damit konnte das Spektrum berufsbezogener Weiterbildungen durch allgemeinbildende Weiterbildungen ergänzt werden.

Nach Vorinformationen durch die Weiterbildungseinrichtungen musste an den Kollegs mit höheren Abbruchzahlen gerechnet werden. Daher haben wir in der ersten Erhebungsrunde an den Kollegs beider Standorte jeweils zwei Gruppenwerkstätten durchgeführt. In den zweiten Erhebungen wurden die beiden Gruppen dann jeweils zu einer Gruppenwerkstatt zusammengeführt.

4.5.1 Fallprofil „Kolleg Abitur/Fachabitur" (Hamburg) – exemplarisch Gesellschaft als „Meritokratie"

Die Gruppe beschäftigt sich vor allem mit der Frage, wie die eigenen Bestrebungen nach sozialem Aufstieg erreicht werden können. Wir haben für die Gruppe das Gesellschaftsbild *„Gesellschaft als Meritokratie"* rekonstruiert.[11]

Erste Erhebung

Zusammensetzung der Gruppe: Zur Gruppenwerkstatt „Kolleg 2" gehören fünf Teilnehmende, zwei Männer und drei Frauen, die auf dem Zweiten Bildungsweg ihre Fachhochschul- bzw. Hochschulreife erwerben. Sie sind 23 bis 28 Jahre alt, haben alle eine abgeschlossene Berufsausbildung, Berufs- oder Arbeitserfahrungen und haben sich überwiegend aus der Berufstätigkeit heraus zur Weiterbildung entschlossen. Alle sind kinderlos, zwei leben in einer festen Beziehung.

Themen und Verlauf der Gruppenwerkstatt

Die Themen der Gruppe drehen sich vor allem um Arbeitserfahrungen, Erwartungen an die Weiterbildung, allgemeine Zukunftserwartungen und um Gerechtigkeitsfragen innerhalb der Geschlechterrollenverteilung.

- Sich verschärfende Konkurrenzsituation am Arbeitsmarkt

Das Ausgangsthema der Gruppe ist die Situation auf dem Arbeitsmarkt. Die Arbeitserfahrungen werden in verschiedenen Punkten als negativ beschrieben, etwa die schlechte Bezahlung, das schlechte Ansehen und die fehlende Wertschätzung von Ausbildungsberufen. Hinzu komme die schlechte Behandlung durch Vorgesetzte und fehlender Respekt bei KollegInnen oder Kunden.

Zentral ist für die Teilnehmenden eine sich verschärfende Konkurrenz auf dem Arbeitsmarkt. Die Konkurrenz, die u.a. in Globalisierungsprozessen gesehen wird, gefährde nicht nur den Arbeitsplatz, sondern gehe mit einem Lohndumping einher, was die Sicherung des Lebensstandards gefährde: *„dass einige Leute für weniger arbeiten, aber wo wir heutzutage gar nicht mehr irgendwie von existieren könnten."* Besonders die Verschärfung der Konkurrenzsituation durch ausländische Arbeitskräfte wird als sehr massiv wahrgenommen:

> „Hafenarbeiter als Beispiel, aber ich hab das auch noch woanders erlebt, auch jetzt im Pflegebereich. In der Hafenarbeit war's dann halt so, wenn du dich nicht verpflichtet hast, warst du sehr schnell ersetzbar und was mir dann halt auffiel, die haben sehr viele äh Chinesen dort arbeiten lassen, die dann irgendwie für die

11 Von den zwei Erhebungen mit KollegiatInnen am Projektstandort Hamburg wird hier die Gruppe „Kolleg 2" vorgestellt.

Hälfte des Lohns gearbeitet haben, in Containern gelebt haben, das war (...) unglaublich. Aber mit was für einem Zackentempo die da gearbeitet haben, da konntest du gar nicht mithalten, so schnell waren die und denen war das egal, was sie gemacht haben, und dann wurdest du von denen knallhart ersetzt, also, entweder du bildest dich jetzt fort und machst dann deine Arbeit, also, dich als Arbeitskraft attraktiver oder."

Gegen Konkurrenten, die bereit sind, länger und schneller zu arbeiten und dabei anspruchsloser sind, bietet nur höhere Qualifizierung eine Chance, auf dem Arbeitsmarkt bestehen zu können. Die Ausbildung, die man hat, wird als nicht mehr ausreichend betrachtet. Die Diskussion befasst sich ausführlich mit dem Thema Zeitarbeit, die als Ausbeutung wahrgenommen wird: *„Ja klar, da wirst du ausgebeutet"*. Eine berufliche Ausbildung könne davor nicht schützen:

> „Also meine Bekannten, die in der Zeitarbeit sind, die eine Ausbildung haben als Hotelfachmann, als Zahnarzthelferin und was weiß ich, die sind total unglücklich, ne."

- Widerstand kaum möglich

Die Teilnehmenden sind verschiedener Meinung darüber, inwieweit man sich am Arbeitsplatz Widerspruch und Widerstand erlauben könne. Der Feststellung, man würde sofort ersetzt, wird von einigen widersprochen, sie wird aber auch bestätigt: *„Bist Freiwild"*. Zur Untermauerung berichtet ein Teilnehmer von einem Beispiel, die Gründung eines Betriebsrates sei dort durch die Androhung von Kündigungen verhindert worden. Widerständiges Handeln wird lediglich theoretisch für möglich gehalten, von keinem Teilnehmenden werden konkrete Beispiele berichtet. Es scheinen sich vielmehr alle einig zu sein, dass der Ausstieg aus dem Arbeitsverhältnis und die Aufnahme der Weiterbildung eine aussichtsreichere Option sei, um die eigene Lage zu verbessern.

- Weiterbildung als Reaktion auf Konkurrenz

Diese Gruppe nimmt die Gesellschaft als Konkurrenzgesellschaft wahr, in der Bildung die individuelle Konkurrenzfähigkeit verbessert:

> „Und dann kam dann halt der große Schnitt, dass den meisten gekündigt werden musste, weil ähm (.), es lief damals nicht mehr so gut in seiner Firma und dann haben sie halt nur die, sag ich mal, die Besten behalten und das war einer, der sich halt immer wieder fortgebildet hat."

Die Weiterbildung am Kolleg wird deutlich von betrieblicher und beruflicher Weiterbildung unterschieden. Berufliche Weiterbildung wurde in der Vergangenheit eher als Zwang und Verpflichtung empfunden. Betriebliche Weiterbildung könne außerdem auch in eine Sackgasse führen. Die Möglichkeit, das

Abitur nachzuholen, wird dagegen als eine grundlegende Veränderung gesehen und als Chance, der unbefriedigenden Arbeitssituation über einen Bildungsaufstieg zu entkommen:

> „Wenn ich jetzt wirklich nochmal zurück in die Schule gehe, nochmal studiere, hab ich da immer noch andere Voraussetzungen und kann, (.) ja, einfach mehr draus machen, als diese malochen für wenig Geld, mit einem hohen Risiko, dass mir was passiert, egal ob körperlich, seelisch oder (.) ja (.) existentiell."

- Weiterbildung als individuelle Anstrengung und Leistung

Die konkreten Lernbedingungen und die aktuelle Situation am Kolleg erscheinen relativ uninteressant und wenig gesprächsbedürftig. Die Gruppe thematisiert aber die Aufnahmeprüfung, die als notwendig erachtet wird. Um das Niveau und den Standard zu halten, müsse man eine Auswahl treffen: *„damit man nicht (.) jeden da drin hat"*. Der Ausgrenzung ist man sich dabei bewusst und sie wird von Bekundungen eines schlechten Gewissens begleitet *(„ist bös"* und *„das klingt jetzt fies, aber")*.

Die Teilnehmenden haben insgesamt ein positiv besetztes Lernverständnis und messen Eigenverantwortung dabei einen hohen Stellenwert zu:

> „Damit hab ich gemeint, also, dass viele Leute sich ja auch, sag ich mal, aufgeben, wenn mal was im Leben nicht so gut läuft (.) und ich find halt, dass man (.) auch so schlecht, wie eine Situation auch sein kann, auch wenn's mal negative Sachen gibt, dass man da halt irgendwie versucht, das Beste daraus zu machen und dass man aus solchen Situationen auch lernt, auch lernen kann."

Die Teilnehmenden sehen in der Weiterbildung einen individuellen Weg, die eigene soziale Lage und Situation zu verbessern. Kollektive Aufstiegsmöglichkeiten und solidarische Handlungsmuster gegenseitiger Unterstützung auf diesem Weg werden lediglich als Wunsch thematisiert: *„dass man nich gleich fallen gelassen wird (...), ich würde das begrüßen, wenn halt ähm, dass alle irgendwie schaffen würden."* Die Gruppe folgt überwiegend individualisierten Orientierungsmustern und der Vorstellung *„jeder ist seines Glückes Schmied"*. Diese Haltung geht mit deutlichen Abgrenzungen von sozial benachteiligten Gruppen einher. Die Teilnehmenden verbinden mit der scharfen Abgrenzung von unterprivilegierten Milieus die Zuschreibung, dass es sich bei deren prekärer Lage um eine selbstgewählte Situation handele: *„Aber die meisten, aus diesen Problemvierteln, so Neukölln in Berlin und so, dass (.), die wollens ja auch nicht anders."* Bei diesen sozialen Gruppen wird nicht nur fehlende Leistungsbereitschaft, sondern insgesamt ein Verfall von Moral und Ordnung ausgemacht: *„Wo ich mir so denk, wie bescheuert ist man denn, ja, die merken nichts mehr, die prügeln die Leute tot, schubsen die vor die U-Bahn und so und checkens nicht."*

- Benachteiligungen: Geschlechtergerechtigkeit

Beim Thema Geschlechtergerechtigkeit besteht in der Gruppe Uneinigkeit. Die Frauen fühlen sich durch die Doppelbelastung von Beruf und Familie überfordert, während das für die Männer kein Thema zu sein scheint:

> „Ich hab das Gefühl, Frauen wird generell von vornerein ein Riesendruck aufgelastet, also so ein Riesenpaket aufgelastet auf den Schultern (...), dass die Frauen jetzt wirklich immer mehr erreichen müssen, die sind ständig dabei, hinterher zu rennen, Karriere zu machen und vergessen dabei dann auch irgendwie, weiß ich nicht, die äh Familienplanung oder wobei, nee, es wird sozusagen noch die Familienplanung erwartet, so dass sie dann Kinder, Beruf und (.), ach, was weiß ich, alles unter einen Hut bringen."

Die weiblichen Teilnehmerinnen nehmen die Anforderung, Beruf und Familie miteinander vereinbaren zu müssen, als (Leistungs-)Druck wahr. Sie meinen, dass Frauen im gesellschaftlichen Konkurrenzkampf mehr leisten müssten als Männer. Eine Geschlechterrollenverteilung, in der die Vereinbarkeit von Beruf und Familie der Frau überlassen bleibt, stellt die Teilnehmerinnen vor eine schier unlösbare Aufgabe. Entweder gehe die Doppelbelastung auf Kosten von Bildung und Beruf oder zu Lasten der Familie. Eine Frauenquote wird von allen Teilnehmenden abgelehnt, von den weiblichen wird sie als demütigend und von den männlichen als ungerecht bewertet.

Lernen und Bildung

Bildungsanstrengungen werden in dieser Gruppe vor allem unternommen, um belastenden Arbeitsbedingungen zu entkommen. Bildung bietet die Chance zum sozialen Aufstieg und die Möglichkeit, das eigene Schicksal in die Hand zu nehmen. Bildung wird von den Teilnehmenden als das relevanteste Kriterium für die Vergabe von beruflichen Stellungen und sozialen Positionen gesetzt.

Collagen-Arbeit

Die Collage der Gruppe ist in verschiedene Themenbereiche gegliedert: Umwelt und Naturschutz, Freunde und Freizeit, Partnerschaft und Familie, Gesundheit und ‚Luxus'. Zentral sind Schule und Bildung platziert. Bilder zum Thema Arbeit fehlen in der Collage. Das fällt den Teilnehmenden bei der Collagenbesprechung selbst auf und wird von ihnen ironisch kommentiert, man sei ja in der Schule und man wolle auch nicht arbeiten, man wolle nur shoppen.

Betrachtet man die Teilbereiche genauer, die den eigenen Lebensentwurf der Teilnehmenden betreffen, so fällt ein Lebensstandard auf, der durch ‚Mittelklasse-Niveau' gekennzeichnet ist (ein Mittelklassewagen; ein ‚Mittelklasse-Notebook'; ein dem Design des Etiketts nach zu urteilen mittelmäßiger Wein;

ein veredelter Fast-Food-Burger). Die Konsumgüter werden von den Teilnehmenden jedoch als *„Luxus"* bezeichnet. Das erscheint recht bescheiden, die Befragten bezeichnen damit aber offenbar einen Lebensstandard, der für sie schon über die Versorgung mit dem Nötigsten hinausgeht.

Abb. 10: Collage Kolleg-Hamburg-1

Eigene Darstellung (2012)

In der Partnerwahl hingegen zeigen sich die Befragungspersonen deutlich anspruchsvoller, hier werden von den Frauen Brad Pitt, Matt Damon und George Clooney als potenzielle Partner auserkoren, was als Hinweis darauf verstanden werden kann, dass sich die Teilnehmerinnen einen erfolgreichen Partner wünschen. Die beiden Männer in der Gruppe kommentieren das Bild unterschiedlich: während einer die Auswahl als überzogenen Anspruch an Perfektionismus kritisiert, wird vom anderen darauf verwiesen, dass er sich eine schöne Frau daneben geklebt habe. Der Lebensstil erscheint vorrangig hedonistisch geprägt, das heißt, er zielt vor allem auf Lust und Genuss, was sich auch in den Ferienbildern der Collage widerspiegelt.

Daneben gibt es Motive, die darauf verweisen, wie man sich die gesellschaftlichen Verhältnisse, in denen man leben möchte, vorstellt. Auffällig ist hier, dass die Welt aus leistungsstarken Menschen besteht, denen Alter und Krankheit scheinbar nichts anhaben können. Für die Frau mit der Waschmaschine etwa wird im Bildgespräch die Geschichte entworfen, dass sie die Waschmaschine gerade selbst in ihre Wohnung getragen habe. Zum Bild der Frau, die trotz Beinprothese erfolgreich Leistungssport betreibt, erläutert die Gruppe, dass man immer das Beste aus seiner Situation machen sollte.

Die Gesellschaft besteht, zumindest in der Collage, aus gesunden und leistungsstarken Individuen, die für ihren Erfolg selbst verantwortlich sind und trotz „handicap" erfolgreich sein können.

Eine andere Themenecke verweist motivisch auf Umwelt- und Klimaschutz. Hier ist auffällig, wie ästhetisch harmlos die Bildauswahl ausfällt, der Müllberg wirkt wie ein Kunstwerk, ein Eisbär macht eine Verbeugung vor einer Eismöwe, zwei Vögel füttern sich und ein Dalmatiner-Welpe schaut treu den Betrachter an. Insgesamt wirkt dieser Collagenteil wenig bedrohlich oder kritisch, eher harmonisch. Wenn hier Kritik geübt wird, dann über den Gegenentwurf einer unzerstörten, schönen und intakten Umwelt.

Im Diskussionsteil der Gruppenwerkstatt wurde das Thema „gesellschaftliche Konkurrenz" problematisiert. Die Teilnehmenden zeigten sich durch die gesellschaftlichen Konkurrenzverhältnisse stark belastet und sprachen viel über ihre jeweiligen Erfahrungen. Konkurrenz gehört offenbar nicht zu den gesellschaftlichen Wunschvorstellungen und findet sich dementsprechend auch nicht in der Collage. Das hinter der Konkurrenz stehende Leistungsprinzip scheint dagegen nicht in Frage gestellt zu werden, darauf verweisen die Sprinterin und die fitten Alten. Der Sieg der Sprinterin ist zwar ein Sieg über andere, die Gegner sind allerdings in dem gewählten Bildausschnitt nicht zu sehen, so dass das Motiv hier nicht als Symbol für Konkurrenz, sondern für Leistung interpretiert werden kann.

In der Collage zeigen sich deutliche Wünsche nach Harmonie, diese Wünsche können als implizite Kritik an den gesellschaftlichen Verhältnissen gedeutet werden, eine explizite Gesellschaftskritik wird in der Collage dagegen nicht formuliert. Die Handlungsmöglichkeiten verweisen eher auf Harmonieräume im Privaten, ohne gesellschaftlich innovatives Handeln anzuregen oder zu entfalten.

Anhaltspunkte für das Gesellschaftsbild

Die Gruppe orientiert sich am *Leistungsprinzip*. Leistung wird dabei als Möglichkeit gesehen, um sich in Konkurrenzsituationen zu behaupten. Dabei nimmt die Gruppe vor allem in den Arbeitskontexten von Ausbildungsberufen Konkurrenz wahr. Möglicherweise besteht nicht nur die Vorstellung, durch akademische Bildung bessere Chancen in Konkurrenzsituationen zu haben, sondern darüber hinaus die auch Hoffnung, man könne der Konkurrenzproblematik durch eine höhere gesellschaftliche Stellung ganz entkommen.

Das eigene Handlungsprinzip „Jeder ist seines Glückes Schmied" geht mit Eigenverantwortung und Individualisierung einher. Es setzt die Teilnehmenden unter Druck und erzeugt eine gewisse Isolation. Sie sehen sich als EinzelkämpferInnen. Schwierigkeiten und Scheitern werden als individuelle Herausforderung verstanden. Diese Herausforderung ermöglicht und erfordert zugleich Formen aktiver Bewältigung, vorrangig als individuelle Strategien. Die ‚Kehrseite' des Leistungsprinzips zeigt sich in Ausgrenzungen und Beschuldigungen gegen unterprivilegierte Milieus, denen die prekäre soziale Lage als Folge fehlenden eigenen Bemühens ausgelegt wird. In dem Maße, wie die Vorstellungen von individueller Handlungsfähigkeit und sozialem Aufstieg durch Leistung für die Teilnehmenden selbst glaubhaft bleiben sollen, kann die prekäre soziale Lage anderer möglicherweise nicht auf gesellschaftliche Strukturen und benachteiligende Mechanismen zurückgeführt werden, sondern muss durch individuelles Nicht-Wollen erklärt werden.

Für das Gesellschaftsbild dieser Gruppe lässt sich festhalten, dass die eigene Handlungslogik „Jeder ist seines Glückes Schmied" als gesellschaftlich allgemeingültig gesetzt wird. Soziale Ungleichheit wird so durch fehlende Leistung erklärbar. Brüchig wird die Leistungslogik an der Stelle, wo einzelne Teilnehmerinnen in der Frage der Geschlechtergerechtigkeit den Eindruck haben, selbst benachteiligt zu sein und dies durch Anstrengung und Leistung nicht ausgleichen zu können. Das individualisierte Leistungsprinzip wird aber aufrechterhalten, es finden sich keine kollektiven Handlungsmuster der solidarischen Unterstützung oder der Gegenwehr.

Zweite Erhebung

Zusammensetzung der Gruppe: Die Gruppenwerkstatt der zweiten Erhebung setzt sich aus Teilnehmenden zusammen, die aus beiden Kolleggruppen der ersten Erhebung stammen. An der zweiten Erhebung nehmen vier Teilnehmende aus der ersten hier vorgestellten Gruppenwerkstatt („Kolleg 2“) und eine Teilnehmerin aus der Gruppenwerkstatt „Kolleg 1“ teil. Die Teilnehmerin aus der Gruppe „Kolleg 1“ hat keinen schulischen oder beruflichen Abschluss, ist Single und kinderlos.

Themen und Verlauf der Gruppenwerkstatt

Zentrales Thema der zweiten Diskussion ist die Leistungsbewertung durch die Lehrenden.

- Leistungsbewertung

Kritisiert wird an der Leistungsbewertung am Kolleg vor allem, dass die Lehrenden ohne angemessene Bewertungskriterien urteilen würden. Zum einen würde eher aus einem diffusen Gefühl heraus, zum anderen über die ganze Person anstatt über konkrete Unterrichtsbeiträge geurteilt. Verbesserungen oder Verschlechterungen würden dadurch der Bewertung entgehen:

> „Aber ich glaub, dass das einfach so ist, dass manche Leute einen persönlich so und so einschätzen, die andern schätzen einen so und so ein. Und ich glaube, viele sind so vorbelastet, dass sie selbst die Personen, die eigentlich vom Niveau gleich sind, der einen Person ein besseres Niveau zuschreiben und der anderen ein schlechteres, weil sie einfach vom Gefühl her das so machen. Das werden die Lehrer natürlich nicht zugeben, aber ich denke schon, dass das so ist. (...) Ich merk es halt bei anderen Schülern ganz oft, wo ich selber dann denke: Och, das war doch ganz gut (...) und dann lässt der Lehrer an dem, sag ich mal, kein gutes Haar oder auch der umgekehrte Fall, merk ich bei mir persönlich sogar, wenn ich manche Sachen jetzt sage, die find ich persönlich gar nicht mal so doll, dann sagen die: (hohe Stimme) Oh, toll gemacht.“

Eine Benotung nach nachvollziehbaren Kriterien finde nicht statt *(„dass da irgendwie keine einheitliche Ordnung ist“).* Zum Beispiel werde im Hinblick auf Fehlzeiten oder Störungen im Unterricht mit zweierlei Maß gemessen. Entscheidend für die Benotung sei ein subjektiver Gesamteindruck, den die Lehrenden sich von den Lernenden bildeten. Dieser wird zum Teil als völlig willkürlich beschrieben, dabei bleibt unklar, worauf sich diese Einschätzung der Lehrenden eigentlich stützt:

> „Eine Einschätzung ist einfach extrem subjektiv: das Schlimme ist, da kann man ja auch nicht wirklich argumentieren, sondern der Lehrer, der hat von dir diesen Eindruck.“

Die Befragten ziehen zur Rechtfertigung unterschiedlicher Leistungen auch Begabung heran, betonen aber, dass es auf die Kombination aus Begabung und gutem Eindruck ankomme. Auffällig sei, dass die Lehrpersonen die KollegiatInnen gut bewerteten, die eine besondere Mühelosigkeit an den Tag legten:

„Sie denkt ja, das ist ganz oft so, dass wir dafür nichts tun müssen, aber ich sitz da genauso dran und muss mir das auch, äh (...) übersetzen und keine Ahnung und sitz dann da auch lange dran."

Der persönliche Eindruck der Lehrpersonen bestehe schon, bevor der Unterricht überhaupt angefangen habe. Er stütze sich auf die Bewerbung, alte Zeugnisse und den Lebenslauf, den die LehrerInnen genau studiert hätten: *„Ja, was Frau* (Name) *alles weiß, die* (lacht) *ist wirklich wie die Stasi, was das betrifft."*

Die Beurteilung nach subjektiven Eindrücken führe dazu, dass man in einer bestimmten Schublade lande und damit auf eine bestimmte Note festgelegt werde:

„Wenn man einmal in dieser Schublade ist, so ja, viel gefehlt, oder mal ein, zwei schlechte Noten geschrieben hat, dass man da ganz, ganz schwer wieder raus kommt und andersrum, wenn man einmal einen sehr positiven Eindruck hinterlassen hat, dann ist es ja auch sehr schwer, da wieder raus zu kommen."

Dieses Vorgehen wird als ungerecht betrachtet: *„Es gibt dann halt so wirklich ungerechte Sachen, die schwarz auf weiß passieren hier."* Weitere Gründe für die ungerechte Notenvergabe seien persönliche Kränkbarkeit der Lehrenden und deren unzureichende pädagogische Kenntnisse.

- Konkurrenz und Zusammenhalt im Kolleg

Nicht einig ist sich die Gruppe in Bezug auf den Zusammenhalt und die Zusammenarbeit im Kolleg. Von einer der eher ‚leistungsschwächeren' KollegiatInnen (von der Kollegiatin aus der Gruppe Kolleg 1) wird thematisiert, dass sie sich mehr gegenseitige Unterstützung wünschen würde. Statt *„Teamgeist"* gebe es eine Konkurrenz unter den KollegiatInnen, die sie nicht nachvollziehen könne: *„Manchmal kommt's mir echt so vor, als ob nur ein paar Abis zu vergeben sind."* Dem widersprechen die anderen Teilnehmenden, sie nehmen weder Wettbewerb noch Konkurrenz wahr: *„Das ist das einzige, was mir hier noch nie an der Schule begegnet ist, ist son extremer Wettbewerbsgedanke."* Sie räumen lediglich ein, dass durch das Kurssystem kein Zusammenhalt mehr bestehe und sich die Verbindungen gelockert hätten.

Die Tatsache, dass schon eine ganze Reihe KollegiatInnen die Weiterbildung abgebrochen haben und sich die TeilnehmerInnen nicht einmal mehr an alle Namen erinnern können, wird gleichgültig kommentiert: *„Ist ja eigentlich auch Wurst, ne"*. An dieser Stelle wird zwar unumwunden festgestellt, dass es nur eine kleine Gruppe bis zum Abitur schaffen werde: *„Also von dem ganzen Haufen, der sich hier anmeldet, letztendlich, die dann Abitur machen, das ist ja eine Handvoll."* Dies wird aber nicht als Wettbewerb oder Konkurrenz gesehen. Vielmehr führen die Befragten den Abbruch auf persönliche Gründe wie Fehleinschätzungen, das Setzten falscher Prioritäten, fehlender Rückhalt durch das Umfeld oder fehlende Motivation zurück.

- Moratorium

Der Besuch des Kollegs wird von den TeilnehmerInnen explizit als Moratorium wahrgenommen, das Veränderungen und persönliche Entwicklung ermögliche. Für diese Erfahrung habe man aber seine *„Komfortzone"*, d.h., seinen altbekannten Beruf und das damit verbundene sichere Einkommen hinter sich lassen müssen. Der neuen Einbauküche der berufstätigen Freunde wird die eigene Freiheit gegenübergestellt: *„Aber ich genieß es auch, irgendwie jetzt unabhängig zu sein, zwar mit wenig Geld, aber einfach machen können, was ich will."*

Zweite Collagen-Arbeit

In der Collage werden verschieden Themenbereiche aufgegriffen. Ein erstes Thema in dieser Collage sind Familie und Paarbeziehungen. Das Thema wurde zentral platziert (im Zentrum klebt ein Kind mit einem Schnuller, darum herum verschiedene Bilder von Familien und Paaren). Die Collage verweist auf verschiedene Familienmodelle (Klein- und Großfamilie, z.B. die „Waltons", eine Familie mit adoptiertem Kind), sie sind aber alle heteronormativ und zweigeschlechtlich.

Ins Auge fällt vor allem das Kind im Zentrum der Collage. Es trägt einen auffälligen und irritierenden Schnuller mit einem Schnurrbart. Genaugenommen handelt es sich um einen Moustache, der als Attrappe auch von Frauen getragen wird. Die ironisch gefasste maskuline Übertreibung bricht hier mit der Vorstellung originaler Männlichkeit und eröffnet so eine über Heteronormativität hinausgehende Perspektive. Zweigeschlechtlichkeit und Eindeutigkeit werden irritiert. Der Schnuller und der Schnurrbart bilden außerdem eine irritierende Kombination aus Erwachsensein/Reife einerseits und Baby/Unreife andererseits.

Die abgebildeten Menschen wirken fröhlich, harmonisch und glücklich. Auch die Generationenbeziehungen werden durch harmonisch und fürsorglich wirkende Motive dargestellt (z.B. durch eine Oma, die von einer jüngeren Frau, vielleicht ihrer Tochter, liebevoll auf die Wange geküsst wird). Andere Motive verweisen auf Leidenschaft und Sexualität in Paarbeziehungen (Frau in lasziver Pose). Die gesamte Darstellung liest sich wie ein Phasenmodell: Partnerfindung, Fortpflanzung und Familiengründung, Sorge für die ältere Generation. Während in der Diskussion die Familiengründung als ein Thema diskutiert wurde, mit dem sich die Teilnehmenden noch Zeit lassen wollten und eine Teilnehmerin angab, explizit keine Kinder haben zu wollen, tritt das Thema in der Collage deutlich in den Vordergrund.

Abb. 11: Collage Kolleg-Hamburg-2

Eigene Darstellung (2014)

Einen zweiten thematischen Schwerpunkt bilden ferne Länder und fremde Kulturen (Bildmotive von fernen Ländern; exotischen Gewürzen; Frau im Sari; Flusskreuzfahrtschiff mit Namen „Bengal Ganges“; Touristenboote am Kai eines Mittelmeerhafens). Daneben sind touristische Sehenswürdigkeiten abgebildet (Pyramiden; Eifelturm), die den Status „Weltkulturerbe“ besitzen. Die Sehenswürdigkeiten genießen einen durch die Unesco anerkannten Status und damit die Anerkennung als ‚legitime Kultur‘; passend dazu findet sich ein Stapel mit Büchern aus dem Diogenes- und Fischerverlag. Die fremde Kultur wirkt einladend, idyllisch; es finden sich keine Bilder von Slums, Armut, hoher Bevölkerungsdichte und Fremdheit. Die kulturellen Interessen wirken ‚gehoben-kultiviert‘ und distinktiv.

Eine der Teilnehmerinnen hat sich gegen Kinder ausgesprochen, liebt aber Hunde über alles und hat eine Auswahl verschiedener Hunde aufgeklebt, die nach Größe geordnet abgebildet sind. Auch hier gibt es kein Chaos, die Hunde sind sauber und schauen brav die Betrachtenden an; Kategorie: süß, unschuldig, keine Wachhunde.

Neben einer ‚Wellness- und Gesundheitsecke' (Yoga-Frau; gesundes Essen; Kneipp-Bad; Gesundheits- und Entspannungstipps) findet sich ein Motiv mit Gemeinschaftsgarten: Menschen sitzen in Parzellen in der Abendsonne, sie haben Fahrräder dabei. Der Mann im Vordergrund trinkt Wasser, kein Feierabendbier. Als Bank dient eine zusammengezimmerte Europalette.

Insgesamt wirkt die Szene improvisiert, schnell aufgebaut und asketisch, nicht an Geld und Luxus orientiert. Die ästhetische Symbolik steht hier im Einklang mit der in der Diskussion vertretenen Haltung, unreflektiertes Konsumstreben zurückzuweisen. Lediglich eine Teilnehmerin, die in der Gruppe häufig andere Standpunkte vertritt, schert auch hier aus dem Gruppenkonsens aus. Von ihr stammt ein Motiv mit Villa und Pool; sie positioniert sich offen materiell und an Luxus orientiert. In diese Ecke wurde zudem der Schriftzug „ich werde stärker" geklebt. Die Entspannung dient damit entweder dem Ziel der Stärkung und Selbsterweiterung oder es geht um die Kraft, erfolgreich weitermachen zu können. Stärker-werden könnte aber auch auf mehr Selbstsicherheit hinweisen, das Thema wurde auch in der Diskussion angesprochen.

In einer weiteren thematischen Ecke kleben eine Weltkarte mit Schriftzug „die Welt verstehen", ein Regenbogen über einer Hügellandschaft (mit Palmen im Vordergrund) und eine blonde Frau (vermutlich eine Ärztin) mit der Aufschrift „Pampers/Unicef". Die Frau in weißer Kleidung trägt ein wohlgenährtes und zufrieden wirkendes schwarzes Baby auf dem Arm. Die Szene symbolisiert Hilfe für arme Kinder in der sogenannten. ‚Dritten Welt', die Hilfe wird aber aus der ‚überlegenen' westlichen Position heraus dargestellt. Die Machtverhältnisse sind geklärt: weiß für machtvoll, schwarz für macht- und hilflos. Der Regenbogen erscheint wie aus einem Reiseführer oder Reiseprospekt. Die Teilnehmenden erklären dazu, dass sie hier Wissen über naturwissenschaftliche Zusammenhänge darstellen wollten *(„wie entsteht der Regenbogen")*. Insgesamt ließe sich aber fragen, inwieweit die Teilnehmenden gesellschaftliche Zusammenhänge, die nicht so ‚schön', vielleicht verstörend oder verzweifelt wirken, wirklich verstehen wollen oder ob sie sich auf harmonische Bilder und Erklärungen beschränken.

Zusammengefasst: In der Collage dominiert ein harmonischer Lebens- und Weltentwurf. Konflikte, Leid und Elend werden ausgeblendet bzw. nicht aufgegriffen. An die Stelle von Hedonismus, Clique und Party der ersten Collage sind hochkulturelle Interessen und der Sinn für das ästhetisch „Schöne" getreten. Die Teilnehmenden geben sich weltoffen, problembewusst und kultiviert, ohne sich aber in Problematisches involvieren zu lassen. Beziehungen werden als Familie und auf den gesellschaftlichen Nahbereich bezogen gedacht, alles scheint geplant und geordnet. Zentral ist das Ziel der heteronormativen Kleinfamilie als Lebensmittelpunkt. Angestrebt wird letztlich ein geordnetes bürgerliches Leben.

Das irritierende „Schnuller-Baby“ soll dabei möglicherweise den Anstrich von moderner und unkonventioneller Aufgeschlossenheit symbolisieren.

Veränderungen

Im Vergleich zur ersten Gruppendiskussion lässt sich eine deutliche Veränderung im Bildungsverständnis ausmachen. Die vormals eher instrumentellen Bildungsvorstellungen haben sich zu personaler Bildung verschoben. In der ersten Gruppendiskussion lag die Motivation, das Abitur nachzuholen, überwiegend in einer funktionalen Sichtweise begründet. Hauptsächlich ging es darum, sich durch Bildung besser zu qualifizieren, um den Verschlechterungen der Beschäftigungsverhältnisse zu entkommen, die man mit dem Ausbildungsberuf verbunden sah. In beruflicher und betrieblicher Bildung sahen die Teilnehmenden keine Perspektive, sondern das Abitur sollte bessere Berufsperspektiven eröffnen.

Im Gegensatz dazu sprechen sich die Teilnehmenden in der zweiten Gruppenwerkstatt für ‚Bildung als Selbstzweck‘ aus. Bildung nimmt in diesem Zusammenhang also einen zweckfreien Charakter an. Es scheint, als würde es nicht mehr hauptsächlich darum gehen, durch Bildung, die eigene Existenz zu sichern, sondern vielmehr darum, dass schulische Allgemeinbildung zu einer persönlichen Horizonterweiterung verhelfen soll. Die neuhumanistisch legitimierten Bildungsgegenstände, wie Philosophie und Dichtung, werden – bei Mitschwingen ironisierender Konnotationen – als etwas beschrieben, dass man um seiner selbst willen genieße:

> „Zum Beispiel jetzt mit Philosophie sich zu beschäftigen und was uns einfach hier gegeben wird, ne. Wir können hier nochmal so richtig, ähm, schwelgen (lacht) nochmal richtig lernen.“

Die Teilnehmenden verweisen sehr eindeutig darauf, dass ihnen am Kolleg eine allgemeine und höhere Bildung vermittelt wird, die ihnen in anderen Schulformen nicht zugänglich war:

> „Ich liebe die vier Stunden Latein, ich liebe die Reisen und ich fand das echt richtig, ähm gut, welcher Lehrer hat heute, also ich hatte das in meiner Realschule nich, dass en Lehrer sich wirklich die Arbeit gemacht hat, ähm, mit uns z.B. ins Theater zu gehen.“

Lediglich eine Teilnehmerin widerspricht der Vorstellung, dass man nun ganz frei sei und machen könne, was man wolle. Sie verweist auf bestehende Lehrpläne. Die übrigen TeilnehmerInnen teilen eine Vorstellung von Bildung, die von Zwängen und Notwendigkeiten abgekoppelt ist. Die Wirkung, die Bildung entfaltet, wird nicht als Wissenserwerb gesehen, sondern umfasst und erfasst die gesamte Person. Die KollegiatInnen erfahren durch schulische Erfolgserlebnisse eine Steigerung ihres Selbstwertes: *„Ich fühl mich auch, wie soll ich das be-*

schreiben, in meiner Haut wohler". Sie empfinden sich durch die Unterrichtsgespräche selbstsicherer:

> „Ich fühl mich jetzt auch selbstbewusster. (...) Und wenn mir jetzt jemand, sag ich mal mit Argumenten blöd kommt, dann gibt's halt zurück also (...) man kann halt viel besser argumentieren."

Die Befragten haben das Gefühl, dass ihre Leistung (im Gegensatz zum Zeitpunkt der ersten Gruppenwerkstatt) anerkannt und wertgeschätzt wird. Inzwischen haben sie einen anderen Status erreicht *(„den Status, dass man schon einiges geschafft hat und eigentlich gut ist")* und der für die Zukunft noch einiges verspricht: *„Jetzt find ich's einfach schön, dass man sich in Sachen verwirklichen kann, von denen man vielleicht nie zu träumen gewagt hätte."*

Sinnbildlich für eine die ganze Person umfassende Bildung steht für die KollegiatInnen die Bildungsreise. Neben einer Reise nach Krakau führen sie eine Reise nach Rom an, bei der sie ‚Bildung genossen' hätten und die zudem mit einem Aufenthalt im Kloster – dem Inbegriff von Askese – verbunden war:

> „Dann ne Woche durch Rom gezerrt, das war echt richtig gut und ähm, das kann man so gar nicht mehr, gar nicht nochmal kriegen, also das war zwar irgendwie ein Nonnenkloster und ähm, hatte man nicht viele Möglichkeiten, so großartig jetzt dem Luxus zu frönen, aber es war einfach richtig gut, weil man ähm, ja wirklich einfach Bildung gekriegt hat."

- Neuer Lebensstil und Abgrenzungen

Die Verschiebung von Freizeitinteressen hin zu Reisen und Theater- und Ausstellungsbesuchen ist von einer deutlichen Abgrenzung gegenüber früheren Interessen und den Interessen von früheren Freunden begleitet. Hinsichtlich des Konsumverhaltens zeigen die Teilnehmenden nun einen asketischen Stil, wobei sie entweder auf Qualität achten oder sich bewusst gegen bestimmte Markenprodukte aussprechen; abgelehnt wird der nicht-reflektierte materielle Konsum:

> „Auch so von der Menge her, also man kann sich ja entscheiden, ob man jetzt hochwertige Sachen, wenig, oder wirklich so viel und einfach nur weil's Spaß macht."

Bereits in der ersten Erhebung hatte die Gruppe bestimmte Fernsehformate für fraglich und für sich selbst als unangemessen betrachtet. Sie wurden als „Hartz-Vier-TV" bezeichnet. Die Sendungen wurden als Beleg und reales Abbild eines gesellschaftlichen Niveauverfalls betrachtet:

> „Ich find auch allgemein, dass der Respekt andern Leuten gegenüber, also nicht im Beruf, sondern allgemein, das wird immer niveauloser, finde ich (...). Allein schon, was man sich dann nachmittags im Fernsehen ansehen kann."

In der zweiten Erhebung beschreiben die KollegiatInnen nun ein Verhalten, das den überlegten und reflektierten Umgang mit Medien betont. Den Fernseher benutzten sie nur dann, wenn sie eine bestimmte Sendung anschauen möchten. Falls dort allerdings nur *„dieser Nachmittagsshit auf RTL"* komme, würden sie eher das Internet vorziehen, um an die gewünschten Informationen oder Sendungen zu kommen. Falls doch ein Programm wie RTL geschaut werde, würde das *„mit dem Wissen, dass es halt Schwachsinn ist"* angeschaut. In der zweiten Erhebung grenzen sich die KollegiatInnen von Personen ab, die bestimmte Sendungen im Fernsehen für Realität halten: *„Ich glaub, das gucken sogar einige, die denken dann, es ist alles echt, was da abgeht."*

Das Demonstrative in der Darstellung des neuen Medienkonsums *(„nee, ich guck auch gar kein Fernsehen mehr"* oder *„ganz, ganz wenig, ich hab seit einem Jahr auch schon keinen Fernseher mehr")* weist darauf hin, dass diese Praxis noch fremd ist und einiger Anstrengung und Mühe bedarf, um aufrechterhalten zu werden. Die formulierten Ansprüche werden bei der Nachfrage, ob die RTL-Sendung „Dschungelcamp" angesehen werde, relativ schnell brüchig *(„naja, ich hab's zweimal gesehen", „bin dabei", „ja, ich auch", „drüben bei meiner Schwester, ja").*

Lernen und Bildung

Die Gruppe setzt weiterhin auf das Leistungsprinzip. Die Bewältigung der Weiterbildungssituation wird nach wie vor als individuelle Herausforderung wahrgenommen und der erfolgreiche Abschluss des Kollegs vor allem von der Stärke der eigenen Motivation abhängig gemacht. Die Gruppe vertritt, bis auf eine Ausnahme, weiterhin den Standpunkt, es gebe keine Konkurrenz unter den KollegiatInnen. Angesichts der hohen Abbruchquoten und der zentralen Bedeutung, die das Thema Leistungsbewertung und Notengebung für die Befragten hat, kann das nur als Leugnung von Konkurrenz betrachtet werden. Die Abhängigkeit von Bewertungen durch die Lehrpersonen wird jedoch zum heiklen Thema. Die Teilnehmenden haben den Eindruck, dem Leistungsprinzip werde nicht Folge geleistet, sondern es werde nach subjektiven Vorlieben und persönlichem Eindruck der Lehrpersonen geurteilt.

Lernen tritt in der Diskussion in den Hintergrund, wichtiger sind Bildungsvorstellungen, die auf personale Bildung und Horizonterweiterung zielen. Bildung ist in diesem Verständnis Selbstzweck. Sichtbar wird eine asketische Haltung, die an Selbstverwirklichung und Freiheit interessiert ist und auf Konsum und Luxus verzichtet.

Die hohe Bewertung personaler Bildung hatte sich schon in der ersten Erhebung angedeutet, dort wurde z.B. das Abitur als Allgemeinbildung deutlich von beruflicher Weiterbildung und funktionaler Qualifizierung abgegrenzt. In der ersten Erhebung sollte das Abitur nichtsdestoweniger zur Verbesserung der beruflichen Stellung und dem sozialen Aufstieg dienen. Davon ist Bildung in der zweiten Erhebung abgekoppelt, indem sie stärker Selbstzweck sein soll. Gleichwohl könnte Bildung, als Bildung der gesamten Person, dennoch Teil eines Aufstiegsprojekts sein, darauf weisen zumindest die Abgrenzungen gegen alte Freunde aus dem Herkunftsmilieu hin. Diese Gruppe betont deutlicher als andere Gruppen des Samples den Moratoriums-Charakter ihrer Weiterbildungsphase. Die Frage der beruflichen Stellung, die einen sozialen Aufstieg festigen und dokumentieren würde, ist zum Zeitpunkt der zweiten Erhebung suspendiert und wird zum Abschluss hin wieder relevanter werden.

Anhaltspunkte für eine Transformation des Gesellschaftsbildes

Zentraler und normativer Orientierungspunkt ist für die Teilnehmenden das *Leistungsprinzip.* Die meritokratische Gesellschaft bildet jedoch weniger die wahrgenommene Realität ab, sondern einen Zustand der Gesellschaft, wie sie sein sollte. In der gesellschaftlichen Realität sehen sich die Teilnehmenden noch mit anderen Strukturierungsprinzipien konfrontiert. In der ersten Erhebung stand die Konkurrenz auf dem Arbeitsmarkt im Vordergrund. Die Qualifizierung sollte die Chancen in diesem Wettbewerb verbessern. In der zweiten Erhebung verweisen die Beschreibungen der Befragten, dass es den Lehrpersonen bei der Leistungsbewertung vor allem auf den Gesamteindruck ankomme darauf, dass ein weiteres wirksames Strukturierungsprinzip wahrgenommen wird. Was die Diskussionsteilnehmenden erfahren und umschreiben, sind Unterscheidungen, Klassifizierungen und Diskriminierungen, die über soziale Ungleichheitskategorien wie soziale Herkunft, Habitus, Lebensstil, Klassen- bzw. Milieuzugehörigkeit erfolgen. In diese Klassifizierungen sind die Lehrpersonen verwickelt, ohne dies unbedingt zu reflektieren. Anstelle des erwarteten und geforderten Leistungsprinzips werden Teilhabe und Anerkennung am Kolleg darüber geregelt, ob eine Nähe bzw. Distanz zum ‚legitimen', d.h., legitimierten Bildungsverständnis sowie zur ‚legitimen' kulturellen Praxis und Lebensführung der am Kolleg dominierenden Milieus besteht. Zum überwiegenden Teil reagieren die Befragten auf diese ‚Erkenntnis' mit einer demonstrativen, fast beflissenen Aneignung und Übernahme der geforderten und erfolgversprechenden Praxis.

4.5.2 Fallprofil „Kolleg I und II" (Essen)

Die Kolleggruppen im Duisburg-Essener Projektteil sind ein weiteres Beispiel für die Rekonstruktion eines weitgehend ungebrochenen *meritokratischen Gesellschaftsbildes*. Darin zeigen sich Parallelen zu den Kolleggruppen im Hamburger Projektteil. Das Nachholen schulischer Abschlüsse ist insgesamt stark von Leistungsvorstellungen durchzogen (vgl. hierzu 4.5.1, 4.5.3 u. 5.1).

Erste Erhebung

Zusammensetzung der Gruppen: An den zwei Erhebungen, die in der ersten Erhebungswelle des Duisburg-Essener Projektteils an einem niedersächsischen Kolleg des Zweiten Bildungswegs durchgeführt wurden, nahmen jeweils sechs Personen (je vier Frauen und zwei Männer) im Alter von 21 bis 26 Jahren teil. Die Themen waren in beiden Untersuchungsgruppen etwas unterschiedlich, die Haltungen, die dabei sichtbar wurden, jedoch relativ übereinstimmend.[12] Die Befragten streben die allgemeine Hochschulreife bzw. Fachhochschulreife an. Sie haben vielfach schulische und berufliche Umwege durchlaufen, etwa die Hälfte hat Berufsausbildungen abgeschlossen, überwiegend aber nicht in diesen Berufen gearbeitet.

Im Vordergrund der Motivation für den Kollegbesuch steht, bislang Versäumtes nachzuholen *(„immer schon irgendwie Abitur machen“)* und/oder sich nach unbefriedigenden beruflichen Erfahrungen neue berufliche Optionen (z.B. durch ein Studium) zu ermöglichen. Bei einigen scheint es sich um eine verlängerte Adoleszenzphase zu handeln; die beruflichen und persönlichen Suchbewegungen sind noch nicht abgeschlossen. Der Kollegbesuch wird als Moratorium gesehen und ist mit Erwartungen an eine berufliche wie persönliche Neuorientierung verbunden.

Themen und Verlauf der Gruppenwerkstatt

Zentrales Thema der Gruppe ist die Chancengerechtigkeit der Gesellschaft bzw. des Bildungssystems.

- Chancen- und Leistungsgerechtigkeit

Die Gruppe kreist in ihrer Diskussion sehr lange um die Frage, wie chancen- und leistungsgerecht das Bildungs- bzw. Weiterbildungssystem und die Gesellschaft sind. Die Gesellschaft erscheint den meisten für soziale Aufstiege offen, Konsens besteht in der Erwartung bzw. Hoffnung, dass Bildungsleistungen belohnt werden. Kontrovers diskutiert die Gruppe, ob das Leistungsprinzip mit Chancengerechtigkeit einhergeht oder ob herkunftsbedingte Benachteiligungen wahrgenommen werden.

Eine Teilgruppe argumentiert nach dem Motto: ‚Jeder ist seines Glückes Schmied‘ und hat das Schicksal selbst in der Hand. Unabhängig von der sozialen Herkunft könne durch Leistung, Wille, Anstrengung und Disziplin im Grunde (fast) alles erreicht werden. Bildungs- und Aufstiegsentscheidungen werden als eine Frage bewusster Entscheidung gedeutet: *„Dann musst du dein Denken ein-*

12 Ausführlich ausgewertet wurde nur die Gruppe „Kolleg I“, darauf bezieht sich der erste Teil des Fallprofils.

schalten.“ Die dafür notwendigen ‚Tugenden‘ müssen erworben werden. Wem dies nicht gelinge, der habe sich nicht genügend angestrengt; es sei keine Schwäche des Bildungssystems. Überwunden werden muss vor allem der eigene Hedonismus:

> „Du kannst doch aus jeder Situation irgendwie rauskommen und das Beste draus machen. (...). Und wenn du halt erst mal (...) ganz unten anfangen musst, kannst du es trotzdem machen.“

Eine andere Teilgruppe hält dagegen an der Einschätzung fest, dass die gesellschaftlichen Ausgangsbedingungen nicht für alle gleich sind: *„Dieses Märchen von ner gesellschaftlichen Gleichberechtigung, dass man alles erreichen kann.“* Sie kritisieren Vorstellungen von Chancengerechtigkeit als Illusion, das persönliche soziale Umfeld eröffne oder verschließe Möglichkeiten: *„Da spielt trotzdem das Umfeld ne Rolle. Wenn man von den anderen gar nicht mitkriegt, dass man weiterkommen kann.“* In den Augen dieser Teilgruppe ist das Bildungssystem nicht immer gerecht, weil nicht alles transparent gehalten werde. Unwissenheit wird dementsprechend entschuldigt:

> „Wenn man den Abschluss hat, dann denkt man ja, man hat die Schulbildung gemacht ne, dann weiß man ja nicht, ob die jetzt besser war oder schlechter als an anderen Schulen.“

Aber auch diese Befragten gehen von Eigenverantwortlichkeit aus und machen das Scheitern letztlich zu einer Frage von persönlicher Schuld oder Nicht-Schuld. Wer sich nicht kümmert, wenn man sich informieren könnte, handelt fahrlässig und wird notwendiger- und berechtigterweise vom System selektiert.

- Mithalten mit Leistungsanforderungen

Bei allen Befragungspersonen zeigen sich Unsicherheiten hinsichtlich der Frage, ob sie den Leistungsanforderungen im Feld der akademischen Bildung genügen können: *„Ich hatte echt richtig, richtig, richtig Schiss (...). Weil ich total Angst hatte, dass irgendwie alle mir total voraus sind.“* Hier betreten sie Neuland, erwarten eine *„klare Linie in der Unterrichtsstruktur“* und kritisieren unklare Rückmeldungen: *„Dann weißt du nicht, ob das völliger Schwachsinn is oder ob das jetzt voll die brillante Leistung war.“*

Die Gruppe setzt solidarische Handlungsmuster ein, um die Anforderungen zu bewältigen, Ziel ist der kollektive Erfolg: *„solidarisch alle unterwegs. (...), dass wir gemeinsam alle wieder auf das Niveau kommen, welches in der Stunde gefordert wird. (...) Es is so ne gemeinschaftliche Sache.“* Allerdings gilt diese Solidarität vorwiegend nur für Gleichgesinnte, gegen weniger motivierte MitschülerInnen verlaufen Abgrenzungen. Die Gruppe ist sich einig, dass Leute, *„die echt selten, äh, am Unterricht teilnehmen (...), halt immer so drei Tage da,* *zwei Tage nicht"*, das Vorankommen im Unterricht und damit alle anderen behindern. Sichtbar wird die Sorge von BildungsaufsteigerInnen, die meinen, es sich nicht leisten zu können, wegen der Lässigkeit anderer im Unterrichtsstoff der Einführungsphase hinterherzuhinken und dann im Kurssystem, Probleme zu bekommen. Das Leistungs- bzw. Anforderungsniveau sei hoch, wird mehrfach betont. Um gute mündliche Noten zu erreichen, sei es zudem wichtig, *„dass man weiß, worauf möchte die Lehrerin oder der Lehrer hinaus."*

- Bildungsforderungen, Bildungsversprechen und Bildungslügen

In der Gruppe besteht die Wahrnehmung, dass Bildung und Weiterbildung eine gesellschaftliche (und elterliche) Forderung darstellen, der man sich nur schwer entziehen könne, und dass *„es schon fast verpflichtend ist, Abitur zu haben"*, um eine Chance auf dem Arbeitsmarkt zu haben: *„Mach ne Ausbildung oder Abitur, irgendwas. Es is immer gefordert (...) dieses lückenlose ineinander greifen."* Gleichzeitig sehen die Teilnehmenden die Bildungsabschlüsse auch entwertet:

> „Abitur als Einzelhandelskaufmann, wo man Käse einräumt und äh Wurstpaletten wegschiebt und so (...), das wird einfach ausgenutzt, dass dieses Denken jetzt da is, ich muss Abitur haben und ohne Abitur bin ich nichts."

Mit Weiterbildung ist einerseits ein gesellschaftliches Versprechen verbunden, dass Bildung zu *„etwas Besserem"* führe. Andererseits sieht die Gruppe Bildung und Weiterbildung zu einer Ware ‚verkommen', die vermarktet werde, wie jedes andere Produkt. Die Teilnehmenden haben sehr enttäuschende Erfahrungen mit privaten Bildungsanbietern gemacht *(„teuer bezahlte Mogelpackungen")*. Stattdessen vertrauen sie nun auf staatlich geförderte Bildung wie am Kolleg. Diese wird als solide und seriös und als wirklich gute Vorbereitung auf ein Studium angesehen.

- Wahrnehmung einer offenen Gesellschaft

Die Gesellschaft wird als offen für eine Vielzahl von Möglichkeiten angesehen, Bildung gilt als Zugangsschlüssel dafür. Einige sehen milieuabhängig in der Vielfalt der Möglichkeiten ihre Chance, sich nach eigenen Interessen selbst verwirklichen zu können:

> „Wir haben nur das eine Leben (...). Und es gibt so viel auf dieser Welt, was man lernen kann und viele verschiedene Studiengänge, das Interesse muss doch bei einem normalen Menschenverstand vorhanden sein, dass man sich nicht unbedingt in seinem Beruf weiterbildet oder in irgendeiner Sache, womit man Geld verdient, sondern einfach für seine eigenen Interessen."

Andere fühlen sich mit dem *„krassen Überangebot"* an *„tausend Möglichkeiten"* überfordert und haben Sorge, die Orientierung zu verlieren. Sie suchen am Kolleg nach einer beruflichen Perspektive, die ihre Existenz absichert.

In der Collage der Gruppe werden vor allem Veränderungen, Dynamik, Suche und Lust auf Neues betont. Belastendes und Behinderndes soll zurückgelassen werden. Die Lebensentwürfe gehen mit zuversichtlichen Erwartungen einher.

Auffällig ist die Vehemenz mit der Chancen- u. Leistungsgerechtigkeit zum Teil verteidigt werden. Viele in der Gruppe scheinen längere Zeit dem Lustprinzip und ihrem jugendlichen Hedonismus gefolgt zu sein, inzwischen wird asketische Selbstdisziplin gefordert: *„Also wer hart arbeitet und dran glaubt und auch nich irgendwie von abkommt, der hat auf jeden Fall immer die Chance.“* Auch im Vertiefungsteil wird Disziplin zum Thema gemacht *(„Disziplin, Selbstständigkeit und Überwindung“).*

Hinweise auf Habitus und Gesellschaftsbild

Die Gruppe geht von einer offenen und dynamischen Gesellschaft aus und vertritt ein *meritokratisches Gesellschaftsbild.* Dieses wird von einer Teilgruppe als chancengerecht vertreten, eine andere sieht herkunftsbedingte Benachteiligungen und Grenzen des Möglichen. Erstere Fraktion argumentiert personal differenzierend, ein mögliches Scheitern liegt in der Eigenverantwortung und im Verschulden des Einzelnen. Die andere Fraktion argumentiert systemdifferenzierend: das System gleiche soziale Benachteiligungen nicht unbedingt aus, weist aber dem Einzelnen auch eine hohe Eigenverantwortung zu. Zum Gesellschaftsbild gehört zudem ein sehr positives Bild vom Staat. Er gilt als Garant für verlässliche, geordnete und sozial abgesicherte Verhältnisse.

Das meritokratische Gesellschaftsbild ist Hoffnung und Glaube, das asketische Leistungsprinzip ein Anspruch, dessen Realisierung allerdings noch offen ist. Gefordert ist die Akkulturation eines den Anforderungen der Bildungsinstitution entsprechender „sekundärer Habitus“. Der Glaube an die Realisierung ist jedoch gleichzeitig notwendig, um am Aufstiegsstreben und der Bildungsanstrengung weiter festzuhalten.

Zweite Erhebung

Zusammensetzung der Gruppe: An der zweiten Diskussion nehmen fünf Personen (vier Frauen, ein Mann) aus der ersten Erhebung teil (drei aus der Gruppe Kolleg I und zwei aus der Gruppe Kolleg II). Die anderen Befragten sind noch am Kolleg, konnten oder wollten aber wegen Klausurvorbereitungen nicht an der Diskussionsrunde teilnehmen.

Themen und Verlauf der Gruppenwerkstatt

In der zweiten Diskussionsrunde stehen Unzufriedenheiten mit dem Kollegbesuch im Vordergrund.

- Probleme des Übergangs

Die Befragten kritisieren vor allem die ungleiche Handhabung des Lehrplans in den verschiedenen Einführungsklassen. Dies führe zu Vor- oder Nachteilen beim Eintritt in das Kurssystem (Qualifizierungsphase). Es mangele an koordinierenden Absprachen zwischen den Lehrpersonen, jede(r) handhabe den Unterricht und Lernstoff nach eigenem Gutdünken: *„In Französisch: der eine Lehrer geht überhaupt nicht nach dem Buch. Der macht halt immer was anderes. Und die anderen halten sich streng ans Buch."* Einige finden daher, die Einführungsphase bereite insbesondere in den naturwissenschaftlichen Fächern nicht auf das Niveau der Qualifizierungsphase vor: *„dass viele (...) in den ersten Monaten erst mal vor ner Wand standen und en großes Problem damit hatten."*

Die Teilnehmenden verstehen das unkoordinierte Vorgehen nicht und suchen nach Erklärungen dafür. Unterschiedlich ist, wem die Verantwortung angelastet wird, einige sehen diese bei einzelnen, insbesondere älteren LehrerInnen, die sich ignorant verhalten, andere ein Problem im System (keine verbindlichen Absprachen in Lehrkonferenzen).

- Zu wenig Leistungsdruck, zu viel Rücksichtnahme

Sehr schnell entwickelt sich ein Konsens dazu, dass die Rücksichtnahme auf langsamere KollegiatInnen zum Nachteil für viele andere wird. Die Teilnehmenden sehen die Ursache der Übergangsprobleme im zu geringen Leistungsdruck während der Einführungsphase und betrachten diese retrospektiv als *„Verhätschelung"* und Ungerechtigkeit. Sie sprechen sich sehr deutlich dafür aus, den Druck anzuheben, auch wenn dann einige KollegiatInnen auf der Strecke blieben:

> „Is das größere Opfer vielleicht mit ein, zwei Einbußen zu leben, dass Schüler sitzen bleiben, weil sie nich hinterher kommen oder is es das größere Opfer siebenundzwanzig Leute unter nem anderen Wissensstand in die Qualifikationsphase zu entlassen? Wo is da der pädagogische Auftrag der Lehrer und was macht man eher? Kümmert man sich drum, dass man alle gut durch die E-Phase bekommt? Oder macht man's so, dass man den Wissensstand beibehält und angleicht und schaut, dass alle gerecht unter den gleichen Bedingungen anfangen in der Qualifikationsphase?"

Veränderungen

- Wahrnehmung von Konkurrenz und Vereinzelung

Mit Eintritt in das Kurssystem ändert sich nicht nur das Anforderungsniveau, die Teilnehmenden beschreiben eine verstärkte Konkurrenz. Diese wurde bereits in der Einführungsphase wahrgenommen, hier konnte aber auf den kollegial-solidarischen Klassenzusammenhalt und auf gegenseitige Unterstützung zurückgegriffen werden. Diese Möglichkeiten sehen die Teilnehmenden nun nicht mehr. Die strukturellen Bedingungen seien dafür nicht mehr gegeben (keine Klassengemeinschaft mehr, neue Zusammensetzung in den Kursen, weniger gemeinsame Unterrichtszeit). Stattdessen nehmen sie eine starke Vereinzelung wahr und meinen, sich im Einzelkampf behaupten zu müssen:

> „Wenn du dann in der Qualifikationsphase bist unter Konkurrenz anderer und die nen ganz anderen Wissensstand haben, dann bist du schon sehr benachteiligt (...). Weil es nen Unterschied macht, ob man vielleicht in ner bekannten Gruppe (...) sitzt und sich da äußert oder ob man vielleicht komplett für sich alleine is."

Um auf die Konkurrenz gut vorbereitet zu sein, wird aus der Perspektive der BildungsaufsteigerInnen mehr Leistungsdruck in der E-Phase gefordert: *„Dann hab ich nen gutes Training gehabt und ich komm hinterher"*. Der Kampf um gute Noten schließt für die Befragten ein engeres Gemeinschaftsverhalten aus.

Fast trotzig wird aber daran festgehalten, dass bei ausreichend starkem Willen der Aufstieg durch Leistung und Bildungsanstrengung gelingen kann:

> „Das is wirklich eine Frage des Willens, es is auch vielleicht eine Frage der Persönlichkeit, ne? Wer will, der schafft das. Da bin ich mir ganz sicher. Immer noch."

Bildung und Lernen

Ein weiterer Kritikpunkt betrifft die Art und Weise, wie Bildung und Wissen am Kolleg vermittelt werden.

- Problem „Operatoren"

Die Gruppe kritisiert, dass an die Stelle inhaltlicher Auseinandersetzung und Wissensaneignung die richtige Anwendung von Methodentechniken und vorgegebenen Arbeitsaufforderungen (Operatoren) getreten sei, die mit der Einführung des Zentralabiturs aufgenommen wurden, um die Bewertungen zu ‚objektivieren' und vergleichbar zu machen. Es handelt sich dabei um für jedes Unterrichtsfach vorgegebene und definierte Handlungseinweisungen (was z.B. unter Aufforderungsverben wie erläutern, darstellen, begründen im konkreten Fach zu verstehen ist).[13] Was zunächst als Ignoranz einer Lehrperson kritisiert wird, die sich nicht auf die Anwendung von Operatoren einlassen und damit in den Augen der Betroffenen das Abitur gefährdet *(„bei uns im Deutschunterricht gibt es keine Operatoren"),* wandelt sich zu einer allgemeineren Kritik an überalterten

13 Die Anwendung der Operatoren wird offenbar je nach Bundesland unterschiedlich ernsthaft umgesetzt. In Niedersachsen und insbesondere am Kolleg der Untersuchung scheint die Anwendung der Operatoren einen besonders hohen Stellenwert zu haben (vgl. Niedersächsischer Bildungsserver: http://www.nibis.de/nibis.php?menid=3615; zuletzt aufgesucht 18.02.15). Im Hamburger Projektteil wurde nichts von Operatoren berichtet.

Lehrpersonen, denen niemand beikommen könne und deren Macht sich die KollegiatInnen aufgrund von Benotungen weitgehend handlungsunfähig ausgeliefert sehen.

Darüber hinaus wird aber die Art und Weise des Abiturerwerbs generell kritisiert. Das Abitur reduziere sich auf den richtigen Umgang mit Operatoren. Für die Befragten ist dies eine herbe Enttäuschung, inzwischen haben sie sich pragmatisch bis resignativ darauf eingestellt:

> „Hier lernst du Operatoren. Und das is alles. Die Abiturprüfung ist die Abprüfung deiner Kompetenz in Operatoren zu benutzen. Und das is das Abitur. (...) Aber im Endeffekt geht's ja nur darum, den Wisch zu haben und dann ordnet man sich da unter und dann lernt man diese Operatoren und danach is gut und der Nächste soll sich dann bitte mit den Systemschwierigkeiten auseinander setzen."

Darüber hinausgehende Bildungserwartungen, die in der ersten Diskussionsrunde noch geäußerten wurden (z.B. Spaß am Lernen, Selbstverwirklichung durch Bildung, Interesse, viel mitnehmen) werden auf das Studium verschoben. Bei einer Kollegiatin führt die Enttäuschung allerdings zum vorzeitigen Verlassen des Kollegs:

> „Für mich persönlich muss ich sagen, dass ich sehr enttäuscht bin, von diesem ganzen Weg, (.) also klar ist die Entscheidung die richtige gewesen, (...) aber gerade diese Qualifikationsphase hat mir gezeigt (...), für mich sind die Schwerpunkte einfach falsch gesetzt, für mich (.) is es einfach nicht so, wie ich es mir vorgestellt habe und deswegen hab ich mich auch entschieden, nach diesem Jahr mit dem Fachabitur aufzuhören."

Das Feld der allgemeinen Bildung hat sich in der gymnasialen Oberstufe in Richtung Standardisierung und Formalisierung verändert. Sowohl Lehrpersonen als auch KollegiatInnen, die über ein weitergefasstes Bildungsverständnis verfügen, geraten dadurch in ein Dilemma bzw. in einen Konflikt. Der erfolgreiche Abschluss erfordert eine Anpassung an die Formalisierung. Für widerständiges Verhalten fehlen offenbar (auf beiden Seiten) erfolgreiche Strategien, Macht und kollektiver Zusammenhalt.

Habitus und Gesellschaftsbild

In dieser Gruppe ist keine Transformation des Gesellschaftsbilds erkennbar. Es besteht weiterhin das Bild einer *meritokratischen Gesellschaft*, die nach Leistung strukturiert ist. Die Vorstellungen vom chancengerechten Aufstieg durch Leistung und Bildungsanstrengung haben sich in der zweiten Diskussion bestätigt bzw. noch verstärkt, ebenso die asketische Leistungsorientierung. Zugenommen haben Individualisierung und konkurrenzorientiertes Verhalten, an die Stelle von Rücksichtnahme und kollektiv-solidarischen Handlungsmustern ist der Einzelkampf getreten. Die Bildungserwartungen beschränken sich nun weitgehend auf den Abschluss. Weitergefasste Erwartungen werden auf ein mögliches Studium verschoben.

4.5.3 Fallprofil „HauptschülerInnen" (Essen)

Eine weitere Gruppe aus dem allgemeinbildenden Weiterbildungsbereich zum Nachholen schulischer Abschlüsse ist die Gruppe „HauptschülerInnen". Die Gruppe vertritt mehrheitlich das Bild einer *meritokratischen Gesellschaft*, in der durch Bildungsanstrengungen gesellschaftliche Integration und Aufstieg erreicht werden können. Gleichzeitig wird ein gesellschaftliches *Herrschaftssystem* wahrgenommen, das nach sozialer und ethnischer Herkunft, nach Geschlecht und Religion sozial benachteiligt.

Erste Erhebung

Zusammensetzung der Gruppe: An der ersten Diskussionsrunde nehmen fünf Frauen und ein Mann teil. Sie sind 22 bis 41 Jahre alt und gehören unterschiedlichen Nationalitäten an. Eine weibliche Befragungsperson und der junge Mann (mit afghanischem Migrationshintergrund) besitzen die deutsche Staatangehörigkeit. Die anderen Frauen sind formal Ausländerinnen, verfügen aber über ein Bleiberecht. Zum Teil bestehen noch Sprachschwierigkeiten. Die Frauen haben ein bis drei Kinder und sind überwiegend alleinerziehend. Die Teilnehmenden haben bislang keinen in Deutschland anerkannten Schulabschluss erworben und wollen diesen nun durch die Bildungsmaßnahme an einer Volkshochschule nachholen. Sie gehen anschließend für ein halbes Jahr in einen beruflichen Ausbildungsvorkurs ihrer Wahl (technisch, pflegerisch, kaufmännisch). Unter bestimmten Voraussetzungen (gute Leistungen) kann die Finanzierung zu einer qualifizierten Ausbildung mit zweijähriger Laufzeit verlängert werden. Die Teilnehmenden erhalten während der Bildungsmaßnahme Leistungen nach SGB II zur Finanzierung des Lebensunterhalts. Sie waren in unterschiedlichen, oft schlecht bezahlten angelernten Jobs tätig und in der Regel bereits in dieser Zeit auf staatliche Transferleistungen angewiesen.

Themen und Verlauf der Gruppenwerkstatt

Zentrale Themen der HauptschülerInnengruppe sind Autonomie und Selbstbestimmung sowie das Erlangen eines anerkannten gesellschaftlichen Status.

- Befreiung aus erzwungener Hilfsbedürftigkeit – Autonomiegewinn

Die TeilnehmerInnen diskutieren zunächst ihre biographischen Erfahrungen und die Motive, die zur Kursteilnahme geführt haben. Dabei steht eine aus Sicht der

Befragten erzwungene Hilfsbedürftigkeit im Vordergrund. Die ausländischen Frauen fühlen sich als Asylantinnen sehr stark eingeschränkt: *„Und wenn man als Asylant hier kommt, darfst du gar nichts, kannst du auch nichts."*

Ein starkes Motiv für die Kursteilnahme ist das Streben nach Selbstbestimmung. Insbesondere die Frauen möchten ihren Lebensunterhalt selbst verdienen und ein geordnetes, respektables Leben führen, sehen sich aber gezwungen, staatliche Hilfe anzunehmen: *„Ich will Arbeit, nee darfst du nicht."* Sowohl der fehlende Schulabschluss als auch der Migrationshintergrund führen aus ihrer Sicht zu Entmündigung, Macht- und Wehrlosigkeit. Der Kursbesuch bedeutet ihnen daher sehr viel, *„fast alles"*, er stellt einen Neubeginn dar und soll aus der abhängigen Situation herausführen:

> „Manchmal verlierst du dein Selbstbewusstsein. (...) wenn ich mein Geld selber verdien, dann kann ich für mich selber entscheiden, (...) wenn du nicht für dein Leben selber bestimmen kannst, ist die Frage, wer bist du? Du bist nix."

Zum Eindruck von Machtlosigkeit trägt auch die Vergabepraxis von Bildungsgutscheinen bei. Die Teilnehmenden nehmen zwischen Personal und Klientel der Arbeitsagenturen und Jobcenter ein Herrschaftsverhältnis wahr: *„Ja, manche sitzen da auch, als würden die gerade über dich regieren und sind über dir."* Einige haben um den Bildungsgutschein gekämpft und so lange Widerstand geleistet, bis ihnen andere SachbearbeiterInnen zugewiesen wurden:

> „Ich hab gesagt: Ich geh nicht! Wenn ich geh, muss ich noch ein Jahr zu Hause warten. (...) Dann hab ich ein bisschen versucht, Lärm dort zu machen, damit andere Leute verstehen, was dort passiert. Später hab ich einen Brief bekommen, wo ich bin in ein anderes Jobcenter."

Die Teilnehmenden berichten von rassistischen Diskriminierungen: *„wenn man sieht, dass du schwarz bist, kannst du nur putzen."* Diese werden aber teilweise relativiert. Jedes Land habe *„seine Stempel, hier in Deutschland, in Brasilien oder Afghanistan oder in Afrika."*

- Versäumtes Nachholen

Die Teilnehmenden möchten mit dem Kurs bisher Versäumtes nachholen. Dies betrifft sowohl den Schulabschluss als auch eine qualifizierte Berufsausbildung. Die zwei deutschen Teilnehmenden erklären den fehlenden Schulabschluss durch persönliches Fehlverhalten und lasten dies nicht dem Bildungssystem an *(„schlechter Umgang, Schule schwänzen, keinen Bock")*. Die anderen erklären, dass sie in den Herkunftsländern vorzeitig von der Schule genommen wurden und früh arbeiten mussten: *„Ich war, weiß ich nicht, zehn oder elf und musste in Restaurant arbeiten gehen."* Darüber hinaus holen einige Teilnehmende mit dem Kurs aber auch etwas von der nicht selten verpassten, unbeschwerten Kindheit und Jugend nach. Der Kurs stellt für sie insofern ein Bildungsmoratorium dar:

> „Ja, ich hab Freude daran, hier zur Schule zu kommen (...) und die netten Leute hier zu treffen. Und zu lachen, Spaß zu haben, was zu lernen oder sich zu unterhalten und albern zu sein, was man zu Hause ja nicht so hinkriegt.“

Die Schule ermöglicht demnach einen Austausch mit anderen und hebt bei einigen die häusliche Isolation auf.

Bildung und Lernen: Vorbild sein

Ein wichtiges Motiv, die Bildungsanstrengung auf sich zu nehmen, ist vielfach der Wunsch, den eigenen Kindern ein Vorbild zu sein. Sie sollen zu Bildung und Lernen ermutigt und auf ihrem Bildungsweg unterstützt werden. Daran geknüpft ist die Hoffnung auf bessere Zukunftschancen für die Kinder:

> „Ich möchte ja für meine Tochter auch ein Vorbild sein und ihr helfen. (...). Von meiner alten Schule wusste ich gar nichts mehr. Und jetzt kämpfe ich hier mit Dreisatz und alles mögliche und das finde ich gut so.“

Dabei ist das Nachholen des Schulabschlusses für einige mit Scham besetzt, Bildungsprozesse werden gesellschaftlich normiert an bestimmte Lebensphasen gebunden: *„Manchmal schäme ich mich ein bisschen, weil man ist ja dreißig, macht Hauptschulabschluss (...), aber im Endeffekt is alles gut“*. Bei dem jungen Mann ist es die Freundin, mit deren Bildungsstandards (Abitur und Ausbildung) er mithalten möchte:

> „Dann is das auch irgendwo peinlich, (...) wenn die Freundin halt (...) schon nen guten Job hat und du? (...). Kein Abschluss. Nichts!“

Die Scham kann dadurch abgewehrt werden, dass der Schulabschluss jetzt durch eigenes Zutun aktiv in Angriff genommen wird.

Für andere in der Gruppe ist Bildung nicht auf bestimmte Lebensphasen beschränkt und wird Bildung als eine Frage des Wollens angesehen. Lebenslange Selbstbildung bedeutet ihnen mehr Weltverfügung und Selbstbestätigung, Bildung ist etwas, was ihnen nicht genommen werden kann.

- Zertifizierte Bildung als Schlüssel für Integration und anerkannten Status

Die Teilnehmenden haben die Erfahrung gemacht, in der deutschen Gesellschaft werde man nach Sprachvermögen und Bildungs- und Berufstiteln bewertet. Ohne Sprachkenntnisse und zertifizierten Schul- bzw. Berufsabschluss sei man in Deutschland *„gar nichts“*, werde gesellschaftlich schnell ‚abgestempelt‘ und unterschätzt, nicht anerkannt und ausgegrenzt.

Die Befragten möchten eine Tätigkeit, die ihren Neigungen entspricht, *„wirklich das zu tun, was ich kann (...) und ja, das, was man auch gerne macht"*, noch wichtiger erscheint aber ein Beruf, der gesellschaftliche Anerkennung verspricht, auch wenn der Verdienst nicht besonders hoch ist:

> „Das man dann wirklich sich Kauffrau, Bürokauffrau nennen kann (...). Ich weiß, als Bürokauffrau verdient man grade nicht die Welt, aber is alles besser als ein Vierhundert-Euro-Job."

Im Streben nach gesellschaftlicher Integration wird die über Abschlüsse und Titel hergestellte gesellschaftliche Statushierarchie anerkannt und angenommen. Bashira, eine der Frauen, kommt aus einem gehobenen Herkunftsmilieu. Sie leidet besonders unter der erfahrenen Deklassierung und sieht in der Weiterbildung die Chance, ihren verlorenen bzw. den ihr aberkannten sozialen Status zurückzugewinnen. Insbesondere Bashira fühlt sich jedoch von der Aufnahmegesellschaft auch dazu gezwungen, durch Anpassung ihre bisherige Identität aufgeben zu müssen *(„weil man sein Ich verliert, du bist nicht du")*. Andere sehen die neue Kultur als Bereicherung an oder trauern dem Herkunftsland nicht sonderlich nach: *„Also ich hatte kein richtiges Ich in Portugal. Ich bin auch mehr Deutsche als was anderes."*

- Kampf gegen männliche Herrschaft

Es handelt sich bei den Frauen um Personen, die auf unterschiedliche Weise ein unabhängiges Frauenbild verkörpern, wobei die Handlungs- und Durchsetzungsfähigkeit unterschiedlich ist. Oya – eine junge türkische Frau – wurde vom Vater von der deutschen Schule genommen und zurück an eine Koranschule in die Türkei geschickt. Wissen und Lernen sind für sie eine persönliche Bereicherung, der Kurs führt sie *„einen kleinen Schritt"* aus der Beschränkung auf reproduktive Erziehungs- und Hausarbeit heraus *(„jeden Tag nur zu Hause und Haushalt")*. Dabei hat sie gegen den Widerstand ihres Mannes und den der Töchter zu kämpfen. Die Familie findet die Weiterbildung für ihre kopftuchtragende Mutter überflüssig: *„Mama, mit Kopftuch, was willst du denn machen, warum gehst du denn zur Schule?"* Während sich die Familienangehörigen in diese Diskriminierungspraxis fügen, setzt sich Oya darüber hinweg. Ohne die Unterstützung ihrer Sachbearbeiterin hätte sie den Kurs allerdings nicht besuchen können, der Ehemann habe es nicht erlaubt. Die Sachbearbeiterin habe es dann so aussehen lassen, als sei sie zur Teilnahme an der Weiterbildung verpflichtet worden. Oya emanzipiert sich und unterläuft die familiären patriarchalen Strukturen. Auch die anderen Frauen wehren mit der Weiterbildung männliche Herrschaftsansprüche ihrer Partner ab:

> „Wenn du zu viel lernst, kannst du ihn nicht mehr respektieren. Ja, denn er denkt, wenn ich abhängig bin, werd ich hören, was er mir sagt. Aber wenn ich schon Arbeit habe und alles, da hat er keine Macht mehr.“

Empörend findet die Gruppe, dass die Leistung von Männern und Frauen nicht gleich entlohnt wird und dass es Frauen gibt, die sich für den Preis der Abhängigkeit von ihren Partnern ‚aushalten lassen‘: *„Aber manche Frauen mögen genau das. (...), ich kann sowas absolut nicht ab.“*

Das Streben nach Selbständigkeit umfasst neben mehr finanzieller Unabhängigkeit von staatlichen Transferleistungen auch mehr Unabhängigkeit von männlichen Herrschaftsansprüchen. Die Gruppe agiert gemeinschaftlich, hilfsbereit und solidarisch, die TeilnehmerInnen bestärken sich gegenseitig in diesen Bestrebungen.

Hinweise auf Habitus und Gesellschaftsbild

Die Befragten gehören unterschiedlichen Herkunftskulturen an, gemeinsam ist ihnen aber die Orientierung an Leistung und Eigenverantwortlichkeit sowie das Streben nach Unabhängigkeit. Die Lebensführung ist nicht streng asketisch, lustbetonte Anteile werden als legitim erachtet.

Der Blick auf die deutsche Gesellschaft erfolgt aus einer vergleichenden Perspektive zur Herkunftsgesellschaft. Daraus ergibt sich für alle Befragten zunächst einmal das positive Bild einer geordneten, sicheren und solidarischen Gesellschaft, in der Rechtsstaatlichkeit, Frieden, soziale Sicherungssysteme und Bildungschancen vorhanden sind.

Alle Teilnehmenden gehen mehr oder weniger von einer *meritokratisch strukturierten Gesellschaft* aus, in der durch individuelle Leistung und Bildungsanstrengungen gesellschaftliche Integration, Aufstieg und Teilhabe erreicht werden können. Die meritokratischen Vorstellungen sind jedoch dadurch gebrochen, dass gleichzeitig ein gesellschaftliches *Herrschaftssystem* wahrgenommen wird, in dem Merkmale wie soziale und ethnische Herkunft, Geschlecht und Religion (Kopftuch) als strukturierende Kategorien wirksam sind. Sie führen zu Erfahrungen sozialer Chancenungleichheit und Benachteiligung. Das Leben wird weitgehend als Kampf wahrgenommen, in dem sich die weiblichen Befragungspersonen als Frauen nicht-privilegierter sozialer Milieus und als Migrantinnen behaupten müssen. Sie gehen aber davon aus, durch Kampf und Anstrengung die eigene soziale Lage und Position und die ihrer Kinder verbessern zu können. Wahrgenommen wird außerdem eine Gesellschaft, in der durch Leistung erlangte Bildungs- und Berufstitel das gesellschaftliche Ansehen bestimmen.

Zweite Erhebung

Zusammensetzung der Gruppe: Die ursprüngliche Volkshochschulgruppe existiert nicht mehr. Alle Teilnehmenden der ersten Diskussion haben den Hauptschulabschluss erworben und sind danach ein halbes Jahr in einen Ausbildungsvorkurs ihrer Wahl gegangen (Pflege, IT-Bereich u. kaufmännische Berufe). Die Finanzierung wurde jedoch nur bei zwei Personen (Mariana und Ramona) für eine zweijährige Ausbildung zur Bürokauffrau verlängert. Mit ihnen beiden wurde ein Doppelinterview geführt. Zu den anderen Befragungspersonen ist der Kontakt abgebrochen. Mariana (32 J.) hat mit 15 Jahren ihr Heimatland Portugal verlassen; Ramona (35 J.) kommt aus Deutschland; beide sind alleinerziehend mit einem bzw. zwei Kindern.

Themen und Verlauf des Interviews

- Übereinstimmende Wahrnehmungen

Beide Frauen haben durch die Weiterbildung bislang Versäumtes nachholen können. Sie haben die Hauptschule mit sehr guten Noten abgeschlossen und sind durch den Erwerb des Schulabschlusses zu mehr Selbstwertgefühl gelangt. Mit Abschluss der Ausbildung können sie den angestrebten anerkannten gesellschaftlichen Status erreichen. Es haben sich berufliche Perspektiven und Lebensentwürfe ergeben, die vorher nicht realisierbar erschienen. Beide kommen nach anfänglichen Unsicherheiten mit den fachlichen Anforderungen der Ausbildung und dem dort geforderten selbstgesteuerten Lernen zurecht *(„am Anfang hat man sich sehr klein gefühlt, weil man kam ja nur mit Hauptschulabschluss“).*

Beide sehen die Ausbildung für alleinerziehende Mütter als Herausforderung an. Der Alltag muss gut organisiert werden und um die Prüfung zu schaffen, werden sämtliche Ressourcen auf Kinder und Schule konzentriert. Mariana hat sich daher vom letzten Partner getrennt: *„Was stört, muss weg.“* Die Vorbildrolle ist weiter präsent, die Frauen möchten die Kinder vor den eigenen Fehlern bewahren. Die Kinder müssten zurückstecken, ließen sich aber von den Müttern im Bildungsstreben auch anstecken. Beide wirken sehr zielorientiert, wollen die Ausbildung unbedingt schaffen und stellen den eingeschlagenen Weg nicht infrage. Erhalten geblieben ist das solidarische Handeln im Rahmen der sozialen Nahbeziehungen.

- Unterschiedliche Erfahrungen, Erklärungs-, Bewertungs- und Handlungsmuster

Die Erfahrungen der beiden Frauen unterscheiden sich allerdings bei der Weiterfinanzierung der Ausbildung und bei den Praktikumserfahrungen. Es zeigen sich daran unterschiedliche Bewertungs- und Handlungsmuster, die sich im Verlauf der Weiterbildung verstärkt bzw. verfestigt haben.

Mariana musste nicht um den anschließend notwendigen Bildungsgutschein kämpfen und hat sich selbst eine Praktikumsstelle in einem kleinen Immobilienbüro organisiert. Sie geht in der Arbeit auf, fühlt sich vom Vorgesetzten anerkannt und erfährt sehr viel Selbstbestätigung. Nach eigenen Angaben hat sie gute Chancen, nach der Prüfung übernommen zu werden. Mariana schreibt sich die schulischen und beruflichen Erfolge überwiegend selbst, dem eigenen Willen und der persönlichen Leistungsbereitschaft zu: *„Ich beiß mich dann durch die Sachen durch."* Sie zieht daraus Selbstvertrauen und blickt optimistisch in die Zukunft. Mariana ist handlungsfähiger und anspruchsvoller geworden; sie möchte noch mehr erreichen. Teilweise werden Glück und Schicksal als unterstützende oder herausfordernde Kräfte *(„Schutzengel"; „Fluch")* zur Erklärung hinzugezogen.

Mariana hat das Gefühl, etwas erreicht zu haben und vorweisen zu können, was ihr auch ein anderes Auftreten (z.B. gegenüber MitarbeiterInnen des Jobcenters) ermöglicht und ihr bei anderen Respekt und Anerkennung verschafft. Mariana scheint damit endlich verinnerlichten gesellschaftlichen Leistungs- und Erfolgsansprüchen gerecht zu werden: *„Ich hab mich ziemlich doof gefühlt, weil ich ja nichts hatte, jetzt hab ich endlich was geschafft."*

Ramona musste dagegen wiederum um den Bildungsgutschein kämpfen, der Bildungsträger habe sich für sie einsetzen müssen. Die Praktikumsstelle im Büro einer kleinen Zeitarbeitsfirma (Familienbetrieb mit Mutter und Sohn) wurde ebenfalls vom Bildungsträger organisiert. Ramona hatte auch hier *„weniger Glück"*, sie konnte zwar ihr Interessengebiet (Rechnungswesen) finden, fühlt sich dort aber nicht wohl und wird eher verunsichert als bestätigt: *„Man bekommt keine aufbauenden Worte, nur zu hören, dass man nichts kann."* Sie erduldet die Situation und will das Praktikum dort zu Ende machen, ohne dass sich daraus für sie eine berufliche Perspektive ergibt.

Ramona gibt sich mit dem ihr Zugewiesenen zufrieden und glaubt nicht wirklich daran, durch ihr Handeln das eigene Leben entscheidend beeinflussen zu können. Sie bezieht die erreichten Erfolge wesentlich weniger auf ihr eigenes Tun und ist weniger Herrin des Handelns. Das Leben geschieht ihr, was mit Glück-haben oder nicht-haben erklärt wird. Trotz gleicher Erfolge und Zertifikate nimmt sie kaum Veränderungen wahr, macht auch andere Erfahrungen als Mariana und findet weiterhin keine Anerkennung im Betrieb oder bei Behörden: *„Das wird sich auch niemals ändern, das ist das Jobcenter (...), egal, was man tut, man wird immer abgestempelt."*

Ramona hat den Eindruck, weiterhin kämpfen zu müssen: *„Man muss sich immer beweisen."* Durch die Weiterbildung konnte Ramona allerdings ihre häusliche Isolation aufgeben, in die sie sich aus Scham zurückgezogen hatte:

„Mit andern Menschen austauschen, das ist für mich jetzt inzwischen selbstverständlich. Ich hatte ja zwei Kinder, war nur zu Hause, bin überhaupt nicht unter Menschen gekommen.“

Habitus und Gesellschaftsbild

Die bereits in der ersten Diskussion bei Mariana sichtbare gewordene strebende Leistungsorientierung hat zugenommen und ist asketischer geworden. Mariana selbst deutet dies als Reifungsprozess *(„erwachsener geworden“).* Sie nimmt die Gesellschaft weiterhin als sozial, verlässlich und offen für Aufstiegswege wahr, das liberalistisch-meritokratische Gesellschaftsbild, das dem Motto folgt, „jede(r) kann es schaffen, wenn sie/er will“, hat sich aufgrund persönlich gemachter Erfahrungen bestätigt bzw. verstärkt. Ebenso bestätigt sich für Mariana die Annahme, dass Bildungstitel und Zertifikate zu gesellschaftlicher Anerkennung führen. Die Weiterbildung zeigt bei Mariana im Hinblick auf das vorhandene Gesellschaftsbild bestätigende und im Hinblick auf den Habitus transformierende Effekte in Richtung asketisch-leistungsbetonter Habitus.

Ramona bleibt unsicher und ist stärker auf die Unterstützung durch andere angewiesen. Bei ihr scheint sich der Eindruck von unveränderbaren Strukturen eher verfestigt zu haben. Sie hält einerseits an den Bildungsanstrengungen fest, scheint aber andererseits weniger davon überzeugt, den ihr zugewiesenen sozialen Platz tatsächlich verlassen zu können. Die neuerlich gemachten Erfahrungen bestätigen diesen Eindruck. Möglicherweise schlägt sich hier der verinnerlichte Klassenhabitus unterprivilegierter Milieus nieder, der sie in ihrem Schicksal gefangen hält und der auch durch Bildungserwerb und Bildungstitel nur schwer überwunden werden kann.

5 Gesellschafts- und Lernbilder in den Gruppenwerkstätten

In unseren methodologischen und methodischen Überlegungen (vgl. 2.1) haben wir vorgeschlagen und dargelegt, wie aus den im empirischen Material enthaltenen Äußerungen und Handlungsbeschreibungen der Teilnehmenden Gesellschaftsbilder rekonstruiert werden können. Es handelt sich um komplexe und vielschichtige Konstrukte, die über mehrere Auswertungsschritte immer stärker fokussiert wurden. Im vorangegangenen Kapitel haben wir dies durch die Fallprofile dokumentiert.

Im folgenden Kapitel präsentieren wir nun die von uns identifizierten Gesellschaftbildtypen im Überblick. Auch hier sind den Darstellungen weitere Verdichtungen und Zuspitzungen vorangegangen. Die Bildung bzw. Typisierung der Gesellschaftsbilder entspricht dem, was Max Weber im Zusammenhang mit seiner Konzeption des Idealtypus als „einseitige Steigerung" bezeichnet hat (vgl. Weber 1988 [1904]: 191). Es sind Zuspitzungen, die dem Anspruch geschuldet sind, strukturelle Linien sichtbar machen zu wollen.

In milieuhomogenen Gruppen kamen die Gesellschaftsbilder mitunter dem Idealtypus eines Gesellschaftsbildes für die gesamte Befragungsgruppe nahe, teilweise traten sie aber auch in Teilgruppen anderer, sozial weniger homogen zusammengesetzten Gruppenwerkstätten neben anderen Gesellschaftsbildern auf. Ebenso vermischen sich im empirischen Material mitunter Anteile mehrerer Gesellschaftsbilder. Die Systematik ist demnach ein abstrahierendes Konstrukt, das sich auf empirisches Material stützt und daraus entwickelt wurde.

In einigen Gruppen lassen sich zudem Konflikte zwischen den Erwartungen daran, wie die Gesellschaft (strukturiert) sein sollte und der wahrgenommenen gesellschaftlichen Realität ausmachen. Ebenso zeigen sich mitunter Diskrepanzen zwischen vorhandenen Orientierungs- und Handlungsmustern und denen, die die Weiterbildung oder ein neues Berufsfeld erwarten.

5.1 Dominanz der Leistungsprinzips

Hinter den verschiedenen Gesellschaftsbildern stehen Grundannahmen über die Legitimation der bestehenden Ordnung. Auffallend ist, dass sich die Teilnehmenden in allen Gruppen mit einer Gesellschaft konfrontiert sehen, in der das Leistungsprinzip dominiert, auch oder gerade diejenigen, die sich der Leistungsgesellschaft aufgrund fehlender Bildungs- und Berufsabschlüsse, ihrer familiärsozialen Situation oder wegen gesundheitlicher Probleme nicht (mehr) gewachsenen fühlen.

Gleichwohl erfolgt die handlungsleitende Grundorientierung in nur wenigen Gruppen vollständig an einem rein meritokratischen Gesellschaftsbild. Vielfach ist das meritokratische Gesellschaftsbild durch Vorstellungen von „Maschinerie“, „Dichotomie“ und auch „Solidarität“ überlagert, bzw. es bestehen diese Vorstellungen als weitere Gesellschaftsbilder neben dem Bild der Meritokratie. Das meritokratische Gesellschaftsbild ist in nicht wenigen Fällen durch vom Leistungsprinzip abweichende Wahrnehmungen und Erfahrungen sozialer Benachteiligung gebrochen. Es bestehen diverse ‚Modellvarianten‘.

Auf den ersten Blick verwunderlich ist, dass dennoch fast allen Befragungspersonen Bildung bzw. Weiterbildung als Weg erscheinen, um in der Leistungsgesellschaft mithalten zu können; implizit besteht zugleich der Glaube, dass die Bildungsanstrengungen gesellschaftlich belohnt werden. Dieser Glaube wirkt als Motiv und Impuls für die Bildungsanstrengungen.

Auf den zweiten Blick ist die Akzeptanz des Leistungsprinzips durchaus nachvollziehbar, weil sie auch der subjektiven Legitimation des eigenen Handelns – der Teilnahme an einer längerfristigen Weiterbildung – dient. Dennoch verweisen diese Befunde – Brüchigkeit bis Ablehnung des meritokratischen Gesellschaftsbildes bei vielen Befragten einerseits, Glaube an die Sinnhaftigkeit eigener gegenwärtiger Bildungsanstrengung andererseits – auf tiefer liegende Zweifel an der Gültigkeit des Leistungsprinzips. Offenbar werden jedoch kaum Alternativen dazu entworfen, etwa im Sinne utopischer Gesellschaftsentwürfe. Teilweise erfolgt ein Rückzug, mitunter erzeugen fehlende Alternativen auch ein Gefühl der Auswegslosigkeit.

5.2 Gesellschaftsbilder im Überblick

Im Folgenden präsentieren wir die sechs Gesellschaftsbilder, die wir durch die verdichtete Analyse unseres Materials gebildet haben. Zusätzlich unterscheiden wir ‚Untertypen‘, die als Varianten des gleichen Grundmusters verstanden werden können. Ein wichtiger Befund dabei ist, dass unterschieden werden muss zwischen der Art und Weise, wie die Gesellschaft wahrgenommen wird, und dem, wie die sozialen Akteure die wahrgenommene Gesellschaft bewerten (sich dazu positionieren). Nochmals unterschiedlich ist dann, wie sie sich dazu verhalten (vgl. dazu unten: 5.3). Wahrnehmung, Haltung und Handlung gehen nicht immer überein. Anders gesagt: Die von uns aufgespürten Gesellschaftsbilder sind Ordnungs- und Funktionsprinzipien, auf die die Befragten zurückgreifen oder die sie selbst konstruieren, um sich Phänomene zu erklären, die oft nur vermittelt erfahren werden. Sie können als Identifikationsmuster, aber auch als

Abgrenzungsfolie dienen, und werden so auf unterschiedliche Weise handlungsrelevant.

Die Grundmuster strukturieren sich nach Vorstellungen von Gerechtigkeit, wahrgenommener Anerkennung, Teilhabe und Handlungsmöglichkeiten. Dominant erfolgt (1.) eine Orientierung am Leistungsprinzip entsprechend einem *meritokratischen Gesellschaftsmodell.* Dabei ist keineswegs gesichert, dass (2.) die *Konkurrenz um Teilhabe* gerecht geregelt ist. Vielmehr kann (3.) auch auf ein Modell der gesellschaftlichen Spaltung und auf das Bild einer *Dichotomie* zurückgegriffen werden. Diese erscheint oft als unveränderbar (4.) oder wie ein gesellschaftliches System nach dem *Maschinenmodell,* ohne Akteure zu funktionieren. Vorausgesetzt ist allen diesen Gesellschaftsbildern (5.) das Fortbestehen einer *Statushierarchie,* welche Ungleichheit festschreibt. Seltener gibt es Positionen, welche (6.) an Prinzipien einer *Solidargemeinschaft* festhalten, wobei diese durch milieuspezifische Alltagserfahrungen und Praxis begründet sind.

(1) Gesellschaft als Meritokratie

Die Strukturierung der Gesellschaft folgt bei diesem Gesellschaftsbild dem *Leistungsprinzip.* Es besteht die Vorstellung, dass gesellschaftliche Positionen, Ressourcen und Privilegien nach persönlicher Leistung vergeben werden. ‚Leistung lohnt sich‘. Unterschiedlich beurteilt wird, ob die Meritokratie gleichzeitig (a) mit Vorstellungen von Chancengleichheit und Leistungs- bzw. Verteilungsgerechtigkeit einhergeht, d.h., ob ein geschlossenes meritokratisches Gesellschaftsbild vorliegt oder ob dieses (b) durch die Wahrnehmung sozialer Chancenungleichheit und Leistungsungerechtigkeit gebrochen ist.

Unterschiedlich ist außerdem, ob das Leistungsstreben mit individueller Konkurrenz (siehe unten) oder mit kollektiv-solidarischen Handlungsmustern zusammengeht. Davon zu unterscheiden ist, wie die Leistungslogik bewertet wird, d.h., (a) ob das eigene Handeln am Leistungsprinzip orientiert erfolgt oder ob dieses (b) zwar wahrgenommen, aber als eigene Handlungsmaxime zurückgewiesen wird.

(2) Gesellschaft als Konkurrenzverhältnis

Das Gesellschaftsbild der Konkurrenz folgt der *Wettbewerbslogik* und dem *Wettkampfprinzip.* Die Gesellschaft wird als Arena wahrgenommen, in der die Struktur durch individuelle Konkurrenz hergestellt wird. Wer besser, klüger, leistungsstärker ist als andere, ist ‚vorne weg‘ und setzt sich gegen andere (Schwächere) durch. Im Extrem handelt es sich um sozialdarwinistische Vorstellungen. Unterschiedlich ist die Wahrnehmung, ob die Konkurrenz tatsächlich (a) über Leistung ausgetragen wird oder ob in diesen Konkurrenzverhältnissen

(b) ständische Mechanismen der sozialen Bevor- bzw. Benachteiligung über Herkunft, Geschlecht und ethnische Zugehörigkeit gesehen werden.

Die Handlungsdimensionen differieren danach, ob das Konkurrenzprinzip das eigene Handeln strukturiert (individuell und/oder kollektiv) und der Aufstieg über Leistung und Bildung als Durchsetzung gegen andere gesehen wird oder ob (b) das Konkurrenzprinzip abgelehnt wird und die individuellen Leistungs- und Bildungsanstrengungen gleichzeitig mit kollektiv-solidarischen Handlungsmustern verbunden sind.

(3) Gesellschaft als Dichotomie

Beim dichotomen Gesellschaftsbild wird die Gesellschaft durch *Herrschafts-* und *Ausbeutungsverhältnisse* sowie durch *Gegensatzpole* strukturiert wahrgenommen. Verschieden ist, ob die Dichotomie (a) als Gegensatz von Macht und Ohnmacht, (b) als hierarchisch strukturierter Herrschafts- und Interessenkonflikt zwischen Kapital und Arbeit (personifiziert als UnternehmerInnen vs. ArbeitnehmerInnen) erfahren wird oder (c) als hierarchische Herrschaftsstruktur nach Merkmalen der ethnischen Herkunft (Inländer vs. Ausländer) und des Geschlechts (Männer vs. Frauen). Innerhalb der Gegensatzkonstruktion von Macht und Ohnmacht besteht dabei der Eindruck von genereller gesellschaftlicher Chancenlosigkeit und schicksalhaftem Ausgeliefertsein. Teilweise erfolgen hier erklärende Rückgriffe auf Verschwörungstheorien.

Unterschiedlich ist dann, wie die Handlungsmöglichkeiten wahrgenommen werden:

(a) Das Gefühl der Ohnmacht führt bei den jeweiligen Befragungspersonen zu einer relativen Handlungsunfähigkeit. Die Ohnmacht setzt sich unter Umständen darin fort, dass die Weiterbildung als Verlängerung einer Ausbeutungsbeziehung gesehen wird und lässt diese so sinnlos und fragwürdig werden. Damit bestätigt sich dann wiederum die eigene Chancenlosigkeit. Stellenweise wird eine Problemlösung von außen erwartet, etwa in Form von Katastrophenszenarien oder religiös unterlegten Untergangsszenarien der gesellschaftlichen Selbstreinigung.
(b) Bei den Wahrnehmungen eines hierarchisch strukturierten Herrschafts- und Interessenkonfliktes gibt es dagegen Vorstellungen des individuellen Aufstiegs. Die Befragungspersonen streben über Leistung, Weiterbildung und Fachkönnen eine Verbesserung der eigenen Position innerhalb der Hierarchien und Ausbeutungsverhältnisses an. Denkbar erscheint diesen Befragten auch ein Aufstieg und Wechsel „auf die andere Seite“ (selbst Herrschaft ausüben können). Teilweise liegen hier autoritäre Haltungen vor. Kollektive Handlungsmöglichkeiten werden nicht gesehen.

(4) Gesellschaft als Statushierarchie

Die gesellschaftliche Strukturierung erfolgt bei diesem Gesellschaftsbild nach dem titelbezogenen *Anerkennungsprinzip.* Die Gesellschaft wird als Hierarchie wahrgenommen, deren Struktur über die symbolische Anerkennung von zertifizierten Bildungs- bzw. Berufsabschlüssen, von Titeln und beruflichen Positionen hergestellt wird. Diese bestimmen über den gesellschaftlichen Status und das Ansehen. Unterschiedlich ist die Wahrnehmung, ob der gesellschaftliche Status bzw. Titel- und Zertifikaterwerb (a) an individuelle Leistung und Fachkönnen gekoppelt ist oder (b) der gesellschaftliche Erfolg durch ständische Mechanismen der Bevorteilung hergestellt wird (z.B. durch Geld, soziales Kapital, Zugehörigkeit zu prestigeträchtigen u. privilegierten sozialen Gruppen wie Institutionen). Leistung und tatsächliches Können werden als nachrangig wahrgenommen. Im Umkehrschluss gibt es (c) die Wahrnehmung fehlender Anerkennung: Status und Erfolg werden durch ständische Mechanismen und Ungleichheitskategorien verweigert (Geschlecht, soziale und ethnische Herkunft). Persönliche Leistung und tatsächliches Können werden als nicht anerkannt angesehen.

Die Handlungsweisen unterscheiden sich danach, ob die Statushierarchie vom Grundsatz her (a) als legitim anerkannt wird und Anpassungsstrategien erfolgen. Der durch die Bildungsanstrengungen erworbene Abschluss und das belegende Zertifikat dienen dann vorrangig dem Statuserwerb; oder ob (b) eine Abgrenzung vom Streben nach Zertifikaten und Titeln erfolgt, notgedrungen aber ‚mitgespielt' wird. In einzelnen Fällen erfolgen Statuserwerb und eine damit verbundene Selbstaufwertung auch über den Titel oder die Stelle des Partners/der Partnerin bzw. der Kinder.

(5) Gesellschaft als Maschine

Die Gesellschaft wird bei diesem Gesellschaftsbild als subjektloses System wahrgenommen, das einer Maschine gleicht. Gesellschaftliche Prozesse verlaufen ohne Beteiligung von Akteuren, aus sich heraus gesteuert und nicht beeinflussbar. In dieser Logik vollzieht sich gesellschaftliche Entwicklung vor allem in Form von Beschleunigungsprozessen, die allerdings keine strukturellen Veränderungen bringen. Gesellschaftliche Strukturen und damit soziale Ungleichheit werden als mechanistisch reproduziert wahrgenommen. Die selbstläufigen Reproduktions- und Beschleunigungsprozesse entziehen sich – wie gesellschaftliche Ungleichheiten – der politischen oder sozialen Einflussnahme. Machtkämpfe von Subjekten spielen in diesem systemischen Gesellschaftsbild keine Rolle.

Als Antwort auf die Beschleunigungsprozesse wird auf individuelle Bewältigungsstrategien zugegriffen; sie zielen auf die Anpassung an die gesellschaftlichen Anforderungen und Entwicklungen. Diese Strategien ermöglichen individuelle Lernerfolge und eröffnen Handlungsfähigkeit im Rahmen der vorgegebenen Anforderungen. Kollektive Handlungsstrategien werden nicht thematisiert.

(6) Gesellschaft als Solidargemeinschaft

Dieses Gesellschaftsbild stützt sich auf Erfahrungen von einer Gesellschaft, die durch *Solidarität* geprägt ist, und in der es Unterstützung gibt für Menschen, die gesellschaftliche Anforderungen nicht erfüllen können (genannt werden etwa Alte, Kranke, sozial Benachteiligte). Daraus wird der Anspruch abgeleitet, die Gesellschaft müsse als *Solidargemeinschaft* organisiert sein. Dem steht die aktuelle Wahrnehmung einer Gesellschaft entgegen, die zunehmend durch Entsolidarisierung und durch immer rücksichtsloser werdende Konkurrenz und verstärkten Leistungsdruck gekennzeichnet ist.

Bei diesem Gesellschaftsbild zeigt sich besonders auffällig, das Auseinanderfallen der als dominant wahrgenommenen gesellschaftlichen Ordnungsprinzipen und der Bewertung und Positionierung dazu. Die Solidargemeinschaft entspricht nicht mehr der gesellschaftlichen Realität, bleibt aber nach wie vor subjektiver Maßstab dafür, wie sie sein sollte.

Verantwortlich gemacht werden für die Entsolidarisierung eine Zunahme persönlicher Egoismen und das Vordringen neoliberaler Regulationslogiken in alle gesellschaftlichen Bereiche. Das Gesellschaftsbild ist unterschiedlich rückgebunden:

(a) an die gemeinschaftlich-solidarische Alltagspraxis bestimmter sozialer Milieus,
(b) an eine christlich-konservative Sozialethik,
(c) an sozialdemokratisch-sozialistische Ideen.

Die gesamtgesellschaftliche Entsolidarisierung wird durch unterschiedliche Handlungsweisen kompensiert:

(a) das gemeinschaftlich-solidarische Handeln wird im sozialen Nahbereich realisiert (Arbeit, Familie, Freundeskreis),
(b) es wird gesellschaftlich durch ehrenamtliches Engagement verwirklicht.

- Zum Zusammenhang von Gesellschaftsbild und Milieu

In der eingefügten Synopse haben wir die von uns explorierten Gesellschaftsbilder mit ihren Varianten nach verschiedenen Aspekten geordnet. Deutlich wird, dass sie zumeist nicht eindeutig einzelnen Lerngruppen zugeordnet werden können, dass es gleichwohl aber Schwerpunkte gibt.

Tab. 6: Übersicht Gesellschaftsbilder

Gesellschaftsbild	*Strukturierungsprinzip*	*Varianten*	*Verteilung nach Geschlecht*	*Schwerunkte in den Erhebungsgruppen*	*Praxisrelevanz der Gesellschaftsbilder*	*Individuelle oder kollektive Strategien*	*Identifikationsmuster*
Gesellschaft als Meritokratie	Leistungsprinzip	*ungebrochen* – verbunden mit Vorstellungen von Chancengleichheit u. Leistungsgerechtigkeit	mehr Frauen als Männer	Gruppen „Kolleg 1 u. 2" Hamburg; Teilfraktionen der Gruppen „Kolleg I. u. II" Essen; Teilfraktion Gruppe „Pflegedienstleitung"	Leistungsprinzip ist z.T. im Habitus verinnerlicht, z.T. noch Prozess der Übernahme in eigene Handlungsmuster	überwiegend individuelle Durchsetzung; schulisch: Solidarität mit Gleichgesinnten	Identifikation/ Bestätigung der Meritokratie
		gebrochen – Wahrnehmung von sozialer Chancenungleichheit und Leistungsungerechtigkeit	ausgewogen nach Geschlecht	Gruppe „Fachinformatiker" Essen, Gruppe „ErzieherInnen" Essen; Teilfraktion Gruppe „HauptschülerInnen" Essen, Teilfraktionen der Gruppen „Kolleg I. u. II" Essen	Leistungsprinzip ist im Habitus verinnerlicht, strukturiert das eigene Handeln	Kombination aus individuellen und kollektiv-solidarischen Handlungsmustern (Solidarität Berufsgruppe, Geschlecht)	Enttäuschung, weil das Leistungsprinzip nicht eingehalten wird
Gesellschaft als Konkurrenzverhältnis	Wettkampfprinzip	Wahrnehmung, die Konkurrenz wird über Leistung ausgetragen	ausgewogen nach Geschlecht	Gruppen „Kolleg I. u. II" Essen	Übernahme des Wettkampfprinzips in eigene Handlungsmuster	überwiegend individuelle Durchsetzung	Identifikation/ Bestätigung des Wettkampf- bzw. Konkurrenzprinzips
		Wahrnehmung ständischer Mechanismen sozialer Bevor- bzw. Benachteiligungen statt Leistung	ausgewogen nach Geschlecht	Gruppe „Kaufmännische Angestellte"; Gruppe „Fachangestellte medizinische Dokumentation"	Verweigerung von Konkurrenzverhalten	solidarisches Handeln als Gegenwehr	Abgrenzung vom Wettkampf- bzw. Konkurrenzprinzips

Tab. 6: (Fortsetzung)

Gesellschaftsbild	*Strukturierungsprinzip*	*Varianten*	*Verteilung nach Geschlecht*	*Schwerunkte in den Erhebungsgruppen*	*Praxisrelevanz der Gesellschaftsbilder*	*Individuelle oder kollektive Strategien*	*Identifikationsmuster*
Gesellschaft als Dichotomie	Herrschaftsprinzip	Ausbeutungsverhältnis nach dem Gegensatz von Macht und Ohnmacht	mehr Männer als Frauen	Teilfraktion Gruppe „Metall- u. Konstruktionsberufe“ Essen; Teilfraktion Gruppe „Lagerlogistik u. Metallberufe“ Hamburg	relative Handlungsunfähigkeit; z.T. Problemlösung von außen: Katastrophen- u. selbstreinigende Untergangsszenarien; z.T. Rückzug bzw. Selbstausschluss	eher individuell, kollektive Strategien sind nicht erkennbar	Ablehnung, z.T. Aufbegehren gegen Herrschaftsmechanismen
		Ausbeutungsverhältnis in hierarchisch strukturiertem Herrschafts- und Interessenkonflikt zwischen Arbeit u. Kapital bzw. zwischen Unternehmensführung u. ArbeitnehmerInnen	mehr Männer als Frauen	Teilfraktion Gruppe „Metall- u. Konstruktionsberufe“ Essen; Teilfraktion Gruppe „Lagerlogistik u. Metallberufe“ Hamburg	Verbesserung der eigenen Position/individueller Aufstieg innerhalb der Hierarchie durch Leistung u. Weiterbildung; z.T. Übernahme autoritär-hierarchischer Denk- u. Handlungsmuster; Vorstellungen vom ‚Seitenwechsel‘	Individuell, kollektive Strategien sind nicht erkennbar	Anerkennung von Herrschaft u. Hierarchie
		hierarchisch strukturierter Herrschaftskonflikt nach askriptiven Merkmalen der ethnischen Herkunft und des Geschlechts	mehr Frauen als Männer	Teilfraktion Gruppe „Erzieherin für Migrantinnen“ Hamburg; Gruppe „Gesundheits- und Pflegeassistenz“ Hamburg, Teilfraktion Gruppe „HauptschülerInnen“ Essen	Verbesserung der eigenen Position/individueller Aufstieg innerhalb der Hierarchie durch (Weiter-) Bildungsinvestition	Individuell, kollektive Strategien sind nicht erkennbar	z.T. Anerkennung von Herrschaft u. Hierarchie; z.T. Ablehnung u. Aufbegehren

Tab. 6: (Fortsetzung)

Gesellschaftsbild	*Strukturierungsprinzip*	*Varianten*	*Verteilung nach Geschlecht*	*Schwerunkte in den Erhebungsgruppen*	*Praxisrelevanz der Gesellschaftsbilder*	*Individuelle oder kollektive Strategien*	*Identifikationsmuster*
Gesellschaft als Maschine	Reproduktionsprinzip		mehr Frauen als Männer	Gruppe „Gesundheits- und Pflegeassistenz" Hamburg	Bildung als individuelle Bewältigungsstrategie, Erweiterung der Handlungsfähigkeit im Rahmen vorgegebener Anforderungen	individuell	Anerkennung, Anpassung an gesellschaftliche Anforderungen
Gesellschaft als Solidargemeinschaft	Fürsorgliches Prinzip[a]	Unterschiedliche Rückbindung: a. an gemeinschaftl lich-solidarische Alltagspraxis bestimmter sozialer Milieus b. an christlich-konservative Sozialethik c. an sozialdemokratisch-sozialistische Ideen/ Ideologie	mehr Frauen als Männer	Gruppe „Fachangestellte medizinische Dokumentation" Essen; Gruppe „Kaufmännische Angestellte" Essen; Teilfraktion Gruppe „Pflegedienstleitung" Essen; Teilfraktion Gruppe „HauptschülerInnen" Essen	Solidarität als Kompensations- und Gegenstrategie a. gemeinschaftlich-solidarisches Handeln im Nahbereich (Arbeit, Familie, Freundeskreis) b. gesellschaftlich durch ehrenamtliches Engagement	gemeinschaftlich-solidarisch	Abgrenzung/ Gegenbild zur entsolidarisierten Konkurrenzgesellschaft

a – Fürsorge meint hier ein sich Kümmern um andere auf Augenhöhe und die Sorge um diese. Nicht gemeint sind Sozialfürsorge als staatliche Einrichtung oder paternalistische Fürsorge.

Eigene Darstellung (2015)

Die Teilnehmenden haben in den Erhebungen häufig auf gesellschaftliche Struktur- und Teilungskategorien zurückgegriffen, um eigene Sichtweisen, Handlungen und Positionen zu begründen. Dieser Befund entspricht den Ergebnissen aus früheren Untersuchungen zum Gesellschaftsbild (vgl. 1.1 u.1.2). Er bestätigt zudem theoretische Annahmen, wonach die soziale Lage, die Milieu- und Klassenzugehörigkeit sowie auch die Zugehörigkeit zu Geschlechtskategorien die Wahrnehmung von der Gesellschaft und darauf bezogene Handlungsperspektiven erheblich mitstrukturieren. Insofern der Habitus zugleich individuell wie klassen- und geschlechtsspezifisch ist, sind solche überindividuellen Dimensionen des Gesellschaftsbildes auch nicht anders denkbar.

Unsere Befunde bestätigen, dass es diese Zusammenhänge gibt. Allerdings gehen Gesellschaftsbilder nicht bruchlos darin auf, weder in Bezug auf Geschlecht noch in Bezug auf soziale Milieus. Das hat mehrere Gründe, die wir am Beispiel der Milieuzugehörigkeit erläutern wollen.

Zum einen sind Milieus keine homogenen Blöcke, sondern verweisen auf gesellschaftliche Großgruppen mit ähnlichen Grundmustern der Alltagspraxis, die sich weiter in Teilgruppen differenzieren lassen. Auf der individuellen Ebene lassen sich ohnehin zahlreiche Varianten unterscheiden (vgl. Vögele et al. 2002: 267ff.; Vester et al. 2007).

Zum anderen hängen die Brüche damit zusammen, dass in das Konzept des Gesellschaftsbildes einerseits implizite, wenig bewusste und vorreflexive Prinzipien der Alltagsorganisation einfließen, andererseits gehen auch reflektierte, weltanschauliche, d.h., im engeren Sinn politische Haltungen und Erfahrungen mit Politik in das Gesellschaftsbild mit ein. Zwischen diesen Ebenen verläuft ein Bruch, den Geiger (1987 [1932]: 77f.) mit der Unterscheidung von Mentalität und Ideologie, Bourdieu (1982: 620ff.) mit der Unterscheidung von „Ethos“ und „Logos“ und Vester et al. (2001: 58ff. sowie 184ff.) mit der Unterscheidung von „sozialem Milieu“ und „gesellschaftspolitischem Lager“ aufgenommen haben und der in den Studien von Fromm im Auseinanderfallen von Sozialcharakter und Weltanschauung bereits sichtbar wurde (vgl. 1.1).

Erklären lässt sich dieser Bruch damit, dass die politische Welt nach eigenen Regeln funktioniert und für die sozialen Subjekte daher eine eigene Erfahrungsebene darstellt, die affin, komplementär oder konflikthaft zur Ebene der Alltagspraxis stehen kann. Im Konzept des Gesellschaftsbildes soll ja gerade diese Verbindung hergestellt werden. Insofern ist das Nichtaufgehen von Gesellschaftsbild und Milieu konzeptionell angelegt.

Zugleich zeigen unsere Befunde aber auch, dass die Zusammenhänge von Milieu und Gesellschaftsbild (und auch Geschlecht) nicht völlig beliebig sind. Es hat sich mit Bezug auf die Milieutraditionen nach Vester et al. (2001) gezeigt:

- Meritokratische und konkurrenzbezogene Orientierungen waren am stärksten ausgeprägt in aufstiegsorientierten Teilen verschiedener Milieus der gesellschaftlichen Mitte sowie in gehobenen Milieus.
- Solidarisch-kollektive Orientierungen in Bezug auf Gesellschaftsbilder erscheinen eher in der Milieutradition der „Facharbeit und der praktischen Intelligenz".
- Statusorientierung war stärker in der „ständisch-kleinbürgerlichen" Milieutradition verankert.
- Dichotome, bis hin zum Fatalismus gehende Orientierungen fanden sich meist in der Tradition der „Unterprivilegierten Milieus" und bei enttäuschten Gruppen der gesellschaftlichen Mitte.

Für alle diese Befunde lässt sich sagen, dass die gesellschaftsbildbezogenen Dispositionen und Handlungsmuster auch im Alltag Relevanz haben. Gleichwohl bewirken die Wahrnehmung von Politik im engeren Sinne sowie die Erfahrungen damit einen Bruch zwischen Alltagspraxis und Gesellschaftsbild. Insbesondere scheinen Anerkennung sowie Enttäuschung und Ernüchterung in Bezug auf Gerechtigkeit von zentraler Bedeutung zu sein.

Diese Brüche zwischen Alltagspraxis und Gesellschaftsbild werden in der Synopse besonders durch die drei Spalten auf der rechten Seite deutlich. Hier wird ausgedrückt, inwiefern sich die Befragten mit den Gesellschaftsbildern identifizieren, ob sie handlungsrelevant werden und zu welcher Art Handlungsstrategien sie führen.

5.3 Auseinanderfallen von Wahrnehmen, Bewerten und Handeln

Die letzten Bemerkungen verdeutlichen ein Phänomen, auf das wir im Laufe der Untersuchung häufiger gestoßen sind, und das etwa in der Studie von Popitz et al. (1957) nicht thematisiert wird, nämlich das Auseinanderfallen des als dominant wahrgenommenen Gesellschaftsbildes, dessen subjektiver Bewertung und der eigenen Handlungsoptionen (ein gutes Beispiel dafür ist etwa das „Gesellschaftsbild der Solidargemeinschaft").

In der Bourdieuschen Begrifflichkeit kann dies mit den drei Ebenen gefasst werden, die den Habitus als Dispositionssystem konstituieren und das Gesellschaftsbild strukturieren: *Wahrnehmungs-*, *Denk-* und *Handlungsschemata.* Die Wahrnehmungsschemata strukturieren die alltägliche Wahrnehmung der sozialen Welt und bilden somit den „sensuellen Aspekt der praktischen Erkenntnis" (Schwingel 1999: 56). Die Denkschemata lassen sich unterteilen in die soziale Welt interpretierende und ordnende Klassifikationsmuster und Alltagstheorien (zugrundeliegendes Ethos und ästhetische Bewertungen). Die Handlungsschemata schließlich bringen die Praxis der AkteurInnen hervor (vgl. ebd.).

Bourdieu hat damit die drei in der Philosophie oft getrennten Ebenen des Eidos (Idee, Vorstellung), des Ethos (mentale Haltung) und der Ästhetik (Geschmack) aufgegriffen (vgl. ebd.; Rehbein 2006: 89f.). Er kritisiert an einer isolierten Betrachtung dieser drei Ebenen, dass damit eine rationale, kalkulierende und planende Vorstellung vom Handeln suggeriert werde: Erst Wahrnehmen, dann Denken, dann Handeln. Mit dem Konzept des Habitus soll dagegen gerade das Zusammenwirken dieser drei Ebenen in der Alltagspraxis aufgezeigt werden: „Sie sind im Vollzug der Praxis unauflöslich miteinander verflochten und wirken immer zusammen" (Schwingel 1999: 56) und stehen für das, was Bourdieu als „sozialen Sinn" bezeichnet hat.

Das von uns im empirischen Material gefundene Phänomen des partiellen Auseinanderfallens von Wahrnehmen, Denken und Handeln lässt jedoch gerade die analytische Differenz der verschiedenen Ebenen interessant werden. Die Handlungsrelevanz von wahrgenommenen gesellschaftlichen Ordnungsprinzipien und Funktionslogiken zeigt sich demnach darin, ob sich die Akteure diese Prinzipien zu eigen machen (Bewertungs- bzw. Identifikationsmuster) und den Glauben haben, es lohne sich, wenn sie sich in diese gesellschaftliche Funktionslogik involvieren.[1]

Unsere empirischen Befunde zeigen, dass die Legitimität des gesellschaftlich dominierenden Prinzips (z.B. der Meritokratie) und die entsprechende Positionierung zu Leistungsanforderungen sehr unterschiedlich gesehen werden, wobei die verschiedenen Gesellschaftsbilder sich als Formen der Selbstpositionierung verstehen lassen. Nochmals analytisch getrennt davon kann gesehen werden, mit

1 Gefunden werden kann das Verortungs-Handlungsproblem auch im Konzept der Positionierung und Artikulation, wie es im Kontext diskursanalytischer Perspektiven vor allem von Stuart Hall im Anschluss an Althusser, Foucault u.a. formuliert wurde. Demnach werden Menschen in Positionen gerufen; Subjektivität zeigt sich in der Art und Weise, wie sie sich in diesen Diskurs verknüpfen, sich also zu „Anrufungen" (Althusser) positionieren. Hall (2000) bezeichnet diese Verknüpfung als „Artikulation", wobei aufgrund von Bedingungen und Vorstrukturierungen nicht jede Möglichkeit offen ist: „Dies kann durch ein einfaches Hineinfügen geschehen, aber auch durch eine kreative Ausgestaltung oder Veränderung der Position oder aber durch einen anhaltenden Kampf gegen diese Position" (Spies 2009: 54). Ohne sich den diskurs-, identitäts- und subjekttheoretischen Überlegungen dieses hier nur kurz umrissenen Konzeptes voll anzuschließen, lassen sich mit diesem begrifflichen Instrumentarium die von uns beobachteten Differenzen als Prozess der Positionierung und Artikulation zu bestimmten Gesellschaftsbildern analytisch in den Blick nehmen. Das Prinzip der „Meritokratie" lässt sich demnach als machtvolle gesellschaftliche „Anrufung" verstehen, die alle AkteurInnen gewissermaßen in eine Position hineinzuziehen sucht. Die konkrete Selbstpositionierung bzw. die Artikulation im Sinne von Verknüpfung mit dieser Anrufung, die nach unserer Begrifflichkeit auf Bewertungsschemata des Habitus und des damit verbundenen Gesellschaftsbildes beruht, kann jedoch auch ausgestaltend oder verändernd erfolgen.

welcher Intensität die AkteurInnen sich hier involvieren. Die handlungsbezogene Positionierung gründet dabei mit Bourdieu auf der „illusio“, also dem Glauben daran, dass sich ‚Investitionen‘ in eine Position lohnen.

Mit Klaus Holzkamp werden die Optionen des Handelns in der kapitalistischen Gesellschaft unter dem Begriff der Handlungsfähigkeit eingeordnet. Mit der übergeordneten Unterscheidung der Handlungsfähigkeit in eine *restriktive,* sich auf die Bedingtheit einlassende, oder eine *verallgemeinerte* und auf erweiterte Spielräume zielende Form (Holzkamp 1983, 1993) wird auf gesellschaftliche Bedeutsamkeiten verwiesen, die sich in der Wahrnehmung und Einschätzung der gesellschaftlichen Situation als Handlungsanforderung begründen. Holzkamp unterscheidet in der „Grundlegung der Psychologie“ (1983) Denken, Werden und Wollen, zum Teil unter anderen Begrifflichkeiten (Kognition, Motivation, Intentionalität). Zugleich verweist er auf die jeweils erfahrenen Grenzen der Handlungsmöglichkeit (ebd.: 335).

Bei der Erweiterung der Handlungsmöglichkeiten geraten sowohl thematische wie auch funktionale Aspekte in den Blick und müssen hinsichtlich ihres Potenzials zu erweiterter Weltverfügung abgewogen werden. Die Erweiterung der Bedingungsverfügung durch im Lernen angeeigneter Handlungsfähigkeit schließt immer das Aufgeben eines vorher bestehenden (wenn auch als unzulänglich erfahrenen) Standes der Handlungsfähigkeit mit ein (ebd.: 371). Das ist mit Verunsicherungen verbunden, dass erreichte, gegenwärtige Niveau der Daseinsbewältigung einbüßen zu müssen. Riskiert man z.B., wenn Klassenstrukturen und ihre Fortdauer wahrgenommen werden, dennoch Handlungsoptionen in der Weiterbildung, weil die Grenzen einer entsprechenden Aufstiegsstrategie begriffen werden? Oder wird trotzdem versucht, verbleibende Alternativen zu ergreifen? Was bringen mir Lernanstrengungen?

Holzkamp sieht eine „Gefahr des Zurücksinkens in einen völlig ‚unmenschlichen‘ Zustand der Ausgeliefertheit an fremde Mächte und Kräfte“ (ebd.: 372). Die Möglichkeit zur Überwindung von Bedrohung, die in Widersprüchen und in massiven Abhängigkeiten und Unterdrückungsverhältnissen noch aufscheint, ist nicht ausgelöscht. Bedrohungen können überwunden werden durch verallgemeinerte Handlungsfähigkeit. Ich habe immer die Möglichkeit zu handeln – durch Weiterbildung meine individuelle Lage zu verbessern – auch wenn die Spielräume enger werden.

Der Umstand, dass die Erscheinungsformen des Psychischen mit Bezug auf die implizierten Bedeutungszusammenhänge als mannigfaltig, vieldeutig und widersprüchlich erscheinen, führt dazu, dass subjektive Handlungsfähigkeit nur im Rückgriff auf formationsspezifische, situative, historische – also biographische – Lebensverhältnisse aufschließbar wird. Dazu müssen Vermittlungskategorien zwischen Subjekt und Struktur entwickelt werden, wie wir sie z.B. in den

Begriffen Leistung und Anerkennung finden. Erst dann wird Handeln in seiner Begründetheit begreifbar und verständlich.

Auf der Ebene des Lernens als einer besonderen Form des Handelns setzt Holzkamp die Unterscheidung zwischen restriktiver und verallgemeinerter Handlungsfähigkeit fort durch die Differenz zwischen *„defensivem"* und *„expansivem"* Lernen (Holzkamp 1993), zwischen erzwungenem und gestaltendem Lernen. Holzkamp versucht, eine begriffliche Konstruktion als Scheidelinie zu finden, wenn es darum geht, sich in bestehenden Verhältnissen einzurichten bzw. sie als unveränderbar zu akzeptieren und möglicherweise zu resignieren, oder aber sie zu durchbrechen und Konflikte zu riskieren. Konflikte sind allerdings immer mit der Gefahr des Versagens und Scheiterns verknüpft. Diese Grenzziehung ist handelnd verschiebbar und durchlässig. Sie unterliegt außerdem subjektiven Sichtweisen und Bewertungen.

5.4 Gesellschaftsbilder und Lernbilder

Unzweifelhaft besteht ein Zusammenhang zwischen Gesellschaftsbildern und Bildungsverhalten und -handeln. Die analytisch differenzierten und empirisch identifizierten Gesellschaftsbilder verweisen darauf, dass mit ihnen jeweils auch unterschiedliche Vorstellungen zum Stellenwert der Weiterbildung verbunden sind. Weiterbildung soll entweder gesellschaftlichen Aufstieg, neue Perspektiven, gesellschaftliche Integration oder materielle Teilhabe ermöglichen, nicht selten dient sie der Bestandssicherung. In der Regel werden Bildungsanstrengungen aber nur dann unternommen und durchgehalten, wenn die Vorstellung oder zumindest die Hoffnung besteht, damit auch etwas für Einkommen, Ansehen und Sicherheit erreichen zu können. Oft steht dahinter auch eine Perspektive der Selbstbestimmung.

Die von uns untersuchten Weiterbildungskurse waren von allen Teilnehmenden gewollt und wurden häufig erstritten, während die von den Arbeitsagenturen und Jobcentern verordneten kurzqualifizierenden Maßnahmen, die eine Reihe der Befragungspersonen im Vorfeld durchlaufen hatten, fast durchgängig als sinnlos erachtet wurden. Um einen subjektiven Sinn in Weiterbildung sehen zu können, muss demnach ein mehr oder weniger meritokratisches Gesellschaftsbild (gebrochen oder ungebrochen) vorliegen, d.h., es besteht die Vorstellung, dass die Gesellschaft durchlässig genug ist, um Bildungsaufwand in Bildungserträge, d.h., in bessere Lebens- und Arbeitsbedingungen umsetzen zu können. Daher muss davon ausgegangen werden, dass die Studie hinsichtlich des meritokratischen Gesellschaftsbildes einen Bias enthält. Es muss in der Weiterbildungsteilnahme ein Sinn gesehen werden.

Bei Befragungspersonen, die ein Gesellschaftsbild der Ohnmacht und Chancenlosigkeit verinnerlicht haben, ist das Risiko, nicht weiter an einer Bildungsmaßnahme teilzunehmen oder diese vorzeitig abzubrechen, höher. Der damit verbundene Erfolg erscheint fragwürdig und das eigene Los dadurch kaum veränderbar. Gerade die am stärksten benachteiligten Personengruppen schließen sich so selbst ein weiteres Mal von Bildungsteilhabe und damit verbundenen Lebensperspektiven aus. Aber auch bei Befragten, die eine durch ständische Mechanismen strukturierte Gesellschaft wahrnehmen, wird die eigene Leistungs- und Bildungsanstrengung immer wieder infrage gestellt. Auch für sie bleibt die Bildungsteilhabe ein Unterfangen mit ungewissem Ausgang.

Lernbilder beziehen sich bei den Teilnehmenden vor allem auf die Vorbereitung auf bestimmte Berufstätigkeiten. Es geht darum, sich in den Arbeitsmarkt einzugliedern und Verdienst, Ansehen und Sicherheit zu erhöhen. Gleichzeitig läuft bei einigen, besonders im Zweiten Bildungsweg die Forderung mit, nachdenken zu können und sich selbst zu begreifen. Unterschwellig ist oft bewusst, dass die Erfolgshoffnungen, die sich auf den Arbeitsmarkt richten, auch enttäuscht werden können bzw. scheitern werden.

5.5 Fehlende kollektive Zukunftsentwürfe und fehlende politische Partizipation

Anders als Popitz et al. (1957) haben wir mit unserer Untersuchung in nur sehr geringem Umfang beschäftigte IndustriearbeiterInnen, die traditionell als Kern solidarischen Widerstands gelten, erreicht. Die rekonstruierten Gesellschaftsbilder sind daher auf Personen einzuschränken, die sich im Moratorium Weiterbildung befinden und auf aktuell nicht Erwerbstätige.

Ein Befund der Studie ist, dass Gesellschaftsbilder mit kollektiv-solidarischen Veränderungs- und Handlungsentwürfen kaum anzutreffen sind. Eine Erklärung kann sein, dass unsere eigene Studie eben nicht in betrieblichen Kontexten durchgeführt wurde, sondern Teilnehmende in (Weiter-)Bildungsmaßnahmen untersucht hat. Die Befragungspersonen haben betrieblich-berufliche Arbeitszusammenhänge krankheitsbedingt oder aufgrund von Rationalisierung verlassen müssen, teilweise sind sie noch gar nicht in diese Arbeitszusammenhänge hineingelangt. Die sich in Betrieben und Branchen auch durch die Aktivitäten der Gewerkschaften manifestierende kollektive Solidarität und auch Militanz der Belegschaften entfällt. Sie findet in unseren Erhebungsgruppen keine Basis. Kollektive Selbstdefinitionen über betriebliche oder berufliche Gruppen sind daher schwieriger oder kaum möglich, zumal die befragten Kurse teilweise hinsichtlich beruflicher Vorerfahrungen heterogen zusammengesetzt waren.

Kollektiv-solidarische Handlungsmuster sind deshalb zunächst auf den eigenen Weiterbildungskurs bezogen; mit ihm sind teilweise auch kollektive Identifikationen verbunden. Bei den Lerngruppen handelt es sich allerdings um

‚Kollektive auf Zeit'. In einigen Kursen haben sich bei den Teilnehmenden auch Tendenzen zur Individualisierung gezeigt (vgl. 6.2). Weiterbildung befördert eher individuelle als kollektive Strategien.

Gleichwohl fällt auf, dass es zwar in allen Gruppen ein Interesse an politischen Angelegenheiten und viel Kritik an den gesellschaftlichen Verhältnissen gibt, dass aber kaum ein dagegen aufbegehrendes oder widerständiges Handeln zum Tragen kommt. *Widerstand* und *politische Partizipation* als Handlungsoptionen werden kaum artikuliert. Dabei besteht jedoch keineswegs eine vorherrschende Politikmüdigkeit. Die Teilnehmenden sind politisch interessiert und engagieren sich auch z.B. in Vereinen, sogar in Parteien. Es gibt aber einen durchgängigen Vorwurf des Politikversagens. ‚Die Politiker' können oder wollen gar nichts ändern. Das Feld der Politik schließt sich gegen Beteiligungsansprüche ab und dreht sich in sich selbst.

So beschränken sich Aktivitäten und artikulierte Ansprüche politischer Partizipation und Gestaltungsbeteiligung oft auf die Teilnahme an Wahlen. Einige Befragte verweigern sogar dies, da sie ihre Interessen und Anliegen von keiner der derzeitigen Parteien aufgegriffen und vertreten sehen. Stattdessen besteht in verschiedensten Facetten – insbesondere in den Collagen aufscheinend – häufig ein ausgeprägtes Bedürfnis nach Harmonie, Gemeinschaftlichkeit und ‚heiler Welt' sowie ein ‚Rückzug ins Private'.

Eine der von uns vertretenen Thesen dazu ist, dass die Vorstellungen einer ‚heilen' Gesellschaft einerseits in Frage gestellt werden können, andererseits aber auch als Ausdruck dafür ernstgenommen werden müssen, dass die vorherrschende neoliberale Ideologie, die auf Wettstreit, permanentes Leistungsstreben, Konkurrenz und Vereinzelung setzt, von den meisten Befragungspersonen als Belastung wahrgenommen wird und ihren Vorstellungen von einer gerechten Gesellschaft nicht entspricht.

Eine zweite These dazu ist, dass die gesellschaftlichen Bedingungen – historisch betrachtet – jeweils unterschiedlich offen oder geschlossen für Veränderungen und deren Gestaltung wahrgenommen werden. Im Vergleich zu den 1970er und1980er Jahren etwa erscheint die Gesellschaft der 2010er Jahre als relativ abgeschlossen gegenüber grundlegenden Veränderungsperspektiven.

Die individuelle Konkurrenz als Kern neoliberaler Ideologie verhindert bzw. erschwert die Herausbildung kollektiver Solidarität als Voraussetzung erweiterter Partizipation. Weiterbildungsteilnahme erweist sich zum Teil als individualisierende Taktik zum Erhalt restriktiver Handlungsfähigkeit und behindert kollektive strukturelle Strategien. Nichtsdestoweniger gibt es immer wieder Hinweise auf das Fortbestehen eines Gemeinschaftsgefühls und sei es, dass dieser Wunsch nach Gemeinschaft lediglich im privaten Umfeld realisiert werden kann.

6 Veränderungen während des Moratoriums Weiterbildung

Eine der zentralen Fragen der Studie war, ob durch biographische Umbruchsituationen und eine mit der Teilnahme an Weiterbildung verbundene Moratoriumsphase Impulse zur Veränderung vorhandener Gesellschaftsbilder anstoßen werden. Dabei sind wir – wie eingangs ausgeführt – von der These ausgegangen, dass es sich bei Gesellschaftsbildern wie auch beim Habitus um relativ stabile verinnerlichte Schemata handelt, die aber durch Lernprozesse veränderbar sind (vgl. 1.5, insbes. 1.5.1).

In Umbruchs- und Mobilitätsphasen wie Umschulung, Aus- und Weiterbildung stehen diese verinnerlichten Schemata auf dem ‚Prüfstand' und müssen unter Umständen in Umstellung auf eine neue Situation modifiziert und transformiert werden. In Bourdieus Terminologie gesprochen, müssen die Dispositionen auf neue Positionen abgestimmt werden. Wir sind davon ausgegangen, dass es sich bei diesen Umstellungs- und Transformationsprozessen um längerfristige Entwicklungen handelt, die in einem vorstrukturierten und begrenzten Rahmen stattfinden und sich in eher kleineren Schritten vollziehen.

Im Hinblick auf Habitus und Gesellschaftsbild haben wir vor allem Veränderungen der Wahrnehmungen, Deutungen, Bewertungen und Erklärungen der Befragten genauer beleuchtet. Bei den Handlungsmustern wurde besonders auf wiederkehrende oder sich verändernde Muster geachtet. Diese werden in den Beschreibungen sichtbar, wie die AkteurInnen z.B. Anforderungen des Alltags, des Arbeitens und des Lernens bewältigen und wie sie die Freizeit und auch soziale Beziehungen strukturieren und organisieren. Vielfach handelt es sich dabei um nicht weiter hinterfragte Routinen, die Bestandteil des Habitus sind.

Mit Bildungs- und Lernverständnis meinen wir Bedeutungen, die subjektiv mit Bildung und Lernen verbunden sind, d.h., wie diese von den Subjekten inhaltlich gefüllt werden und welcher Stellenwert ihnen zugewiesen wird. Ebenso waren konkrete Lernstrategien, Lerninteressen oder Lernwiderstände für unsere Forschungsrichtung relevant. Auch hier war die Frage, ob sich durch die Weiterbildungsteilnahme daran etwas verändert hat.

Einschränkend ist hinzuzufügen, dass wir uns bei den Analysen von Veränderungen nur auf eine selektive Population stützen können, also nicht auf diejenigen, die die Weiterbildung abgebrochen oder aus anderen Gründen nicht an der zweiten Befragung teilgenommen haben.

Es zeigte sich, dass die Befragten bei den impliziten Begründungen ihres Handelns häufig auf zentrale gesellschaftliche Strukturkategorien zurückgriffen, z.B. indem berufliche oder private Veränderungen mit einer Neuinterpretation geschlechtsspezifischer Lebensentwürfe verbunden waren. Oder es wurde die als benachteiligend wahrgenommene Selektion in der Weiterbildung mit einer auf Habitus und Milieuzugehörigkeit verweisende Bedeutung von Sympathie/ Antipathie zwischen Lehrenden und Lernenden erklärt. Da diese Strukturkategorien, die sich mit Bourdieu auch als Prinzipien gesellschaftlicher Teilungen und Sichtweisen verstehen lassen, immer auch auf die gesellschaftliche Ordnung und deren Funktionsprinzipien verweisen, sehen wir in diesen Bezugnahmen stets auch das Wirken von Gesellschaftsbildern.

6.1 Zugewinn an Handlungsfähigkeit und Selbstvertrauen

Zunächst lassen sich auf einer allgemeinen Ebene für fast alle Untersuchungspersonen positive Veränderungen hervorheben. Der überwiegende Teil der Untersuchungspersonen (Ausnahmen s. 6.6) hat allein durch die Erfahrung, Lernanforderungen meistern zu können, an Selbstbestätigung und Selbstvertrauen gewonnen. Die Teilnehmenden haben zudem durch die in die Weiterbildung eingelagerten Praktika eine Zunahme an Teilhabe, Anerkennung und gesellschaftlicher Integration erlebt, teilweise ausdrücklich vor allem über die in den Praktika erprobte und antizipierte Teilhabe an Erwerbsarbeit.

Mitunter wurde bereits die Teilnahme am Kurs als Statusaufwertung wahrgenommen. War die gesellschaftliche Integration über Arbeit das Ziel der Weiterbildung, dann nahmen einige dieses Ziel bereits als erfolgreich erreicht vorweg, auch wenn die Weiterbildung noch nicht abgeschlossen war. Die meisten bewerteten die Umschulung/Weiterbildung als Erfolg und persönlichen Gewinn. Gleichzeitig bestanden zum Zeitpunkt der zweiten Erhebung auch Befürchtungen, die Prüfungen nicht zu bestehen, und es gab Unsicherheiten hinsichtlich des Übergangs in den Beruf.[1] Der Eindruck, anerkannt und integriert zu sein, hat zur Zunahme von Selbstvertrauen, Zuversicht, Entschlossenheit und Durchhaltevermögen geführt. Die Befragungspersonen hatten dadurch das Gefühl, ihre Handlungsfähigkeit zurückgewonnen zu haben bzw. fühlten sich weniger handlungsunfähig oder ohnmächtig.

Für die KollegiatInnen des Zweiten Bildungswegs im Hamburger Teilprojekt, die gerade erst die Hälfte ihrer Weiterbildung absolviert hatten, war die berufliche (Re-)Integration und Teilhabe am Arbeitsmarkt bis auf weiteres suspendiert. Diese Effekte der Weiterbildung wurden von den Teilnehmenden teilweise direkt zum Thema gemacht (vgl. 4.5.1). Für die KollegiatInnen im Essener Teilprojekt standen neben dem Zugewinn an Selbstvertrauen die neuen beruflichen Perspektiven im Vordergrund, die durch den akademischen Bildungsabschluss

1 In einigen Fällen haben sich diese Befürchtungen bestätigt (vgl. 3.3).

nun möglich erschienen. Vielfach wurde konkreter über ein Studium nachgedacht. Andererseits waren die meisten KollegiatInnen dort hinsichtlich der Bildungserfahrungen vom Kollegbesuch enttäuscht (vgl. 4.5.2).

6.2 Intendierte und nicht intendierte Effekte der Weiterbildung

Auf einer überwiegend latenten und von den Teilnehmenden weniger reflektierten und thematisierten Ebene zeigten sich verschiedene weitere Effekte der Weiterbildung:

(1) Die Bildungsinstitutionen fordern mehrheitlich ein mehr oder weniger stark diszipliniertes Verhalten ein; dieses wurde von den TeilnehmerInnen in eigene Ansprüche überführt und in die eigene Identität übernommen, was von uns als *(Selbst-)Disziplinierungseffekt* gefasst wird. Teilweise waren die Selbstdisziplinierungen mit Transformationsanforderungen an den Habitus verbunden. Im Anschluss an Kramer/Helsper (2010) lässt sich dieser Prozess als Ins-Verhältnissetzen von *„primärem"* (d.h., über Sozialisation *erworbenem*) und *„sekundärem"* (d.h., von der Bildungseinrichtung implizit und explizit *gefordertem*) Habitus ausdrücken.

(2) *Befreiende Effekte* zeitigte die Weiterbildung beispielsweise bei Frauen in ihrer Ablösung von traditionellen Rollenbildern. Dies betraf vor allem Bereiche der geschlechtlichen Arbeitsteilung: die Frauen hatten gelernt, bei der reproduktiven Haus- und Erziehungsarbeit zuungunsten eigener Ansprüche Abstriche zu machen. Sie waren insgesamt weniger bereit, eine jeweils anderen dienende Rolle einzunehmen.

(3) In der Weiterbildung dominieren individuelles Lernen und individuelle Lernerfolge. Problematisch daran erscheint, auch wenn dies im Hinblick auf individuelle Lernfortschritte nicht ohne Berechtigung ist, dass sich in einigen Gruppen individuelle Strategien auf die gesamte Handlungspraxis auszuweiten schienen. Wir sehen darin *Individualisierungs-* und *Entpolitisierungseffekte*, die kollektive (Verteilungs-)Fragen auf der gesellschaftlichen Ebene berühren. Erfolg oder Scheitern werden nicht dem Weiterbildungssystem oder einer ungerechten Politik angelastet, sondern dem Individuum zugewiesen und sind damit nicht mehr politisch kritisierbar. Die zunehmend modularisierten Kurse verstärken die Individualisierung des Lernens.

(4) Die Individualisierung setzt die einzelnen Subjekte zudem häufig in Konkurrenz zueinander und führt zu entsolidarisierten Verhaltensweisen. Wir bezeichnen dies als *Wettbewerbseffekt.* Konkurrenz und individualisiertes Leistungs-

prinzip gingen in der Empirie häufig Hand in Hand. In einigen Gruppen war das Leistungsprinzip mit kollektiv-solidarischen Handlungsmustern verbunden, in anderen Gruppen (z.B. bei den KollegiatInnen beider Standorte) schlossen sich jedoch individuelle Leistung und Solidarität in der Wahrnehmung der Befragungspersonen aus. Entweder wurde betont, der Konkurrenz nur als EinzelkämpferIn begegnen zu können oder es wurde versucht, ein individualisiertes Leistungsprinzip ohne Konkurrenz und Wettbewerb zu entwerfen. Konkurrierendes Verhalten wurde in diesem Fall geleugnet und verschleiert.

(5) Auffällig ist außerdem der Befund, dass in der ersten Diskussion vielfach kritisierte Benachteiligungen durch soziale bzw. ethnische Herkunft und Geschlecht in den zweiten Diskussionsrunden nachrangig und kaum mehr thematisiert wurden. Dieses Ergebnis lässt sich als *Entsolidarisierungseffekt* der Weiterbildung betrachten. Die Teilnehmenden transformieren ihre soziale Benachteiligung in ein persönliches Problem und sehen Misserfolge als sich selbst zuzurechnendes Versagen an. Die erfolgreiche Bewältigung der Weiterbildung bestätigt und verstärkt diese Wahrnehmung und wird dann als individueller (Lern-) Erfolg gedeutet. Nicht selten wurde dabei zugleich der Glaube an das meritokratische Prinzip zurück gewonnen.

(6) Ein wichtiges Ergebnis der Studie ist, dass die Weiterbildung in fast allen Gruppen *Prozesse der Selbstreflexion* angestoßen hat, was teilweise auch explizit registriert wurde. Damit bestätigt sich der Moratoriumseffekt der Weiterbildung, wenngleich sowohl das Moratorium als auch die reflektierenden Prozesse bei einigen Befragungspersonen bereits in Reha-Maßnahmen oder während vorangegangener Krankheitsphasen begonnen hatten. Die Selbstreflexionen gingen in der Regel damit einher, bisherige Verhaltensweisen und Handlungsmuster umstellen zu wollen. Häufig ging es dabei um Praktiken der Selbstausbeutung (z.B. in der Pflege). Teilweise hatten diese Umstellungsprozesse bereits begonnen, teilweise war unklar, ob die Umstellungen tatsächlich realisiert werden können.

(7) Zu den Moratoriumseffekten zählen auch kaum reflektierte Veränderungen: Sie zeigen sich als Irritationen und Verunsicherungen oder in vorhandenen Schuldgefühlen (z.B. in der Vorstellung, während der Weiterbildung keine umsorgende Mutter gewesen zu sein). Teilweise führten dieses Irritationen zu einer Rückvergewisserung, die mit einer Verstärkung von Geschlechterbildern, dem verstärkten Rückbezug auf die eigene Klasse/das eigene Milieu oder auf ethnische Zugehörigkeiten einhergingen, in einigen Fällen in Kombination mit rassistischen und sexistischen Abwertungen.

(8) Teilweise gab es auch Veränderungen im persönlichen Umfeld. Berichtet wurde vom Auszug der Kinder, von Todes- und Krankheitsfällen in der Familie

oder von Wohnortwechseln. Darüber hinaus hatten einige Befragungspersonen ihre Partnerbeziehungen beendet, da diese in der Weiterbildungssituation als eine Belastung wahrgenommen wurden, die nicht zusätzlich zu bewältigen erschien. Einige Teilnehmende waren in der Zwischenzeit aber auch neue Beziehungen eingegangen.

6.3 Veränderungen im Bildungs- und Lernverständnis

Hinsichtlich des Bildungs- und Lernverständnisses zeigen die Projektergebnisse, dass Bildung zunächst stark auf seine funktionale Bedeutung bezogen wird. Die Befragungspersonen erwarteten von der Weiterbildung beruflich anwendbare bzw. verwertbare Kenntnisse und einen Abschluss, der ihre gesellschaftliche Position und soziale Lage absichert oder verbessert. Gleichzeitig waren damit häufig darüber hinausgehende Erwartungen verbunden. Sie liefen auf eine Erweiterung von weltverfügenden und partizipativen Handlungsmöglichkeiten und auf eine Weiterentwicklung der Person hinaus. Nicht selten gerieten durch die Weiterbildungserfahrungen auch neue Lebensentwürfe in den Blick.

In den meisten Fällen ist es in der zweiten Erhebung bei diesem skizzierten Bildungs- und Lernverständnis geblieben. In einigen Gruppen zeigten sich aber während der Weiterbildung stattfindende Veränderungen im Bildungs- und Lernverständnis:

(1) Bei der Gruppe „Kolleg“ in Hamburg erfolgte in der zweiten Diskussion eine Distanzierung vom vorher vorhandenen berufs- bzw. abschlussbezogenen Bildungsverständnis, das mit materiellen Motiven verbundenen war. Stattdessen wurde Bildung nun fast ausschließlich als (hoch-)kulturelle Bildung und als ein befreiender, die eigene Person vervollkommnender Prozess gedeutet. Hierbei handelt es sich um eine Orientierung am distinktiven Bildungsverständnis oberer Bildungsmilieus, die gleichzeitig mit der Abgrenzung vom ‚Materialismus‘ des eigenen Herkunftsmilieus verbunden wurde.

Im Gegensatz dazu verstärkte sich bei den KollegiatInnen im Duisburg-Essener Projektteil das funktional-abschlussbezogene Bildungsverständnis. Diese unterschiedlichen Befunde erklären sich möglicherweise daraus, dass die Bildungsgänge an beiden Kollegs verschieden gestaltet waren. Am Hamburger Kolleg wurden bislang keine „Operatoren“, d.h., standardisierte und überprüfbare Methodenkompetenzen eingeführt (vgl. 4.5.2). Damit fehlt eine im Duisburg-Essener Projektteil stark kritisierte und frustrierende Erfahrung, dass der Erwerb weiterführender Bildung weitgehend auf die Anwendung eben dieser Operatoren reduziert wird. Gleichzeitig scheinen aber auch unterschiedliche Dispositionen vorzuliegen, die bei den einen mit einer Empfänglichkeit für hochkulturelle Bildung einhergehen und bei den anderen das ohnehin primär abschlussbezogene Bildungsverständnis verstärkt haben.

(2) Bei der ErzieherInnengruppe in Essen veränderte sich das vormals vorwiegend durch Praxis und praktische Erfahrung betonte Bildungs- bzw. Lernverständnis, indem theoretische Kenntnisse aus der Weiterbildung in die berufliche Praxis übernommen wurden und auch in der Selbstreflexion zu einer Professionalisierung der erzieherischen Praxis führten. Die theoretischen Kenntnisse wurden als persönliche Bereicherung erfahren.

(3) Häufig berichteten die Befragungspersonen, ihre Lernstrategien aus früheren Zeiten wieder aufgenommen zu haben (z.B. „schon immer auf den letzten Drücker gelernt"). In einigen Fällen wurde jedoch auch von Veränderungen im Lernverhalten berichtet; die Befragten meinten, erstmalig die mit Lernprozessen verbundenen Anstrengungen auf sich genommen und methodisch-diszipliniert gelernt zu haben.

6.4 Veränderung der Gesellschaftsbilder

Die rekonstruierten Gesellschaftsbilder haben sich als relativ stabil erwiesen. Es fanden sich dazu in den zweiten Diskussionsrunden empirisch keine grundlegenden Veränderungen. Vielmehr zeigten sich in unterschiedliche Richtungen verlaufende Veränderungen oder Transformationen, die wir auch als veränderte *Positionierungen* gefasst haben (vgl. Kapitel 5.3).

(1) Teilweise kam es zur *Verstärkung* vorhandener Gesellschaftsbilder; beispielsweise wurde das meritokratische Gesellschaftsbild in einigen Gruppen eindeutiger oder erwies sich in der zweiten Befragung als weniger brüchig. Beim Gesellschaftsbild „Gesellschaft als Maschine" trat das Prinzip der mechanistischen Selbststeuerung und Entsubjektivierung noch stärker hervor.

(2) Teilweise verweisen die Ergebnisse auf eine *Verschiebung* von Gewichtungen, die in der Wahrnehmung der Gesellschaft vorgenommen wurden, z.B. dadurch, dass ständische Strukturierungsmechanismen sozialer Ungleichheit zugunsten des Leistungsprinzips in den Hintergrund rückten. Wir haben bereits auf den Befund hingewiesen, dass Benachteiligungen, die durch die soziale oder ethnische Herkunft sowie durch das Geschlecht begründet erschienen, in den zweiten Erhebungen kaum mehr thematisiert wurden. Offensichtlich wurden sie nicht mehr in gleicher Intensität erfahren. Möglicherweise bestand durch die Erfahrungen der Weiterbildung der Eindruck, in der Gesellschaft gehe es vielleicht doch leistungsgerechter zu, als zuvor wahrgenommen.

(3) Zum anderen zeigen sich solche Veränderungen aber auch darin, dass vorhandene Gesellschaftsbilder während der Weiterbildung *brüchig* wurden, was mit unterschiedlichen Strategien der Bearbeitung verbunden war. Wir fanden diese Brüche z.B. beim meritokratischen Gesellschaftsbild, wenn die Selektion augenscheinlich nicht dem Leistungsprinzip folgte, sondern mit Habitus und Milieuzugehörigkeiten zusammenhing oder wenn Konkurrenzsituationen so diffus wurden, dass „Leistung" als Kriterium nicht mehr eindeutig erkennbar war. In einigen Fällen wurde die vorher wahrgenommene Dichotomie und Chancenlosigkeit durch während der Weiterbildung gemachte Erfahrungen von Handlungsfähigkeit vorsichtig aufgebrochen.

Die Bearbeitung der Brüche erfolgte, soweit das im Projekt empirisch zugänglich war, auf unterschiedliche Weise. Stellenweise wurde mit Dementierungen reagiert (z.B. indem Leistungs- und Chancengerechtigkeit oder Ohnmacht und Chancenlosigkeit nochmals besonders verteidigt wurden). Bisweilen sahen sich die Befragten auch zu dichotomen Entscheidungen gedrängt, diese folgten dem Muster von ‚entweder/oder', beispielsweise einerseits *für* das Erfolgs- und Leistungsprinzip (Karriere) und gegen Kinder oder *gegen* das Erfolgs- und Leistungsprinzip, indem versucht wurde, diesem Prinzip Lebensqualität und Lebensgenuss entgegenzustellen.

(4) Darüber hinaus veränderten sich die Handlungsmuster, mit denen auf das wahrgenommene Bild der Gesellschaft Bezug genommen wurde. Teilweise verstärkte sich innerhalb des meritokratischen Gesellschaftsbildes das bereits vorhandene Wettkampf- und Durchsetzungsverhalten oder es wurden kollegial-solidarische Handlungsmuster zugunsten individualistischer Durchsetzungsstrategien aufgegeben. Häufig verstärkten sich dabei auch die Abgrenzungen gegenüber weniger motiviert oder leistungsbereit wahrgenommenen Kursteilnehmenden. In einigen Gruppen wurde jedoch auch unverändert an kollegial-solidarischen Handlungsprinzipien festgehalten.

Die beschriebenen Veränderungen lassen sich aus der Perspektive des Positionierungskonzepts als Verschiebungen in der Art der Artikulation bezüglich gesellschaftlicher „Anrufungen" (siehe Abschnitt 5.3 sowie Fußnote 1 in Abschnitt 5.3) verstehen: Es wird durch spezifische Handlungsstrategien (und implizit aufgrund anderer Bewertungen) stärker in die Selbst-Positionierung ‚investiert', womit zugleich ein Prozess der Subjektivierung verbunden ist.

6.5 Transformationen des Habitus

Versteht man Habitus als praxis- und handlungsgenerierenden „modus operandi", dann verweisen die von uns festgestellten Veränderungen, die im Hinblick auf Handlungsstrategien, Bildungs- und Lernverständnis und Gesellschaftsbild während der Moratoriumsphase stattgefunden haben, auf Veränderungen des Habitus. Sie gehen zurück auf aktive Auseinandersetzungen mit den Bedingungen, Ressourcen und Perspektiven in dieser Phase, wobei der Habitus selbst mit über das entscheidet, was ihn verändert und in welcher Weise er sich verändert (vgl. 1.5.1).

Eine Transformation des Habitus sehen wir dabei vor allem in der Aneignung (selbst-)disziplinierender und methodisch-asketischer Haltungen und Handlungsmuster, die bei etlichen Befragten deutlich erkennbar wurden.[2] Die Weiterbildung unterstützt demnach – ähnlich wie die Institutionen der vorangegangenen Bildungswege – die Sozialisation eines bestimmten „sekundären Habitus", der unterschiedlich kompatibel ist mit dem „primären Habitus" des Herkunftsmilieus (vgl. Kramer/Helsper 2010). Bei einigen Befragungspersonen wurde quasi – so der Eindruck – die Sozialisation eines asketischen und leistungsorientierten Habitus in der Weiterbildung ‚nachgeholt'.

Wir halten die Vermutung für plausibel, dass die Frage der Aneignung des geforderten sekundären Habitus und die damit verbundenen Transformationsanforderungen eine erhebliche Rolle bei Selektionsprozessen spielen. Die deutlich andere Akzentuierung ‚bildungsaffiner' Schemata ermöglicht gewissermaßen, auf eine andere Art in einem hoch relevanten sozialen Feld ‚mitzuspielen'. Bourdieu hat in vergleichbarem Zusammenhang von „Umstellungsprozessen" gesprochen und damit gemeint, dass die sozialen Milieus ihren Umgang mit Bildungsinstitutionen verändern (Bourdieu 1982: 210ff.). Erst bei einem solchen weiter reichenden Veränderungsprozess, der mit einer anderen Orientierung auf ein soziales Feld einhergeht, würden wir von einer Transformation des Habitus sprechen.

6.6 Bildungs- und Lernverhältnisse in den Institutionen

Neben den oben ausgeführten Befunden konnten wir Eindrücke zu institutionellen Bildungs- und Lernverhältnissen gewinnen. Als besonders problematisch erscheint daran der Befund weiterwirkender Selektion und Diskriminierung, aber

2 Dabei legen wir zugrunde, dass das „System von Dispositionen", als das Bourdieu den Habitus auch bezeichnet, sich als ein Ensemble verschiedener, miteinander zusammenhängender Einstellungs- und Handlungsdimensionen verstehen lässt und das wir in Anlehnung an die Terminologie Adornos als ein aus verschiedenen „Zügen" bestehendes „komplexes Syndrom körperlicher und mentaler Einstellungen" (Vester et al. 2001: 163) bezeichnen. Veränderungen bzw. Transformationen des Habitus gehen in dieser Perspektive zurück auf Veränderungen im Verhältnis der „Züge" zueinander, also etwa indem einzelne „Züge" ein anderes Gewicht bzw. eine andere Ausprägung erfahren, ohne jedoch die Grundstruktur des Syndroms ‚auszuhebeln'.

auch an der Qualität der Programme, Institutionen und des Personals lässt sich einiges kritisieren.

- Fortgesetzte Bildungsbenachteiligung

Die von uns untersuchten Bildungsinstitutionen und Bildungsträger berufen sich fast durchgängig auf das Konzept des selbstgesteuerten bzw. selbstorganisierten Lernens. Gerade TeilnehmerInnen, die mit Bildungs- und Lernprozessen wenig vertraut sind, haben jedoch Probleme, ihr Lernen eigenständig zu organisieren und wünschen sich klare Vorgaben. Vielfach bestehen Lücken aus vorangegangenen Bildungsgängen, die erst aufgearbeitet werden müssten. Nicht alle, aber gerade bildungsbenachteiligte TeilnehmerInnen fühlten sich in unserer Studie mit den Anforderungen des „selbstgesteuerten Lernens" überfordert, orientierungslos und allein gelassen. „Selbstgesteuertes Lernen" setzt Lernformen voraus, die insbesondere bildungsbenachteiligte TeilnehmerInnen nicht zur Verfügung haben, sondern die zuerst einmal vermittelt und eingeübt werden müssten. Zudem erfordert Lernen – und ‚selbstbestimmtes' Lernen im Besonderen – einen selbstdisziplinierten, asketischen Habitus, der ebenfalls mitunter erst erworben werden muss.

In zwei Umschulungs- bzw. Ausbildungskursen an Weiterbildungseinrichtungen in Hamburg und Essen beklagten TeilnehmerInnen gewerblicher Berufsausbildungen bzw. Umschulungen, die bildungsungewohnten sozialen Milieus angehören – und nur diese –, dass sie dem Unterricht kaum folgen können und dass darauf keine Rücksicht genommen werde. Die Teilnehmenden hatten den Eindruck, ihnen werde insgesamt mit Gleichgültigkeit und wenig Wertschätzung begegnet.

In beiden Gruppen gab es die Sorge, dass das gesellschaftliche Versprechen, durch Bildung und Weiterbildung eine abgesicherte und gesellschaftlich anerkannte Position zu erlangen, nicht eingelöst wird. Ohne zusätzliche Hilfestellung erschien ihnen das Risiko hoch, in der Bildungsinstitution (wiederum) zu scheitern. Von den Weiterbildungsteilnehmenden des im Duisburg-Essener Projektteil untersuchten Kurses haben über zwei Drittel den Kurs abgebrochen. Eine so hohe Abbruchquote fand sich sonst in keinem der insgesamt 14 in die Untersuchung einbezogenen Weiterbildungs- bzw. Umschulungskurse. Die Teilnehmer der Hamburger Gruppe haben fast alle (bis auf einen von neun) die Prüfung erfolgreich bestanden. Da hier keine zweite Erhebung zu Stande kam, konnte nicht ermittelt werden, wie und ob die Überforderung und Enttäuschung überwunden oder gemindert werden konnte. Die in der ersten Erhebung geäußerte Frustration war allerdings erheblich.

- Honorarkräfte anstelle von festangestellten WeiterbildnerInnen

Der zweite Problempunkt – die Qualität der Institutionen, des Personals und der Programme – betrifft die fachliche und andragogische Qualifizierung von Lehrenden im Weiterbildungsbereich. Weiterbildungsträger haben vielfach aus Kostengründen fest angestellte MitarbeiterInnen entlassen (müssen) und arbeiten mittlerweile überwiegend mit Honorarkräften. Die didaktischen Qualifikationen der Honorarkräfte wurden von den TeilnehmerInnen mehrfach als unzureichend kritisiert, das Fachwissen werde nicht auf die Berufsgruppe zugeschnitten vermittelt. Darüber hinaus wurde ein häufig stattfindender Wechsel von Lehrpersonen beklagt.

Auf die prekären Beschäftigungsverhältnisse in der Erwachsenenbildung haben bereits andere Studien hingewiesen (z.B. Dobischat et al. 2009, Vater 2007), zudem fehlt es an einer Professionalisierung in diesem Bildungssektor. Die Bildungsinstitutionen und die Lernenden bekommen an dieser Stelle die Folgen der Hartz-Reformen zu spüren. In den Expertengesprächen wurde der Kosten- und Konkurrenzdruck zum Teil massiv kritisiert. Die Arbeitsagenturen und Jobcenter vergeben aus Kosten- und Ressourcengründen Bildungsgutscheine vorrangig an Personen, die zur ‚unproblematischen' Klientel gerechnet werden und auch die Bildungsträger sind immer mehr gezwungen, besonders solche Teilnehmenden anzunehmen, die einen erfolgreichen Abschluss erwarten lassen. Dadurch werden wiederum ohnehin bildungsbenachteiligte Personen ein weiteres Mal benachteiligt.

7 Zentrale Themen: Leistung, Anerkennung und Gerechtigkeit

In allen Gruppenwerkstätten taucht das Thema *Leistung* auf, wenn auch in sehr unterschiedlicher Weise: Entweder als Legitimationsprinzip fortbestehender Ungleichheit oder als Kritikfolie für erfahrene Ungerechtigkeit. Dieses zentrale Rechtfertigungsmuster der bürgerlichen Gesellschaft schlägt durch alle ideologischen Varianten, die ungleiche Distribution von Eigentum, Einkommen Einfluss und Ansehen rechtfertigen, durch. Und es stabilisiert die Macht in bestehenden Verhältnissen. Selbst da, wo Phänomene erfahren werden – wie das der fortdauernden Vererbung oder der durch Hierarchie gestützten Willkür – die unmittelbar die Grenzen der Geltung des Leistungsprinzips aufzeigen, ist seine Durchschlagskraft kaum erschüttert oder gar gebrochen. Obwohl die Teilnehmenden an Weiterbildung erfahren, dass ihre Leistung nicht gebührend anerkannt wird, halten sie an Vorstellungen gerechter Bewertungen und Prüfungen fest.

Sie bestätigen die ideologische Grundlage ‚moderner' Gesellschaft, die *Ungleichheit* durch *Leistung* legitimiert. Leistung soll die in feudalen Strukturen geltende Vererbung ersetzen. Familiäre Privilegien bleiben jedoch bestehen. Die Teilnehmenden der Gruppenwerkstätten werden zum einen immer wieder mit der realen Brüchigkeit und den defizitären Begründungen der Leistungsbewertung konfrontiert. Zum andern sind Hinweise auf *Ungerechtigkeit* der Lehrenden vielfältig, aber sie bleiben ohne Handlungskonsequenzen. Die implizite Gerechtigkeitsforderung bietet jedoch auch Anknüpfungspunkte für eine kritische Distanz, die in Bildungsarbeit aufgenommen werden kann.

So stößt man zunächst auf eine Paradoxie, die der Begriff *Gerechtigkeit* innerhalb des Bildungssystems beinhaltet: Der Begriff ‚allgemeine' Bildung impliziert einerseits Gleichheit der Personen, gleichzeitig werden andererseits Ungleichheiten der sozialen Positionen über Leistung und Abschlüsse im Bildungswesen legitimiert. Hier greift das Konzept der *Chancengleichheit,* wonach Unterschiede des Zugangs zu sozialen Positionen, die mit Ungleichverteilung von Macht, Einfluss, Ansehen und Einkommen verbunden sind, unter der Voraussetzung zulässig erscheinen, dass allen alle gesellschaftlichen Stellungen aufgrund von Bildungsleistungen offen stehen. Dies hat drei unterschiedliche Reichweiten: eine formale, eine materielle und eine strukturelle Gleichheit.

Formal geht es um die Durchlässigkeit der Lerninstitutionen, die keine internen Barrieren errichten dürfen; *materiell* ist eine solche Offenheit nur möglich, wenn die notwendigen Ressourcen verfügbar sind; *strukturell* können hinter einrichtungsbezogenen Differenzen gesellschaftliche Hierarchien aufgedeckt werden. Die beiden ersten Perspektiven akzeptieren die Differenz sozialer Positionen als gegeben, während die letzte die Strukturen selbst in Frage stellt. In den Erfahrungen der Teilnehmenden stoßen wir auf die formale und materielle Ebene, strukturelle Aspekte werden seltener benannt.

Dabei werden bei der Zuweisung von Positionen in betrieblichen Hierarchien und hinsichtlich des gesellschaftlichen Status Lernleistungen besonders hoch gewertet. Gerade der Bildungsbereich ist ein Exempel dafür, dass diese Reichweiten und Dimensionen von Gleichheit untrennbar miteinander verbunden sind. Es zeigt sich aber auch, dass sich Gestaltungsansätze für Programme und Aktivitäten nicht aus einer abstrakten, quasi entropischen Gleichheitsvorstellung begründen lassen, sondern nur aus der Kritik bestehender, strukturell erzeugter Ungerechtigkeit. Dafür geben die Erfahrungen der Teilnehmenden Ausgangspunkte.

Das gilt auch für die Weiterbildung, die systembezogen gesehen im Gehäuse von Status und Hierarchie funktioniert. Die Teilnehmenden unterwerfen sich den Anforderungen, weil sie hoffen, so bessere Erwerbschancen zu erhalten. Je näher Prüfungen rücken, desto stärker fordern sie eine effiziente Vorbereitung darauf. Ohne Abschluss geht nichts. Gleichzeitig halten die Lernenden an eigenen Handlungsperspektiven fest. Sie hoffen darauf, besser zu sein als andere.

Es ist dann ein erster Schritt aufzudecken, dass das Leistungsprinzip fortbestehende Zugangsprivilegien aufgrund von Eigentum und Macht kaschiert und so die von Pierre Bourdieu und Jean-Claude Passeron entlarvte *„Illusion der Chancengleichheit“* (1971) zementiert (vgl. dazu auch Bremer 2006). Zugespitzt lautet ihre These: Das Bildungswesen – zumal das weiterführende und weiterbildende – hilft nicht etwa soziale Ungleichheiten und Klassenprivilegien abzubauen, sondern im Gegenteil: Es trägt entscheidend dazu bei, sie zu erhalten, indem es Ungleichheit in die dem ‚modernen‘ Bewusstsein einzig erträgliche Form kleidet – nämlich leistungsbegründet auszulesen – und damit in den Schein einer Selektion aufgrund von Leistungskriterien stellt. Das vorgegebene Schicksal, entweder privilegiert oder diskriminiert zu sein, wird auf diese Weise maskiert, und zwar umso wirksamer, je perfekter formale Chancengleichheit hergestellt wird. Die Illusion der Chancengleichheit ist bei den Teilnehmenden unserer Untersuchung weitgehend ungebrochen, obwohl immer wieder auch gegenläufige Erfahrungen benannt werden.

Auch *formale Gerechtigkeit* spiegelt nur den Schein von Gleichheit. Das Bildungssystem beruht auf drei zusammenwirkenden Illusionen:

- Das Bildungssystem kann keine ‚objektiven‘ Leistungen messen, es erzeugt also keine auf Lernanstrengungen beruhenden Hierarchien, sondern reproduziert die vorhandenen sozialen Hierarchien (Klassen- bzw. Schichtstrukturen), indem diese in eine Hierarchie der Kompetenzen transformiert wird (Bremer/Lange-Vester 2015).

- Demnach ist die eigentliche Funktion des Bildungssystems nicht der Beleg von Leistungsunterschieden, sondern die Legitimation der vorab bestehenden sozialen Ordnung, die im Einzelfall allerdings durchbrochen werden kann, (was aber dann rückwirkend die Chancengleichheitsillusion stabilisiert).
- Die Stabilität des Bildungssystems rührt daher, dass vor allem der Glaube besteht, Menschen würden einer legitimierten Selektion durch gerechte Prüfung und anhand valider Kriterien unterworfen.

Bildungszugänge und daraus resultierende gesellschaftliche Teilhabe beruhen dann wesentlich – dies machen Bourdieu und Passeron deutlich – auf klassenspezifischen habituellen Voraussetzungen. Das heißt, Bildung und das, was an positiven Eigenschaften mit ihr assoziiert wird, gründet auf einem Klassenhabitus, der wesentlich außerhalb des Bildungssystems – nämlich vorwiegend in der Familie – erzeugt und innerhalb des Bildungssystems reproduziert wird. Bildung setzt immer schon voraus, was zu vermitteln sie vorgibt: Beherrschung der Sprache, Eleganz des Stils beim Reden, Schreiben, Bekleiden, Auftreten usw., sowie Vertrautheit mit den kulturellen Normen der ‚Gebildeten'. Sobald die Leistung der Aufstiegsaspiranten

> „den Kriterien der Elite standhalten muß und am Dilettantismus des kultivierten Sohns aus gutem Hause gemessen wird, der sein Wissen mühelos erworben hat und, seines Heute und Morgen gewiß, mit distanzierter Eleganz auftreten kann, kehrt sich das Wertsystem um, indem es durch eine Bedeutungsverschiebung Ernsthaftigkeit in Sturheit und Arbeitsethos in spitzfindige und kleinliche Strebsamkeit abwertet." (Bourdieu/Passeron 1971: 241)

> „Da die modernen Gesellschaften die Auslesefunktion immer mehr der Bildungsinstitution übertragen, können sie sich leisten, zugunsten einer scheinbar vollkommen neutralen Ausleseinstanz auf die traditionellen Verfahren der unmittelbaren Weitergabe des Erbes zu verzichten. (...) Erfolgreicher denn je – und in einer Gesellschaft, die sich auf ihre demokratischen Werte beruft, auf die einzig mögliche Weise – kann das Bildungswesen seine Funktion der Perpetuierung sozialer und kultureller Privilegien wahrnehmen, indem es die Ausübung dieser Funktion besser denn je zu verbergen versteht." (Ebd.: 190)

Leistung scheint auch die Grundlage für individuelle *Anerkennung* zu sein, die sich als ein zu verteilender Wert darstellt. Honeneth betont die Anerkennungsweise des Rechts (Honneth 1994: 46). *Anerkennung* erscheint, wenn sie sich verengt auf Rechtsbeziehungen und sich verschiebt auf die psychisch-mentale Ebene, als Form sozialer Wertschätzung und formaler Gleichberechtigung. Die Teilnehmenden wollen – erstens –, dass ihre Anstrengungen gewürdigt werden. Sie erwarten Zustimmung und sogar Zuwendung von den Lehrenden. Sie fordern aber auch – zweitens – ein Recht auf Würdigung ihrer Leistungen und

Rechtsgleichheit. Darüber hinausgehend entwickeln sie – drittens – Formen von Gemeinschaftlichkeit, indem sie sich gegenseitig unterstützen. Aber auch hier brechen Wettkämpfe und Konkurrenzkonstellationen die Solidarität auf. Man muss ‚besser' sein als die anderen. Daran werden auch die Programme und Kurse der Weiterbildung gemessen.

In einigen Gruppen wird die Forderung nach einer Aufarbeitung der eigenen Erfahrungen laut. Eine bildungsbezogene Umsetzung und Erweiterung des anerkennungstheoretischen Ansatzes erfordert die systematische Aufarbeitung der eigenen Erziehungs- und Bildungsbiographie (Stojanov 2006).

Leistung und rechtliche Anerkennung überformen den Diskurs über Gerechtigkeit und Gleichheit bzw., sie setzen abweichende Maßstäbe. Leistung soll sich lohnen und Anerkennung soll umgewertet werden. Rangzuweisungen sollen sich ändern. Aber: Es bleiben Ränge in einer Statushierarchie.

Ein Teilergebnis unserer Studie ist, dass die Fähigkeit zur intersubjektiven Anerkennung in ihren unterschiedlichen Formen ein Kernstück pädagogischer Professionalität ausmacht. Die Lernenden wollen von den Lehrenden anerkannt werden. Die Kultivierung dieser Fähigkeit erfordert von den Lehrenden nicht nur eine systematische Aufarbeitung der eigenen Erziehungs- und Bildungsbiographie, sondern auch einen reflexiven Umgang mit eigenen Gesellschaftsbildern. Diese sind als soziale Konstrukte, in die als tragende Stütze Vorstellungen von Gerechtigkeit eingebaut sind, nicht als abstraktes normatives Prinzip, sondern durch die Erfahrung von Ungerechtigkeit in der Familie, zwischen den Geschlechtern, bei der Arbeit und auch in der Weiterbildung begründet.

Spätestens hier wird deutlich: Anerkennung ist in starker und subtiler Weise mit Formen symbolischer Gewalt verwoben. Der Prozess, durch den sich die AkteurInnen die soziale Ordnung zu eigen machen, bewirkt auf eine „unsichtbare und heimtückische Weise" (Bourdieu 2005: 71), dass die Ordnung der Klassen und Geschlechter und die eigene Position wie damit implizit verwehrte Chancen auf dem Wege eines „unmerklichen Vertrautwerdens" (ebd.) anerkannt wird. Dieser Mechanismus führt gerade im Feld der Bildung häufig zum „Selbstausschluss", der aus dieser Perspektive als vorweggenommener „Fremdausschluss" zu sehen ist.

Anerkennungserwartungen sind zudem relational und milieuspezifisch gefärbt. Das heißt: Es streben nicht alle in gleicher Weise nach Anerkennung. Zwischen der gesellschaftlichen Aufforderung zu Leistung etwa und den sozialen Subjekten sind die vielfältigen sozialen Zusammenhänge des Alltags (Familie, Freundschaften, Nachbarschaften, KollegInnen usw.) eingelagert, in denen sich das soziale Milieu manifestiert (Bremer 2014). Auf dieser Ebene vor allem werden (Nicht-)Anerkennung und (Nicht-)Zugehörigkeit konkret und für die Einzelnen spürbar. Der (drohende)Verlust von Zugehörigkeit bzw. das Verwehren davon wird als versagte Anerkennung wahrgenommen (vgl. Barlösius 2001).

Ein gutes Beispiel aus unseren Erhebungen dafür ist die Gruppe der Kaufmännischen Angestellten (vgl. 4.4.1).

Auch das Leistungsprinzip kann die zumindest partiell fortdauernde Kontinuität des ständisch-familiären Vererbungsprinzips nicht verbergen. Publikumswirksam haben Jutta Allmendinger und Stephan Leibfried (2003) darauf erneut hingewiesen: „In Deutschland wird Bildung vererbt“ (vgl. auch Solga 2005). Diese Tatsache wird von den Beteiligten als ungerecht wahrgenommen und empfunden.

Es gibt gegen die legitimierende ‚Epidemie der Leistung‘ durchaus gute Gründe, an einer Vorstellung von *„egalitärer Gerechtigkeit“* (Faulstich 2003) – gestützt auf ökonomische, kulturelle und soziale Gleichheit – festzuhalten. Wenn allerdings *Gerechtigkeit* nicht zum abstrakten Prinzip abheben und ihr Ziel verfehlen soll, muss sich die Diskussion auf konkrete Kritik an bestehenden Zuständen beziehen. Dies lässt sich an einem besonderen Problembereich – dem Bildungssystem (hier der Weiterbildung) – besonders gut exemplifizieren.

Gleichheit orientiert an struktureller Gerechtigkeit meint keineswegs das von konservativer Seite an die Wand gemalte Zerrbild von Gleichmacherei oder das grobe Missverständnis von Gleichartigkeit aller als Prämissen gleicher Entfaltungsmöglichkeiten bei gegebener Verschiedenartigkeit. Unterschieden werden muss Hierarchie von Differenz.

Unter dem Stichwort *Prekarität* wird inzwischen eine zunehmende Instabilität sozialer Strukturen als generelle Bedrohung sozialer Sicherheit betont. Erwerbslosigkeit ist eine Form der Ausgegrenztheit, die ältere Zustände wie Armut und Bettelei überformt. Ihren modernen Zustand findet soziale Desintegration in Prekarität, zentral als geringe Arbeitsplatzsicherheit in kurzfristig lösbaren Beschäftigungsverhältnissen. Es gibt eine Erosion des ‚Normalarbeitsverhältnisses‘. Sie zeigt Wirkungen, die, wie Pierre Bourdieu schon im letzten Jahrtausend betonte, im Extremfall der Erwerbslosigkeit besonders deutlich zutage treten: Die Destruktion eines seiner zeitlichen Strukturen beraubten Daseins und der daraus resultierende Verfall stabiler Verhältnisse. Zentral in der Prekaritätsdebatte ist die Beteiligung an Erwerbsarbeit. Die prekäre Lage geht einher mit einem Verlust an Sinnhaftigkeit und Anerkennung sowie mit dem Verlust der Planungs- und Beteiligungshorizonte (vgl. Dörre 2009). Pierre Bourdieu hat darauf verwiesen,

> „dass Prekarität heutzutage allgegenwärtig ist. Im privaten, aber auch im öffentlichen Sektor, wo sich die Zahl der befristeten Beschäftigungsverhältnisse und Teilzeitstellen vervielfacht hat; in den Industrieunternehmen, aber auch in den Einrichtungen der Produktion und Verbreitung von Kultur, dem Bildungswesen, dem Journalismus, den Medien usw.“ (Bourdieu 2004: 107f.).

Das gilt also auch für die Weiterbildung. Kennzeichnend für Prekarität sind demnach objektive Kriterien der Erwerbsverhältnisse, gleichzeitig werden subjektive Einschätzungen und Bewertungen provoziert:

> „Beinahe überall hat sie identische Wirkungen gezeigt, die im Extremfall der Arbeitslosen besonders deutlich zutage treten: die Destrukturierung des unter anderem seiner zeitlichen Strukturen beraubten Daseins und der daraus resultierende Verfall jeglichen Verhältnisses zur Welt, zu Raum und Zeit. Prekarität hat bei dem, der sie erleidet, tiefgreifende Auswirkungen. Indem sie die Zukunft überhaupt im Ungewissen lässt, verwehrt sie den Betroffenen gleichzeitig jede rationale Vorwegnahme der Zukunft und vor allem jenes Mindestmaß an Hoffnung und Glauben an die Zukunft, das für eine vor allem kollektive Auflehnung gegen eine noch so unerträgliche Gegenwart notwendig ist." (Ebd.: 108)

Durch Prekarität werden auch die Perspektiven des Lernens unklar. Auf Lernen lässt man sich in Antizipation der Zukunft ein. Man will später – nachdem man gelernt hat – etwas wissen und können, das weiterhilft. Wenn Zukunftshoffnungen riskant werden, wird Lernen als problematisch empfunden. Prekarität wirft also Grundfragen des Lernens und besonders der Weiterbildung auf.

Die Teilnehmenden fragen sich: „Wie kann ich über die Runden kommen?" Die reale „Illusion der Chancengleichheit" offenbart ein tieferliegendes Legitimationsparadoxon, das unauflösbar bleibt, solange soziale Hierarchie fortbesteht und tragfähige Begründungskriterien dafür nicht gefunden werden können. Soziale Gerechtigkeit bleibt deshalb gebunden an das Konzept einer „egalitären Gerechtigkeit" und an *strukturelle Gleichheit* als gleiche Teilhabe an der Verfügung über gesellschaftliche Ressourcen und Positionszuweisung. Bemerkenswerterweise erscheint diese Grundvorstellung bei den Teilnehmenden tief verwurzelt.

8 Konsequenzen für die beruflich/politische Bildung und die Erwachsenenbildung

Weiterbildungsprozesse – das ist Teilergebnis unseres Projektes – stehen in engem Zusammenhang mit gesellschaftlichen Grundorientierungen, wie sie in Gesellschaftsbildern artikuliert und interpretiert werden. Die Intentionalität der Teilnehmenden wird ausgerichtet auf bestehende Situationen und auf die Entwürfe zukünftiger Perspektiven. Von ihnen hängt ab, wie sich die Lernenden selbst verorten, welche Lernhorizonte sie entwerfen und welche Lernstrategien sie verfolgen. Fundamental ist der jeweilige Bezug zum Leistungsprinzip, das die bestehenden Legitimationsmuster durchdringt.

Inhaltlich thematisiert das Projekt gleichzeitig „berufliche" Weiterbildungsprozesse und „politische" Bildung, da Gesellschaftsbilder als wichtige Hintergrund- und Zielkategorie aller Bildungsprozesse anzusehen sind. Die Studie belegt, dass sich Lernen Erwachsener „immer schon in einer integrierten Realität" vollzieht (vgl. schon: Faulstich 1991: 198) und so der gängigen Aufspaltung in berufliche und politische Bildung entgegensteht. Wenn – wie gezeigt – Gesellschaftsbilder politische Orientierungen überformen, macht es thematisch nun endgültig keinen Sinn mehr, diese traditionelle und nur historisch verständliche Differenzkategorie – beruflich vs. politisch – aufrecht zu halten.

Die Aufspaltung stammt aus dem Versuch des Bürgertums, seine Geschäfte – das Berufliche – gegenüber den gesellschaftlichen Herrschaftsstrukturen – dem Politischen – abzuschirmen. Wenn sich nun aber unabweisbar – wie sich auch den Beschreibungen der Weiterbildungsteilnehmenden entnehmen lässt – Herrschaft, Arbeits- und Lebenswelt ineinanderschieben, gibt es diese Grenze nicht mehr, sondern nur noch Akzentuierungen, d.h., gesellschaftliche Felder mit eher von Macht, Herrschaft, Konflikt und Hierarchie durchzogenen Bereichen sowie Felder mit stärker von Effizienz und Leistungserbringung dominierten Segmenten. Aber alle diese Regulationsmechanismen sind nicht rein wirksam, sondern verwoben, gegenseitig beeinflusst und veränderbar. Sie verschieben sich in konkreten Konstellationen. So ist, was als Leistung gilt, das erfahren die Teilnehmenden in den Gruppenwerkstätten immer wieder, hochgradig durchdrungen von Macht und dient zugleich zu deren Erhalt. Misserfolge in der Weiterbildung werden fehlender Leistung zugeschrieben und erscheinen so als individuelles Versagen.

Für die Erwachsenenbildung liefert unsere Untersuchung in mehrfacher Hinsicht hoch relevante Befunde:

(1) In Bezug auf die „berufliche" Weiterbildung ist hinzuweisen auf die von den Befragten erfahrene und dargestellte Diskrepanz zwischen den Zuweisungsstrategien der Arbeitsagenturen auf der einen und biographischen Perspektiven der AdressatInnen auf der anderen Seite (vgl. auch Teiwes-Kügler (i.E.); Grimm/ Plambeck 2013; Käpplinger et al. 2013). Sowohl bei den Arbeitsagenturen als auch bei den Weiterbildungsinstitutionen fanden wir teilweise eine Rücksichtslosigkeit gegenüber den Interessen der AdressatInnen, die sich für den Erfolg der ‚Maßnahmen' als problematisch erweist.

Zugleich verdeutlichen unsere Befunde den engen Zusammenhang zwischen beruflich-biographischen Entwürfen und Reflexionsprozessen zur eigenen gesellschaftlich-politischen Stellung (vgl. Strezelewicz et al. 1966). Dieser Zusammenhang wird in der auf Qualifizierung und berufsbezogenen Kompetenzerwerb fokussierten beruflichen Weiterbildung meist ausgeschlossen. Demgegenüber sprechen unsere Befunde dafür, die demokratiebezogene politisch-emanzipatorische Dimension der Erwachsenenbildung, die seit den 1980er Jahren oft als „erledigt" oder „anachronistisch" gilt (vgl. kritisch Zeuner 2010), wieder verstärkt in den Fokus zu nehmen.

(2) Unsere Ergebnisse liefern wichtige Beiträge zur empirischen Erdung mancher Debatten in der „politischen" Bildung, die häufig von idealisierten oder normativen Bürgerbildern ausgehen (vgl. kritisch Bremer/Kleemann-Göhring 2010). Das Fehlen von aktivem Widerstand und politischer Partizipation (vgl. Abschnitt 5.5) scheint auf den ersten Blick zur prominenten Diagnose der „postdemokratischen Entpolitisierung" zu passen, bei genauerem Hinsehen kann aber ein erstaunliches Potenzial entdeckt werden. Die vielfach geäußerte Kritik an gesellschaftlichen Verhältnissen und die von Enttäuschung, bisweilen auch von Wut geprägten Meinungen zur realen Politik und ihren AkteurInnen verweisen auf Mobilisierungs- und Aktivitätsmöglichkeiten, die die „politische Bildung" immer noch zu wenig sieht. Wichtig ist, ein Gespür für diese oft impliziten und verdeckten Ebenen politischer Artikulation und Partizipation zu entwickeln, etwa dahingehend, dass die als „Flucht ins Private" erscheinende Betonung von „Harmonie" und „heiler Welt" auch als Kritik an der die soziale Welt prägenden neoliberalen Konkurrenz- und Ökonomisierungslogik gelesen werden kann (vgl. Abschnitt 5.5). Die viel beschriebene „Krise der Politik" (kritisch Zeuner 2010a) muss keineswegs zwangsläufig eine „Krise der politischen Bildung" sein (vgl. Bremer/Trumann 2013).

Gesellschaftsbilder als politisches Denken und Handeln rahmende Kategorien zeigen soziale Voraussetzungen und biographische Richtungen politischer Partizipation auf. Dörre (2014) erinnert etwa an die Bedeutung von Gesellschaftsbildern für die gewerkschaftliche Bildungsarbeit. Im Rahmen unserer Studie können Gesellschaftsbilder zum einen als vorläufiges Ergebnis bisheriger, meist latent erfolgter Sozialisationserfahrungen aufgefasst werden (Teiwes-Kügler/Vehse 2013), zum anderen konnte durch den Längsschnitt gezeigt werden, dass die Weiterbildungs- bzw. Umschulungsphase selbst als eine Phase der Sozialisation in den Blick genommen und die Frage der Veränderbarkeit von Gesellschaftsbildern thematisiert werden kann.

(3) Mit Bezug auf die erwähnte Verbindung „beruflicher" und „politischer" Themen in Lern- und Bildungsprozessen Erwachsener lassen sich Konsequenzen für die universitäre Ausbildung denken. Die Rede von der „Integration" beruflicher und politischer Bildung (Faulstich 1991) löst in der Landschaft der politischen Bildung zumeist einiges Entsetzen aus, etwa weil dies gerne als Argument für den Abbau politischer Bildung missbraucht wird. Bisher ist es den Institutionen politischer Bildung gelungen, eine besondere Förderung zu erhalten und zu sichern. Diese wäre gefährdet, wenn die Abspaltung aufgehoben würde. Sicherlich lässt sich aber „politische" Bildung gut begründet als eine „Querschnittsaufgabe" begreifen, die alle Bildungsbereiche durchzieht. Allerdings: Die politische Dimension in den fachbezogenen Lernprozessen kommt nicht von allein an die Oberfläche und zum Tragen; „sie muss den Fachthemen durch politisch-didaktische Reflexion abgerungen werden" (Allespach et al. 2009: 13). Nötig ist also das reflexive Entwickeln eines Gespürs und Handlungsrepertoires, das um diese Dimensionen weiß und ihnen in der Bildungsarbeit entsprechenden Platz einräumt.

Unser Projekt kann als erster Schritt zur Reaktivierung vernachlässigter Forschungsfragen angesehen werden. Das gilt sowohl für die Forschung über Gesellschaftsbilder, als auch für die Erwachsenenbildungsforschung: Was wir vorlegen können, ist eine qualitative Rekonstruktion von Gesellschaftsbildern bei einer wichtigen gesellschaftlichen Gruppe, nämlich bei Weiterbildungsteilnehmenden aus der gesellschaftlichen Mitte. Diese hatten bislang respektable Lebensverhältnisse vorzuweisen und ihr Auskommen, wurden bzw. werden aber durch Krankheit, Arbeitslosigkeit oder durch familiäre Brüche von Prekarität bedroht. Einige von ihnen gehören darüber hinaus unterprivilegierten und seit mehreren Generationen prekär lebenden sozialen Milieus an.

Offen bleibt *zum einen*, wie sich die von uns identifizierten Gesellschaftsbilder in der bundesrepublikanischen Bevölkerung verteilen. Dies wäre zweifellos auch eine Aufgabe quantitativer Erhebungen. *Zum anderen* wäre der Zusammenhang zwischen sozialen Milieus und Gesellschaftsbildern noch genauer herauszuarbeiten. Getragen wird das meritokratische Gesellschaftsbild insbesondere von den ohnehin leistungsbetonten sozialen Milieus der *„Traditionslinie der Facharbeit und praktischen Intelligenz"* (Vester et al. 2001: 29ff. sowie 510ff.). In diesen Milieus ist allerdings der Glaube an die meritokratische Gesellschaft auch am häufigsten brüchig geworden, werden fehlende Leistungs- und Verteilungsungerechtigkeiten am stärksten kritisiert und gibt es die Vorstellung von einer solidarischen Gesellschaft. Mitgetragen werden aber sowohl das meritokratische als auch das solidarische Gesellschaftsbild auch von Teilen der sozialen Milieus aus der *„ständisch-kleinbürgerlichen Traditionslinie"* (ebd.: 30 sowie 518f.). Hier spielt jedoch offenbar die Frage nach Statushierarchien eine größere Rolle. Es bedürfte jedoch weiterer Explorationen, um den Zusammenhang eindeutiger herausarbeiten zu können.

Nicht eindeutig ist, ob das *individuelle Konkurrenz- und Durchsetzungsprinzip* vor allem von aufstiegsorientierten modernen bürgerlichen Milieus vertreten wird, oder ob dies auch für Teile der „Traditionslinie der Facharbeit und praktischen Intelligenz", z.B. für das „Leistungsorientierte Arbeitnehmermilieu" (ebd.: 49 sowie 514f.) gilt. Diese Differenzierung konnte mit der vorliegenden, begrenzten Stichprobe und den teilweise heterogen zusammengesetzten Untersuchungsgruppen nicht geleistet werden. Auch hierzu besteht zusätzlicher Forschungsbedarf.

Eindeutig belegt scheint dagegen der Zusammenhang von *Dichotomie* und *Unterprivilegierung*: Die Wahrnehmung, den Verhältnissen einer dichotomen, von Ausbeutung und Herrschaft gekennzeichneten Gesellschaft chancenlos und weitgehend handlungsunfähig ausgeliefert zu sein, haben wir fast ausschließlich nur bei Befragungspersonen aus den unteren sozialen Milieus gefunden. Hier wäre wichtig zu ermitteln, welchen Beitrag beruflich/politische Bildung leisten kann, um diese Handlungsunfähigkeit aufzubrechen.

Für die Erwachsenenbildungswissenschaft öffnen sich zahlreiche Forschungsaufgaben. Immer wieder sind wir auf massive Kritik an den Zuweisungsverfahren der Arbeitsagenturen und auf die Wahrnehmung von überfordertem Personal gestoßen. Dies hat bisher nicht aufgedeckte Konsequenzen für die Qualität der Kurse und Programme. Auch wissen wir nichts über die Gründe der Nichtteilnehmenden und der „Drop-outs". Diese haben wir in unserer Studie nicht erreicht.

Bezogen auf das Verhältnis „beruflicher" und „politischer" Weiterbildung können wir einige Grundaussagen zur Integration machen. Wie sich aber die Felder konkret durchdringen, wäre weiter zu erforschen. Auch ist in den letzten Jahren kaum etwas hinsichtlich des Stellenwerts gewerkschaftlicher Bildungsarbeit untersucht worden. Auch hier ergeben sich aus unserem Projekt vielfältige Forschungsfragen, welche bearbeitet werden müssen, wenn es darum geht, eine kritische Erwachsenenbildung zu stützen und auszubauen.

Literatur

Adams, Karl (1932): Die Hamburger Volkshochschule im Urteil ihrer Hörer. Frankfurt/M.

Adorno, Theodor W./Frenkel-Brunswick, Else/Levinson, Daniel J./Sanford, R. Nevitt (1973): Studien zum autoritären Charakter. Frankfurt/M.

Allmendinger, Jutta; Leibfried, Stephan (2003): Bildungsarmut. In: Aus Politik und Zeitgeschichte, Heft B 21/22 (2003), S. 12–18

Allespach, Martin/Meyer, Hibert/Wentzel, Lothar (2009): Poltische Erwachsenenbildung in der gewerkschaftlichen Bildungsarbeit. Marburg

Autorengruppe Bildungsberichterstattung (2008): Bildung in Deutschland 2008. Bielefeld (Internet: www.bildungsbericht.de/daten2008/bb_2008.pdf; zuletzt aufgesucht am 30.12. 2008)

Axmacher, Dirk (1990): Widerstand gegen Bildung. Weinheim

Barlösius, Eva (2001): Das gesellschaftliche Verhältnis der Armen – Überlegungen zu einer theoretischen Konzeption der Armut. In: Barlösius, Eva/Ludwig-Mayerhofer, Wolfgang (Hg.): Die Armut der Gesellschaft. Opladen, S. 69–94

Barz, Heiner (1995): Soziale Milieus – Orientierungen und Bildungsinteressen. In: Derichs-Kunstmann, Karin/Faulstich, Peter/Tippelt, Rudolf (Hg.): Theorien und forschungsleitende Konzepte der Erwachsenenbildung. Dokumentation der Jahrestagung 1994 der Kommission für Erwachsenenbildung der Deutschen Gesellschaft für Erziehungswissenschaft. Beiheft zum Report 1995, S. 79–88

Barz, Heiner (2000): Weiterbildung und Soziale Milieus. Neuwied

Barz, Heiner/Tippelt, Rudolf (Hg.) (2004): Weiterbildung und soziale Milieus in Deutschland Bd. 1: Praxishandbuch Milieumarketing. Bielefeld

Barz, Heiner/Tippelt, Rudolf (Hg.) (2004a): Weiterbildung und soziale Milieus in Deutschland. Bd. 2: AdressatInnen- und Milieuforschung zu Weiterbildungsverhalten und -interessen. Bielefeld

Beckenbach, Niels/Braczyk, Hans-Joachim/Herkommer Sebastian/Malsch, Thomas/Seltz, Rüdiger/Stück, Heiner (1973): Klassenlage und Bewusstseinsformen technisch-wissenschaftlicher Lohnarbeit. Frankfurt/M.

Belardi, Nando/Zuschlag, Christel (1977): Arbeiterbewußtsein und Arbeiterbildung. Gießen

Bertl, Walter/Rudat, Reinhard/Schneider, Reinhart (1989): Arbeitnehmerbewusstsein im Wandel. Folgerungen für Gesellschaft und Gewerkschaft. Frankfurt/M., New York

Bilger, Frauke/Strauß, Alexandra (2015): Weiterbildungsverhalten in Deutschland. AES-Trendbericht. Berlin

Bolder, Axel/Hendrich, Wolfgang (2000): Fremde Bildungswelten. Alternative Strategien lebenslangen Lernens. Opladen

Boltanski, Luc/Chiapello, Ève (2003): Der neue Geist des Kapitalismus. Konstanz

Bourdieu, Pierre (1970): Zur Soziologie der symbolischen Formen. Frankfurt/M.

Bourdieu, Pierre (1976): Entwurf einer Theorie der Praxis auf der ethnologischen Grundlage der kabylischen Gesellschaft. Frankfurt/M.

Bourdieu, Pierre (1982): Die feinen Unterschiede. Kritik der gesellschaftlichen Urteilskraft. Frankfurt/M.

Bourdieu, Pierre (1987): Sozialer Sinn. Kritik der theoretischen Vernunft. Frankfurt/M.

Bourdieu, Pierre (1992): Die feinen Unterschiede. In: Bourdieu, Pierre: Die verborgenen Mechanismen der Macht (Hrsg. von Margareta Steinrücke). Hamburg, S. 31–47

Bourdieu, Pierre (1993): „Jugend“ ist nur ein Wort. In: Bourdieu, Pierre: Soziologische Fragen. Frankfurt/M., S. 136–146

Bourdieu, Pierre (1997): Verstehen. In: Bourdieu, Pierre et al.: Das Elend der Welt. Konstanz, S. 779–802

Bourdieu, Pierre (2001): Meditationen. Zur Kritik der scholastischen Vernunft. Frankfurt/M.

Bourdieu, Pierre 2004: Gegenfeuer. Konstanz

Bourdieu, Pierre/Passeron, Jean-Caude (1971): Die Illusion der Chancengleichheit. Untersuchungen zur Soziologie des Bildungswesens am Beispiel Frankreichs. Stuttgart

Bourdieu, Pierre/Wacquant, Loïc J. D. (1996): Reflexive Anthropologie. Frankfurt/M.

Bracker, Rosa/Umbach, Susanne (2014): Lernen ästhetisch begreifen. In: Faulstich 2014, S. 61–89

Bremer, Helmut (1999): Soziale Milieus und Bildungsurlaub. Angebote, Motivation und Barrieren der Teilnahme am Programm von ‚Arbeit und Leben Niedersachsen e.V.‘. Bd. 22. Hannover

Bremer, Helmut (2004): Von der Gruppendiskussion zur Gruppenwerkstatt. Münster

Bremer, Helmut (2006): Ein vielschichtiges Feld. Soziale Milieus und kirchliche Partizipationskultur. In: Ludwig, Joachim/Zeuner, Christine (Hg.): Erwachsenenbildung 1990–2022. Weinheim, S. 61–81

Bremer, Helmut (2007): Soziale Milieus, Habitus und Lernen. Zur sozialen Selektivität des Bildungswesens am Beispiel der Weiterbildung. Weinheim

Bremer, Helmut (2014): Soziale Milieus und alltägliche Klassenpraxis. Theoretische Bezüge und empirische Zugänge zu einem sozialstrukturellen Milieukonzept. In: Renn, Joachim/Isenböck, Peter/Nell, Linda (Hg.): Die Form des Milieus. Sonderband der Zeitschrift für Theoretische Soziologie. Weinheim, S. 258–278

Bremer, Helmut/Teiwes-Kügler, Christel (2003): Die Gruppenwerkstatt. In: Geiling, Heiko (Hg.): Probleme sozialer Integration. Münster, S. 207–236

Bremer, Helmut/Teiwes-Kügler, Christel (2007): Die Muster des Habitus und ihre Entschlüsselung. Mit Transkripten und Collagen zur vertiefenden Analyse von Habitus und sozialen Milieus. In: Friebertshäuser, Barbara/v. Felden, Heide/Schäffer, Burkhardt (Hg.): Bild und Text – Methoden und Methodologien visueller Sozialforschung in der Erziehungswissenschaft. Leverkusen/Opladen, S. 81–104

Bremer, Helmut/Kleemann-Göhring, Mark (2010): "Defizit" oder "Benachteiligung": Zur Dialektik von Selbst- und Fremdausschließung in der politischen Erwachsenenbildung und zur Wirkung symbolischer Herrschaft. In: Zeuner, Christine (Hg.): Demokratie und Partizipation. Beiträge der Erwachsenenbildung. Hamburg: Universität Hamburg (Hamburger Hefte der Erwachsenenbildung, I/2010), S. 12–28 (Online verfügbar unter: http://www.epb.uni-hamburg.de/files/u112/HHH; zuletzt aufgesucht am 26.06.15)

Bremer, Helmut/Teiwes-Kügler, Christel (2013): Zur Theorie und Praxis der „Habitus-Hermeneutik". In: Brake, Anna/Bremer, Helmut/Lange-Vester, Andrea (Hg.): Empirisch arbeiten mit Bourdieu. Weinheim, S. 93–129

Bremer, Helmut/Trumann, Jana (2013): Politische Erwachsenenbildung in politischen Zeiten. In: Der pädagogische Blick, Heft 4., S. 211–223

Bremer, Helmut/Lange-Vester, Andrea (2014) (Hg.): Soziale Milieus und Wandel der Sozialstruktur. Wiesbaden

Bremer, Helmut/Lange-Vester, Andrea (2015): Selektionsmechanismen in Bildungsinstitutionen – theoretische Perspektiven im Anschluss an Pierre Bourdieu. In: Helsper, Werner / Krüger, Heinz-Hermann (Hg.): Auswahl der Bildungsklientel. Zur Herstellung von Selektivität in ‚exklusiven' Bildungsinstitutionen. Wiesbaden, S. 69–92

Brüning, Gerhild/Kuwan, Helmut (2002): Benachteiligte und Bildungsferne – Empfehlungen für die Weiterbildung. Bielefeld

Buchwald, Reinhard (1934): Die Bildungsinteressen der deutschen Arbeiter. In: Recht und Staat in Geschichte und Gegenwart. Eine Sammlung von Vorträgen und Schriften aus dem Gebiet der gesamten Staatswissenschaft, Nr. 107 (1934). Tübingen, S. 4–29

Dobischat, Rolf/Fischell, Marcel/Rosendahl, Anna (2009): Beschäftigung in der Weiterbildung. Prekäre Beschäftigung als Ergebnis einer Polarisierung in der Weiterbildungsbranche. Projektbericht. Essen (Internet: www.netzwerk-weiterbildung.info/upload/m4b7fcf 38b5810_verweis1.pdf; zuletzt aufgesucht am 26.06.15)

Dörre, Klaus/Happ, Anja/Matuschek, Ingo (2013): Das Gesellschaftsbild von LohnarbeiterInnen. Hamburg

Dörre, Klaus (2014): Fragmentiertes Klassenbewusstsein? Zur subjektiven Dimension kapitalistischer Landnahmen. In: Bauer, Ullrich/Bolder, Axel/Bremer, Helmut/Dobischat, Rolf/ Kutscha, Günter (Hg.): Expansive Bildungspolitik – Expansive Bildung? Reihe Bildung und Arbeit, Bd. 4. Wiesbaden, S. 377–400

Durkheim, Émile (1983 [1897]): Der Selbstmord. Frankfurt/M.

Engler, Steffani (2013): Der wissenschaftliche Beobachter in der modernen Gesellschaft. In Brake, Anna/Bremer, Helmut/Lange-Vester, Andrea (Hg.): Empirisch arbeiten mit Bourdieu. Weinheim, S. 35–58

Erikson, Robert/Goldthorpe, John H./Portocarero, Lucienne (1979): Intergenerational Class mobility in Three Western European Societies: England, France and Sweden. In: British Journal of Sociology 30, S. 341–415

Erikson, Erik H. (1974): Jugend und Krise Die Psychodynamik im sozialen Wandel. Stuttgart

Faulstich, Peter (1981): Wahrnehmung und Vermittlung von Bildern in der Erwachsenenbildung. Kassel

Faulstich, Peter (1991): Integration allgemeiner und beruflicher Bildung, Schlüsselqualifikation und das Bedürfnis nach Ganzheit. In: Hessische Blätter für Volksbildung, Heft 3, S. 193–198

Faulstich, Peter (1999): Schwierigkeiten mit der Lerntheorie in der Erwachsenenbildung. In: Hessische Blätter für Volksbildung, Jg. 49/Heft 3, S. 254–262

Faulstich, Peter (2003): Gerechtigkeit und soziale Auslese im Bildungssystem. In: Erwägen Wissen Ethik, Heft 2, S. 255–257

Faulstich, Peter (2005): Weiterbildungsarmut und Sozialstaatserosion. Berlin

Faulstich, Peter (2013): Menschliches Lernen. Bielefeld

Faulstich, Peter (2014): Lernen: Erfahrung – Wahrnehmung und Handeln. In: Faulstich, Peter (Hg.): Lerndebatten: phänomenologische, pragmatistische und kritische Lerntheorien in der Diskussion. Bielefeld, S. 35–60

Faulstich Peter/Ludwig, Joachim (2004) (Hg.): Expansives Lernen. Grundlagen der Berufs- und Erwachsenenbildung. Bd. 39. Baltmannsweiler

Faulstich, Peter/Grell, Petra (2005): Widerständig ist nicht unbegründet – Lernwiderstände in der Forschenden Lernwerkstatt. In: Faulstich, Peter/Nolda, Sigrid (Hg.): Lernwiderstand – Lernumgebung – Lernberatung: empirische Fundierung zum selbstgesteuerten Lernen. Bielefeld, S. 18–93

Faulstich, Peter/Bracker, Rosa (2014): Perspektiven der lernenden Subjekte und eine angemessene empirische Lernforschung. In: bwp@. Ausgabe Nr. 26 (Juni 2014), S. 1–17

Faulstich, Peter/Bracker, Rosa (2015): Lernen – Biografie und Kontext. Bielefeld

Feist, Ursula/Hartenstein, Wolfgang/Rudat Reinhard/Schneider, Wolfgang/Smid, Menno (1989): Wandel der Industriegesellschaft und Arbeitnehmerbewusstsein. Untersuchungen in ausgewählten Wirtschaftszweigen Nordrhein-Westfalens. Frankfurt/M.

Ferchhoff, Wilfried (2007): Jugend und Jugendkulturen im 21. Jahrhundert. Lebensformen und Lebensstile. Wiesbaden

Flaig, Bertold Bodo/Meyer, Thomas/Ueltzhöffer, Jörg (1993): Alltagsästhetik und politische Kultur. Zur ästhetischen Dimension politischer Bildung und politischer Kommunikation. Bonn

Flick, Uwe (1998): Qualitative Forschung. Theorien, Methoden, Anwendung in Psychologie und Sozialwissenschaften. Hamburg

Fraser, Nancy/Honneth, Axel (2003): Umverteilung oder Anerkennung. Frankfurt/M.

Friebel, Harry (2008): Die Kinder der Bildungsexpansion und das „Lebenslange Lernen“. Augsburg

Friedrich-Ebert-Stiftung (Hg.) (1993): Lernen für Demokratie. Politische Weiterbildung für eine Gesellschaft im Wandel. Bd. 1: Analysen, Aufgaben und Wege. Bonn

Fromm, Erich (1972 [1932]): Die psychoanalytische Charakteriologie und ihre Bedeutung für die Sozialpsychologie. In: Fromm, Erich: Analytische Sozialpsychologie und Gesellschaftstheorie. Frankfurt/M., S. 41–70

Fromm, Erich (1983): Arbeiter und Angestellte am Vorabend des Dritten Reichs. Eine sozialpsychologische Untersuchung. München

Geiger, Theodor (1930): Panik im Mittelstand. In: Die Arbeit. Zeitung für Gewerkschaftspolitik und Wirtschaftskunde, Jg. 7 (1930), Bd. 10, S. 637–654

Geiger, Theodor (1987 [1932]): Die soziale Schichtung des deutschen Volkes. Soziographischer Versuch auf statistischer Grundlage. Stuttgart

Grell, Petra (2006): Forschenden Lernwerkstatt. Münster

Grimm, Natalie/Plambeck, Jonte (2013): Zwischen Vermessen und Ermessen. Mitarbeiterinnen und Mitarbeiter des Hamburger Jobcenters als wohlfahrtstaatliche Akteure. Projektbericht des Hamburger Instituts für Sozialforschung. Hamburg

Große, Franz (1932): Die Bildungsinteressen des großstädtischen Proletariats untersucht an der Zusammensetzung und Interessenrichtung der Hörerschaft an den Volkshochschulen Leipzig und Dresden. Breslau

Grotlüschen, Anke (2010): Erneuerung der Interessentheorie. Wiesbaden

Hall, Stuart (2000): Postmoderne und Artikulation. Ein Interview mit Stuart Hall. Zusammengestellt von Lawrence Großberg. In: Stuart Hall, Cultural Studies. Ein politisches Theorieprojekt. Ausgewählte Schriften 3. Hamburg, S. 52–77

Hartman, Michael (2002): Der Mythos der Leistungseliten. Spitzenkarrieren und soziale Herkunft in Wirtschaft, Politik, Justiz und Wissenschaft. Frankfurt/M.

Heid, Helmut (2012): Der Beitrag des Leistungsprinzips zur Rechtfertigung sozialer Ungerechtigkeit. In: Vierteljahresschrift für Heilpädagogik und ihre Nachbargebiete, Heft 1, S. 22–34

Helsper, Werner/Kramer, Rolf-Torsten/Brademann, Sven/Ziems, Carolin/Klobe, Ulrike/Lewek, Tobias/Schulze, Franziska: (2008): Erfolg und Versagen in der Schulkarriere – Ein qualitativer Längsschnitt zur biographischen Verarbeitung schulischer Selektionsereignisse. Zwischenbericht an die DFG – Halle (Internet: http://wcms.itz.uni-halle.de/download.php?down=12768&elem=2227910; zuletzt aufgesucht am 20.07.2015)

Hermes, Gertrud (1926): Die geistige Gestalt des marxistischen Arbeiters und die Arbeiterbildungsfrage. Tübingen

Hermberg, Paul/Seifert, Wolfgang (1932): Arbeiterbildung und Volkshochschule in der Großstadt. Breslau

Holzkamp, Klaus 1983: Grundlegung der Psychologie. Frankfurt/M.

Holzkamp, Klaus (1993): Lernen. Subjektwissenschaftliche Grundlegung. Frankfurt/M.

Holzer, Daniela (2004): Widerstand gegen Weiterbildung. Weiterbildungsabstinenz und die Forderung nach lebenslangem Lernen. Wien

Honneth, Axel (1992): Kampf um Anerkennung. Frankfurt/M.

Hondrich, Karl Otto (1988): Krise der Leistungsgesellschaft? Empirische Analysen zum Engagement in Arbeit, Familie und Politik. Opladen

Imdahl, Max (1994): Ikonik. Bilder und ihre Anschauung. In: Böhm Gottfried (Hg.): Was ist ein Bild? München, S. 300–324

Kadritzke, Ulf (1985): „Angestelltenbewußtsein" und Anknüpfungspunkte für die gewerkschaftliche Angestelltenarbeit. WSI-Mitteilungen, Jg. 38/Heft 8, S. 446–456

Käpplinger, B./Klein, R./Haberzeth, E. (Hg.) (2013): Weiterbildungsgutscheine – Wirkungen eines Finanzierungsmodells in vier europäischen Ländern. Bielefeld

Keupp, Heiner/Höfer, Renate (Hg.) (1997): Identitätsarbeit heute. Frankfurt/M.

Keupp, Heiner (2006). Identitätskonstruktionen: Das Patchwork der Identitäten in der Spätmoderne. Reinbek

Kern, Horst/Schumann, Michael (1970): Industriearbeit und Arbeiterbewußtsein. Frankfurt/M.

Kern, Horst/Schumann, Michael (1984): Das Ende der Arbeitsteilung?: Rationalisierung in der industriellen Produktion. München

King, Vera (2004): Die Entstehung des Neuen in der Adoleszenz. Individuation, Generativität und Geschlecht in modernisierten Gesellschaften. Wiesbaden

Köhler, Sina-Mareen (2012): Freundschaftsbeziehungen und Freizeitpraxen im Wandel bei 11- bis 15-Jährigen. In Krüger, Heinz-Hermann/Deinert, Aline/Zschach, Maren (Hg.): Jugendliche und ihre Peers. Freundschaftsbeziehungen und Bildungsbiographien in einer Längsschnittperspektive. Opladen, S. 111–133

Köhler, Sina-Mareen/Tiersch, Sven (2013): Schülerbiographien in einer dokumentarischen Längsschnittperspektive. In: Zeitschrift für Qualitative Forschung (ZQF), Heft 1, S. 33–47

Koller; Hans-Christoph (2012): Bildung anders denken. Einführung in die Theorie transformatorischer Bildungsprozesse. Stuttgart

Kramer, Rolf-Torsten/Helsper, Werner (2010): Kulturelle Passung und Bildungsungleichheit – Potentiale einer an Bourdieu orientierten Analyse der Bildungsungleichheit. In: Krüger, Hans-Hermann/Rabe-Kleberg, Ursula/Kramer, Rolf-Torsten/Budde, Jürgen (Hg.): Bildungsungleichheit revisited. Bildung und soziale Ungleichheit vom Kindergarten bis zur Hochschule. Studien zur Schul- und Bildungsforschung. Bd. 30 (2010). Wiesbaden, S. 103–125

Kramer, Rolf-Torsten (2014): Kulturelle Passung und Schülerhabitus – Zur Bedeutung der Schule für Transformationsprozesse des Habitus. In: Helsper, Werner/Kramer, Ralf-Torsten/Thiersch, Sven (Hg.): Schülerhabitus. Studien zur Schul- und Bildungsforschung. Wiesbaden, S. 183–202

Krieger, Hubert/Liepelt, Klaus/Schneider, Reinhart/Smid, Menno (1989): Arbeitsmarktkrise und Arbeitnehmerbewusstsein. Forschungsprojekt: Wandel des politischen Bewusstseins von Arbeitnehmern. Frankfurt/M.

Krüger Heinz-Hermann/Köhler, Sina-Mareen/Zschach, Maren/Pfaff, Nicolle (2008): Kinder und ihre Peers. Freundschaftsbeziehungen und schulische Bildungsbiographien. Opladen

Kudera, Werner/Ruff, Konrad/Schmidt, Rudi (1983): Blue collar – white collar: grey collar? Zum sozialen Habitus von Arbeitern und Angestellten in der Industrie. In: Soziale Welt, Jg. 34/Heft 2, S. 202–227

Kuwan, Helmut/Bilger, Frauke/Gnahs, Dieter/Seidel, Sabine (2006): Berichtssystem Weiterbildung IX. Integrierter Gesamtbericht zur Weiterbildungssituation in Deutschland. Bundesministerium für Bildung und Forschung (Hg.). Bonn, Berlin (Internet: www.bmbf.de/pub/berichtssystem_weiterbildung_neun.pdf; zuletzt aufgesucht am 30.06.2015)

Lange-Vester, Andrea/Teiwes-Kügler, Christel (2004): Soziale Ungleichheiten und Konfliktlinien im studentischen Feld. In: Engler, Steffani/Krais, Beate (Hg.): Das kulturelle Kapital und die Macht der Klassenstrukturen. Weinheim, S. 159–187

Lange-Vester, Andrea/Teiwes-Kügler, Christel (2006): Die symbolische Gewalt der legitimen Kultur. In: Georg, Werner (Hg.): Soziale Ungleichheit im Bildungssystem. Konstanz, S. 55–92

Lange-Vester, Andrea/Teiwes-Kügler, Christel (2013): Das Konzept der Habitushermeneutik in der Milieuforschung. In: Lenger, Alexander/Schneickert, Christian/Schumacher, Florian (Hg.): Pierre Bourdieus Konzeption des Habitus. Grundlagen, Zugänge, Forschungsperspektiven. Wiesbaden.

Lange-Vester, Andrea/Teiwes-Kügler, Christel (2013a): Zwischen W3 und Hartz IV – Arbeitssituation und Zukunft des Wissenschaftlichen Nachwuchses. Leverkusen

Ludwig, Joachim (2000): Lernende verstehen. Bielefeld

Man, Hendrik de (1927): Der Kampf um die Arbeitsfreude. Eine Untersuchung auf Grund der Aussagen von 78 Industriearbeitern und Angestellten. Jena

Mangold, Werner (1960): Gegenstand und Methode des Gruppendiskussionsverfahrens. Frankfurt/M.

Mangold, Werner (1973): Das Gesellschaftsbild der Angestellten. In: Gegenwartskunde, Nr. 3, S. 291–302

McClelland, David C. (1966): Die Leistungsgesellschaft. Psychologische Analyse der Voraussetzungen wirtschaftlicher Entwicklung. Stuttgart

Meissner, Martin (1971): The long arm of the job: A study of work and leisure. Industrial Relations. 10, S. 239–260

Mey, Günter (Hg.) 2010: Grounded Theory Reader. Wiesbaden

Neckel, Sighard (1991): Status und Scham. Zur symbolischen Reproduktion sozialer Ungleichheit. Frankfurt/M.

Oesch, Daniel (2006): Redrawing the Class Map. Stratification and Institutions in Britain, Germany, Sweden and Switzerland. Basingstoke

Offe, Klaus (1970): Leistungsprinzip und industrielle Arbeit. Mechanismen der Statusverteilung in Arbeitsorganisationen der industriellen „Leistungsgesellschaft". Frankfurt/M.

Osterkamp Ute (2003): Kritische Psychologie als Wissenschaft der Ent-Unterwerfung. In: Journal für Psychologie, 11 (2003), Heft 2, S. 176–193

Pollock, Friedrich (1955): Gruppenexperiment. Ein Studienbericht. Frankfurt/M.

Popitz, Heiner/Barth, Hans Paul/Jüres, Ernst August/Kesting, Hanno (1957): Das Gesellschaftsbild des Arbeiters. Tübingen

Popp, Ulrike (2010): Von der „Verschulung der Jugend" zur „jugendgerechten" Schule? In: Riegel, Christine/Scherr, Albert/Stauber, Barbara (Hg.): Transdisziplinäre Jugendforschung. Wiesbaden, S. 327–344

Rehbein, Boike (2006): Die Soziologie Pierre Bourdieus. Konstanz

Reinders, Heinz (2005): Jugendtypen, Handlungsorientierungen und Schulleistungen. Überlegungen und empirische Befunde zu einer differenziellen Theorie der Adoleszenz. In: Zeitschrift für Pädagogik, 51 (2005), Heft 4, S. 551–567

Reinders, H./Butz, P. (2001): Entwicklungswege Jugendlicher zwischen Transition und Moratorium. In: Zeitschrift für Pädagogik, 47 (2001), Heft 6, S. 913–928

Reinders, Heinz/Wild, Elke (2003): Jugendzeit – Time Out? Zur Ausgestaltung des Jugendalters als Moratorium. Opladen

Rieger-Ladich, Markus (2005): Weder Determinismus, noch Fatalismus: Pierre Bourdieus Habitustheorie im Licht neuerer Arbeiten. In: Zeitschrift für Soziologie der Erziehung und Sozialisation, 25 (2005), Heft 3, S. 281–296

Rosenberg, Florian von (2011): Bildung und Habitustransformation. Empirische Rekonstruktionen und bildungstheoretische Reflexionen. Bielefeld.

Schmidt, Rudi/Wentzke, Theodor (1991): Bewußtsein und Sozialcharakter von Angestellten. Erlangen

Schütze, Fritz (1983): Biographieforschung und narratives Interview. In: Neue Praxis, (3) (1983), S. 283–294

Schröder, Helmut/Schiel, Stefan/Aust, Friedrich (2004): Nichtteilnahme an beruflicher Weiterbildung. Motive, Beweggründe, Hindernisse. Bielefeld

Schulenberg, Wolfgang (1957): Ansatz und Wirksamkeit der Erwachsenenbildung. Eine Untersuchung im Grenzgebiet zwischen Pädagogik und Soziologie. Stuttgart

Schulenberg, Wolfgang/Loeber, Hans-Dieter/Loeber-Pautsch Uta/Pöhler, Susanne (1978): Soziale Faktoren der Bildungsbereitschaft Erwachsener. Materialien zur Erwachsenenbildung. Stuttgart

Schumann, Michael/Einemann, Edgar/Siebel-Rebell, Christa/Wittemann, Klaus Peter (1982): Rationalisierung, Krise, Arbeiter: eine empirische Untersuchung der Industrialisierung auf der Werft. Frankfurt/M.

Schumann, Michael (2013): Das Jahrhundert der Industriearbeit. Weinheim

Schwingel, Markus (1995): Pierre Bourdieu zur Einführung. Hamburg

Solga, Heike (2005): Ohne Abschluss in die Bildungsgesellschaft: Die Erwerbschancen gering qualifizierter Personen aus soziologischer und ökonomischer Perspektive. Opladen

Solga, Heike (2013): Meritokratie – die moderne Legitimation ungleicher Bildungschancen. In: Berger, Peter A./Kahlert, Heike (Hg.): Institutionalisierte Ungleichheiten. Wie das Bildungswesen Chancen blockiert. Weinheim, München, S. 19–38

Spies, Tina (2009). Diskurs, Subjekt und Handlungsmacht. Zur Verknüpfung von Diskurs- und Biografieforschung mithilfe des Konzepts der Artikulation. Forum Qualitative Sozialforschung/Forum: Qualitative Social Research, 10 (2), Art. 36 (http://nbn-resolving.de/urn:nbn:de:0114-fqs0902369, zuletzt aufgesucht am 26.06.15)

Sprigath, Gabriele (1980): Bilder anschauen – den eigenen Augen trauen: Bildergespräche. Marburg

Stojanov, Krassimir (2006): Bildung und Anerkennung. Soziale Voraussetzungen von Selbst-Entwicklung und Welt-Erschließung. Wiesbaden

Strzelewicz, Willy/Raapke, Hans-Dietrich/Schulenberg, Wolfgang (1966): Bildung und gesellschaftliches Bewußtsein. Eine mehrstufige soziologische Untersuchung in Westdeutschland. Stuttgart

Teiwes-Kügler, Christel (2001): Habitusanalyse und Collageninterpretation. Ein Beitrag zur Entwicklung einer methodisch-theoretisch begründeten Hermeneutik am Beispiel von empirischen Fallanalysen aus Gruppenwerkstätten mit zwei sozialen Milieus. Hannover (Diplomarbeit)

Teiwes-Kügler, Christel (2010): „Der Schulleiter geht immer weniger in die Richtung: weg vom Pädagogen hin zum Manager eines Wirtschaftsbetriebes“ – Schulpolitik und ihre Auswirkungen auf Einrichtungen des zweiten Bildungswegs. In: Schultheis, Franz/Vogel, Berthold/Gemperle, Michael (Hg.): Ein halbes Leben. Biografische Zeugnisse aus einer Arbeitswelt im Umbruch. Konstanz, S. 335–349

Teiwes-Kügler, Christel/Vehse, Jessica (2013): Gesellschaftsbild, Weiterbildung und politische Sozialisation. In: Journal für politische Bildung, Heft 3, S. 14–23

Teiwes-Kügler, Christel (i.E.): Vermittlungs- und Bildungspraxis der Arbeitsverwaltung. Widersprüche zu Habitus und Berufsbiographien. In: Bolder, Axel/Bremer, Helmut/Epping, Rudolf: Die Förderung beruflicher Weiterbildung im Hartz-IV-System. Reihe Bildung und Arbeit, Bd. 5. Wiesbaden

Tippelt, Rudolf (1997): Neue Sozialstrukturen: Differenzierung von Weiterbildungsinteressen und Pluralisierung des Weiterbildungsmarktes. In: Derichs-Kunstmann, Karin/Faulstich, Peter/Schiersmann, Christiane/Tippelt, Rudolf (Hg.): Weiterbildung zwischen Grundrecht und Markt. Rahmenbedingungen und Perspektiven. Opladen, S. 137–152

Tippelt, Rudolf/Reich, Jutta/von Hippel, Aiga/Barz, Heiner/ Baum, Dajana (2007): Weiterbildung und soziale Milieus in Deutschland. Bd. 3: Milieumarketing implementieren. Bielefeld

Tippelt, Rudolf/Weiland, Meike/Panyr, Sylva/Barz, Heiner (2003): Weiterbildung, Lebensstil und soziale Lage in einer Metropole. Bielefeld

Tosana, Simone (2008): Bildungsgang, Habitus und Feld: Eine Untersuchung zu den Statuspassagen Erwachsener mit Hauptschulabschluss am Abendgymnasium. Bielefeld

Tulllius, Knut/Wolf, Harald (2014): Würde und Respekt in der Arbeit. In: Mitteilungen aus dem SOFI, Ausgabe 21 (2014), S. 12–14

Umbach, Susanne (2014): Collagen als Lernanlass und -ausdruck. In: Hessische Blätter für Volksbildung, Heft 4, S. 331–341

Umbach, Susanne (2015): LernBilder – übersehene Zusammenhänge. Eine Untersuchung zu Lernvorstellungen Erwachsener. Hamburg (Dissertation)

Vater, Stefan (2007): Lebenslanges Lernen und Ökonomisierung im Bildungsbereich. Gemeinnützige Erwachsenenbildung, Prekarisierung und Projektarbeit. In: Magazin Erwachsenenbildung.at. Ausgabe 0, S. 05-1–05-9 (Internet: http://erwachsenenbildung.at/magazin/07-0/meb-ausgabe07-0.pdf; zuletzt aufgesucht am 26.06.15)

Voswinkel, Stephan/Lindemann, Ophelia (2013): Strukturwandel der Anerkennung. In: Honneth, Axel/Lindemann, Ophelia/Voswinkel, Stephan (Hg.): Strukturwandel der Anerkennung. Frankfurt/M.

Vester, Michael (2003): Autoritarismus und Klassenzugehörigkeit. In: Demirovic, Alex (Hg.): Modelle kritischer Gesellschaftstheorie. Stuttgart/Weimar, S. 195–224

Vester, Michael/Bremer, Helmut (1998): Arbeitermilieus und Bildungsurlaub – Motive und Barrieren der Teilnahme am Angebot von Arbeit und Leben. In: Arbeit und Leben (Hg.): Mehr Bildung wagen. Hannover, S. 14–31

Vester, Michael/Oertzen, Peter v./Geiling, Heiko/ Hermann, Thomas,/Müller, Dagmar (2001): Soziale Milieus im gesellschaftlichen Strukturwandel: Zwischen Integration und gesellschaftlicher Ausgrenzung. Frankfurt/M.

Vester, Michael/Teiwes-Kügler, Christel/Lange-Vester, Andrea (2007): Die neuen Arbeitnehmer. Zunehmende Kompetenz – wachsende Unsicherheit. Hamburg

Vester, Michael/Teiwes-Kügler, Christel/Lange-Vester, Andrea (2011): „Und diese Mitbestimmung fehlt mir total“. In: Huber, Berthold/Wetzel, Detlef (Hg.): Junge Generation. Studien und Befunde zur Lebenslage und den Perspektiven der bis 35-Jährigen. Marburg, S. 45–125

Vögele, Wolfgang/Bremer, Helmut/Vester, Michael (Hg.) (2002): Soziale Milieus und Kirche. Würzburg

Young, Michael (1961): The rise of the meritocracy. Harmondsworth

Weber, Max (1988): Die Objektivität sozialwissenschaftlicher und sozialpolitischer Erkenntnis. In: Weber, Max: Gesammelte Aufsätze zur Wirtschaftslehre. Tübingen, S. 146–214

Weber, Max (1980): Wirtschaft und Gesellschaft. Grundriß der verstehenden Soziologie. Tübingen

Weber–Menges, Sonja/Vester, Michael (2011): Probleme einer integrierten Analyse der Entwicklungsdynamiken der Berufsgliederung. In: WSI-Mitteilungen 12/2011, S. 667–676

Zeuner, Christine (Hg.) (2010): Demokratie und Partizipation. Beiträge der Erwachsenenbildung. Hamburg: Universität Hamburg (Hamburger Hefte der Erwachsenenbildung, I/2010), S. 12–28 (Online verfügbar unter: http://www.epb.uni-hamburg.de/files/u112/HHH; zuletzt aufgesucht am 26.06.15)

Zeuner, Christine (2010a): Aufgaben und Perspektiven der Erwachsenenbildung in einer demokratischen Gesellschaft. In: Aufenanger, Stefan/Hamburger, Fritz/Ludwig, Luise/Tippelt, Rudolf (Hg.): Bildung in der Demokratie. Opladen, S. 169–187

Zinnecker, Jürgen (1991): Jugend als Bildungsmoratorium. Zur Theorie des Wandels der Jugendphase in west- und osteuropäischen Gesellschaften. In: Melzer, Wolfgang/Heitmeyer, Wilhelm/Liegle, Ludwig/Zinnecker, Jürgen (Hg.): Osteuropäische Jugend im Wandel. Ergebnisse vergleichender Jugendforschung in der Sowjetunion, Polen, Ungarn und der ehemaligen DDR. Weinheim, S. 9–24

Zinnecker, Jürgen (2000): Kindheit und Jugend als pädagogische Moratorien. Zur Zivilisationsgeschichte der jüngeren Generation im 20. Jahrhundert. In: Benner, Dietrich/Tenorth, Heinz-Elmar (Hg.). Zeitschrift für Pädagogik, Beiheft 42. Weinheim, S. 36–68

Zinnecker, Jürgen (2003): Jugend als Moratorium. Essay zur Geschichte und Bedeutung eines Forschungskonzepts. In: Reinders, Heinz/ Wild, Elke (Hg.): Jugendzeit – Time Out? Zur Ausgestaltung des Jugendalters als Moratorium. Opladen, S. 37–63

Zoll, Rainer (Hg.) (1981): Arbeiterbewußtsein in der Wirtschaftskrise. Erster Bericht: Krisenbetroffenheit und Krisenwahrnehmung. Köln

– bitte beachten Sie auch die folgende Seite –

Ebenfalls bei edition sigma – eine Auswahl

In dieser Schriftenreihe erschienen zuletzt:

Ludger Pries, Hans-Jürgen Urban, Manfred Wannöffel (Hg.): **Wissenschaft und Arbeitswelt – eine Kooperation im Wandel.** Zum 40. Jubiläum des Kooperationsvertrags zwischen der Ruhr-Universität Bochum und der IG Metall
Forschung aus der Hans-Böckler-Stiftung, Bd. 176
2015 244 S. ISBN 978-3-8487-2478-9 € 18,90

Thomas Bahle, Bernhard Ebbinghaus, Claudia Göbel: **Familien am Rande der Erwerbsgesellschaft.** Erwerbsrisiken und soziale Sicherung familiärer Risikogruppen im europäischen Vergleich
Forschung aus der Hans-Böckler-Stiftung, Bd. 177
2015 252 S. ISBN 978-3-8487-2615-8 € 18,90

Volker Hielscher, Lukas Nock, Sabine Kirchen-Peters: **Technikeinsatz in der Altenpflege.** Potenziale und Probleme in empirischer Perspektive
Forschung aus der Hans-Böckler-Stiftung, Bd. 178
2015 166 S. ISBN 978-3-8487-2520-5 € 15,90

Dieter Filsinger, Hans-Jürgen Lüsebrink, Luitpold Rampeltshammer (Hg.): **Interregionale Gewerkschaftsräte.** Historische, sozialwissenschaftliche und interkulturelle Analysen
Forschung aus der Hans-Böckler-Stiftung, Bd. 179
2015 312 S. ISBN 978-3-8487-2519-9 € 21,90

Erhard Tietel, Simone Hocke: **Nach der Freistellung.** Beruflich-biografische Perspektiven von Betriebsratsmitgliedern
Forschung aus der Hans-Böckler-Stiftung, Bd. 180
2015 416 S. ISBN 978-3-8487-2518-2 € 29,90

Ingrid Artus, Clemens Kraetsch, Silke Röbenack: **Betriebsratsgründungen.** Typische Prozesse, Strategien und Probleme – eine Bestandsaufnahme
Forschung aus der Hans-Böckler-Stiftung, Bd. 181
2015 287 S. ISBN 978-3-8487-2517-5 € 27,90

Zeitfracht Medien GmbH
Ferdinand-Jühlke-Straße 7
99095 Erfurt, Deutschland
produktsicherheit@kolibri360.de